刘培杰数学工作室高考辅导系列 14

王连笑教你怎样学数学

高考数学高层次讲座

王连笑 编著

关注高考 春蚕丝尽 倾情考生 蜡炬成灰

高考数学专家 王连笑

最后的巨献

哈爾濱工業大學出版社
HARBIN INSTITUTE OF TECHNOLOGY PRESS

内 容 简 介

本书共包括十四讲. 本书采取的是"只练不讲"的形式，及每讲都列举一部分内容和例题进行分析，但没有配备练习题，是想读者通过"边读、边想、边练、边反思"，以此达到提高读者的思维层次，因此也就没有追求高中知识的覆盖面. 本书的十四讲没有顺序之分，读者可以按需要来选择，也可以化整为零，把一讲分几次读完.

本书适合高中生备考之用.

图书在版编目(CIP)数据

王连笑教你怎样学数学：高考数学高层次讲座/王连笑编著.
—哈尔滨：哈尔滨工业大学出版社，2015.2
ISBN 978-7-5603-5108-7

Ⅰ.①王…　Ⅱ.①王…　Ⅲ.①中学数学课-高中-升学参考资料　Ⅳ.①G634.603

中国版本图书馆 CIP 数据核字(2014)第 303456 号

策划编辑　刘培杰　张永芹
责任编辑　张永芹　王勇钢
封面设计　孙茵艾
出版发行　哈尔滨工业大学出版社
社　　址　哈尔滨市南岗区复华四道街 10 号　邮编 150006
传　　真　0451-86414749
网　　址　http://hitpress.hit.edu.cn
印　　刷　哈尔滨市工大节能印刷厂
开　　本　787mm×1092mm　1/16　印张 23　字数 413 千字
版　　次　2015 年 2 月第 1 版　2015 年 2 月第 1 次印刷
书　　号　ISBN 978-7-5603-5108-7
定　　价　48.00 元

⊙ 前言

一个高中毕业生，在高考复习阶段一般都要做4 000～5 000道题，但是进到考场，面临22道题中稍有灵活性或综合性强的题目，就不知所措，这就说明在高考复习中，有很大的盲目性，复习时不能事半功倍，而恰恰是事倍功半. 还有的同学整天钻在题海里，埋头做题，在同一个层次上反复演练，这样做往往只能就题论题，收效不大，所以如何改进我们的复习，如何有效地进行复习，如何进行高层次复习，就摆在了每一个高中毕业生的面前.

每个同学参加高考，都希望能够在考场上展示自己的全面素质，都希望考出一个好成绩，都希望能选择一个理想的大学学习，这就要求在高考复习时，提高复习层次，提高思维水平，提高思维质量，增长数学智慧.

——这本讲座就是为想在高层次复习中有所收获的高中毕业生写的.

——这本讲座就是为想考上理想的重点大学的高中毕业生写的.

——这本讲座就是为想在复习中能够提高效率，迅速提高思维水平的高中毕业生写的.

这本讲座涉及数学高考中的几个关键问题和关键内容，这是因为根据《考试大纲》的命题基本原则，在近几年的高考数学试题中有这样几个方面是不会改变的：

——能力立意，考查数学思想，倡导理性思维的命题基本指导思想不会变.

——推出创新性题目，考查考生潜能的命题基本思路不会变.

——加大新增知识考查力度，注意新旧知识综合的命题基本精神不会变.

——在知识网络的交汇点处设计试题，加强综合能力考查的命题基本做法不会变.

所以，提高理性思维能力，注重数学思想指导，接触开放性、探究性和研究性等新题型，加大知识的多元联系和综合程度，对于教材中新增加内容的深入理解，努力提高思维质量和思维水平，就成为本讲座的主要内容.

本讲座采取的是"只讲不练"的形式，即每讲都列举了一部分内容和例题进行分析，但没有配备练习题，这是因为同学们手中的题目太多了，需要做的题太多了，也是因为同学们自己掌握的时间太少了，没有时间再多做一些题目，因此就没有再增加独立练习的题目. 本讲座不仅"只讲不练"，而且每一讲的例题也不多，作者认为在复习时，做的题目"量不在多，典型就行，题不在难，有思想就灵"，把一定数量的题讲透了，学透了，再由题及类，触类旁通，才是重要的学习方法. 但是，同学们在读这本书时却要"边读、边想、边练、边反思"，即同学们读到每一道例题，审清题意后，最好先合上书，想一想这个题目给了哪些条件，解题目标是什么，应怎样去求解，然后再看讲座内容，看完一个题目之后，更要进行反思，反思是提高思维能力的一个重要环节. 反思什么呢？主要是进行对审题的反思，对解题思维过程的反思，对解题多样化的反思，对多种解法评价的反思，对题目本身及解法本身存在规律的反思，以及对题目变化的反思. 读这本书时，只有"边读、边想、边练、边反思"，才能有效地学习，才能提高复习效率，才能提高解题质量，才能提高思维水平.

需要说明的是，本讲座的目的只是为了提高读者的思维层次，因此没有追求高中知识的覆盖面，对于高中数学知识每个考生都应该全面系统地复习，此外本讲座的十四讲也没有顺序之分，读者可以按需要来选择，也可以化整为零，把一讲分几次读完.

愿这本《讲座》能助考生一臂之力.

作　者

2004年7月

目录

第一讲　数学高考与理性思维

在近几年的数学高考中，都强调宽角度，多视点地考查数学素质，有层次地考查理性思维，在确定数学高考的命题思想时，明确指出："以能力立意命题，正是为了更好地考查数学思想，促进考生理性思维能力的发展."

在 2002 年高考数学学科评价报告中提出了"深化数学理性思维的考查"的建议，2003 年试卷中就体现了倡导理性思维这一命题思想. 在 2003 年高考数学学科评价报告中又提出了"引入新的思想方法，灵活考查理性思维"的命题思想. 在 2004 年高考考试大纲中进一步强调了理性思维，指出："数学是一门思维的科学，是培养理性思维的重要载体，通过空间想象，直觉猜想，归纳抽象，符号表达，运算推理，演绎证明和模式构建等诸方面，对客观事物中的数量关系和数学模式作出思考和判断，形成和发展理性思维，构成数学能力的主体. 对能力的考查，强调'以能力立意'就是以数学知识为载体，从问题入手，把握学科的整体意义，用统一的数学观点组织材料，对知识的考查侧重于理解和应用，尤其是综合和灵活的应用，以此来检测考生将知识迁移到不同的情境中去的能力，从而检测出考生个体理性思维的广度和深度，以及进一步学习的潜能."

由此可以看出，在平时学习数学以及进行高考数学复习时，重视理性思维，提高思维的质量是一个重要的内容.

数学思维能力是数学能力的核心和主体，而数学理性思维是一种有明确思维方向，有充分思维依据，有数学思想指导和介入的思维.

数学理性思维能力包括哪些内容呢？大致有：

—— 演绎证明能力

—— 归纳抽象能力

—— 直觉猜想能力

—— 运算求解能力

—— 空间想象能力

—— 符号表达能力

—— 模式构建能力

☞ 本讲主要探讨前四种能力

一、逻辑推理与演绎证明能力

在高考数学考试中，考查的第一大能力就是逻辑推理和演绎证明能力，在解答试题的过程中，逻辑推理和演绎证明占有十分重要的位置.

演绎推理能力是指从定义或已知条件出发，进行分析、推理和论证的一种能力.

数学推理是数学思维活动的重要部分，在数学中的运算、证明、作图等都蕴含着逻辑推理的成分.

进行逻辑推理和演绎证明，关键在于强化解题的条件意识、目标意识和化归意识.

进行逻辑推理和演绎证明特别要注意对题目给出的信息和解题过程中获得的信息的收集、检索、处理、连通等工作，要认真研究从题目的条件系统中能够提供哪些有用的信息，从求解的目标系统中提供了哪些需要的信息，根据这些信息，从自己的记忆系统中又能搜索到哪些有关的信息，并且研究这些信息的取舍与连通，从而解决问题，可以用下面的框图表示：

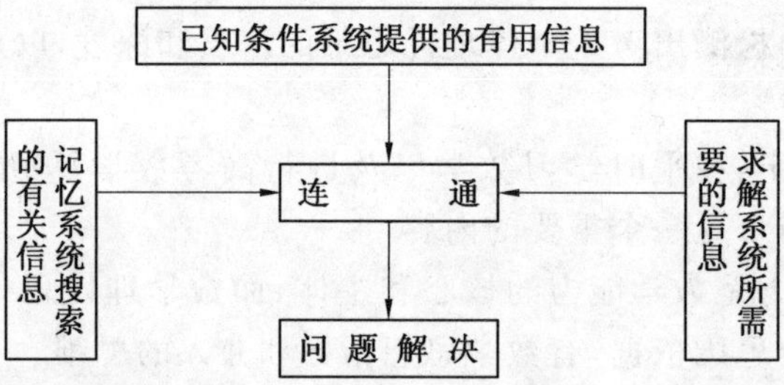

【例 1】 (2004 年，天津卷)

椭圆的中心是原点 O，它的短轴长为 $2\sqrt{2}$，相应于焦点 $F(c,0)(c>0)$ 的准线 l 与 x 轴相交于点 A，$|OF|=2|FA|$，过点 A 的直线与椭圆相交于 P，Q 两点.

(Ⅰ) 求椭圆的方程及离心率；

(Ⅱ) 若 $\overrightarrow{OP}\cdot\overrightarrow{OQ}=0$，求直线 PQ 的方程；

(Ⅲ) 设 $\overrightarrow{AP}=\lambda\overrightarrow{AQ}(\lambda>1)$，过点 P 且平行于准线 l 的直线与椭圆相交于另一点 M，证明 $\overrightarrow{FM}=-\lambda\overrightarrow{FQ}$.

【分析及解】 这是一道把平面向量的基础知识：共线向量、定比分点、向量的数量积和解析几何的基础知识:椭圆、直线与椭圆的位置关系等交汇在一起的综合题,本题主要考查椭圆的标准方程和几何性质,直线方程,平面向量的计算,曲线和方程的关系等解析几何的基本思想方法和综合解题能力.

(Ⅰ)可以设出椭圆方程为$\frac{x^2}{a^2}+\frac{y^2}{b^2}=1(a>b>0)$.

由题意,$2b=2\sqrt{2}$,$b=\sqrt{2}$.再由$|OF|=2|FA|$及$A\left(\frac{a^2}{c},0\right)$,$F(c,0)$,可得

$$\begin{cases}a^2-c^2=b^2=2\\c=2\left(\frac{a^2}{c}-c\right)\end{cases}$$

解得$a=\sqrt{6}$,$c=2$.

所以,椭圆方程为$\frac{x^2}{6}+\frac{y^2}{2}=1$,离心率$e=\frac{2}{\sqrt{6}}=\frac{\sqrt{6}}{3}$.

(Ⅱ)**【解法1】** 由(Ⅰ)可得$\frac{a^2}{c}=\frac{6}{2}=3$,则$A(3,0)$.

设过A的直线PQ的方程为$y=k(x-3)$(显然,若k不存在,则过A的直线为准线l与椭圆不相交),由方程组

$$\begin{cases}\frac{x^2}{6}+\frac{y^2}{2}=1\\y=k(x-3)\end{cases}$$

得

$$(3k^2+1)x^2-18k^2x+27k^2-6=0$$

依题意,其判别式满足

$$\Delta=18^2k^4-4(3k^2+1)(27k^2-6)>0$$

$$-36k^2+24>0$$

$$-\frac{\sqrt{6}}{3}<k<\frac{\sqrt{6}}{3}$$

设点$P(x_1,y_1)$,$Q(x_2,y_2)$,则

$$\begin{cases}x_1+x_2=\frac{18k^2}{3k^2+1} & ①\\x_1x_2=\frac{27k^2-6}{3k^2+1} & ②\end{cases}$$

由直线PQ的方程可得

$$y_1=k(x_1-3),y_2=k(x_2-3)$$

$$\begin{aligned}y_1y_2&=k^2(x_1-3)(x_2-3)\\&=k^2[x_1x_2-3(x_1+x_2)+9]\\&=k^2\left(\frac{27k^2-6}{3k^2+1}-\frac{54k^2}{3k^2+1}+\frac{27k^2+9}{3k^2+1}\right)\\&=\frac{3k^2}{3k^2+1}\end{aligned} \quad ③$$

由题设$\overrightarrow{OP}\cdot\overrightarrow{OQ}=0$,则

$$x_1x_2+y_1y_2=0 \quad ④$$

由 ①,②,③,④ 得

$$\frac{27k^2-6+3k^2}{3k^2+1}=0$$

$$k=\pm\frac{\sqrt{5}}{5}\in\left(-\frac{\sqrt{6}}{3},\frac{\sqrt{6}}{3}\right)$$

所以直线 PQ 的方程为

$$x-\sqrt{5}y-3=0 \text{ 或 } x+\sqrt{5}y-3=0$$

【解法2】 由于直线 PQ 过 x 轴上的定点 $A(3,0)$,则要设直线 PQ 的方程为 $x=my+3$,由方程组$\begin{cases}x=my+3\\ \dfrac{x^2}{6}+\dfrac{y^2}{2}=1\end{cases}$,得

$$(3+m^2)y^2+6my+3=0$$

设 $P(x_1,y_1)$,$Q(x_2,y_2)$,则由题意

$$\Delta=36m^2-12(3+m^2)>0,m^2>\frac{3}{2},|m|>\frac{\sqrt{6}}{2}$$

$$\begin{cases}y_1+y_2=-\dfrac{6m}{3+m^2}\\ y_1y_2=\dfrac{3}{3+m^2}\end{cases}$$

于是

$$y_1+y_2=-2my_1y_2 \quad ⑤$$

$$\begin{aligned}x_1x_2&=(my_1+3)(my_2+3)=m^2y_1y_2+3m(y_1+y_2)+9\\&=\frac{3m^2}{3+m^2}-\frac{18m^2}{3+m^2}+9\\&=\frac{-15m^2}{3+m^2}+9\end{aligned}$$

因为$\overrightarrow{OP}\cdot\overrightarrow{OQ}=0$,则 $x_1x_2+y_1y_2=0$,即

$$\frac{-15m^2}{3+m^2}+9+\frac{3}{3+m^2}=0$$

解得 $m^2=5,m=\pm\sqrt{5}$.

于是直线 PQ 的方程为

$$x-\sqrt{5}y-3=0,x+\sqrt{5}y-3=0$$

(Ⅲ)**【证法 1】** $\overrightarrow{AP}=(x_1-3,y_1),\overrightarrow{AQ}=(x_2-3,y_2),M(x_1,-y_1)$.

由$\overrightarrow{AP}=\lambda\overrightarrow{AQ}$,得

$$(x_1-3,y_1)=\lambda(x_2-3,y_2)$$

又 $P(x_1,y_1),Q(x_2,y_2)$ 在椭圆上,则有方程组

$$\begin{cases}x_1-3=\lambda(x_2-3)\\ y_1=\lambda y_2\\ \dfrac{x_1^2}{6}+\dfrac{y_1^2}{2}=1\\ \dfrac{x_2^2}{6}+\dfrac{y_2^2}{2}=1\end{cases}$$

再由 $\lambda>1$,可解得 $x_2=\dfrac{5\lambda-1}{2\lambda}$.

由 $F(2,0)$,有

$$\overrightarrow{FM}=(x_1-2,-y_1)$$

$$\begin{aligned}x_1-2&=\lambda(x_2-3)+1\\&=\lambda\cdot\left(\frac{5\lambda-1}{2\lambda}-3\right)+1\\&=\frac{-\lambda^2+\lambda}{2\lambda}\end{aligned}$$

$$\overrightarrow{FM}=(x_1-2,-y_1)=\left(\frac{-\lambda^2+\lambda}{2\lambda},-\lambda y_2\right)=-\lambda\left(\frac{\lambda-1}{2\lambda},y_2\right)$$

而

$$\overrightarrow{FQ}=(x_2-2,y_2)=\left(\frac{5\lambda-1}{2\lambda}-2,y_2\right)=\left(\frac{\lambda-1}{2\lambda},y_2\right)$$

因此

$$\overrightarrow{FM}=-\lambda\overrightarrow{FQ}$$

问题(Ⅲ)所要求证明的$\overrightarrow{FM}=-\lambda\overrightarrow{FQ}$有两个含意,第一要证明$\overrightarrow{FM}$与$\overrightarrow{FQ}$是共线向量,即证明 F,M,Q 三点共线,第二要证明$\overrightarrow{FM}$与$\overrightarrow{FQ}$的比的关系,即$\dfrac{|FM|}{|FQ|}=\lambda$,其中第一点,即证三点共线是关键,因为当 F,M,Q 共线之后,用

平面几何的方法就能证明$\frac{|FM|}{|FQ|}=\lambda$.

证明F,M,Q三点共线的方法很多,例如可证明:

(1) $|MF|+|FQ|=|MQ|$;

(2) 直线MQ过点F;

(3) $\overrightarrow{AF}=\alpha\overrightarrow{AM}+\beta\overrightarrow{AQ}$,其中$\alpha+\beta=1$.

由此可得到下面三种不同的证法.

【证法2】 我们通过证明$|MF|+|FQ|=|MQ|$来证明M,F,Q三点共线.

由椭圆第二定义

$$|FM|=e(3-x_1)=\frac{\sqrt{6}}{3}(3-x_1)$$

$$|FQ|=e(3-x_2)=\frac{\sqrt{6}}{3}(3-x_2)$$

由式①,有

$$\begin{aligned}|FM|+|FQ|&=\frac{\sqrt{6}}{3}[6-(x_1+x_2)]\\&=\frac{\sqrt{6}}{3}\left(6-\frac{18k^2}{3k^2+1}\right)=\frac{2\sqrt{6}}{3k^2+1}\end{aligned}$$

由$M(x_1,-y_1)$,$Q(x_2,y_2)$,有

$$\begin{aligned}|MQ|^2&=(x_1-x_2)^2+(y_1+y_2)^2\\&=[(x_1+x_2)^2-4x_1x_2]+k^2(x_1+x_2-6)^2\\&=\left[\left(\frac{18k^2}{3k^2+1}\right)^2-\frac{4(27k^2-6)}{3k^2+1}\right]+k^2\left(\frac{18k^2}{3k^2+1}-6\right)^2\\&=\frac{24}{(3k^2+1)^2}\end{aligned}$$

$$|MQ|=\frac{2\sqrt{6}}{3k^2+1}$$

因此,$|MF|+|FQ|=|MQ|$.

即M,F,Q三点共线.

下面继续证明$\overrightarrow{FM}=-\lambda\overrightarrow{FQ}$.

如图1.1,设PM交x轴于T,$QS\perp x$轴于S,由相似三角形的性质得

$$\frac{|FM|}{|FQ|}=\frac{|MT|}{|QS|}=\frac{|PT|}{|QS|}=\frac{|AP|}{|AQ|}=\lambda$$

即

$$\overrightarrow{MF}=\lambda\overrightarrow{FQ}$$

从而

$$\overrightarrow{FM}=-\lambda\overrightarrow{FQ}$$

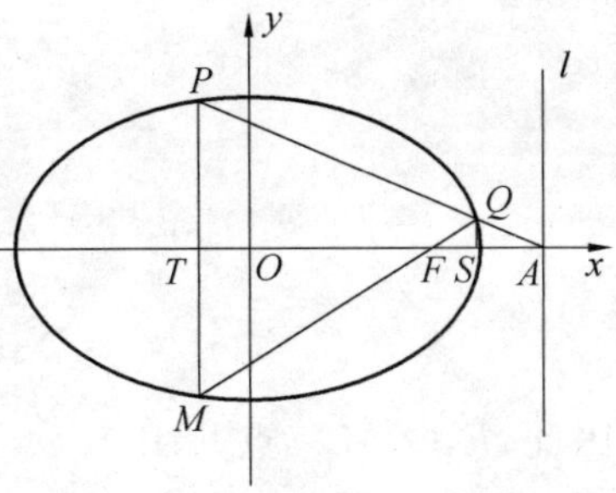

图 1.1

【证法 3】 证明直线 MQ 过点 $F(2,0)$.

直线 MQ 的方程为

$$\frac{y+y_1}{y_2+y_1}=\frac{x-x_1}{x_2-x_1} \quad ⑥$$

在式 ⑥ 中,令 $y=0$,则

$$y_1(x_2-x_1)=(y_2+y_1)x-(y_2+y_1)x_1$$

$$x=\frac{x_2y_1+x_1y_2}{y_1+y_2}$$

设直线 PQ 的方程为 $x=my+3$,则

$$x_1=my_1+3,x_2=my_2+3$$

$$\begin{aligned}x&=\frac{x_2y_1+x_1y_2}{y_1+y_2}\\&=\frac{(my_2+3)y_1+(my_1+3)y_2}{y_1+y_2}\\&=\frac{2my_1y_2+3(y_1+y_2)}{y_1+y_2}\\&=\frac{-(y_1+y_2)+3(y_1+y_2)}{y_1+y_2}\quad(\text{由式⑤})\\&=2\end{aligned}$$

所以直线 MQ 过点$(2,0)$,即 M,F,Q 三点共线.

以下证明同证法 2.

【证法 4】 假设直线 PQ 的方程为 $x=my+3$.

由平面向量基本定理,存在 $\alpha,\beta\in\mathbf{R}$,使$\overrightarrow{AF}=\alpha\overrightarrow{AQ}+\beta\overrightarrow{AM}$.

为证明 M,F,Q 三点共线,需证明 $\alpha+\beta=1$.

由

$$\overrightarrow{AF}=(-1,0),\overrightarrow{AQ}=(x_2-3,y_2),\overrightarrow{AM}=(x_1-3,-y_1)$$

于是有

$$(-1,0)=\alpha(x_2-3,y_2)+\beta(x_1-3,-y_1)$$

$$\begin{cases}-1=\alpha(x_2-3)+\beta(x_1-3)\\0=\alpha y_2-\beta y_1\end{cases}$$

即

$$\begin{cases}-1=\alpha my_2+\beta my_1\\\alpha y_2=\beta y_1\end{cases},\quad \alpha=\frac{-1}{2my_2},\quad \beta=\frac{-1}{2my_1}$$

$$\begin{aligned}\alpha+\beta&=-\frac{1}{2m}\cdot\left(\frac{1}{y_1}+\frac{1}{y_2}\right)\\&=-\frac{1}{2m}\cdot\frac{y_1+y_2}{y_1y_2}\\&=-\frac{1}{2m}\cdot\frac{-2my_1y_2}{y_1y_2}\text{（由式⑤）}\\&=1\end{aligned}$$

因此，F,Q,M 三点共线.

以下证明同证法 2.

演绎证明能力是一种重要的理性思维能力，在对本题进行演绎推理时，对题目给出的信息，有较强的条件意识，目标意识和化归意识是提高解题质量和解题速度的关键.

例如，题目给出的直线 PQ 过定点 $A(3,0)$，直线 PQ 的方程如何设能简化运算就应该思考，一种设法是设为 $y=k(x-3)$，如(Ⅱ)的证法 1，(Ⅲ)的证法 1，2，另一种设法是设为 $x=my+3$，如(Ⅱ)的证法 2，(Ⅲ)的证法 3，4，大家比较这些后可以发现，第二种设法的运算量比较小一些，这是因为直线 PQ 在 x 轴上的截距是 3，用 $x=my+3$ 比 $y=k(x-3)$，代入椭圆方程时，减少一些字母运算，这是有较强的条件意识做出的比较.

在解题中还必须加强目标意识和化归意识，如(Ⅲ)的证法 1，则把直接计算$\overrightarrow{FM}=-\lambda\overrightarrow{FQ}$，作为解题目标，按这一目标，需用 λ 来表示 x_1，x_2，进而用 λ 表示$\overrightarrow{FM}$与$\overrightarrow{FQ}$，而证法 2，3，4，则把证明$\overrightarrow{FM}=-\lambda\overrightarrow{FQ}$这一目标化归为两个目标，第一个目标是证明 M,F,Q 三点共线，第二个目标是证明$\frac{|FM|}{|FQ|}=\lambda$，从而使解题的思路更加自然.

这道题已经解完了，顺便指出，从思维训练的角度，本题还可以进一步归纳和推广，对于第(Ⅲ)问，并不是仅对特殊的椭圆$\frac{x^2}{6}+\frac{y^2}{2}=1$ 结论才成立，而是对任意的椭圆均成立，因此，有下面的命题：

设 l 为椭圆$\frac{x^2}{a^2}+\frac{y^2}{b^2}=1(a>b>0)$ 的右准线，F 为其右焦点，l 与 x 轴交于点 A，过点 A 的直线交椭圆于 P，Q 两点，点 P 关于 x 轴的对称点为点 M，则点 Q,F,M 三点共线.

我们采用(Ⅲ)的证法 4 证明这一结论，由题设 $A\left(\frac{a^2}{c},0\right)$.

设过点 A 的直线为 $x=my+\frac{a^2}{c}$，又设 $P(x_1,y_1)$，$Q(x_2,y_2)$，则 $M(x_1,$

$-y_1)$.

解

$$\begin{cases} x=my+\dfrac{a^2}{c} \\ \dfrac{x^2}{a^2}+\dfrac{y^2}{b^2}=1 \end{cases}$$

则

$$b^2(my+\frac{a^2}{c})^2+a^2y^2=a^2b^2$$

$$(b^2m^2+a^2)y^2+2\cdot\frac{a^2b^2}{c}my+\frac{a^4b^2}{c^2}-a^2b^2=0$$

于是

$$y_1+y_2=-\frac{2\cdot\dfrac{a^2b^2}{c}m}{b^2m^2+a^2}$$

$$y_1\cdot y_2=\frac{\dfrac{a^4b^2}{c^2}-a^2b^2}{b^2m^2+a^2}=\frac{\dfrac{a^2b^4}{c^2}}{b^2m^2+a^2}$$

$$y_1+y_2=-2m\cdot\frac{c}{b^2}y_1y_2 \quad ⑦$$

由平面向量基本定理,存在实数 α,β,使得

$$\overrightarrow{AF}=\alpha\overrightarrow{AQ}+\beta\overrightarrow{AM} \quad ⑧$$

为证明 Q,F,M 三点共线,只需证明

$$\alpha+\beta=1$$

$$\overrightarrow{AF}=(c-\frac{a^2}{c},0)=(\frac{-b^2}{c},0),\overrightarrow{AQ}=(x_2-\frac{a^2}{c},y_2),\overrightarrow{AM}=(x_1-\frac{a^2}{c},-y_1)$$

由直线方程 $x=my+\frac{a^2}{c}$,则 $x_2-\frac{a^2}{c}=my_2,x_1-\frac{a^2}{c}=my_1$,于是有

$$\overrightarrow{AQ}=(my_2,y_2),\overrightarrow{AM}=(my_1,-y_1)$$

则式 ⑧ 化为

$$(-\frac{b^2}{c},0)=\alpha(my_2,y_2)+\beta(my_1,-y_1)$$

$$\begin{cases} -\dfrac{b^2}{c}=\alpha my_2+\beta my_1 \\ 0=\alpha y_2-\beta y_1 \end{cases}$$

因此有

$$\alpha=-\frac{b^2}{2mc}\cdot\frac{1}{y_1},\beta=-\frac{b^2}{2mc}\cdot\frac{1}{y_1}$$

$$\alpha+\beta=-\frac{b^2}{2mc}\cdot\left(\frac{1}{y_1}+\frac{1}{y_2}\right)$$
$$=-\frac{b^2}{2mc}\cdot\frac{y_1+y_2}{y_1y_2}$$
$$=-\frac{b^2}{2mc}\cdot\left(-2m\cdot\frac{c}{b^2}\right)\quad(\text{由式⑦})$$
$$=1$$

所以，点，Q,F,M 共线.

这种从特殊推广到一般的思维是一种归纳思维，抽象思维，归纳抽象思维是数学理性思维的重要组成部分.

【例 2】 (2003 年，新课程卷，文史类)

已知抛物线 $C_1:y=x^2+2x$ 和 $C_2:y=-x^2+a$，如果直线 l 同时是 C_1 和 C_2 的切线，称 l 是 C_1 和 C_2 的公切线，公切线上两个切点之间的线段，称为公切线段.

(Ⅰ) a 取什么值时，C_1 和 C_2 有且仅有一条公切线，写出此公切线的方程；

(Ⅱ) 若 C_1 和 C_2 有两条公切线，证明相应的两条公切线段互相平分.

【分析及解】 这是一道以曲线和直线的位置关系、直线方程、二次方程等为素材，考查逻辑推理和演绎证明能力的试题.

已知条件中给出了两条抛物线；其中有一条是含参数 a 的动抛物线，并且给出直线 l 是曲线 C_1 和 C_2 的公切线，还给出公切线段的定义.

本题的解题目标有两个：第一个目标是，若 C_1 和 C_2 有且只有一条公切线时，求参数 a 的值和公切线方程；第二个目标是，若 C_1 和 C_2 有两条公切线，则要证明这两条公切线段相互平分.

从题设条件和解题目标出发，从我们的记忆系统中能够搜索出哪些有关的信息呢？搜索出的有关信息不同，所得到的解题思路也不同.

第一个解题思路

从直线与抛物线相切想到直线方程与抛物线方程组成的方程组有且仅有一组实数解，又可以想到从方程组消元后，得到的一元二次方程有两个相等的实根，即根的判别式等于零，由这一思维链出发，可以得到下面的解法.

首先可以设抛物线 C_1 和 C_2 的公切线 l 的方程为一个斜截式方程：$y=kx+b$，这是因为斜率不存在的直线不可能是题目给出的两条抛物线的切线，更不可能是它们的公切线，因此可以设所求公切线方程为斜截式直线方程.

(Ⅰ) 我们研究抛物线 C_1 和 C_2 有且只有一条公切线的问题.

由 $\begin{cases}y=x^2+2x\\y=kx+b\end{cases}$，可得

$$x^2+(2-k)x-b=0$$

由直线 l 与抛物线 C_1 相切，则

$$\Delta_1=(2-k)^2+4b=0$$

$$k^2-4k+4b+4=0 \quad ①$$

由

$$\begin{cases}y=-x^2+a\\ y=kx+b\end{cases}$$

可得

$$x^2+kx+b-a=0$$

由直线 l 与抛物线 C_2 相切，则

$$\Delta_2=k^2-4(b-a)=0$$

$$k^2-4b+4a=0 \quad ②$$

由式 ①，② 消去 b，得到一个关于 k 的二次方程

$$2k^2-4k+4a+4=0$$

$$k^2-2k+2a+2=0 \quad ③$$

如果 C_1 和 C_2 有且仅有一条公切线，则方程 ③ 必须有两个相等的实根，即

$$\Delta_3=4-4(2a+2)=0, a=-\frac{1}{2}$$

当 $a=-\frac{1}{2}$ 时，由 ③ 得 $k=1$，再由 ① 得 $b=-\frac{1}{4}$.

于是 $a=-\frac{1}{2}$ 时，C_1 和 C_2 有且只有一条公切线，公切线方程为

$$y=x-\frac{1}{4}$$

（Ⅱ）如果抛物线 C_1 和 C_2 有两条公切线，则由（Ⅰ），关于斜率 k 的方程 ③ 必有两个不相等的实根，即

$$\Delta_2=4-4(2a+2)>0, a<-\frac{1}{2}$$

设公切线 l_1 与抛物线 C_1 的切点为 $A(x_1,y_1)$，与抛物线 C_2 的切点为 $C(x_2,y_2)$，则由（Ⅰ）可知，方程

$$x^2+(2-k)x-b=0$$

在 $\Delta_1=0$ 时，可得

$$x_1=-1+\frac{1}{2}k$$

方程

$$x^2+kx+b-a=0$$

在 $\Delta_2=0$ 时，可得 $x_2=-\frac{1}{2}k$. 于是有

$$x_1+x_2=-1+\frac{1}{2}k-\frac{1}{2}k=-1$$

$$\begin{aligned}y_1+y_2&=x_1^2+2x_1-x_2^2+a\\&=(x_1+x_2)(x_1-x_2)+2x_1+a\\&=-(x_1-x_2)+2x_1+a\\&=(x_1+x_2)+a\\&=a-1\end{aligned}$$

因此，公切线段 AC 的中点坐标为 $\left(-\frac{1}{2},\frac{a-1}{2}\right)$.

同理，另一条公切线段 BD 的中点坐标也为 $\left(-\frac{1}{2},\frac{a-1}{2}\right)$.

于是公切线段互相平分.

第二个解题思路

由直线与抛物线相切联想到导数的几何意义，即函数 $y=f(x)$ 在 $x=x_1$ 处的导数就是过曲线上点 $(x_1,f(x_1))$ 的切线的斜率，因此把直线与抛物线相切的问题转化为过抛物线上的点的切线问题，把只有一条公切线问题转化为切线重合问题，或者是切点重合问题，把两条公切线段互相平分问题转化为有相同中点问题，从这一思维链出发，可得到下面的解法.

设公切线 l 在 C_1 上的切点为 $A(x_1,x_1^2+2x_1)$，在 C_2 上的切点为 $C(x_2,-x_2^2+a)$.

由 $y=x^2+2x$，得

$$y'=2x+2,\ y'\Big|_{x=x_1}=2x_1+2$$

l 为

$$y-(x_1^2+2x_1)=(2x_1+2)(x-x_1)$$

$$y=(2x_1+2)x-x_1^2 \qquad ④$$

由 $y=-x^2+a$，得

$$y'=-2x,\ y'\Big|_{x=x_2}=-2x_2$$

l 为

$$y=-2x_2x+x_2^2+a \qquad ⑤$$

因为方程 ④ 和 ⑤ 都是公切线 l 的方程，则有

$$\begin{cases}2x_1+2=-2x_2\\-x_1^2=x_2^2+a\end{cases} \qquad ⑥$$

从⑥中消去 x_2 得

$$2x_1^2+2x_1+1+a=0 \qquad ⑦$$

从⑥中消去 x_1 得

$$2x_2^2+2x_2+1+a=0 \qquad ⑧$$

于是由⑦,⑧知,x_1,x_2 是方程

$$2x^2+2x+1+a=0 \qquad ⑨$$

的根.

若方程⑨的根的判别式 $\Delta=0$,即

$$\Delta=4-8(1+a)=0$$

由 $a=-\frac{1}{2}$,解得 $x_1=x_2=-\frac{1}{2}$,此时 C_1 和 C_2 有且只有一条公切线,将 $x_1=-\frac{1}{2}$ 代入④得

$$y=x-\frac{1}{4}$$

也可以直接由⑥及 $x_1=x_2$ 得 $x_1=x_2=-\frac{1}{2}, a=-\frac{1}{2}$.

若方程⑨的根的判别式 $\Delta>0$,即 $\Delta=4-8(1+a)>0$,由 $a<-\frac{1}{2}$,此时方程⑨有不等实根 x_1,x_2,C_1 和 C_2 有两条公切线.

若设一条公切线 l_1 与 C_1 的切点为 $A(x_1,y_1)$,l_1 与 C_2 的切点为 $C(x_2,y_2)$,则由方程⑨可知

$$x_1+x_2=-\frac{2}{2}=-1$$

$$y_1+y_2=x_1^2+2x_1-x_1^2+a=-1+a$$

即 AC 的中点坐标为 $\left(-\frac{1}{2},\frac{a-1}{2}\right)$.

同理,另一条公切线 l_2 与 C_1 的切点 B,与 C_2 的切点 D,则 BD 的中点坐标也为 $\left(-\frac{1}{2},\frac{a-1}{2}\right)$.

因此,两条公切线段互相平分.

第三个解题思路

本题的第二问是证明公切线段互相平分,联想到它的几何意义就是四个切点恰好是平行四边形的顶点,而证明平行四边形的方法中,利用平面向量思

路较为简捷，由此想到以四个切点为端点，构造平面向量，若出现相等的向量，即证得四个切点连成平行四边形，而证明有且仅有一条公切线则可看作切点重合，出现零向量.下面就尝试用平面向量求解.(图1.2)

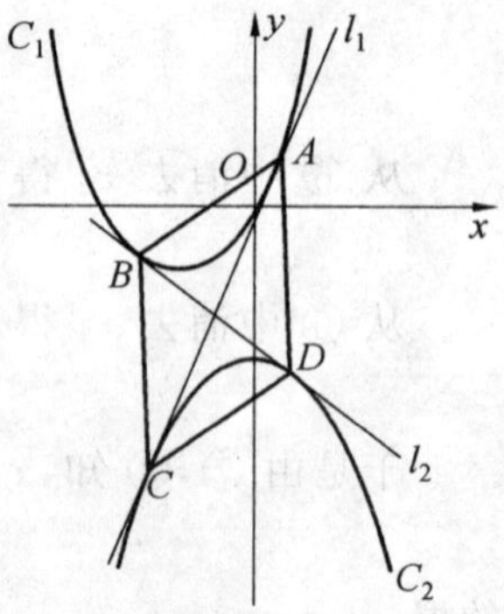

图 1.2

(1) 设直线 l_1 是抛物线 C_1 和 C_2 的一条公切线，l_1 与 C_1 切于点 $A(x_1,x_1^2+2x_1)$，与 C_2 切于点 $C(x_2,-x_2^2+a)$，则

$$\overrightarrow{AC}=(x_2-x_1,-x_2^2-x_1^2+a-2x_1)$$

若 l_1 是 C_1,C_2 的唯一一条公切线，则切点 A,C 应重合，$\overrightarrow{AC}=\mathbf{0}$，于是有

$$\begin{cases}x_2-x_1=0\\-x_2^2-x_1^2+a-2x_1=0\end{cases}$$

由 $-2x_1^2-2x_1+a=0$，即

$$2x_1^2+2x_1-a=0$$

应有 $\Delta=4+8a=0$，即 $a=-\dfrac{1}{2}$，解得 $x_1=x_2=-\dfrac{1}{2}$.

切点为 $\left(-\dfrac{1}{2},-\dfrac{3}{4}\right)$.

再由

$$y'=(x^2+2x)'=2x+2,y'\Big|_{x=-\frac{1}{2}}=1$$

可得公切线方程为 $y+\dfrac{3}{4}=x+\dfrac{1}{2}$，即 $y=x-\dfrac{1}{4}$.

(2) 再设直线 l_2 是抛物线 C_1 和 C_2 的另一条公切线，l_2 与 C_1 切于点 $B(x_3,x_3^2+2x_3)$，与 C_2 切于点 $D(x_4,-x_4^2+a)$.

为证明 AC 与 BD 互相平分，只需证明四边形 $ABCD$ 为平行四边形，即证明 $\overrightarrow{AB}=\overrightarrow{DC}$.有

$$\begin{aligned}\overrightarrow{AB}&=(x_3-x_1,x_3^2-x_1^2+2(x_3-x_1))\\&=(x_3-x_1,(x_3-x_1)(x_3+x_1+2))\\&=(x_3-x_1)(1,x_3+x_1+2)\end{aligned}$$

$$\begin{aligned}\overrightarrow{DC}&=(x_2-x_4,-(x_2^2-x_4^2))\\&=(x_2-x_4)(1,-(x_2+x_4))\end{aligned}$$

由前面的两个解法可得 $x_1+x_2=-1,x_3+x_4=-1$，则

$$x_1+x_2=x_3+x_4$$

即

$$x_3 - x_1 = x_2 - x_4$$

又由 $x_1 + x_2 + x_3 + x_4 = -2$，于是

$$(x_3 - x_1)(1, x_3 + x_1 + 2) = (x_2 - x_4)(1, -(x_2 + x_4))$$

即

$$\overrightarrow{AB} = \overrightarrow{DC}$$

所以四边形 $ABCD$ 是平行四边形，公切线段 AC，BD 互相平分.

从以上三个解题思路可以看出，我们从已知条件系统和求解系统获得的信息，在记忆系统中可以搜索到不同的知识用以解决本题，从直线与抛物线相切，公切线可以联想到一元二次方程有两个相等的实根，这就获得第一个解法，可以联想到导数的作用，这就获得第二个解法，可以联想到共线向量与平行四边形的关系，这就获得第三个解法. 不同的思维依据，确定了不同的思维方向，都达到了共同的解题目标.

【例 3】 (2003 年，上海卷)

在以 O 为原点的直角坐标系中，点 $A(4,-3)$ 为 $\triangle OAB$ 的直角顶点，已知 $|AB| = 2|OA|$，且点 B 的纵坐标大于零.

(Ⅰ) 求向量 $\overrightarrow{AB}$ 的坐标；

(Ⅱ) 求圆 $x^2 - 6x + y^2 + 2y = 0$ 关于直线 OB 对称的圆的方程；

(Ⅲ) 是否存在实数 a，使抛物线 $y = ax^2 - 1$ 上总有关于直线 OB 对称的两个点？若不存在，说明理由；若存在，求 a 的取值范围.

【分析及解】 (Ⅰ) 从已知条件中我们获得如下的信息：$\triangle OAB$ 为直角三角形，直角顶点 A 的坐标为 $(4,-3)$，两条直角边的比为 2，一个锐角的顶点为坐标原点，另一个锐角的顶点 B 的纵坐标大于零. 而解题目标是求向量 $\overrightarrow{AB}$ 的坐标表示.

从这一解题目标我们可以选择两个解题途径，一个是直接求向量 $\overrightarrow{AB}$；一个是先求出点 B 的坐标，再求向量 $\overrightarrow{AB}$.

【解法 1】 设 $\overrightarrow{AB} = (u, v)$，由已知条件得 $\begin{cases} |\overrightarrow{AB}| = 2|\overrightarrow{OA}| \\ \overrightarrow{AB} \cdot \overrightarrow{OA} = 0 \end{cases}$，即

$$\begin{cases} \sqrt{u^2 + v^2} = 2\sqrt{4^2 + (-3)^2} \\ 4u - 3v = 0 \end{cases}$$

解得 $\begin{cases} u_1 = 6 \\ v_1 = 8 \end{cases}$，$\begin{cases} u_2 = -6 \\ v_2 = -8 \end{cases}$，$\overrightarrow{AB} = (6, 8)$ 或 $(-6, -8)$.

我们进行检验.

$\overrightarrow{OB}=\overrightarrow{OA}+\overrightarrow{AB}=(4,-3)+(u,v)=(u+4,v-3)$.

由题设 $v-3>0$，于是 $u=-6,v=-8$ 应舍掉. 故$\overrightarrow{AB}=(6,8)$.

【解法 2】 先求出 B 的坐标，再求向量$\overrightarrow{AB}$.

设 $B(x,y)$，则由 $AB\perp OA$ 及 $|AB|=2|OA|$，得

$$\begin{cases}\dfrac{y+3}{x-4}\cdot\dfrac{-3}{4}=-1\\(x-4)^2+(y+3)^2=4\times 5^2\end{cases}$$

解得

$$\begin{cases}x_1=10\\y_1=5\end{cases},\quad\begin{cases}x_2=-2\\y_2=-11\end{cases}$$

由题设，应用 $y>0$，于是 $(x_2,y_2)=(-2,-11)$ 舍掉，故 $B(10,5)$.

$\overrightarrow{AB}=(10-4,5-(-3))=(6,8)$.

【解法 3】 我们借助于图形来思考，如图 1.3，作 $BD\perp x$ 轴于 D，设 $\angle DOA=\alpha$，$\angle OBA=\beta$，则 $\angle ABD=\alpha$. 于是

$$\tan\alpha=\frac{3}{4},\tan\beta=\frac{1}{2}$$

$$\tan(\alpha+\beta)=\frac{\tan\alpha+\tan\beta}{1-\tan\alpha\tan\beta}=2$$

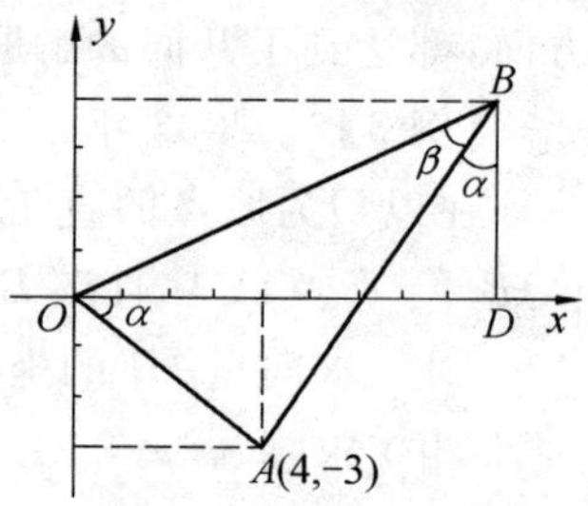

图 1.3

所以

$$\frac{|OD|}{|BD|}=\frac{|AB|}{|OA|}=2$$

即

$$\triangle ODB\cong\triangle BAO$$

从而有

$$|BD|=|OA|=5,|OD|=2|BD|=10$$

于是 $B(10,5)$，$\overrightarrow{AB}=(6,8)$.

(Ⅱ) 由$\overrightarrow{AB}=(6,8)$，得 $B(10,5)$. 故直线 OB 的方程为 $y=\frac{1}{2}x$.

已知圆的方程可化为 $C:(x-3)^2+(y+1)^2=10$.

求圆 C 关于直线 OB 对称的圆的方程，关键在于求出圆心 $(3,-1)$ 关于直线 OB 的对称点，以这个对称点为圆心，以$\sqrt{10}$ 为半径的圆即为所求的圆.

设 $(3,-1)$ 关于直线 $y=\frac{1}{2}x$ 的对称点为 (a,b)，则

$$\begin{cases}\dfrac{a+3}{2}-2\cdot\dfrac{y-1}{2}=0\\ \dfrac{b+1}{a-3}\cdot\dfrac{1}{2}=-1\end{cases}$$

由此解得 $a=1,b=3$.

于是,所求的圆的方程为

$$(x-1)^2+(y-3)^2=10$$

即

$$x^2+y^2-2x-6y=0$$

解这一问时,我们把圆关于直线对称的问题化归为点关于直线的对称问题,从而使问题很容易解决.

(Ⅲ)这一问是一道开放性问题,其解题目标是寻求使抛物线 $y=ax^2-1$ 上总有关于直线 OB 对称的两个点的实数 a,属于存在性问题.由这个题的解题目标自然想到,如果存在对称的两个点 P,Q,则 OB 应为线段 PQ 的垂直平分线,那么在怎样的情况下,P,Q 两点存在呢?这里有两个思路,一个思路是 PQ 的中点 M 如果一定在抛物线的内部,则对称点 P,Q 一定存在;第二个思路是直线 PQ 与抛物线必有两个交点,即由直线 PQ 与抛物线得到的关于 x 或关于 y 的方程有两个不相等的实根,从这两个思路出发可以得到两个解法.

【解法1】 设 $P(x_1,y_1),Q(x_2,y_2)$ 是抛物线 $y=ax^2-1$ 上关于直线 OB,即 $y=\dfrac{1}{2}x$ 的两个对称点.

又设 PQ 的中点 $M(x_0,y_0)$.

由 P,Q 两点在抛物线上,得

$$\begin{cases}y_1=ax_1^2-1 & ①\\ y_2=ax_2^2-1 & ②\end{cases}$$

式 ① − ② 得

$$y_1-y_2=a(x_1^2-x_2^2)$$

$$\frac{y_1-y_2}{x_1-x_2}=a(x_1+x_2)=2ax_0 \quad ③$$

由直线 PQ 与 OB 垂直,则

$$\frac{y_1-y_2}{x_1-x_2}\cdot\frac{1}{2}=1$$

即

$$\frac{y_1-y_2}{x_1-x_2}=-2 \quad ④$$

由③，④得，$-2=2ax_0$，因为 $a\neq 0$，所以 $x_0=-\frac{1}{a}$，又 $M(x_0,y_0)$ 在直线 $y=\frac{1}{2}x$ 上，则 $y_0=-\frac{1}{2a}$. 即 PQ 中点 $M\left(-\frac{1}{a},-\frac{1}{2a}\right)$.

当 $a>0$ 时，M 在抛物线 $y=ax^2-1$ 的内部，有

$$-\frac{1}{2a}>a\left(-\frac{1}{a}\right)^2-1$$

即 $a>\frac{3}{2}$.

当 $a<0$ 时，M 在抛物线 $y=ax^2-1$ 的内部，有

$$-\frac{1}{2a}<a\left(-\frac{1}{a}\right)^2-1$$

即 $a>\frac{3}{2}$. 与 $a<0$ 矛盾.

于是存在 $a>\frac{3}{2}$，使抛物线 $y=ax^2-1$ 上总有关于直线 OB 对称的两个点.

【解法 2】 由解法 1 可得，PQ 中点 $M\left(-\frac{1}{a},-\frac{1}{2a}\right)$. 直线 PQ 的斜率 $k=-2$，所以直线 PQ 方程为

$$y+\frac{1}{2a}=-2\left(x+\frac{1}{a}\right)$$

即

$$y=-2x-\frac{5}{2a}$$

由

$$\begin{cases}y=ax^2-1\\ y=-2x-\frac{5}{2a}\end{cases}$$

消去 y 得

$$ax^2+2x+\frac{5-2a}{2a}=0 \qquad ⑤$$

如果存在关于直线 OB 对称的两个点 P，Q，则方程⑤应有两个不相等的实根，其根的判别式应满足 $\Delta>0$，即

$$\Delta=4-4a\cdot\frac{5-2a}{2a}>0, 2-5+2a>0, a>\frac{3}{2}$$

因此存在 $a>\frac{3}{2}$，使抛物线 $y=ax^2-1$ 上总有关于直线 OB 对称的两个点.

从以上三个例题可以看出，我们在解题时强化条件意识，目标意识和化归意识，并根据题目的信息从记忆系统中搜索有关的知识，是逻辑推理和演绎证明必不可少的内容.

二、归纳抽象能力

归纳推理和演绎推理是两种不同的推理和思考方法，归纳推理是一种由旧事物发现新事物的推理方法，是创造力的一种成分，而数学的抽象又是数学的主要特征之一，对归纳抽象能力的考查主要是看能不能对某一个数学对象的特征进行抽象，对数学对象的各种关系进行抽象，以及对不同的数学材料的相似性进行抽象，即在解题中能否发现属性，发现关系和发现相似性，归纳抽象能力具体表现为归纳能力，类比联想能力和探究能力.

【例 1】 (2003 年，新课程卷，全国卷，文史类)

在平面几何里，由勾股定理："设 $\triangle ABC$ 的两边 AB，AC 互相垂直，则 $AB^2+AC^2=BC^2$"，拓展到空间，类比平面几何的勾股定理，研究三棱锥的侧面面积与底面面积的关系，可以得出的正确结论是"设三棱锥 $A-BCD$ 的三个侧面 ABC，ACD，ADB 两两互相垂直，则______".

【分析及解】 这个题目的旧事物是平面几何的直角三角形的勾股定理，新事物则是立体几何中有三个侧面两两互相垂直的三棱锥的面积关系，从旧事物发现新事物就要发现二者的相似性，用类似联想来思考.

直角三角形 $\xrightarrow{\text{类比}}$ 三个侧面两两垂直的三棱锥.

边长的平方和 $\xrightarrow{\text{类比}}$ 面积的平方和.

两个数的平方和 $\xrightarrow{\text{类比}}$ 三个数的平方和.

由以上，可以得到结论：$S_{\triangle ABC}^2+S_{\triangle ACD}^2+S_{\triangle ADB}^2=S_{\triangle BCD}^2$.

题目没有要求证明，如果要求证明也很简单，这里就省略了.

【例 2】 (2003 年，上海卷，理工类)

已知数列 $\{a_n\}$(n 为正整数) 是首项为 a_1，公比为 q 的等比数列.

(Ⅰ) 求和

$$a_1C_2^0-a_2C_2^1+a_3C_2^2$$

$$a_1C_3^0-a_2C_3^1+a_3C_3^2-a_4C_3^3$$

（Ⅱ）由（Ⅰ）的结果归纳概括出关于正整数 n 的一个结论，并加以证明.

【分析及解】 （Ⅰ）是 $n=1,n=2$ 的两个式子，而（Ⅱ）则是把 $n=1,n=2$ 的结果推广到对所有的正整数 n 都成立的式子，是对归纳能力的考查.

（Ⅰ）可得

$$\begin{aligned}a_1C_2^0-a_2C_2^1+a_3C_2^2&=a_1-2a_1q+a_1q^2\\&=a_1(1-2q+q^2)\\&=a_1(1-q)^2\end{aligned}$$

$$\begin{aligned}a_1C_3^0-a_2C_3^1+a_3C_3^2-a_4C_3^3&=a_1-3a_1q+3a_1q^2-a_1q^3\\&=a_1(1-q)^3\end{aligned}$$

（Ⅱ）对所有正整数 n 有

$$a_1C_n^0-a_2C_n^1+a_3C_n^2-a_4C_n^3+\cdots+(-1)^na_{n+1}C_n^n=a_1(1-q)^n$$

下面给予证明

$$\begin{aligned}\text{左边}&=a_1-a_1qC_n^1+a_1q^2C_n^2-a_1q^3C_n^3+\cdots+(-1)^na_1q^nC_n^n\\&=a_1(C_n^0-C_n^1q+C_n^2q^2-C_n^3q^3+\cdots+(-1)^nC_n^nq^n)\\&=a_1(1-q)^n\end{aligned}$$

【例 3】 （2003 年，新课程卷）

某城市在中心广场建造一个花圃，花圃分为 6 个部分（图 1.4），现要栽种 4 种不同颜色的花，每部分栽种一种且相邻部分不能栽种同样的颜色的花，不同的栽种方法有________种（以数字作答）.

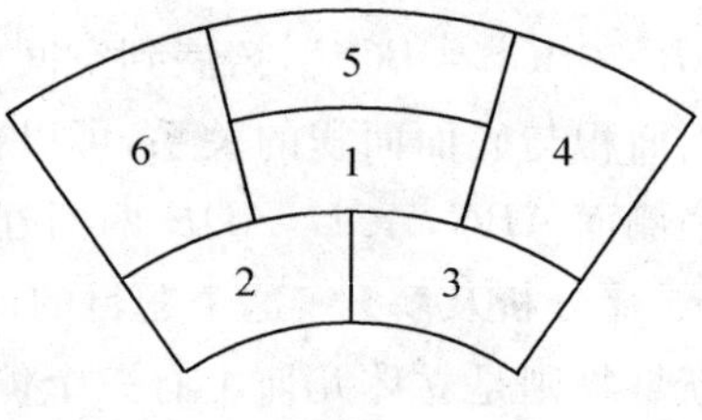

图 1.4

【分析及解】 我们首先对本题直接求解.

1 号区域有 4 种不同的栽花方法，2 号区域有 3 种不同的栽花方法，3 号区域有 2 种不同的栽花方法，这样，对 1,2,3 号区域就有 $4\times3\times2=24$（种）不同的栽花方法.

现对这 24 种栽花方法中的一种研究 4,5,6 号区域的栽花情况.

不妨设这 4 种颜色的花为 A,B,C,D，并设 1 号区域栽 A 种花，2 号区域栽 B 种花，3 号区域栽 C 种花，这时 4 号区域与 6 号区域所栽花的颜色可以相同，也可以不同，由此得到 4,5,6 号区域的栽花方案如表 1.1 所示.

表 1.1

区域	1	2	3	4	6	5
栽花颜色	A	B	C	D	D	B
				D	D	C
				D	C	B
				B	D	C
				B	C	D

因此,对 1,2,3 号区域的每一种栽花方法,4,5,6 号区域都有 5 种不同的栽花方法,所以共有 $24\times5=120$(种)不同的栽花方法.

对于这个题目,上面的解法已经完成了,现在我们对本题进一步抽象和推广.

第一步抽象:把题目的扇形结构改为圆形结构.(图 1.5(a))

第二步抽象:把中间的圆形区域 1 剔除,改为用三种颜色染 5 个扇形,相邻扇形不同色,有多少种染法?(如图 1.5(b))

第三步抽象(归纳与推广):用 m 种颜色对圆分成的 n 个扇形染色,要求每个扇形染一种颜色,且相邻扇形不同色,有多少种不同的染色方法?(图 1.5(c))

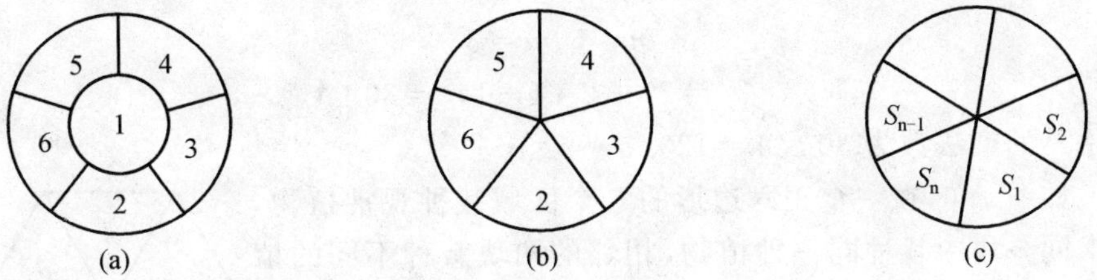

图 1.5

下面就解决这个推广了的问题.

设 a_n 为符合要求的对 n 个扇形染色的方法数.

当 $n=1$ 时,$a_1=m$.

当 $n=2$ 时,$a_2=m(m-1)$.

当 $n=3$ 时,$a_3=m(m-1)(m-2)$.

当 $n\geqslant3$ 时,S_1 有 m 种染法,S_2 与 S_1 不同,有 $m-1$ 种染法,S_3 与 S_2 不同有 $m-1$ 种染法,S_n 与 S_{n-1} 不同,有 $m-1$ 种染法,此时,如果每个扇形都与它前面的扇形染色不同,则共有 $m(m-1)^{n-1}$ 种不同的染法.但是以上染法只考虑每一个扇形与它前面的扇形染色不同，而没有考虑与它后面的扇形染色的情况，当 S_n 与 S_1 染色相同时，是不符合要求的，这时，把 S_1 与 S_n 看成一个扇形，其染色方法相当于用 m 种颜色对 $n-1$ 个扇形染色，其染色数为 a_{n-1}，因此有

$$a_n=m(m-1)^{n-1}-a_{n-1}\quad (n\geqslant 3)$$

即

$$a_n-(m-1)^n=-[a_{n-1}-(m-1)^{n-1}]\quad (n\geqslant 3)$$

数列$\{a_n-(m-1)^n\}$是以 $a_3-(m-1)^3$ 为首项，-1 为公比的等比数列，从而有

$$\begin{aligned}a_n-(m-1)^n&=[a_3-(m-1)^3](-1)^{n-3}\\&=[m(m-1)(m-2)-(m-1)^3](-1)^{n-3}\\&=-(m-1)(-1)^{n-3}\\&=(m-1)(-1)^n\end{aligned}$$

故

$$a_n=(m-1)^n+(m-1)(-1)^n\quad (n\geqslant 3)\qquad ①$$

这就是当把圆分成 n 个扇形，并对这 n 个扇形染色，要求相邻扇形不同色的染色法总数的通项公式.

对于这道考试题，由于中心的圆 1 有 4 种染色方法，周围的 5 个扇形用 3 种颜色染色，即

$$n=5,m=3$$

$$a_5=2^5+2\cdot(-1)^5=30$$

于是总的染法数为 $30\times4=120$.

如图 1.6，在一个正六边形的 6 个区域栽种观赏植物，要求同一块中栽种同一种植物，相邻的两块栽种不同的植物，现有 4 种不同的植物可供选择，则有________种栽种方案.

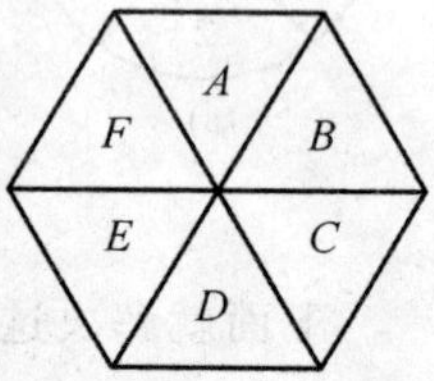

图 1.6

本题相当于式 ① 中 $n=6,m=4$ 的情况

$$\begin{aligned}a_6&=(4-1)^6+(4-1)(-1)^6\\&=3^6+3=732\end{aligned}$$

【例 4】 (2003 年，新课程卷)

设 a_0 为常数，$a_n=3^{n-1}-2a_{n-1}(n\in\mathbf{N}^*)$.

(Ⅰ)证明对任意 $n\geqslant1$，$a_n=\frac{1}{5}[3^n+(-1)^{n-1}\cdot2^n]+(-1)^n2^n\cdot a_0$；

(Ⅱ)假设对任意 $n\geqslant1$，有 $a_n\geqslant a_{n-1}$，求 a_0 的取值范围.

本题我们将在“数列与函数、不等式的综合”一讲中第二个问题里作详细讲解，值得一提的是本题的第（Ⅱ）问可以采取归纳的方法，即通过 $a_1 \geqslant a_0$，$a_2 \geqslant a_1$ 这两个简单的不等式解出 a_0 的范围，再证明对所有的 $n \in \mathbf{N}^*$，在所求出的 a_0 的范围内总有 $a_n \geqslant a_{n-1}$. 详解见“递推公式与通项公式问题”的例 2 第（Ⅱ）问的解法 2.

三、直觉猜想能力

在解题的思维活动中，有时不是从已知到求解一环紧扣一环，完整地、逻辑地、按部就班地进行，而是以一种简缩的思维结构来进行，这种思维往往能够较快地抓住题目的本质，思维过程短，思维链少，这是一种数学思维的简缩能力，而思维简缩的极限形式就是直觉思维，直觉思维所简缩的就是其中的逻辑成分，因此这种思维形式主要是非逻辑的，是跳跃的.

直觉思维与演绎证明、归纳抽象一起组成了数学思维，在高考试题中很自然地要考虑如何对直觉思维进行考查. 考生在考试过程中，直觉思维活动的结果是可以在卷面上反映出来的，但思维过程很难反映出来，因此选择题和填空题在考查考生的直觉思维方面就有着十分特别的作用. 这是因为选择题和填空题的解答并不要求过程，而只要求结果. 在选择题与填空题的试题设计中，往往从多种方法，多种角度来考虑，使试题的解答尽量有多种思考方法. 在高考中，特别是在解选择题、填空题的过程中，以简缩的思维解决问题成为考查不同思维层次学生的一个标志，不同考生对解法的不同选择，表现出来的是时间与准确性的差异，实际上是思维水平的差异. 思维层次较低的学生只能以反复训练而机械记忆的方法或依照思维定式，正面推导来解答，虽然也能获得正确的答案，但常常是花费了大量的答题时间，从而影响了后面试题的解答，而思维层次较高的学生，则直接抓住问题的实质，以简缩的思维，直觉的思维解决问题，节省了大量的解题时间，从而事半功倍. 可以这样说，对选择题和填空题解答正确且用时较少的人思维水平较高，他们的思维过程必定含有直觉思维的成分.

【例 1】（2003 年新课程卷，全国卷，文史类）

不等式 $\sqrt{4x-x^2}<x$ 的解集是　　（　　）

A. $(0,2)$　　B. $(2,+\infty)$　　C. $(2,4]$　　D. $(-\infty,0)\cup(2,+\infty)$

这个题目的常规解法是解无理不等式，解法是这样的.

不等式 $\sqrt{4x-x^2}<x$ 的解满足不等式组

$$\begin{cases}4x-x^2\geqslant 0\\ x>0\\ 4x-x^2<x^2\end{cases}$$

即$\begin{cases}x(x-4)\leqslant 0\\ x>0\\ x^2-2x>0\end{cases}$，由此解得 $2<x\leqslant 4$.

但是，由于题目已经给出了选项，可以不直接计算，而采用估算的方法来完成选择.

由 $4x-x^2\geqslant 0$，即 $0\leqslant x\leqslant 4$ 可知不等式的允许取值应是 $[0,4]$ 的一个子集，显然这一判断就否定了 B,D.

再注意到 A,C 是 $(0,2)$，$(2,4]$，而这两个解集不相交，所以只要再选一个特殊值就可以肯定一个选项，否定另一个选项.

取 $x=3$，由于 $\sqrt{4x-x^2}=\sqrt{3\times 4-3^2}=\sqrt{3}<x=3$，由此可否定 A，最后选 C. 取 $a=4$，亦可否定 A 确定选 C.

这个题目也可以不用上面的方法，而用数形结合的方法，并通过画图来完成(图 1.7).

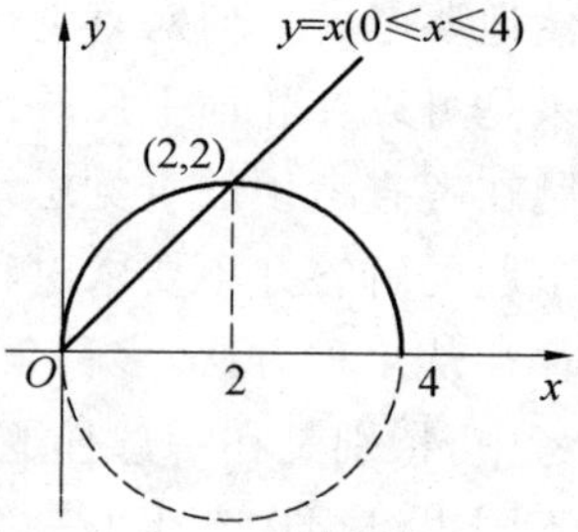

图 1.7

设 $y=\sqrt{4x-x^2}$，则该函数的图像是圆 $C:(x-2)^2+y^2=4$ 在第一象限(含 x，y 轴上的对应点)的部分.

再设 $y=x$，该函数的图像是一条线段.

不等式 $\sqrt{4x-x^2}<x$ 的解的几何意义是圆弧 $y=\sqrt{4x-x^2}$ 在直线 $y=x$ 下方的弧所对应的 x 的值.

从图像可以看出，当 $2<x\leqslant 4$ 时，圆弧在直线 $y=x$ 的下方.

对于这个题目，我们介绍了三种解法：直接法(代数方法)，数形结合法和估算法，显然，用估算法比较简捷，我们用估算法要注意结合选项所提供的信息来思考.

【例 2】 (2003 年，新课程卷)

函数 $y=\ln\dfrac{x+1}{x-1}$，$x\in(1,+\infty)$ 的反函数为　　(　　)

A. $y=\dfrac{e^x-1}{e^x+1}$，$x\in(0,+\infty)$　　B. $y=\dfrac{e^x+1}{e^x-1}$，$x\in(0,+\infty)$

C. $y=\dfrac{e^x-1}{e^x+1}$，$x\in(-\infty,0)$　　D. $y=\dfrac{e^x+1}{e^x-1}$，$x\in(-\infty,0)$

本题采用直接算法需求出 $y=\ln\frac{x+1}{x-1}, x\in(1,+\infty)$ 的反函数，即$\frac{x+1}{x-1}=e^y$，习惯上写成 $x=\frac{e^y+1}{e^y-1}, y=\frac{e^x+1}{e^x-1}$.

又由已知 $x>1$，则$\frac{x+1}{x-1}=1+\frac{2}{x-1}>1$，于是 $y>0$，从而对反函数，其定义域为 $x>0$.

答案选 B.

但是，如果我们靠直觉估算就可以不计算反函数的表达式，而直接依据反函数的性质.

由已知函数 $y=\ln\frac{x+1}{x-1}, x\in(1,+\infty)$ 可知 $y>0$，于是其反函数应满足 $x>0, y>1$，从四个选项观察，只有 $y=\frac{e^x+1}{e^{-1}}=1+\frac{2}{e-1}$ 满足 $x>0, y>1$，即应选 B.

【例 3】 (2003 年，新课程卷)

已知长方形的四个顶点 $A(0,0)$，$B(2,0)$，$C(2,1)$，$D(0,1)$，一顶点从 AB 的中点 P_0 沿与 AB 夹角为 θ 的方向射到 BC 上的点 P_1，依次反射到 CD，DA 和 AB 上的点 P_2，P_3 和 P_4（入射角等于反射角），设 P_4 的坐标为 $(x_4,0)$，若 $1<x_4<2$，则 $\tan\theta$ 的取值范围是 ( )

A. $\left(\frac{1}{3},1\right)$ B. $\left(\frac{1}{3},\frac{2}{3}\right)$ C. $\left(\frac{2}{5},\frac{1}{2}\right)$ D. $\left(\frac{2}{5},\frac{2}{3}\right)$

本题在"用简缩思维估算选择题"一讲中，将作为例题讲解，关于这个题目的常规的精算的方法以及用极限策略解答的方法将在那一讲介绍，下面只讲一种靠直觉判断就可以得出结论的方法.

我们考虑一个特殊情形，即质点从 AB 的中点 P_0 射到 BC 的中点 P_1，再反射到 CD 的中点 P_2，再反射到 DA 的中点 P_3，这时再反射的时候，必然经过 AB 的中点 P_0，即回到 P_0 处，如图 1.8 所示，这时与题设的条件是不符合的，因为题设中点 P_4 应落在 P_0B 之间的某一点处，而不与 P_0 重合，而这种不合格的反射为 $\tan\theta=\frac{1}{2}$.

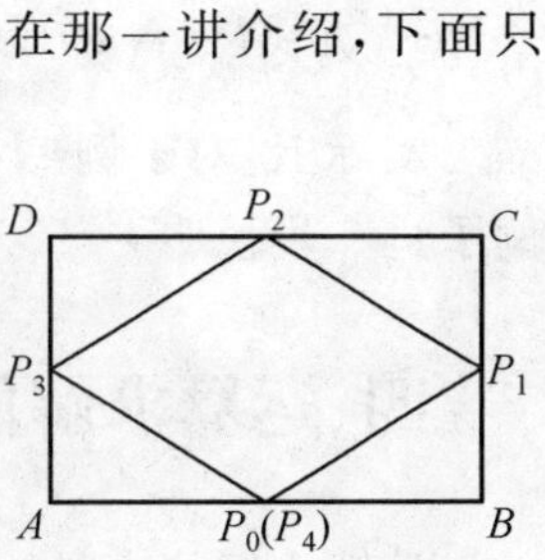

图 1.8

这就表明 $\tan\theta=\frac{1}{2}$ 不应该在 $\tan\theta$ 的取值范围之内，观察四个选项发现：

对于 A，$\frac{1}{2}\in\left(\frac{1}{3},1\right)$，应排除；

对于B，$\frac{1}{2}\in\left(\frac{1}{3},\frac{2}{3}\right)$，应排除；

对于D，$\frac{1}{2}\in\left(\frac{2}{5},\frac{2}{3}\right)$，应排除.

对于C，$\frac{1}{2}\notin\left(\frac{2}{5},\frac{1}{2}\right)$.

因此选C.

【例4】 (2003年，上海卷)

设a_1,b_1,c_1,a_2,b_2,c_2均为非零实数，不等式$a_1x^2+b_1x+c_1>0$和$a_2x^2+b_2x+c_2>0$的解集分别为集合M和N，那么"$\frac{a_1}{a_2}=\frac{b_1}{b_2}=\frac{c_1}{c_2}$"是"$M=N$"的 (　　)

A. 充分非必要条件　　　　B. 必要非充分条件

C. 充要条件　　　　　　　D. 既非充分又非充要条件

对于这类题目，采取直接逻辑推理不容易做到，可以通过举例进行探究.

例如，不等式$x^2-5x+6>0$的解集是$M=(-\infty,2)\cup(3,+\infty)$，而不等式$-x^2+5x-6>0$的解集是$N=(2,3)$，此时满足$\frac{1}{-1}=\frac{-5}{5}=\frac{6}{-6}=-1$，但$M\neq N$.

又如，不等式$-x^2-x-1>0$的解集$M=\varnothing$，不等式$-x^2-x-8>0$的解集$N=\varnothing$，此时$M=N$，但$\frac{-1}{-1}=\frac{-1}{-1}\neq\frac{-1}{-8}$，由以上两个反例可知，$\frac{a_1}{a_2}=\frac{b_1}{b_2}=\frac{c_1}{c_2}$是$M=N$的既非充分又非必要条件，所以应选D.

实际上，对于例4，凭直觉就可以猜到D，解题的任务只是能够找到合适的例子进一步说明.

四、运算求解能力

运算求解能力是一项基本能力，高考对运算求解能力的考查提出了两个层次的要求：

第一层次：会根据法则、公式、定理、定律正确地运算；

第二层次：理解算理，能够根据题目的条件寻求合理、简捷的运算途径，以达到准确、熟练、迅速求解的运算目的.

运算求解能力的核心是运算的"准确"与"迅速"，是运算的准确性、熟练性、合理性和简捷性.

运算求解能力主要是对数与式的组合与分解变式能力，运算的内容是广泛的，包括：数字运算、式子运算、集合运算、向量运算、三角恒等变形、解方程、解不等式、极限运算、求导运算、图形运算等等.

【例 1】 (2003 年，新课程卷)

已知常数 $a>0$，向量 $\boldsymbol{c}=(0,a)$，$\boldsymbol{i}=(1,0)$，经过原点 O 以 $\boldsymbol{c}+\lambda\boldsymbol{i}$ 为方向向量的直线与经过定点 $A(0,a)$ 以 $\boldsymbol{i}-2\lambda\boldsymbol{c}$ 为方向向量的直线相交于点 P，其中 $\lambda\in\mathbf{R}$，试问：是否存在两个定点 E,F，使得 $|PE|+|PF|$ 为定值，若存在，求出 E,F 的坐标，若不存在，说明理由.

【分析及解】 从运算求解能力的要求来看，本题主要考查向量运算，式子运算及图形运算. 运算的算理主要有：

(1) 过定点且已知方向向量的直线方程怎样求？

(2) 使得 $|PE|+|PF|$ 为定值的轨迹方程怎样变形？

(3) 中心不在原点的椭圆方程，如何求焦点的坐标？

由已知向量 $\boldsymbol{c}+\lambda\boldsymbol{i}=(\lambda,a)$，$\boldsymbol{i}-2\lambda\boldsymbol{c}=(1,-2\lambda a)$.

由此得出点向式直线方程

$$l_{AP}:y-a=-2\lambda ax \quad ①$$

$$l_{OP}:\lambda y=ax \quad ②$$

由 ①，② 消去参数 λ 可得

$$y(y-a)=-2a^2x^2 \quad ③$$

这就是点 P 的轨迹方程.

为使 $|PE|+|PF|$ 为定值，需将 P 的轨迹方程朝着椭圆型方程的方向变形.

由 ③ 得

$$2a^2x^2+y^2-ay=0$$

$$2a^2x^2+\left(y-\frac{a}{2}\right)^2=\frac{a^2}{4}$$

$$\frac{2a^2x^2}{\frac{a^2}{4}}+\frac{\left(y-\frac{a}{2}\right)^2}{\frac{a^2}{4}}=1$$

即

$$\frac{x^2}{\frac{1}{8}}+\frac{\left(y-\frac{a}{2}\right)^2}{\left(\frac{a}{2}\right)^2}=1 \quad ④$$

为求定点 E,F 的坐标，又需要对方程 ④ 讨论，因为 ④ 并不一定是椭圆，也可能是圆，即使是椭圆，也要确定焦点的位置.

当 $\frac{1}{8}=\left(\frac{a}{2}\right)^2$，即 $a=\frac{\sqrt{2}}{2}$ 时，方程 ④ 表示圆，不存在满足条件的点 E,F；

当 $\frac{1}{8}>\left(\frac{a}{2}\right)^2$，即 $0<a<\frac{\sqrt{2}}{2}$ 时，方程 ④ 表示焦点在平行于 x 轴的直线上的椭圆，其焦点 $E\left(\frac{1}{2}\sqrt{\frac{1}{2}-a^2},\frac{a}{2}\right)$，$F\left(-\frac{1}{2}\sqrt{\frac{1}{2}-a^2},\frac{a}{2}\right)$ 即为所求的满足条件的两点；

当 $\frac{1}{8}<\left(\frac{a}{2}\right)^2$，即 $a>\frac{\sqrt{2}}{2}$ 时，方程 ④ 表示焦点在 y 轴上的椭圆，其焦点 $E(0,\frac{1}{2}a+\frac{1}{2}\sqrt{a^2-\frac{1}{2}})$，$F(0,\frac{1}{2}a-\frac{1}{2}\sqrt{a^2-\frac{1}{2}})$ 为所求的两点.

【例 2】 （2003 年，全国卷）

P：函数 $y=c^x$ 在 $\mathbf{R}$ 上单调递减.

Q：不等式 $x+|x-2c|>1$ 的解集为 $\mathbf{R}$.

如果 P 和 Q 有且仅有一个正确，求 c 的取值范围.

【分析及解】 本题主要考查的运算求解能力是不等式的运算，命题运算及集合运算，主要算理有：

（1）含绝对值不等式的解法；

（2）指数函数的单调性；

（3）补集的求法；

（4）数轴帮助解题.

首先分别求出使命题 P 和 Q 正确的 c 的取值范围如图 1.9.

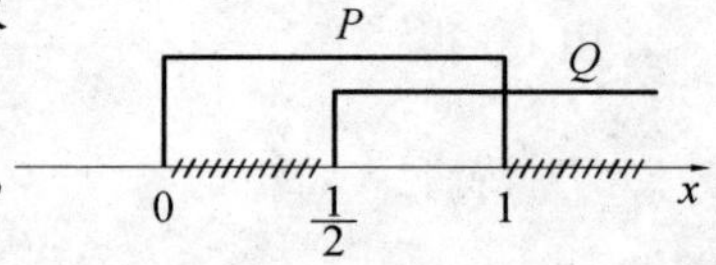

图 1.9

若 P 正确，即函数 $y=c^x$ 在 $\mathbf{R}$ 上单调递减，由指数函数的性质可知，$0<c<1$.

若 Q 正确，由 $x+|x-2c|>1$ 的解集为 $\mathbf{R}$ 可知，对所有实数 x，不等式 $x+|x-2c|>1$ 恒成立，即对所有实数 x，$x+|x-2c|$ 的最小值大于 1 成立. 为此求函数 $f(x)=x+|x-2c|$ 的最小值.

因为

$$f(x)=x+|x-2c|=\begin{cases}2x-2c, & x\geqslant 2c\\ 2c, & x<2c\end{cases}$$

于是 $f(x)=x+|x-2c|$ 的最小值为 $2c$. 所以有 $2c>1$,$c>\frac{1}{2}$.

若 P 正确,Q 不正确,则有 $0<c\leqslant\frac{1}{2}$.

若 P 不正确,Q 正确,则有 $c\geqslant 1$.

所以,满足 P 和 Q 有且仅有一个正确的 c 的取值范围是 $\{c\mid 0<c\leqslant\frac{1}{2}$ 或 $c\geqslant 1\}$.

【例 3】 (2003 年,新课程卷,文史类)

已知函数 $f(x)=\sin(\omega x+\varphi)(\omega>0,0\leqslant\varphi\leqslant\pi)$ 是 $\mathbf{R}$ 上的偶函数,其图像关于点 $M(\frac{3\pi}{4},0)$ 对称,且在区域 $[0,\frac{\pi}{2}]$ 上是单调函数,求 φ 和 ω.

【分析及解】 三角函数 $y=\sin x$,$y=\cos x$,$y=\tan x$ 等是一类具有多类函数特征:奇偶性、单调性、周期性、对称性等的重要函数,当给出一个具体的三角函数的解析式时,我们可以具体地研究三角函数的上述性质,本题则是一个需要逆向思维求解的题,即已知三角函数的奇偶性、对称性及单调性求三角函数的解析式,主要考查三角函数的运算,其算理则是以三角函数的性质以及一般函数的性质为依据.

由 $f(x)$ 是偶函数,依据算理 $f(-x)=f(x)$,有

$$\sin(-\omega x+\varphi)=\sin(\omega x+\varphi)$$

即

$$-\sin\omega x\cos\varphi+\cos\omega x\sin\varphi=\sin\omega x\cos\varphi+\cos\omega x\sin\varphi$$

则

$$\sin\omega x\cos\varphi=0$$

因为上式对所有 $x\in\mathbf{R}$ 都成立,则 $\cos\varphi=0$,由 $0\leqslant\varphi\leqslant\pi$,可得 $\varphi=\frac{\pi}{2}$.

已知函数化为 $f(x)=\cos\omega x$.

由 $f(x)$ 的图像关于点 $M\left(\frac{3\pi}{4},0\right)$ 对称,依据算理

$$f\left(\frac{3\pi}{4}-x\right)=-f\left(\frac{3\pi}{4}+x\right)$$

有

$$\cos\left(\frac{3\omega}{4}\pi-\omega x\right)=-\cos\left(\frac{3\omega}{4}\pi+\omega x\right)$$

由于与 x 无关,可解得

$$\cos\frac{3\omega}{4}\pi=0$$

$$\frac{3\omega}{4}\pi=k\pi+\frac{\pi}{2}\quad k=0,1,2,\cdots$$

$$\omega=\frac{2}{3}(2k+1)\quad k=0,1,2,\cdots$$

下面研究,当 k 取不同的值时,$f(x)=\cos\omega x$ 在$\left[0,\frac{\pi}{2}\right]$上是否为单调函数.

(1)$k=0$ 时,$\omega=\frac{2}{3}$,$f(x)=\cos\frac{2x}{3}$.

当 $0\leqslant x\leqslant\frac{\pi}{2}$ 时,$0\leqslant\frac{2x}{3}\leqslant\frac{\pi}{3}$,此时,$f(x)$ 在$\left[0,\frac{\pi}{2}\right]$上是减函数,符合题目要求.

(2)$k=1$ 时,$\omega=2$,$f(x)=\cos 2x$.

当 $0\leqslant x\leqslant\frac{\pi}{2}$ 时,$0\leqslant 2x\leqslant\pi$.

此时,$f(x)$ 在$\left[0,\frac{\pi}{2}\right]$上是减函数,符合题目要求.

(3)$k\geqslant 2$ 时,$\omega\geqslant\frac{10}{3}$.

当 $0\leqslant x\leqslant\frac{\pi}{2}$ 时,$0\leqslant\omega x\leqslant\frac{\omega\pi}{2}$,此时区间$\left[0,\frac{\omega\pi}{2}\right]$越过区间$[0,\pi]$,因而 $f(x)=\cos\omega x$ 不具有单调性.

综上得出:$\varphi=\frac{\pi}{2}$,$\omega=\frac{2}{3}$,2.

【例 4】 (2003 年,上海卷)

已知集合 M 是满足下列性质的函数 $f(x)$ 的全体:存在非零常数 T,对任意 $x\in\mathbf{R}$,有 $f(x+T)=Tf(x)$ 成立.

(1) 函数 $f(x)=x$ 是否属于集合 M? 说明理由.

(2) 设函数 $f(x)=a^x(a>0$,且 $a\neq 1)$ 的图像与 $y=x$ 的图像有公共点,证明:$f(x)=a^x\in M$.

(3) 若函数 $f(x)=\sin kx\in M$,求实数 k 的取值范围.

【分析及解】 本题从运算求解能力的要求看,主要考查集合运算与函数运算,其主要算理是根据题目给出的定义信息,建立新概念,新法则,再结合具体函数的性质进行运算.

(1) 假设函数 $f(x)=x\in M$,则 $f(x+T)=x+T$,$Tf(x)=Tx$.

于是由定义应有

$$x+T=Tx,(T-1)x=T$$

此式不是对所有实数 x 都成立，所以 $f(x)=x\notin M$.

(2) 由 $f(x)=a^x$ 的图像与 $y=x$ 的图像有公共点，则存在实数 T，使得

$$a^T=T$$

$$f(x+T)=a^{x+T}=a^x\cdot a^T=Ta^x=Tf(x)$$

所以

$$f(x)=a^x\in M$$

(3) 当 $k=0$ 时，$f(x)=0\in M$.

当 $k\neq 0$ 时，由 $f(x)=\sin kx\in M$ 可知，存在非零常数 T，使 $\sin(kx+kT)=T\sin kx$.

由于上式对所有实数 x 都成立，于是 $T=\pm 1$.

当 $T=1$ 时

$$\sin(kx+k)=\sin kx$$

$$kx+k=2m\pi+kx \text{ 或 } kx+k=2m\pi+\pi-kx$$

由于与 x 无关，则 $k=2m\pi(m\in\mathbf{Z})$.

当 $T=-1$ 时

$$\sin(kx+k)=-\sin kx$$

$$kx+k=2m\pi-kx$$

$$kx+k=2m\pi+\pi+kx$$

由于与 x 无关，则 $k=(2m+1)\pi(m\in\mathbf{Z})$.

于是 k 的取值范围是 $\{k\mid k=m\pi,m\in\mathbf{Z}\}$.

以上我们以 2003 年的高考试题为载体，分析在高考中是如何考查数学理性思维能力的. 我们重点分析了数学理性思维能力中的四种能力，即演绎证明能力，归纳抽象能力，直觉猜想能力和运算求解能力. 在高考复习中，就要注意对以上这些能力的全面训练和全面提高，以便能理性地对待每一道数学题，通过数学问题的解决，提高自己的数学思维水平，发展数学智慧.

第二讲　用数学思想指导解题

一、高考对数学思想方法的考查要求

1.《考试大纲》的要求

“数学科的命题，在考查基础知识的基础上，注重对数学思想和方法的考查，注重对数学能力的考查.”(《考试大纲》(理科，2004 年))

“数学思想和方法是数学知识在更高层次的抽象和概括，它蕴涵在数学知识的发生、发展和应用的过程中，能够迁移并广泛应用于相关学科和社会生活中，因此，对于数学思想和方法的考查必然要与数学知识的考查结合进行，通过数学知识的考查，反映考生对数学思想和方法理解和掌握的程度. 考查时，要从学科整体意识和思想价值上立意，要有明确的目的，加强针对性，注意通性通法，淡化特殊技巧，有效地检测考生对中学数学知识中所蕴涵的数学思想和方法的掌握程度.”(《考试大纲》(理科，2004 年))

2. 高考评价报告要求

高考数学科提出“以能力立意命题”，正是为了更好地考查数学思想，促进考生数学理性思维的发展. 因此，要加强如何更好地考查数学思想的研究，特别是要研究试题解题过程的思维方法，注意考查不同思维方法的试题的协调和匹配，使学生的数学理性思维能力得到较全面的考查.(《2004 年普通高考数学科试题评价报告》(教育部考试中心))

3. 考试中心对数学与复习的建议

“数学思想方法较之数学基础知识有更高的层次，具有观念性的地位，如果说数学知识是数学内容，可用文字和符号来记录和描述，那么数学思想方法则是数学意识，只能领会、运用，属于思维的范畴，用以对数学问题的认识、处理和解决. 中学数学思想和方法有数形结合思想，函数和方程思想，分类讨论思想，化归和转化思想”.

“数学思想方法与数学基本方法常常在学习、掌握数学知识的同时获得，与此同时又应该领会它们在形成知识中的作用，到了复习阶段应该对数学思想方法和数学基本方法进行梳理、总结，逐个认识它们的本质特征、思维程序或者操作程序，逐步做到自觉地、灵活地施用于所要解决的问题.近几年来，高考的每一道数学试题几乎都考虑到数学思想方法或数学基本方法的运用，目的也是加强这些方面的考查.同样，这些高考试题也成为检验数学知识，同时又是检验数学思想方法的良好素材，复习时可以有意识地加以运用”.

二、数学思想方法的三个层次

数学思想和方法可分为三个层次，其主要内容如下：

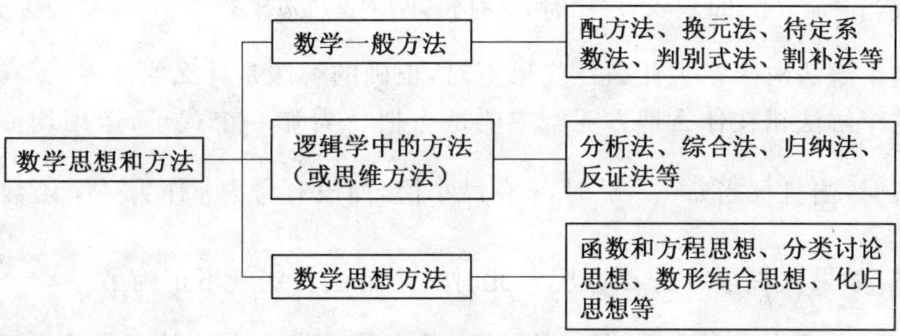

函数和方程思想就是对于数学问题要学会用变量和函数来思考，学会转化未知与已知的关系.

分类讨论思想就是当一个数学问题用统一的方法不能继续解下去的时候，需要对所研究的问题分成若干情况分别进行研究的思想方法.

数形结合思想就是数与形本身是统一的.因此，数的问题可用图形分析去解决，形的问题可用数的研究去思考.

化归思想就是转化与归结的思想，在解决问题时常常需要进行等价转化和非等价转化，把生题转化为熟题.

三、用数学思想指导解题

首先看一道例题，这个题目是 1997 年全国高考试题.

【例】 甲、乙两地相距 S km，汽车从甲地匀速行驶到乙地，速度不得超过 c km/h，已知汽车每小时的运输成本（以元为单位）由可变部分和固定部分组成：可变部分与速度 v(km/h) 的平方成正比，且比例系数为 b，固定部分为 a 元.

（Ⅰ）把全程运输成本 y(元) 表示为速度 v(km/h) 的函数，并指出这个函数的定义域.

（Ⅱ）为了使全程运输成本最小，汽车应以多大的速度行驶？

【分析及解】 这个题目的第(Ⅰ)问比较简单,可以根据题意列出函数式 $y=a\cdot\frac{S}{v}+\frac{S}{v}\cdot bv^2=S\left(\frac{a}{v}+bv\right),0<v\leqslant c$.

下面研究第(Ⅱ)问.

有一部分同学是这样做的:

为了求 y 的最小值,考虑到式子的特征,应用平均值不等式

$$y=S\left(\frac{a}{v}+bv\right)\geqslant S\cdot 2\sqrt{\frac{a}{v}\cdot bv}=2\sqrt{ab}S$$

当且仅当$\frac{a}{v}=bv$,即 $v=\sqrt{\frac{a}{b}}$ 时,y 有最小值 $2\sqrt{ab}S$.

这个解法对吗?为什么?如果不对,正确的解法是什么?

这个解法错在什么地方呢?主要是当把 y 看作一个式子,运用均值不等式求解时,当且仅当$v=\sqrt{\frac{a}{b}}$ 时,y 有最小值,而没有考虑 y 作为一个函数,v 的定义域.如果$\sqrt{\frac{a}{b}}>c$ 怎么办呢?此时这个解法肯定就不正确了.

(Ⅱ)正确的解法是:y 是 v 的函数,从 v 是变量,y 是 v 的函数这个角度来思考 $y=bS(v+\frac{\frac{a}{b}}{v})$.这就化归为熟知的函数 $y=x+\frac{m}{x}(m>0)$ 的问题.

(1) 若$\sqrt{\frac{a}{b}}>c$,则 $v=c$ 时,$y_{\min}=S(\frac{a}{c}+bc)$.

(2) 若$\sqrt{\frac{a}{b}}\leqslant c$,则 $v=\sqrt{\frac{a}{b}}$ 时,$y_{\min}=2S\sqrt{ab}$.

解这个题目运用了哪些数学思想呢?

第一,函数思想:把 $y=S(\frac{a}{v}+bv)$ 看作 v 的函数,通过研究函数性质解决问题.

第二,化归思想:把函数 $y=S(\frac{a}{v}+bv)$ 化归为常见和熟知的函数 $y=x+\frac{m}{x}(m>0)$,由于这个函数的单调性为已知,问题变得容易了.

第三,数形结合思想:画出函数 $y=x+\frac{m}{x}(m>0)$ 的图像(图 2.1)可以直观地观察函数的性质.

第四,分类讨论思想:通过比较$\sqrt{\frac{a}{b}}$ 与 c 的大小,讨论函数的最值.

下面通过一些例题研究如何用数学思想指导解题.

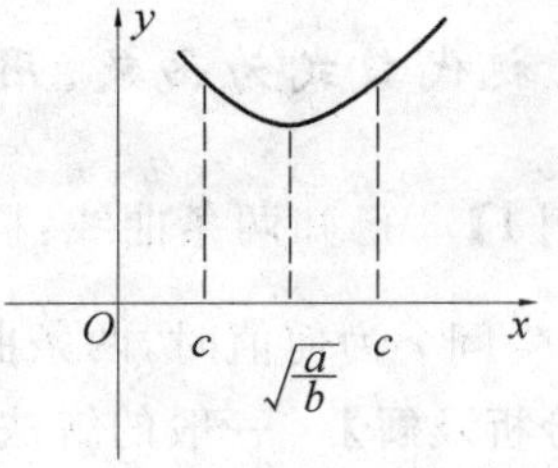

图 2.1

(一) 用函数和方程思想指导解题

什么是函数思想？简单地说就是学会用函数和变量思考，在解题时，用函数思想做指导就需要把字母看作变量，把代数式看作函数，利用函数的性质做工具进行分析，或者构造一个函数把表面上不是函数的问题化归为函数问题.

著名数学家克莱因说“一般受教育者在数学课上应该学会的重要事情是用变量和函数来思考”. 一个学生仅仅学习了函数的知识，他在解决问题时往往是被动的，而建立了函数思想，才能主动地去思考一些问题.

建立函数思想是中学数学学习的重要课题，因为函数思想是中学数学特别是高中数学的主线，函数思想的建立使常量数学进入了变量数学，中学数学中的初等函数、三角函数、数列以及解析几何中的问题都可以归结为函数问题. 因此，在数学学习中注重函数思想是相当重要的.

在用函数和方程思想指导解题时，要经常思考下面一些问题：

—— 是否需要把一个代数式看作函数？

—— 是否需要把字母看作变量？

—— 如果把一个代数式看成函数，把一个或几个字母看成变量，那么这个函数有些什么性质？

—— 如果一个问题从表面上看不是一个函数问题，能否构造一个函数来帮助解题？

—— 是否需要把一个等式看作某一个未知数的方程？

—— 如果是一个方程，那么对这个方程的根(例如虚实，正负，其范围等)有什么要求？

我们将围绕以下几个问题介绍用函数和方程思想指导解题的一些思路：

A. 视代数式为函数，用函数的性质解题；

B. 用极值原理解题；

C. 构造函数帮助解题；

D. 解函数问题的几个误区.

A. 视代数式为函数，用函数的性质解题

【例 1】 已知两条曲线：椭圆 C_1：$\frac{x^2}{9}+\frac{y^2}{4}=1$ 和圆 C_2：$x^2+(y+1)^2=r^2$ $(r>0)$，问 r 为何值时，两条曲线没有公共点.

【分析及解】 一般的解法是：从 C_1 和 C_2 的方程中消去一个未知数，比如消去 x，得到一个关于 y 的方程

$$-\frac{5}{4}y^2+2y+10-r^2=0 \quad ①$$

因为 C_1 和 C_2 没有公共点，所以方程 ① 的根的判别式小于零，即

$$\Delta=4-4\left(-\frac{5}{4}\right)(10-r^2)<0$$

解得 $r>\sqrt{\frac{54}{5}}$ 或 $r<-\sqrt{\frac{54}{5}}$（舍去）.

这就是说使两曲线没有公共点的范围是 $r>\sqrt{\frac{54}{5}}$.

这个结果是不是正确呢？我们可以画一画这两个方程表示的曲线：C_1 是长半轴为 3，短半轴为 2，以 $(0,0)$ 为中心，两坐标轴为对称轴且长轴在 x 轴上的椭圆；C_2 是以 $(0,-1)$ 为圆心的一些同心圆，当 $r>\sqrt{\frac{54}{5}}$ 时，椭圆 C_1 在圆 C_2 的内部，显然没有公共点，然而当 $0<r<1$ 时，圆 C_2 在椭圆 C_1 的内部，同样也没有公共点，但是上面的解法中没有得出 $0<r<1$ 这个结果.

显然，这种解法出了毛病！

现在我们换一个思路：由方程 ① 变形为

$$r^2=-\frac{5}{4}y^2+2y+10$$

即把 r^2 看作是 y 的函数，并记作 $f(y)$.

由椭圆 C_1 的性质可知，y 满足 $-2\leqslant y\leqslant 2$，因此求使 C_1 与 C_2 有公共点的 r 的集合相当于求函数 $r^2=f(y)=-\frac{5}{4}y^2+2y+10, y\in[-2,2]$ 的值域.

由 $f(-2)=1, f(2)=9, f\left(\frac{4}{5}\right)=\frac{54}{5}$，可知，$f(y)$ 的值域满足

$$1\leqslant f(y)\leqslant\frac{54}{5}$$

即 $1\leqslant r\leqslant\frac{54}{5}$.

它的补集就是使 C_1 和 C_2 没有公共点的 r 的取值范围，即当 $0<r<1$ 或 $r>\sqrt{\frac{54}{5}}$ 时，C_1 和 C_2 无公共点.

这个例题就是通过把 r 看作 y 的函数，使解析几何问题函数化了.

【例 2】 已知曲线 $C_1: x^2+\frac{(y-a)^2}{2}=1$ 与 $C_2: y=x^2+1$ 有公共点，求实数 a 的取值范围.

【分析及解】 一般的解法是：从 C_1, C_2 中消去 x 得

$$y^2-2(a-1)y+a^2-4=0 \quad ①$$

若 C_1 与 C_2 有公共点，则方程 ① 至少有一个 $\geqslant 1$ 的解.

(1) 二根都 $\geqslant 1$ 时

$$\begin{cases}\Delta=4(a-1)^2-4(a^2-4)\geqslant 0\\ a-1\geqslant 1\\ f(1)=1^2-2(a-1)\cdot 1+a^2-4\geqslant 0\end{cases}$$

解得 $1+\sqrt{2}\leqslant a\leqslant \frac{5}{2}$.

(2) 一根 $\geqslant 1$，一根 <1 时 $f(1)\leqslant 0$. 解得 $1-\sqrt{2}\leqslant a\leqslant 1+\sqrt{2}$.

由(1)，(2)，所求 a 的取值范围是 $1-\sqrt{2}\leqslant a\leqslant \frac{5}{2}$.

以上解法，需要解一系列的不等式，运算比较复杂，我们改用函数思想指导求解.

设曲线 C_1 的参数方程

$$\begin{cases}x=\cos\theta\\ y=a+\sqrt{2}\sin\theta, \theta\in[0,2\pi)\end{cases}$$

代入曲线 C_2 得

$$a+\sqrt{2}\sin\theta=\cos^2\theta+1, a=-\sin^2\alpha-\sqrt{2}\sin\alpha+2$$

设 $t=\sin\alpha$，则有 $t\in[-1,1]$.

所以 $a=-t^2-\sqrt{2}t+2, t\in[-1,1]$.

即把 a 看作 t 的二次函数，这样问题转化为求二次函数的值域问题.

当 $t=-\frac{\sqrt{2}}{2}$ 时，$a=\frac{5}{2}$；$t=1$ 时，$a=1-\sqrt{2}$.

由二次函数的单调性可得 $1-\sqrt{2}\leqslant a\leqslant \frac{5}{2}$.

【例 3】 实数 a 为何值时，方程 $\cos 2x+\sin x-a=0$ 有解.

【分析及解】 把已知方程化为 $2\sin^2 x-\sin x+a-1=0$.

令 $\sin x=t$,则 $t\in[-1,1]$,方程化为 $2t^2-t+a-1=0$.

把参数 a 与自变量 t 分离得 $a=-2t^2+t+1$.

把式子 $-2t^2+t+1$ 看作函数,记 $\varphi(t)=-2t^2+t+1,t\in[-1,1]$.

由于 $\varphi(-1)=-2,\varphi(1)=0,\varphi\left(\frac{1}{4}\right)=\frac{9}{8}$,则 $\varphi(t)$ 的值域为 $a\in\left[-2,\frac{9}{8}\right]$,即此时方程有解.

B. **用极值原理解题**

若一个函数 $f(x)$ 在区间 D 内,使得 $f(x)>A$ 恒成立,只要 $f(x)$ 在区间 D 内的最小值大于 A 就可以了.

若一个函数 $f(x)$ 在区间 D 内,使得 $f(x)<B$ 恒成立,只要 $f(x)$ 在区间 D 内的最大值小于 A 就可以了.

以上两个关于不等式恒成立的命题,就是极值原理.

用极值原理解题是函数思想指导解题的重要内容之一. 在区间 D 内 $f(x)>A$ 恒成立,相当于 $f(x)$ 在 D 内的值域的所有值都大于 A,因此,只要 $f(x)$ 在 D 内的最小值大于 A,$f(x)$ 的所有值就都大于 A,这样,关于 $f(x)$ 大于 A 恒成立的问题就可以转化为求 $f(x)$ 在 D 内的最小值的问题.

【例 4】 (1990 年,全国卷)

设 $f(x)=\lg\frac{1+2^x+3^x+\cdots+(n-1)^x+n^xa}{n}$,其中 a 为实数,n 是给定的自然数,且 $n\geqslant 2$,如果 $f(x)$ 在$(-\infty,1]$ 上有意义,求 a 的取值范围.

【分析及解】 $f(x)$ 在$(-\infty,1]$ 上有意义,相当于不等式

$$\frac{1+2^x+3^x+\cdots+(n-1)^x+n^xa}{n}>0$$

在 $x\in(-\infty,1]$ 上恒成立.

不等式化为 $a>-\left[\left(\frac{1}{n}\right)^x+\left(\frac{2}{n}\right)^x+\cdots+\left(\frac{n-1}{n}\right)^x\right],x\in(-\infty,1]$.

把上述不等式的右边看作 x 的函数.

记 $\varphi(x)=-\left[\left(\frac{1}{n}\right)^x+\cdots+\left(\frac{n-1}{n}\right)^x\right],x\in(-\infty,1]$.

则 $a>\varphi(x)$ 在$(-\infty,1]$ 上恒成立,只要 $a>\varphi(x)$ 在$(-\infty,1]$ 的最大值就可以.

由于 $\varphi(x)$ 在$(-\infty,1]$ 上是增函数,则 $\varphi(x)_{\max}=\varphi(1)=-\frac{n-1}{2}$.

即 $a>-\frac{n-1}{2}$.

【例 5】 若对于 $-1\leqslant x\leqslant 1$,不等式 $x^2-5x-6<a(x-4)$ 恒成立,求 a 的取值范围.

【分析及解】 为求 a 的取值范围,我们将题设不等式的参数 a 分离出来,注意到 $-1\leqslant x\leqslant 1$,则有 $x-4<0$,于是 $a<\frac{x^2-5x-6}{x-4}$.

设 $t=4-x$,则 $3\leqslant t\leqslant 5$,上式化为

$$a<\frac{(4-t)^2-5(4-t)-6}{-t}=\frac{t^2-3t-10}{-t}$$

把不等式的右边看作 t 的函数,记 $\varphi(t)=\frac{t^2-3t-10}{-t}$,$3\leqslant t\leqslant 5$,则

$$\varphi(t)=3-(t-\frac{100}{t})$$

为使 $a<\varphi(t)$ 在 $3\leqslant t\leqslant 5$ 恒成立,只要 $\varphi(t)$ 在 $3\leqslant t\leqslant 5$ 的最小值大于 a 即可.

由于 $\varphi(t)$ 在 $3\leqslant t\leqslant 5$ 时是减函数,则 $\varphi(5)$ 最小

$$\varphi(5)=3-(5-\frac{10}{5})=0$$

即 $a<\varphi(5)=0$.

于是所求 a 的取值范围是 $a<0$.

【例 6】 设 $0<a<1$,若不等式 $\log_a[(\frac{1}{a}-1)x-2]>0$ 在区间 $[1,\frac{5}{4}]$ 上恒成立,求 a 的取值范围.

【分析及解】 把不等式的左边设为函数 $f(x)$,即

$$f(x)=\log_a[(\frac{1}{a}-1)x-2]\quad x\in[1,\frac{5}{4}]$$

于是 $f(x)>0$ 在 $x\in[1,\frac{5}{4}]$ 恒成立,等价于 $f(x)$ 在 $[1,\frac{5}{4}]$ 上的最小值大于 0.

为此需要研究两个问题:

第一个问题:必须保证 $[1,\frac{5}{4}]$ 是函数 $f(x)$ 的定义域的子区间;

第二个问题:求 $f(x)$ 在区间 $[1,\frac{5}{4}]$ 上的最小值.

首先求函数 $f(x)$ 的定义域,为此解不等式 $(\frac{1}{a}-1)x-2>0$.

由 $0<a<1$，可得 $\frac{1}{a}-1>0$，即 $x>\dfrac{2}{\frac{1}{a}-1}=\dfrac{2a}{1-a}$，为使 $[1,\frac{5}{4}]\subseteq(\frac{2a}{1-a},+\infty)$，必须使 $\frac{2a}{1-a}<1$，由 $0<a<1$，及 $\frac{1}{a}-1>0$ 可知 $f(x)$ 在定义域内是减函数，因此在区间 $[1,\frac{5}{4}]$ 内，$f(\frac{5}{4})$ 最小，由以上分析，得到不等式组

$$\begin{cases}0<a<1\\ \dfrac{2a}{1-a}<1\\ f(\dfrac{5}{4})=\log_a[(\dfrac{1}{a}-1)\cdot\dfrac{5}{4}-2]>0\end{cases},\quad \begin{cases}0<a<1\\ \dfrac{3a-1}{a-1}>0\\ \dfrac{17a-5}{4a}>0\end{cases}$$

解得 $\frac{5}{17}<a<\frac{1}{3}$.

即所求 a 的取值范围为 $\left(\frac{5}{17},\frac{1}{3}\right)$.

【例 7】 定义在 $[-1,1]$ 上的奇函数 $f(x)$ 满足 $f(1)=1$，且当 $a,b\in[-1,1]$，$a+b\neq0$ 时，有 $\frac{f(a)+f(b)}{a+b}>0$.

(Ⅰ) 证明：当 $\frac{1}{3}\leqslant x\leqslant1$ 时，$f(x)\leqslant3x$.

(Ⅱ) 若 $f(x)\leqslant m^2+2am+1$ 对所有 $x\in[-1,1]$，$a\in[-1,1]$ 上恒成立，求 m 的取值范围.

本例题的第(Ⅰ)问在第六讲"关于抽象函数符号的几个问题"里将作为例题介绍，结论是，由已知条件可证得 $f(x)$ 在 $[-1,1]$ 上是增函数，下面只讲第(Ⅱ)问.

【分析及解】 (Ⅱ) 要使 $f(x)\leqslant m^2+2am+1$ 对所有 $x\in[-1,1]$ 恒成立，只需 $f(x)$ 在 $x\in[-1,1]$ 上的最大值不大于 $m^2+2am+1$，由于 $f(x)$ 在 $[-1,1]$ 上是增函数，$f(1)=1$，则 $f(x)$ 在 $[-1,1]$ 上的最大值为 1，即有

$$1\leqslant m^2+2am+1,\ 2ma+m^2\geqslant0\quad a\in[-1,1]$$

把上述不等式的左边看作关于 a 的函数，记 $g(a)=2ma+m^2$，其定义域为 $a\in[-1,1]$.

当 $m=0$ 时，$g(a)=0\geqslant0$ 成立.

当 $m\neq0$ 时，$g(a)$ 为一次函数，因而是 $[-1,1]$ 的单调函数，因此，$g(a)\geqslant0$，$a\in[-1,1]$ 等价于 $\begin{cases}g(1)=2m+m^2\geqslant0\\ g(-1)=-2m+m^2\geqslant0\end{cases}$.

解得 $m \leqslant -2$ 或 $m \geqslant 2$.

由以上可得，m 的取值范围是 $m \in (-\infty, -2] \cup \{0\} \cup [2, +\infty)$.

C. 构造函数帮助解题

有些题目没有给出需要的函数，但可以根据题目显现的规律，构造一个新的函数，并利用函数的性质解题.

【例 8】 (1997 年，全国卷)

设二次函数 $f(x)=ax^2+bx+c(a>0)$，方程 $f(x)-x=0$ 的两个根 x_1，x_2，满足 $0<x_1<x_2<\frac{1}{a}$.

(Ⅰ) 当 $x \in (0, x_1)$ 时，证明 $x<f(x)<x_1$；

(Ⅱ) 设函数 $f(x)$ 的图像关于直线 $x=x_0$ 对称，证明 $x_0<\frac{x_1}{2}$.

【分析及解】 (Ⅰ) 由于 x_1，x_2 是方程 $f(x)-x=0$ 的根，所以我们可以从整体上对待 $f(x)-x$，为此构造函数.

设 $F(x)=f(x)-x=a(x-x_1)(x-x_2)$.

要证明 $x<f(x)<x_1$，就需要证明 $F(x)=f(x)-x>0$ 以及 $x_1-f(x)>0$.

因为 $0<x<x_1<x_2<\frac{1}{a}$，则 $a>0$，$x-x_1<0$，$x-x_2<0$，因此

$$f(x)-x=a(x-x_1)(x-x_2)>0$$

所以 $x<f(x)$.

又

$$\begin{aligned} x_1-f(x) &= x_1-x-F(x) \\ &= (x_1-x)-a(x-x_1)(x-x_2) \\ &= (x_1-x)(1+ax-ax_2) \end{aligned}$$

由 $x_2<\frac{1}{a}$ 得 $1-ax_2>0$，又 $x_1-x>0$，于是 $x_1-f(x)>0$. 即 $x_1>f(x)$，由以上得 $x<f(x)<x_1$.

(Ⅱ) 要证明不等式 $x_0<\frac{x_1}{2}$，就要涉及 x_0 及 x，这就需要研究两个函数 $f(x)$ 及 $F(x)$.

由 $x=x_0$ 是 $f(x)$ 图像的对称轴，则 $x_0=-\frac{b}{2a}$.

由 x_1，x_2 是 $F(x)=0$ 的两个根，即

$$f(x)-x=ax^2+(b-1)x+c=0, x_1+x_2=\frac{1-b}{a}$$

于是

$$x_0=-\frac{b}{2a}=\frac{ax_1+ax_2-1}{2a}=\frac{x_1}{2}+\frac{ax_2-1}{2a}<\frac{x_1}{2}$$

解这个题目的关键就在于由 x_1,x_2 是 $f(x)-x=0$ 的两个根提供的信息及求证目标，构造函数 $F(x)=f(x)-x=a(x-x_1)(x-x_2)$.

【例 9】 已知 i,m,n 是正整数，且 $1<i\leqslant m<n$.

(Ⅰ) 证明 $n^i\mathrm{A}_m^i<m^i\mathrm{A}_n^i$；

(Ⅱ) 证明 $(1+m)^n>(1+n)^m$.

【分析及解】 关于第(Ⅰ)问，利用不等式的性质，能够比较容易地证明，这里就不再证明了.

关于第(Ⅱ)问，一般的证法是利用二项式定理和(Ⅰ)的结果，但是这个证法不容易想到，其实，我们对求证的不等式作一下变形，就可以构造函数求解.

$(1+m)^n>(1+n)^m$ 等价于 $n\ln(1+m)>m\ln(1+n)$. 即

$$\frac{\ln(1+m)}{m}>\frac{\ln(1+n)}{n}$$

由上面的结构，使我们想到构造函数 $f(x)=\frac{\ln(1+x)}{x}$.

由 $1<i\leqslant m<n$ 以及 m,n 是正整数可知 $x\geqslant 2$.

上述不等式等价于 $f(m)>f(n)$，又由 $m<n$，只要证明 $f(x)$ 在 $[2,+\infty)$ 上是减函数就可以了.

为此，对 $f(x)$ 求导

$$f'(x)=\frac{\frac{x}{1+x}-\ln(1+x)}{x^2}=\frac{x-x\ln(1+x)-\ln(1+x)}{x^2(1+x)}$$

由 $x\geqslant 2$，则 $1+x\geqslant 3$，$\ln(1+x)>1$.

于是 $x-x\ln(1+x)<0$，显然 $x-x\ln(1+x)-\ln(1+x)<0$，则

$$f'(x)<0$$

即 $f(x)$ 在 $[2,+\infty)$ 上是减函数，又 $m<n$，则 $f(m)>f(n)$.

由此证出 $(1+m)^n>(1+n)^m$ 成立.

【例 10】 已知实数 a,b 分别满足 $a^3-3a^2+5a=1$，$b^3-5b^2+5b=5$. 求 $a+b$ 的值.

【分析及解】 已知等式都是三次方程，直接通过方程解出 a,b 来有一定

的困难，但是上述两个等式的左边的结构相同，使我们想到用统一的式子来表示这两个等式，对上述两个等式变形为

$$(a-1)^3+2(a-1)=-2,(b-1)^3+2(b-1)=2$$

构造函数

$$f(x)=x^3+2x$$

因 $f(x)$ 是一个奇函数，且是 $\mathbf{R}$ 上的增函数，则有

$$f(a-1)=-2,f(b-1)=2$$
$$f(a-1)=-f(b-1)=f(1-b)$$

得 $a-1=1-b$，即 $a+b=2$.

D. 解函数问题的几个误区

在解函数问题时，常常有以下几个问题容易弄混，从而造成由对题目理解的错误，产生对整个解题的错误，所以在解题时，要引起注意.

1. 定义域和值域

【例 11】 已知函数 $f(x)=\lg(x^2-ax-a)$.

（Ⅰ）定义域是 $\mathbf{R}$，求 a 的取值范围.

（Ⅱ）值域是 $\mathbf{R}$，求 a 的取值范围.

【分析及解】 （Ⅰ）函数 $f(x)$ 的定义域 $\mathbf{R}$，是指对所有实数 x，不等式 $x^2-ax-a>0$ 恒成立，其充要条件是

$$\Delta=(-a)^2-4(-a)=a^2+4a<0$$

解得 $-4<a<0$.

（Ⅱ）$f(x)$ 的值域是 $\mathbf{R}$，是指 $f(x)$ 能取遍全体实数，这时真数 x^2-ax-a 必须取遍全体正数，从而函数 $u(x)=x^2-ax-a$ 的图像必须与 x 轴有公共点（否则 $u(x)$ 不能取遍所有正数），即 $\Delta=a^2+4a\geqslant 0$，解得 $a\leqslant -4$ 或 $a\geqslant 0$.

2. 定义域和有意义

【例 12】 已知函数 $f(x)=\sqrt{1+2^x+4^x a}$.

（Ⅰ）若此函数在 $(-\infty,1]$ 上有意义，求实数 a 的取值范围.

（Ⅱ）若此函数的定义域是 $(-\infty,1]$，求 a 的取值范围.

【分析及解】 （Ⅰ）函数 $f(x)$ 在 $(-\infty,1]$ 上有意义，是指被开方式 $1+2^x+4^x a$ 在 $(-\infty,1]$ 时恒不小于零，即

$$1+2^x+4^x a\geqslant 0\quad x\in(-\infty,1]$$

恒成立，而对区间 $(-\infty,1]$ 之外的 x 值，$1+2^x+4^x a$ 是否为非负数，就不再关

心了.

为此有

$$a \geqslant -\left[\left(\frac{1}{4}\right)^x + \left(\frac{1}{2}\right)^x\right] \quad x \in (-\infty, 1]$$

记

$$g(x) = -\left[\left(\frac{1}{4}\right)^x + \left(\frac{1}{2}\right)^x\right] \quad x \in (-\infty, 1]$$

则 $g(x)$ 在$(-\infty,1]$上是增函数,因此 $g(x)$ 的最大值为 $g(1)$.

又 $a \geqslant g(x)$ 恒成立,只要 $a \geqslant g_{\max}(x) = g(1) = -\frac{3}{4}$ 就可以了.

(Ⅱ)若函数 $f(x)$ 的定义域为$(-\infty,1]$,是指 $1+2^x+4^x a \geqslant 0$ 仅当$(-\infty,1]$上成立,而在$(-\infty,1]$之外不能再有 $1+2^x+4^x a \geqslant 0$,为此可解不等式 $1+2^x+4^x a \geqslant 0$,即

$$\left(\frac{1}{2}\right)^{2x} + \left(\frac{1}{2}\right)^x + a \geqslant 0$$

$$\left(\frac{1}{2}\right)^x \geqslant \frac{-1+\sqrt{1-4a}}{2}$$

$$x \leqslant \log_{\frac{1}{2}} \frac{-1+\sqrt{1-4a}}{2}$$

令 $\log_{\frac{1}{2}} \frac{-1+\sqrt{1-4a}}{2} = 1$,解得 $a = -\frac{3}{4}$.

3. 值域和取值范围

【例 13】 已知函数 $f(x) = 3x^2 - (2a+6)x + a + 3$.

(Ⅰ)若 $f(x) \geqslant 0$ 恒成立,求 a 的取值范围.

(Ⅱ)若 $f(x)$ 的值域是$[0,+\infty)$,求 a 的取值范围.

【分析及解】 对于(Ⅰ),$f(x) \geqslant 0$ 恒成立,是指对定义域内的所有 x 的值,$f(x)$ 恒取非负实数,这里 $f(x)$ 不一定要等于零,比如允许 $f(x) \geqslant 5$,而 $f(x)$ 可以不取$[0,5)$的值,这也相当于 $f(x)$ 的最小值大于或等于 0.

因此,$f(x) \geqslant 0$ 对所有实数 x 恒成立的充要条件是

$$\Delta = (2a+6)^2 - 4 \times 3(a+3) \leqslant 0$$

解得 $-3 \leqslant a < 0$.

(Ⅱ)$f(x)$ 的值域是$[0,+\infty)$,是指对定义域内所有 x 值,$f(x)$ 必须取遍$[0,+\infty)$的所有值,比如不允许 $f(x)$ 只取$[5,+\infty)$的值,而不取$[0,5)$的值,因此必须令 $f(x)$ 的最小值等于 0.(而不是大于或等于 0)

$$f_{\min}=\frac{-a^2-3a}{3}=0$$

解得 $a=0$ 或 $a=-3$.

(二) 用数形结合思想指导解题

数与形是事物的两个方面，正是基于对数与形的抽象研究才产生了数学这门学科，才能使人们能够从不同侧面认识事物.

数形结合思想就是要使抽象的数学语言与直观的图形结合起来，使抽象思维与形象思维结合起来，华罗庚先生说过："数与形本是两依倚，焉能分做两边飞，数缺形时少直观，形少数时难入微." 数形结合是一种重要的解题思想，用这种思想指导解题，一些几何问题可以用代数方法来处理，例如解析几何；一些代数问题又可以用几何图形帮助解决. 下面主要讲如何用图形帮助解题，这也是高考命题中主要考查的一个内容.

从题型来看，用图形帮助解题在以下几个方面可以发挥较大作用.

A. 利用图形求解的个数；

B. 利用图形求最值；

C. 利用图形求参数的范围；

D. 利用图形解、证不等式；

E. 利用图形求值.

我们将通过例题介绍以上几个方面的应用，并且指出利用图形帮助解题必须警惕的一些误区，为了节省篇幅，对于所举例题的常规解法就不再介绍了.

A. 利用图形求解的个数

【例 1】 (1991 年，全国卷)

圆 $x^2+2x+y^2+4y-3=0$ 到直线 $x+y+1=0$ 的距离等于$\sqrt{2}$ 的点共有(　　)

A. 1 个　　　B. 2 个

C. 3 个　　　D. 4 个

【分析及解】 已知圆化为$(x+1)^2+(y+2)^2=(2\sqrt{2})^2$. 画出圆及直线的方程(图 2.2).

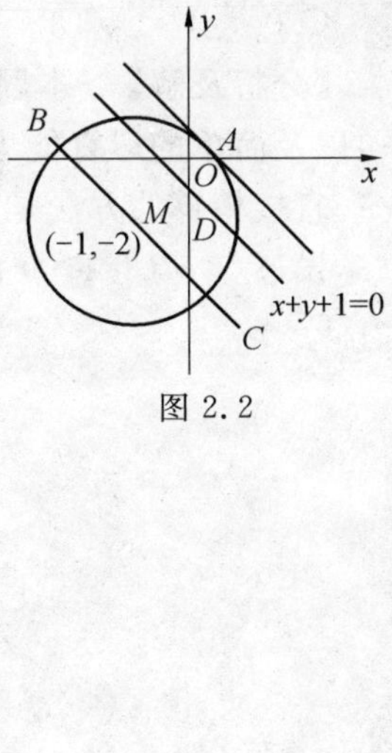

图 2.2

由于圆心$(-1,-2)$到直线 $x+y+1=0$ 的距离为$\sqrt{2}$，因此过圆心 M 与 $x+y+1=0$ 平行的直线与圆的交点 B,C 为所求，此外，与 $x+y+1=0$ 平行且距离为$\sqrt{2}$ 的另一条直线与圆相切,切点 A 也为所求.

于是符合要求的点有 A,B,C 共三个,应选 C.

用图形分析法求解的个数,实际上是转化为求图像或图形交点的个数.

B. 利用图形求最值

【例 2】 (1990 年,全国卷)

如果实数 x,y 满足等式$(x-2)^2+y^2=3$,那么$\dfrac{y}{x}$的最大值是(　　)

A. $\dfrac{1}{2}$　　B. $\dfrac{\sqrt{3}}{3}$　　C. $\dfrac{\sqrt{3}}{2}$　　D. $\sqrt{3}$

【分析及解】 根据已知等式画出以$(2,0)$为圆心,以$\sqrt{3}$ 为半径的圆,则$\dfrac{y}{x}$的几何意义是圆上一点(x,y)与原点$(0,0)$所连直线的斜率,显然,$\dfrac{y}{x}$的最大值为过原点$(0,0)$与圆相切的直线 OA 的斜率(图 2.3),由 $OC=2,CA=\sqrt{3}$ 可知$\angle AOC=\dfrac{\pi}{3}$,于是$\dfrac{y}{x}$的最大值为 $\tan\dfrac{\pi}{3}=\sqrt{3}$,为此选 D.

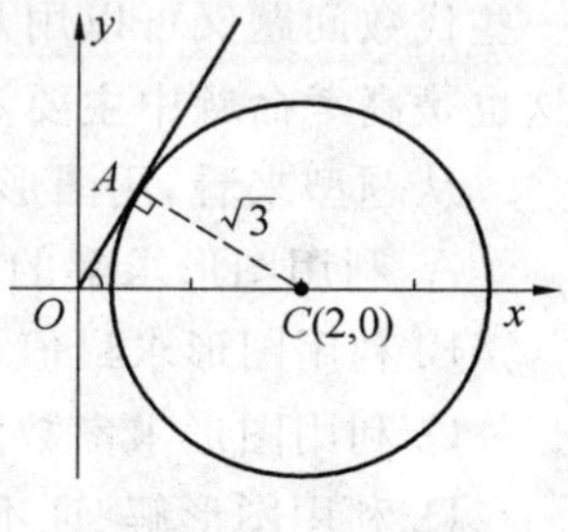

图 2.3

用图形分析法求最值的问题,实际上是探讨图形的极端位置.

C. 利用图形求参数的范围

【例 3】 (2004 年,天津卷,文史类)

若过定点 $M(-1,0)$ 且斜率为 k 的直线与圆 $x^2+4x+y^2-5=0$ 在第一象限内的部分有交点,则 k 的取值范围是(　　)

A. $0<k<\sqrt{5}$　　B. $-\sqrt{5}<k<0$

C. $0<k<\sqrt{13}$　　D. $0<k<5$

【分析及解】 本题主要考查直线方程,圆的方程以及直线和圆的位置关系,以及简单的运算能力.

直接精算的方法是对本题用解析的方法求解.

设过点 $M(-1,0)$ 的直线为 $y=k(x+1)$,解方程组

$$\begin{cases}y=k(x+1)\\x^2+4x+y^2-5=0\end{cases}$$

得

$$(1+k^2)x^2+(4+2k^2)x+k^2-5=0 \quad ①$$

$$\Delta=(4+2k^2)^2-4(1+k^2)(k^2-5)=32k^2+36>0$$

若过 $M(-1,0)$ 的直线与圆交于第一象限，则方程 ① 的两个根必为一正一负，即有

$$k^2-5<0$$

$$-\sqrt{5}<k<\sqrt{5} \quad ②$$

又因为，若交点在第一象限，还需有 $x>0, y>0$，由直线 $y=k(x+1)$ 可知 $k>0$，结合 ② 有 $0<k<\sqrt{5}$. 因此选 A.

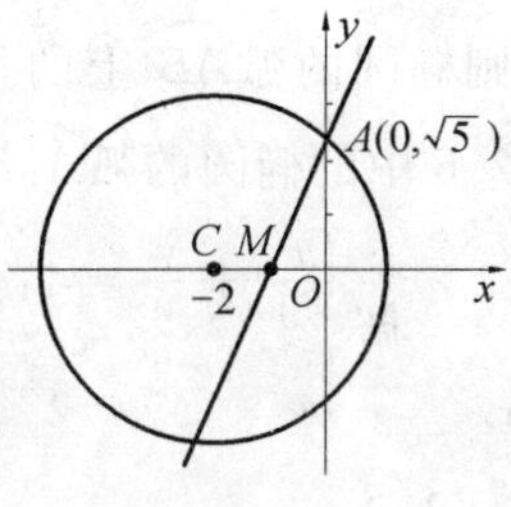

图 2.4

这个解法运算量比较大，而且不容易思考得很全面，而借助于图形求解，则很简单.

已知圆的方程化为

$$(x+2)^2+y^2=9$$

画出圆的图像如图 2.4，设圆与 y 轴正半轴交于点 A，则 A 为 $(0,\sqrt{5})$，则过 $M(-1,0)$ 的直线与圆相交于第一象限其斜率应满足

$$k_{MD}<k<k_{MA}$$

$$0<k<\sqrt{5}$$

【例 4】 (2000 年，新课程卷)

已知两条直线 $l_1: y=x$，$l_2: ax-y=0$，其中 a 为实数，当这两条直线的夹角在 $(0,\frac{\pi}{12})$ 内变动时，a 的变化范围是(　　)

A. $(0,1)$　　　　B. $(\frac{\sqrt{3}}{3},\sqrt{3})$

C. $(\frac{\sqrt{3}}{3},1)\cup(1,\sqrt{3})$　　　　D. $(1,\sqrt{3})$

【分析及解】 画出直线 $y=x$，其倾斜角为 45°，以直线 $y=x$ 为起点. 绕原点顺时针和逆时针各旋转 15°，得到直线 $y=\frac{\sqrt{3}}{3}x$ 和 $y=\sqrt{3}x$，如图 2.5 所示这个旋转过程就是 $y=ax$ 的变化过程，因此 a 的变化范围是 $\frac{\sqrt{3}}{3}<a<1$ 和 $1<a<\sqrt{3}$. 即应选 C.

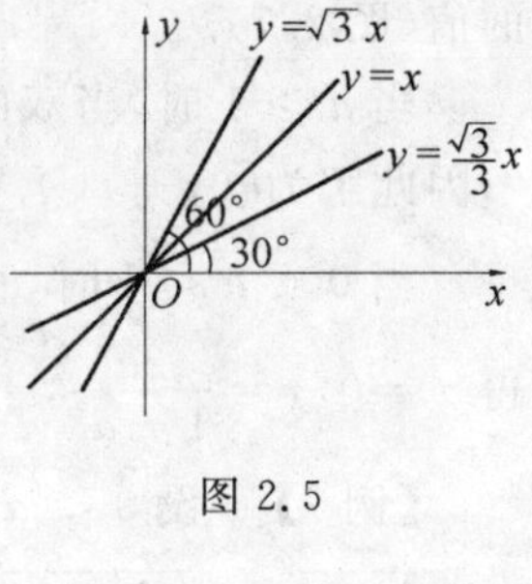

图 2.5

【例 5】 (2002 年,新课程卷)

椭圆$\frac{x^2}{9}+\frac{y^2}{4}=1$的焦点为$F_1,F_2$,点$P$为其上的动点,当$\angle F_1PF_2$为钝角时,点$P$的横坐标的取值范围是________.

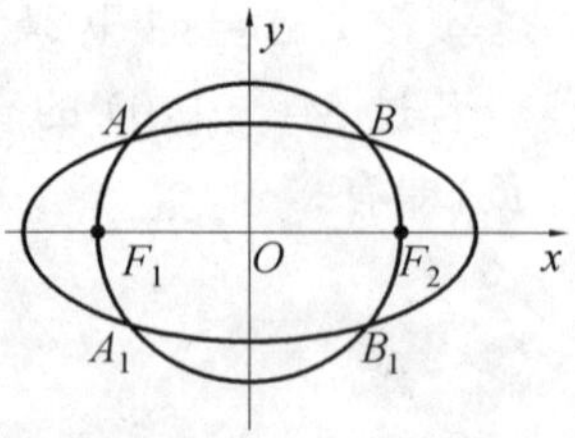

图 2.6

【分析及解】 由于圆内的点对直径的张角为钝角,所以以F_1F_2为直径作圆,与椭圆交于A,B两点,则椭圆的弧$\overset{\frown}{AB}$上的每一点对F_1F_2张钝角,同理图 2.6 中的椭圆的弧$\overset{\frown}{A_1B_1}$上的每一点也对F_1F_2张钝角.

解$\begin{cases}\frac{x^2}{9}+\frac{y^2}{4}=1\\x^2+y^2=5\end{cases}$,得$x=\pm\frac{3\sqrt{5}}{5}$,于是$x_A<x_P<x_B$,即$-\frac{3\sqrt{5}}{5}<x_P<\frac{3\sqrt{5}}{5}$.

由以上,用图形分析法求参数的范围实质上是弄清参数的几何意义,然后讨论参数所代表的几何意义的变化状态.

D. 利用图形解、证不等式

【例 6】 (2000 年,全国卷)

设函数$f(x)=\sqrt{x^2+1}-ax$,其中$a>0$,解不等式$f(x)\leqslant 1$.

【分析及解】 不等式$f(x)\leqslant 1$化为$\sqrt{x^2+1}\leqslant ax+1$.

作函数$y=\sqrt{x^2+1}$的图像,它是双曲线$y^2-x^2=1$的上支,作函数$y=ax+1$的图像,它是过(0,1)的直线系.

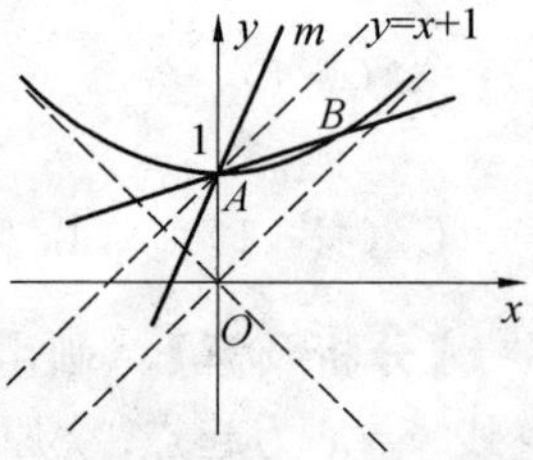

图 2.7

不等式的意义是双曲线在直线的下方时横坐标的值(图 2.7).

当$a\geqslant 1$时,当双曲线在直线m下方时,有$x\geqslant 0$,因此解为$[0,+\infty)$.

当$0<a<1$时,直线与双曲线交于A,B两点,解方程$\sqrt{x^2+1}=ax+1$得$x=0,x=\frac{2a}{1-a^2}$,于是解为$\left[0,\frac{2a}{1-a^2}\right]$.

【例 7】 设$0<a<1,0<b<1$,求证不等式

$$\sqrt{a^2+b^2}+\sqrt{(1-a)^2+b^2}+\sqrt{a^2+(1-b)^2}+\sqrt{(1-a)^2+(1-b)^2}\geqslant 2\sqrt{2}$$

【分析及解】 由不等式的左边的四个根式联想到勾股定理，可以作一个边长为1的正方形$ABCD$，在正方形内任取一点M，过M作正方形两个邻边的平行线EF，GH依次交AB，BC，CD，DA于G，F，H，E（图2.8）.

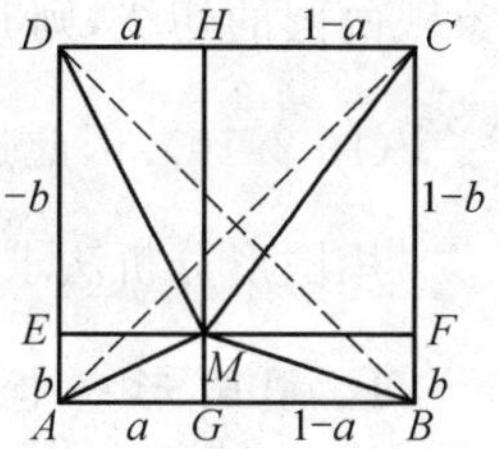

图 2.8

令$AG=a$，$AE=b$，则有

$$MA=\sqrt{a^2+b^2},MB=\sqrt{(1-a)^2+b^2}$$

$$MC=\sqrt{(1-a)^2+(1-b)^2},MD=\sqrt{a^2+(1-b)^2}$$

由$MA+MB+MC+MD\geqslant AC+BD=2\sqrt{2}$.可证得题目中的不等式.

用图形分析法解、证不等式实际上是研究符合条件的变量的变化范围和几何意义.

E. 利用图形求值

【例8】（1992年，全国卷）

求$\sin^2 20°+\cos^2 80°+\sqrt{3}\sin 20°\cos 80°$的值.

【分析及解】 原式可化为

$$\sin^2 20°+\sin^2 10°+\sqrt{3}\sin 20°\sin 10°=$$

$$\sin^2 20°+\sin^2 10°-2\sin 20°\sin 10°\cos 150°$$

由此联想到余弦定理，构造$\triangle ABC$，令其外接圆直径为$2R=1$，且$\angle A=20°$，$\angle B=10°$，则$\angle ACB=150°$，如图2.9.

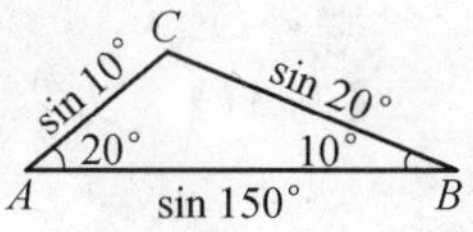

图 2.9

由正弦定理

$$BC=\sin 20°,AC=\sin 10°,AB=\sin 150°$$

由余弦定理得

$$BC^2+AC^2-2BC\cdot AC\cos C=AB^2$$

即

$$\sin^2 20°+\sin^2 10°+\sqrt{3}\sin 20°\sin 10°=\frac{1}{4}$$

【例9】（2000年，新课程卷）

过原点的直线与圆$x^2+y^2+4x+3=0$相切，若切点在第三象限，则该直线的方程是（　　）

A. $y=\sqrt{3}x$　　B. $y=-\sqrt{3}x$　　C. $y=\frac{\sqrt{3}}{3}x$　　D. $y=-\frac{\sqrt{3}}{3}x$

【分析及解】 已知圆的方程可化为$(x+2)^2+y^2=1$，过O作切点在第三象限的圆的切线，则其倾角为 30°，于是切线方程为 $y=\frac{\sqrt{3}}{3}x$（图 2.10）. 因此选 C.

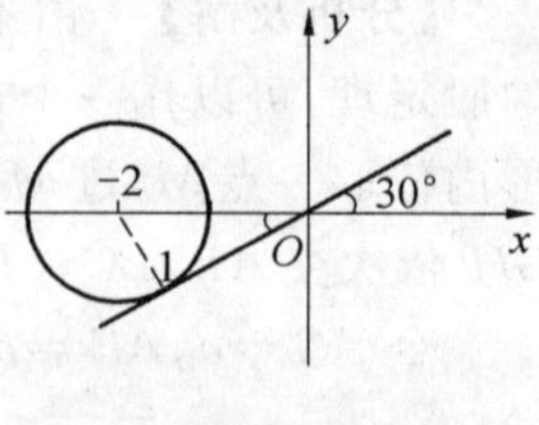

图 2.10

用图形分析法求值，实际上是构造几何图形解题.

F. 用图形分析法解题的几个误区

用图形帮助解题往往比较直观，简捷迅速，但是这种方法也是双刃剑，它的另一方面是如果运用不当，也会造成失误，下面举例说明.

1. 画图不准，造成失误

【例 10】 方程 $2^x=x^2$ 的解的个数是（　　）

A. 1　　B. 2　　C. 3　　D. 4

【分析及解】 有的同学信手画出 $y=2^x$，$y=x^2$ 的图像，如图 2.11，就回答有 2 个解，而选 B.

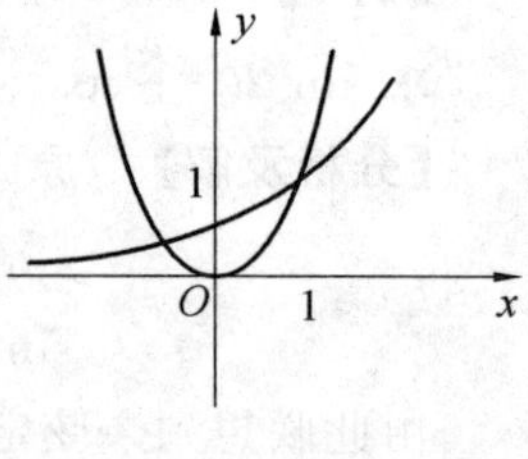

图 2.11

其实这是错误的，原因在于图像画得不准，当 $x<0$ 时，$y=2^x$ 与 $y=x^2$ 的图像有一个交点，但当 $x>0$ 时，有两个交点为(2,4)，(4,16). 因此方程 $2^x=x^2$ 有三个解，应选 C.

【例 11】 方程 $a^x=\log_a x\ (a>1)$ 的解的个数是（　　）

A. 0　　B. 1　　C. 2　　D. 与 a 的取值有关

【分析及解】 有的同学把 $y=a^x$，$y=\log_a x$ 的图像画成图 2.12 的状况，得到方程无解的结论，从而错选 A.

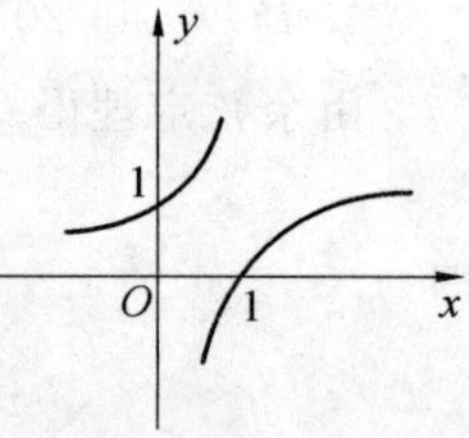

图 2.12

其实这两个函数由于 a 的取值不同，相关位置也不同.

当 $a=e^{\frac{1}{e}}$ 时，方程有一个解.

当 $1<a<a^{\frac{1}{e}}$ 时，方程有两个解.

当 $a>e^{\frac{1}{e}}$ 时，方程无解.

所以选 D.

2. 判断不准，造成失误

【例 12】 线段 $x+y=3(0\leqslant x\leqslant 3)$ 与抛物线 $y=-x^2+mx-1$ 有两个不同的交点，求 m 的取值范围.

【分析及解】 有的同学是这样求解的.

画出函数 $f(x)=-x^2+mx-1$ 的图像，若图像的顶点在线段 $x+y=3(0\leqslant x\leqslant 3)$ 的上方，$f(x)$ 图像在 $x=0,x=3$ 的端点在线段 $x+y=3$ 的下方(图 2.13)，即满足

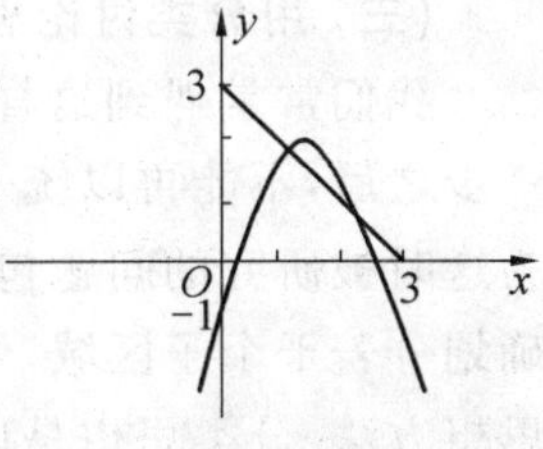

图 2.13

$$\begin{cases}f(0)=-1\leqslant 3\\f(3)=3m-10\leqslant 0\\f\left(\dfrac{m}{2}\right)=-1+\dfrac{m^2}{4}>3-\dfrac{m}{2}\end{cases}$$

解得 $-1+\sqrt{17}<m\leqslant\dfrac{10}{3}$.

其实这个结果是错误的，原因在于判断上的失误，即不仅抛物线顶点在线段上方时，与线段有可能有两个交点，抛物线顶点在线段下方时，也有可能与线段有两个交点，因此上面求的仅是充分条件.

正确的解法是，由 $\begin{cases}x+y=3(0\leqslant x\leqslant 3)\\y=-x^2+mx-1\end{cases}$，得 $x^2-(m+1)x+4=0$，这个方程应在区间 $[0,3]$ 内有两个不相等的实根，记

$$g(x)=x^2-(m+1)x+4\quad 0\leqslant x\leqslant 3$$

则

$$\begin{cases}\Delta=(m+1)^2-16>0\\0<\dfrac{m+1}{2}<3\\g(0)=4\geqslant 0\\g(3)=-3m+10\geqslant 0\end{cases}$$

解得

$$3<m\leqslant\frac{10}{3}$$

3. 循环论证，造成失误

【例 13】 证明 $f(x)=-x^3+1$ 在 $\mathbf{R}$ 上是减函数.

【分析及解】 有的同学在证明时，画出函数 $f(x)=-x^3+1$ 的图像(图

2.14)，由图像观察得出 $f(x)$ 是 $\mathbf{R}$ 上的减函数，其实这是一种循环论证，事实上，在画出 $f(x)=-x^3+1$ 的图像时，就需要用到函数的单调性. 而单调性的证明则要依靠定义来完成.

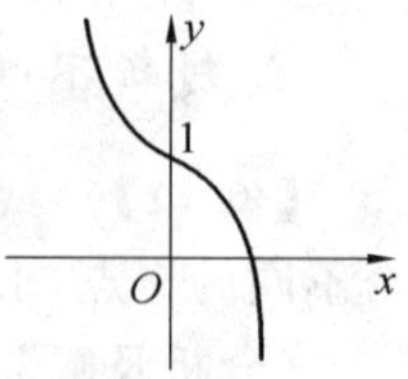

图 2.14

(三) 用分类讨论思想指导解题

我们常常遇到这样一种情况，在解一个题目时，解到某一步之后，不能再以统一的方法，统一的式子继续进行了，因为这时被研究的问题包含了多种情况，这就必须在条件所给出的总区域内，正确划分若干个子区域，然后分别在多个子区域内进行解题，这就是分类讨论的思想方法. 分类思想是以概念的划分，集合的分类为基础的思想方法. 因此，要特别注意引起分类的原因，有些概念就是分类定义的，例如绝对值的概念，又如整数分为奇数、偶数. 有的运算法则和公式是分类给出的，例如等比数列的求和公式就分为 $q=1$ 和 $q\neq 1$ 两种情况；对数函数的单调性就分为底数 $a>1$ 和 $0<a<1$ 两种情况；此外，图形位置的相对变化也会引起分类，还有些题目的特殊要求，例如计数问题也需分成若干情况研究.

【例 1】 (2004 年，全国新课程卷)

已知 $a\in\mathbf{R}$，求函数 $f(x)=x^2e^{ax}$ 的单调区间.

【分析及解】 本题给出一个函数 $f(x)$，并要求求出它的单调区间，但是这个函数不是所熟知的初等函数，因此，本题主要考查导数的概念和计算应用导数研究函数性质的方法，含参数的不等式的解法，并考查分类讨论的数学思想.

解本题的入口就是求出 $f(x)$ 的导函数 $f'(x)$，并通过研究不等式 $f'(x)>0$，$f'(x)<0$ 的解，得到单调区间.

对 $f(x)$ 求导数得

$$f'(x)=2x\cdot e^{ax}+x^2\cdot a\cdot e^{ax}=(2x+ax^2)e^{ax} \quad ①$$

下面就是对 a 进行分类讨论.

(1) 当 $a=0$ 时，式 ① 化为 $f'(x)=2xe^{ax}>0$，又因为 $e^{ax}>0$，则当 $x>0$ 时，$f'(x)>0$，$x<0$ 时，$f'(x)<0$.

所以当 $a=0$ 时，函数 $f(x)$ 在区间 $(-\infty,0)$ 内为减函数，在区间 $(0,+\infty)$ 内为增函数.

(2) 当 $a>0$ 时，由于 $e^{ax}>0$，所以需要解不等式 $2x+ax^2>0$ 和 $2x+ax^2<0$.

由 $2x+ax^2>0$ 及 $a>0$ 解得 $x<-\dfrac{2}{a}$ 或 $x>0$.

由 $2x+ax^2<0$ 及 $a>0$ 解得 $-\frac{2}{a}<x<0$.

所以当 $a>0$ 时，函数 $f(x)$ 在区间 $(-\infty,-\frac{2}{a})$ 内为增函数，在区间 $(-\frac{2}{a},0)$ 内为减函数，在区间 $(0,+\infty)$ 内为增函数.

(3) 当 $a<0$ 时，由 $2x+ax^2>0$ 及 $a<0$ 解得 $0<x<-\frac{2}{a}$，由 $2x+ax^2<0$ 及 $a<0$ 解得 $x<0$ 或 $x>-\frac{2}{a}$.

所以当 $a<0$ 时，函数 $f(x)$ 在区间 $(-\infty,0)$ 内为减函数，在区间 $(0,-\frac{2}{a})$ 内为增函数，在区间 $(-\frac{2}{a},+\infty)$ 内为减函数.

解这一题目的核心是解含参数的一元二次不等式，而解含参数的一元二次不等式的关键是对参数进行分类讨论.

【例 2】 (2004 年，天津卷)

已知定义在 $\mathbf{R}$ 上的函数 $f(x)$ 和数列 $\{a_n\}$ 满足下列条件

$$a_1=a, a_n=f(a_{n-1}) \quad (n=2,3,4,\cdots)$$

$$a_2\neq a_1, f(a_n)-f(a_{n-1})=k(a_n-a_{n-1}) \quad (n=2,3,4,\cdots)$$

其中 a 为常数，k 为非零常数.

(Ⅰ) 令 $b_n=a_{n+1}-a_n (n\in\mathbf{N}^*)$，证明数列 $\{b_n\}$ 是等比数列；

(Ⅱ) 求数列 $\{a_n\}$ 的通项公式；

(Ⅲ) 当 $|k|<1$ 时，求 $\lim\limits_{n\to\infty} a_n$.

【分析及解】 本题是一道数列与函数综合题，主要考查函数、数列、等比数列和极限等概念，考查灵活运用数学知识，函数思想和分类讨论思考解决问题的能力.

(Ⅰ) 由 $b_n=a_{n+1}-a_n$ 可把已知条件转化为

$$a_{n+1}-a_n=k(a_n-a_{n-1}), b_n=kb_{n-1}$$

所以证明 $\{b_n\}$ 为等比数列的前提是证明 $b_n\neq 0$，这可由 $b_1=a_2-a_1\neq 0$，$b_2=a_3-a_2=k(a_2-a_1)\neq 0$ 以及数学归纳法得到对所有 $n\in\mathbf{N}^*$，$b_n\neq 0$，于是

$$\frac{b_n}{b_{n-1}}=\frac{a_{n+1}-a_n}{a_n-a_{n-1}}=\frac{f(a_n)-f(a_{n-1})}{a_n-a_{n-1}}=k(\text{非零常数})$$

所以，数列 $\{b_n\}$ 是一个以 $k\neq 0$ 为公比的等比数列.

(Ⅱ) 由(Ⅰ) 可以得出 $\{b_n\}$ 的通项公式

$$b_n=b_1k^{n-1}=(a_2-a_1)k^{n-1} \quad (n\in\mathbf{N}^*)$$

由于 $b_{n-1}=a_n-a_{n-1}$，则

$$a_n=(a_n-a_{n-1})+(a_{n-1}-a_{n-2})+\cdots+(a_2-a_1)+a_1$$
$$=b_{n-1}+b_{n-2}+\cdots+b_1+a_1$$

在这里，求 $b_1+b_2+\cdots+b_{n-1}$ 相当于等比数列的求和，而对等比数列求和则要注意对公比进行分类讨论.

当 $k\neq 1$ 时

$$b_1+b_2+\cdots+b_{n-1}=\frac{b_1(1-k^{n-1})}{1-k}=\frac{(a_2-a_1)(1-k^{n-1})}{1-k}$$

所以

$$a_n=b_{n-1}+b_{n-2}+\cdots+b_1+a_1$$
$$=\frac{(a_2-a_1)(1-k^{n-1})}{1-k}+a$$
$$=a+[f(a)-a]\cdot\frac{1-k^{n-1}}{1-k}$$

上式对 $n=1$ 也成立.

当 $k=1$ 时

$$b_1+b_2+\cdots+b_{n-1}=(n-1)b_1=(n-1)(a_2-a_1)$$

所以

$$a_n=a+(a_2-a_1)(n-1)$$
$$=a+(n-1)[f(a)-a]$$

上式对 $n=1$ 也成立.

于是 $\{a_n\}$ 的通项公式为：

$k\neq 1$ 时，$a_n=a+[f(a)-a]\cdot\dfrac{1-k^{n-1}}{1-k}(n\in\mathbf{N}^*)$.

$k=1$ 时，$a_n=a+[f(a)-a](n-1)(n\in\mathbf{N}^*)$.

（Ⅲ）当 $|k|<1$ 时

$$\lim_{n\to\infty}a_n=\lim_{n\to\infty}[a+(f(a)-a)\cdot\frac{1-k^{n-1}}{1-k}]$$
$$=a+\frac{f(a)-a}{1-k}$$

利用等比数列 $\{b_n\}$ 的通项公式及关系式 $b_n=a_{n+1}-a_n$ 求数列 $\{a_n\}$ 的通项公式是本题中较困难的部分，而能够解决好这一问题，对公比 k 进行分类讨论是至关重要的.

【例 3】（2002 年，全国卷）

设 a 为常数，函数 $f(x)=x^2+|x-a|+1,x\in\mathbf{R}$.

（Ⅰ）讨论 $f(x)$ 的奇偶性.

（Ⅱ）求 $f(x)$ 的最小值.

【分析及解】（Ⅰ）首先讨论 $f(x)$ 的奇偶性.

由于 $y=x^2+1$ 是偶函数，所以 $f(x)$ 的奇偶性取决于 $|x-a|$，由于 $y=|x|$ 是偶函数，所以第一次分类应分为 $a=0$ 及 $a\neq 0$ 讨论.

(1)$a=0$ 时，$f(x)=x^2+|x|+1$ 为偶函数.

(2)$a\neq 0$ 时，$f(x)=x^2+|x-a|+1$ 为非奇非偶函数.

（Ⅱ）再求 $f(x)$ 的最小值，为此需去掉 $f(x)$ 解析式中的绝对值符号，就要对 x 分为 $x\geqslant a$ 和 $x<a$ 讨论.

(1)$x\leqslant a$ 时，$f(x)=x^2-x+a+1=(x-\frac{1}{2})^2+a+\frac{3}{4}$.

为求 $x\leqslant a$ 时，$f(x)$ 的最小值，要研究 $f(x)$ 图像的对称轴 $x=\frac{1}{2}$ 相对于 a 的不同位置.

① 当 $a\leqslant\frac{1}{2}$ 时，$f(x)$ 在 $(-\infty,a]$ 上是减函数，则 $f(a)$ 最小，即

$$f_{\min}(x)=f(a)=a^2+1$$

② 当 $a>\frac{1}{2}$ 时，$f(x)$ 在 $(-\infty,\frac{1}{2})$ 上是减函数，在 $(\frac{1}{2},a)$ 上是增函数，于是 $f\left(\frac{1}{2}\right)$ 最小，即 $f_{\min}(x)=f\left(\frac{1}{2}\right)=a+\frac{3}{4}$.

(2)$x\geqslant a$ 时，$f(x)=x^2+x-a+1=(x+\frac{1}{2})^2-a+\frac{3}{4}$.

此时 $f(x)$ 图像的对称轴为 $x=-\frac{1}{2}$，要研究 $-\frac{1}{2}$ 相对于 a 的不同位置.

① 当 $a\leqslant-\frac{1}{2}$ 时，$f(x)$ 在 $[a,-\frac{1}{2})$ 上是减函数，在 $(-\frac{1}{2},+\infty)$ 是增函数，则 $f(-\frac{1}{2})$ 最小，即 $f_{\min}(x)=f(-\frac{1}{2})=\frac{3}{4}-a$.

② 当 $a>-\frac{1}{2}$ 时，$f(x)$ 在 $[a,+\infty)$ 上是增函数，则 $f(a)$ 最小，即

$$f_{\min}(x)=f(a)=a^2+1$$

综合以上，$f(x)$ 的最小值是

$$f_{\min}(x)=\begin{cases}\frac{3}{4}-a, a\leqslant-\frac{1}{2}\\ a^2+1, -\frac{1}{2}<a\leqslant\frac{1}{2}\\ \frac{3}{4}+a, a>\frac{1}{2}\end{cases}$$

本题经历了三次分类讨论的过程：

第一次，为讨论函数 $f(x)$ 的奇偶性，对 $a=0$，$a\neq 0$ 分类；

第二次，为去掉绝对值符号，对 $x\geqslant a$ 和 $x<a$ 分类；

第三次，为求函数 $f(x)$ 的最小值对 $a\leqslant\frac{1}{2}$，$a>\frac{1}{2}$ 和 $a\leqslant-\frac{1}{2}$，$a>-\frac{1}{2}$ 分类.

【例 4】 设 $A=\{x\mid x^2+2x+\lg(9a-2a^2)\leqslant 0\}$，$B=\{x\mid x\geqslant 0\}$，且 $A\cap B=\varnothing$，求实数 a 的取值范围.

【分析及解】 要使 $A\cap B=\varnothing$，由于 $B\neq\varnothing$，所以有两种可能，一种是 $A=\varnothing$，一种是 $A\neq\varnothing$.

因此要对 A 是否为空集进行分类.

(1)$A=\varnothing$ 时，这相当于不等式 $x^2+2x+\lg(9a-2a^2)\leqslant 0$ 无解，即

$$\Delta=2^2-4\lg(9a-2a^2)<0$$

即

$$\lg(9a-2a^2)>1$$

化为

$$9a-2a^2>10,2a^2-9a+10<0,2<a<\frac{5}{2}$$

(2)$A\neq\varnothing$，为使 $A\cap B=\varnothing$，必须使方程 $x^2+2x+\lg(9a-2a^2)=0$ 有两个负根，其充要条件是

$$\begin{cases}\Delta=2^2-4\lg(9a-2a^2)\geqslant 0\\ x_1+x_2=-2<0\\ \lg(9a-2a^2)>0\end{cases}$$

即

$$0<\lg(9a-2a^2)\leqslant 1$$

得

$$\begin{cases}9a-2a^2\leqslant 10\\ 9a-2a^2>1\end{cases}$$

解得 $\frac{9-\sqrt{73}}{4}<a\leqslant 2$ 或 $\frac{5}{2}\leqslant a<\frac{9+\sqrt{73}}{4}$.

综合(1)，(2) 可得 a 的取值范围是 $\frac{9-\sqrt{73}}{4}<a<\frac{9+\sqrt{73}}{4}$.

本题是由于造成 $A\cap B=\varnothing$ 的不同情况分类的. 在解题中，$A=\varnothing$ 这种情况容易忽略，因而也就容易忽略分类讨论.

【例 5】 (2003 年,北京卷)

设 $y=f(x)$ 是定义在区间 $[-1,1]$ 上的函数,且满足条件:

① $f(-1)=f(1)=0$;

② 对任意的 $u,v\in[-1,1]$,都有 $|f(u)-f(v)|\leqslant|u-v|$.

(Ⅰ) 证明:对任意的 $x\in[-1,1]$,都有 $x-1\leqslant f(x)\leqslant 1-x$;

(Ⅱ) 证明:对任意的 $u,v\in[-1,1]$,都有 $|f(u)-f(v)|\leqslant 1$;

(Ⅲ) 在区间 $[-1,1]$ 上是否存在满足题设条件的奇函数 $y=f(x)$,且使得

$$\begin{cases}|f(u)-f(v)|<|u-v|,\text{当 } u,v\in[0,\frac{1}{2}]\\ |f(u)-f(v)|=|u-v|,\text{当 } u,v\in[\frac{1}{2},1]\end{cases}$$

若存在,请举一例;若不存在,请说明理由.

【分析及解】 第(Ⅰ)问比较容易,由题设条件可直接得出

$$|f(x)|=|f(x)-0|=|f(x)-f(1)|\leqslant|x-1|$$

又 $x\in[-1,1]$,则

$$x-1\leqslant f(x)\leqslant 1-x$$

(Ⅱ) 证法 1:要证明 $|f(u)-f(v)|\leqslant 1$,而题设中只有

$$|f(u)-f(v)|\leqslant|u-v|$$

因此就要对 $|u-v|\leqslant 1$ 和 $|u-v|>1$ 分类.

① $|u-v|\leqslant 1$ 时,由题设 $|f(u)-f(v)|\leqslant|u-v|\leqslant 1$.

② $|u-v|>1$ 时,必有 u,v 异号,不妨设 $u<0,v>0$,则

$$v-u>1$$

$$\begin{aligned}|f(u)-f(v)|&=|f(u)-f(-1)+f(1)-f(v)|\\&\leqslant|f(u)-f(-1)|+|f(v)-f(1)|\\&\leqslant|u+1|+|v-1|\\&=u+1+1-v=2-(v-u)<1\end{aligned}$$

综合以上,有 $u,v\in[-1,1]$ 时,$|f(u)-f(v)|\leqslant 1$.

本问还可以利用(1)的结果,通过对 x 的分类证明.

证法 2:由(Ⅰ),$x\in[-1,1]$ 时,$f(x)\leqslant 1-x$.

(1) $x\in[-1,0]$ 时,$f(x)=|f(x)-f(-1)|\leqslant 1+x=1-|x|$.

(2) $x\in[0,1]$ 时,$f(x)=|f(x)-f(1)|\leqslant 1-x=1-|x|$.

于是,$x\in[-1,1]$ 时,都是 $f(x)\leqslant 1-|x|$.

再对 $|u-v|$ 分类.

当 $|u-v|\leqslant 1$ 时，$|f(u)-f(v)|\leqslant|u-v|\leqslant 1$.

当 $|u-v|>1$ 时，有 $uv>0$，$1<|u-v|=|u|+|v|\leqslant 2$，于是

$$\begin{aligned}|f(u)-f(v)|&\leqslant|f(u)|+|f(v)|\leqslant 1-|u|+1-|v|\\&=2-(|u|+|v|)<1\end{aligned}$$

（Ⅲ）这是一个存在性命题，由于函数 $y=f(x)$ 是分段定义的，所以可以对 $y=f(x)$ 分段讨论.

注意到 $[-1,1]$ 上的奇函数 $y=f(x)$，有 $f(0)=0$.

当 $u,v\in[0,\frac{1}{2}]$ 时，由 $|f(u)-f(v)|<|u-v|$ 有

$$|f(\frac{1}{2})|=|f(\frac{1}{2})-f(0)|<|\frac{1}{2}-0|=\frac{1}{2} \quad ①$$

当 $u,v\in[\frac{1}{2},1]$ 时，由 $|f(u)-f(v)|=|u-v|$ 有

$$|f(\frac{1}{2})|=|f(\frac{1}{2})-f(1)|=|\frac{1}{2}-1|=\frac{1}{2} \quad ②$$

① 与 ② 矛盾.

所以不存在函数 $y=f(x)$ 满足题设条件.

（四）用化归思想指导解题

化归思想就是转化和归结的思想，是数学学科与其他学科相比，一个特有的数学思想方法，化归思想的核心是把生题转化为熟题，我们平时解题的过程实质上就是一个缩小已知与求解差异的过程，一个生题变熟题的过程. 因此，解每一道题，无论是难题还是易题，都离不开化归，平常所见的化归有空间向平面的化归，多元向少元的化归，高次向低次的化归，复杂向简单的化归，实际问题向数学问题的化归等等.

【例 1】 在锐角 $\triangle ABC$ 中，若

$$\cos A=\cos\alpha\cdot\sin\beta,\cos B=\cos\beta\cdot\sin\gamma,\cos C=\cos\gamma\cdot\sin\alpha$$

求证：$\tan\alpha\cdot\tan\beta\cdot\tan\gamma=1$.

【分析及解】 本题的题设条件中有 6 个字母 $A,B,C,\alpha,\beta,\gamma$，而求证中只有 3 个字母 α,β,γ，因此解题的过程就是把 6 个字母化归为 3 个字母.

显然，需要研究 A,B,C 的余弦之间的关系.

由 $A+B+C=\pi$，得

$$\cos(A+B)=-\cos C$$

$$\cos A\cos B-\sin A\sin B=-\cos C$$

$$(\cos A\cos B+\cos C)^2=\sin^2A\sin^2B$$

$$\cos^2A\cos^2B+\cos^2C+2\cos A\cos B\cos C=(1-\cos^2A)(1-\cos^2B)$$

$$\cos^2 A+\cos^2 B+\cos^2 C=1-2\cos A\cos B\cos C \quad ①$$

以上的工作获得了 $\cos A,\cos B,\cos C$ 之间的关系式，利用这一关系式及已知条件，把 $\cos A,\cos B,\cos C$ 的关系转化为 α,β,γ 的关系.

把已知条件代入 ① 得

$$\cos^2\alpha\sin^2\beta+\cos^2\beta\sin^2\gamma+\cos^2\gamma\sin^2\alpha=1-2\cos\alpha\cos\beta\cos\gamma\sin\alpha\sin\beta\sin\gamma$$

为求 $\tan\alpha,\tan\beta,\tan\gamma$，需把上式两边同除以 $\cos^2\alpha\cos^2\beta\cos^2\gamma$，得 $\tan^2\beta\sec^2\gamma+\tan^2\gamma\sec^2\alpha+\tan^2\alpha\sec^2\beta=\sec^2\alpha\sec^2\beta\sec^2\gamma-2\tan\alpha\tan\beta\tan\gamma$，用 $\sec^2\gamma=1+\tan^2\gamma$ 等代换可得 $(\tan\alpha\tan\beta\tan\gamma-1)^2=0$. 即 $\tan\alpha\tan\beta\tan\gamma=1$.

【例 2】 对所有实数 x，不等式

$$x^2\log_2\frac{4(a+1)}{a}+2x\log_2\frac{2a}{a+1}+\log_2\frac{(a+1)^2}{4a^2}>0$$

恒成立，求 a 的取值范围.

【分析及解】 题设的不等式系数比较复杂，可以采用换元的方法，化复杂为简单.

设 $t=\log_2\dfrac{2a}{a+1}$，则 $\log_2\dfrac{4(a+1)}{a}=3-t$，$\log_2\dfrac{(a+1)^2}{4a^2}=-2t$，于是问题转化为不等式 $(3-t)x^2+2tx-2t>0$ 恒成立，求 a 的取值范围.

这是一个熟悉的含参数的不等式问题.

由于不等式对所有实数 x 都成立，则其充要条件是

$$\begin{cases}3-t>0\\ \Delta=4t^2-4(3-t)(-2t)<0\end{cases}$$

解得 $t<0$，即 $\log_2\dfrac{2a}{a+1}<0$，$0<\dfrac{2a}{a+1}<1$，解得 $0<a<1$.

关于上面的含参数 t 的不等式，求 t 的范围还可以这样思考. $3x^2-(x^2-2x+2)t>0$，由于对所有实数 x，x^2-2x+2 恒大于零，则

$$t<\frac{3x^2}{x^2-2x+2}$$

记 $\varphi(x)=\dfrac{3x^2}{x^2-2x+2}$，只要 $\varphi(x)$ 的最小值大于 t 即可.

由于 $\varphi(x)=\dfrac{3x^2}{x^2-2x+2}\geqslant 0$，则 $\varphi(x)$ 的最小值为 0，因此 $t<0$.

即 $0<a<1$.

关于用化归思想解题的例子还有很多，事实上，我们解每一道题，解每一道题的每一个过程都是在进行化归，都是把生题转化为熟题的过程. 因此，化归思想是一个重要的解题意识，要随时注意自觉的，灵活的运用.

第三讲　高考数学新题型

传统的中学数学题型大多是封闭的，这种封闭性的题目由于定向性强，有利于在不同条件下重复进行思维操作，对于巩固推理的技能，加深知识的理解是必要的，对于思维能力，空间想象能力和计算能力的培养起了很大作用，现在仍然是数学习题的主体.

但是，由于这种封闭性问题的条件的给出是充分的，并且提供的信息是恰好的，不需要再筛选和再处理，结论的给出是唯一的，并且是明确的，用不着去猜测，去鉴别，解题的方向又是确定的，这样就不利于学生的自主发展，不利于他们的灵活性思维品质和创新能力的培养.

近几年，以高考试题为代表，涌现了一批新题型，这些新题型具有探索性和开放性的特点.

这些题目或者没有给出条件，或者给出的条件不充分，需要寻找条件，或者没有给出结论，需要探求答案，或者所涉及的知识没有学过，所给出的信息比较生疏，需要解题者自己去理解，或者给出一批信息，需要自己去筛选. 这些新题型往往知识覆盖面比较大，综合性比较强，灵活选择方法的要求比较高，并且题意新颖，构思精巧，具有一定的深度、难度、广度和灵活度. 解题者只有多方向，多角度，多层次地去思考，去探究，去实验，去发现，才能使问题获得解决.

因此，这种新题型有利于培养学生的分析及探索能力，培养思维的发散性和灵活性，批判性，从而有利于学生的思维水平的提高及对数学的深刻理解，有利于学生数学素养的完善及创新意识和实践能力的发展.

近几年，在高考中出现的数学新题型有以下几种.

一、条件探究型

这类题目的特点是给出了题目的结论，但没有给出满足结论的条件，并且这类条件常常是不唯一的，需要解题者从结论出发，通过逆向思维去判断能够追溯出产生结论的条件，并通过推理予以确认. 这种条件探究性问题实质上是寻找使命题为真的充分条件或充要条件.

【例 1】 (1998 年,全国卷)

如图 3.1,在直四棱柱 $A_1B_1C_1D_1-ABCD$ 中,当底面四边形 $ABCD$ 满足条件________时,有 $A_1C\perp B_1D_1$.(填上你认为正确的一个条件即可,不必考虑所有可能的情形)

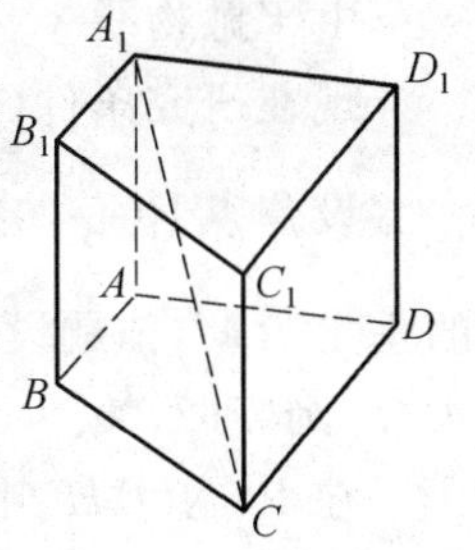

图 3.1

【分析及解】 这道题的要求是,在直四棱柱中,寻找使对角线 A_1C 与上底面对角线 B_1D_1 垂直的充分条件.

由于 $BD\parallel B_1D_1$,所以要使 $A_1C\perp B_1D_1$,只要 $A_1C_1\perp BD$ 即可.

由直四棱柱的定义可知,$A_1A\perp$ 底面 $ABCD$.

再由三垂线定理,只要满足 $AC\perp BD$,就可以推得 $A_1C\perp BD$,进而 $A_1C\perp B_1D_1$.

因此可添加的条件可以是以下几个中的任意一个:

(1) 对角线 AC 与 BD 垂直.

(2) 四边形 $ABCD$ 是正方形.

(3) 四边形 $ABCD$ 是菱形.

由题目要求,以上三个条件只要填上一个即可.

【例 2】 (2002 年,全国卷,文史类)

对于顶点在原点的抛物线,给出下列条件:

(1) 焦点在 y 轴上;

(2) 焦点在 x 轴上;

(3) 抛物线上横坐标为 1 的点到焦点的距离等于 6;

(4) 抛物线的通径的长为 5;

(5) 由原点向过焦点的某条直线作垂线,垂足的坐标为(2,1).能使这抛物线方程为 $y^2=10x$ 的条件是________.

【分析及解】 本题实际上是寻找使抛物线方程为 $y^2=10x$ 的充要条件,与例 1 不同的是本题给出了 5 个可供选择的条件,由解题者有目的地进行筛选,而例 1 并没有给出寻找充分条件的范围.

显然,抛物线 $y^2=10x$ 的焦点坐标是$\left(\frac{5}{2},0\right)$.所以条件(1)不合要求,而条件(2),焦点在 x 轴上是必要的.

由于抛物线 $y^2=10x$ 的准线为 $x=-\frac{5}{2}$,抛物线上横坐标为 1 的点到焦点的距离应等于该点到准线的距离,而此距离为 $1-\left(-\frac{5}{2}\right)=\frac{7}{2}$ 不等于 6,所以条件(3)不合要求.

由于抛物线 $y^2=10x$ 的通径为10,而不为5,所以条件(4)也不合要求.

现在研究条件(5).(图3.2)

设焦点 $F(\frac{p}{2},0)$,从 O 向过焦点 F 的直线所作垂线的垂足为 M,依题设 $M(2,1)$.过 M 作 x 轴的垂线,垂足为 T,则 $T(2,0)$.

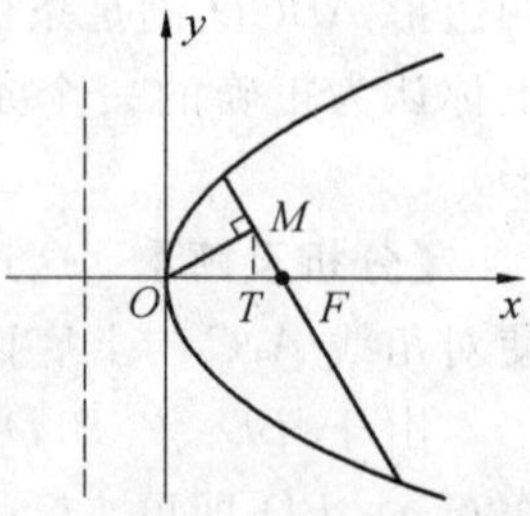

图3.2

在 Rt$\triangle OMF$ 中,由射影定理有 $OM^2=OT\cdot OF$,即 $5=2\cdot\frac{p}{2}$,于是

$$p=5,2p=10$$

此时抛物线方程为 $y^2=10x$.

由以上可知,条件(2)和(5)可得出抛物线方程 $y^2=10x$.

【例3】 现有命题:若 $c>b$,且 $f(x)$ 在两个区间 $[a,b]$,$[c,d]$ 上都是增函数,则 $f(x)$ 在集合 $[a,b]\cup[c,d]$ 上是增函数,若认为该命题为真,请给出证明.若认为该命题为假,请对原命题予以补充(不允许变更原命题的内容,不允许举例)使原命题能成立,先写出补充条件,然后证明给出的新命题.

【分析及解】 若 $f(x)$ 在区间 $[a,b]$,$[c,d]$ 上都是增函数,则 $f(x)$ 在并集 $[a,b]\cup[c,d]$ 上不一定是增函数.例如 $f(x)=\sin x$ 在 $[0,\frac{\pi}{2}]$,$[2\pi,\frac{5\pi}{2}]$ 上都是增函数,但是在 $[0,\frac{\pi}{2}]\cup[2\pi,\frac{5\pi}{2}]$ 上就不是增函数,例如 $x_1=\frac{\pi}{3}<x_2=\frac{13\pi}{6}$,但 $\sin\frac{\pi}{3}=\frac{\sqrt{3}}{2}>\sin\frac{13\pi}{6}=\frac{1}{2}$.

如果补充条件 $f(c)>f(b)$,即命题改为:

若 $c>b$,函数 $f(x)$ 在两个区间 $[a,b]$,$[c,d]$ 上都是增函数,且 $f(c)>f(b)$,则函数 $f(x)$ 在并集 $[a,b]\cup[c,d]$ 也是增函数.

只需证明若 $a\leqslant x_1\leqslant b<c\leqslant x_2\leqslant d$ 有 $f(x_1)<f(x_2)$ 即可.

事实上,由题设有 $f(x_1)\leqslant f(b)$,$f(c)\leqslant f(x_2)$,又由 $f(c)>f(b)$ 可得 $f(x_1)\leqslant f(b)<f(c)\leqslant f(x_2)$.

即 $f(x)$ 在 $[a,b]\cup[c,d]$ 上是增函数.

二、结论开放型

这类题目的特点是给出一定的条件,要求从条件出发去探索结论,而结论往往是不唯一的，甚至是不确定的，需要解题者从已知条件出发，运用所学过的知识进行推理、探究或实验得出结论.

【例 1】 (2003 年，上海卷)

给出问题：F_1，F_2 是双曲线 $\frac{x^2}{16}-\frac{y^2}{20}=1$ 的焦点，点 P 在双曲线上，若点 P 到焦点 F_1 的距离等于 9，求点 P 到焦点 F_2 的距离. 某学生的解答如下：双曲线的实轴长为 8，由 $||PF_1|-|PF_2||=8$. 即 $|9-|PF_2||=8$ 得 $|PF_2|=1$ 或 17，该学生的解答是否正确？若正确，请将他的解题依据填在下面的空格内；若不正确，将正确的结果填在下面的空格内________.

【分析及解】 注意到 $a=4$，$c=6$，双曲线上的点到焦点的最近距离为 $|a-c|=2$，所以 $|PF_2|\neq 1$. 只有 $|PF_2|=17$.

【例 2】 (1998 年，全国卷)

关于函数 $f(x)=4\sin(2x+\frac{\pi}{3})(x\in\mathbf{R})$ 有下列命题：

(1) 由 $f(x_1)=f(x_2)=0$ 可得 x_1-x_2 必是 π 的整数倍；

(2) $y=f(x)$ 的表达式可改写为 $y=4\cos(2x-\frac{\pi}{6})$；

(3) $y=f(x)$ 的图像关于点 $(-\frac{\pi}{6},0)$ 对称；

(4) $y=f(x)$ 的图像关于直线 $x=-\frac{\pi}{6}$ 对称.

其中正确命题的序号是________.(注：把你认为正确的命题的序号都填上)

【分析及解】 本题是给出了函数 $f(x)=4\sin(2x+\frac{\pi}{3})$ 的解析式，研究该函数有哪些性质，并且题目中给出了四个可供选择的结论，但这些结论鱼目混珠，要求解题者在题目中指出的 4 个结论去寻找符合要求的结论. 这是一种有解题目标的结论开放题，我们可以逐个地进行讨论.

对于(1)，由于函数的周期是 π，则使 $f(x_1)=f(x_2)=0$ 的 x_1，x_2 可以相差 $\frac{\pi}{2}$，如 $x_1=\frac{\pi}{3}$，$x_2=\frac{5\pi}{6}$ 都可使 $f(x_1)=f(x_2)=0$，但 $x_2-x_1=\frac{5\pi}{6}-\frac{\pi}{3}=\frac{\pi}{2}$，不是 π 的整数倍，所以(1) 不是正确的命题.

对于(2)，由

$$y=4\sin(2x+\frac{\pi}{3})$$

$$=4\cos(\frac{\pi}{2}-2x-\frac{\pi}{3})=4\cos(\frac{\pi}{6}-2x)$$

$$=4\cos(2x-\frac{\pi}{6})$$

可知,(2) 是正确的.

对于(3). 由于正弦函数 $f(x)=A\sin(\omega x+\varphi)$,当且仅当 $f(x_0)=0$ 时,其图像关于 $(x_0,0)$ 成中心对称,为此,只要计算 $f(-\frac{\pi}{6})$ 即可

$$f(-\frac{\pi}{6})=4\sin[2x(-\frac{\pi}{6})+\frac{\pi}{3}]=4\sin 0=0$$

因此,$y=f(x)$ 的图像关于 $(-\frac{\pi}{6},0)$ 对称,(3) 是正确的.

我们还可以直接用对称的概念来讨论命题(3)

$$f(-\frac{\pi}{6}+x)=4\sin(-\frac{\pi}{3}+2x+\frac{\pi}{3})=4\sin 2x$$

$$f(-\frac{\pi}{6}-x)=4\sin(-\frac{\pi}{3}-2x+\frac{\pi}{3})=-4\sin 2x$$

于是

$$f(-\frac{\pi}{6}+x)=-f(-\frac{\pi}{6}-x)$$

即 $f(x)$ 的图像关于 $(-\frac{\pi}{6},0)$ 对称.

对于(4),由于正弦函数 $f(x)=A\sin(\omega x+\varphi)$,当且仅当 $f(x_0)$ 取得最大值或最小值时,其图像关于直线 $x=x_0$ 对称.

由(3) 可知,$f(-\frac{\pi}{6})=0$,$f(-\frac{\pi}{6})$ 不是 $y=f(x)$ 的最大值或最小值,所以(4) 不是正确的命题.

于是应填(2),(3).

【例 3】 (2000 年,北京海淀模拟试题)

老师给出一个函数 $y=f(x)$,四个学生甲、乙、丙、丁各指出这个函数的一个性质:

甲:对于 $x\in\mathbf{R}$,都有 $f(1+x)=f(1-x)$;

乙:在 $(-\infty,0]$ 上函数递减;

丙:在 $(0,+\infty)$ 上函数递增;

丁:$f(0)$ 不是函数的最小值.

如果其中恰有 3 人说得正确,请写出一个这样的函数________.

【分析及解】 本题同样是给出条件，由解题者去寻找结论. 这个题目与例1，例2不同的是，它的条件的给出是开放的，即甲、乙、丙、丁中有三个是正确的，一个是错误的，但不知道哪三个命题正确，哪一个命题错误，而结论并没有什么限制，只要符合要求即可，需要解题者以发散的，创造性的思考去解决这一问题.

如果甲、乙、丁正确，我们需要寻找一个以 $x=1$ 为对称轴，在 $(-\infty,0]$ 上递减，且在 $x=0$ 处不是最小值的函数. 可以想到函数 $y=(x-1)^2$ 或 $y=x^2-2x$ 符合要求.

如果乙、丙、丁正确，此时函数不以 $x=1$ 为对称轴，可以构造一个分段函数

$$y=\begin{cases}-x+1, & x\leqslant 0\\ x-1, & x>0\end{cases}$$

三、条件和结论都发散型

有些题目条件和结论都是不确定的，但是给出了一定量的信息和情景，要求解题者在题目给出的情景中，自行设定条件，自己寻找结论，自己构建命题并进行演绎推理.

【例 1】 （1999 年，全国卷）

α,β 是两个不同的平面，m,n 是平面 α,β 之外的两条不同直线，给出四个论断：

①$m\perp n$，②$\alpha\perp\beta$，③$n\perp\beta$，④$m\perp\alpha$.

以其中三个论断作为条件，余下的一个论断作为结论，写出你认为正确的一个命题.

【分析及解】 本题要求写出一个命题，但由哪些作为条件，哪些作为结论，题目并没有提出要求，只是给出了四个可供使用的信息，并且提出了使用这四个信息的一个要求：以其中三个论断作为条件余下的一个论断作为结论.

由组合知识可知，按三个论断作条件可组成 $C_4^3=4$（个）命题，这些命题是：

(1)①，②，③⇒④

(2)①，②，④⇒③

(3)①，③，④⇒②

(4)②，③，④⇒①

这些命题中有错误的命题也有正确的命题，还需要再对正确性做出判断.

对于命题(1)：即由 $m\perp n,\alpha\perp\beta,n\perp\beta\Rightarrow m\perp\alpha$.

这一命题显然不能成立，如图3.3，当 $\alpha\perp\beta,n\perp\beta$ 时，若 $m\perp n$，则 m 可以以任何方向与 n 垂直，即不一定有 $m\perp\alpha$.

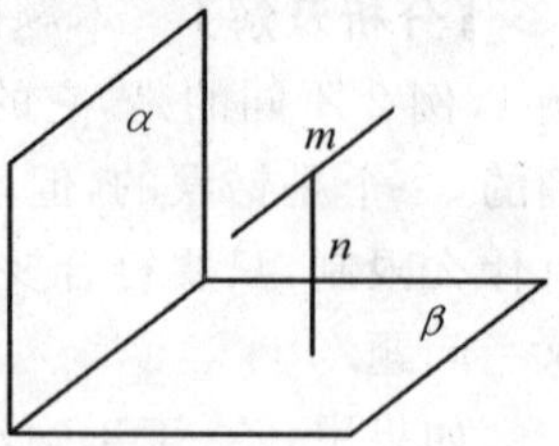

图 3.3

对于命题(2)，与命题(1) 相同，也不可能成立.

对于命题(3)，由于 $n\perp\beta,m\perp\alpha,m\perp n$，则过 n 上任一点 A 作直线 $m'\parallel m$，过相交直线 m',n 的平面与 α,β 交于 B,D，与交线交于 C，可以证明 $ABCD$ 为矩形，$\angle BCD=90^\circ$，于是 α 与 β 的二面角为 90°，即 $\alpha\perp\beta$. 因此，命题(3) 成立.(图 3.4)

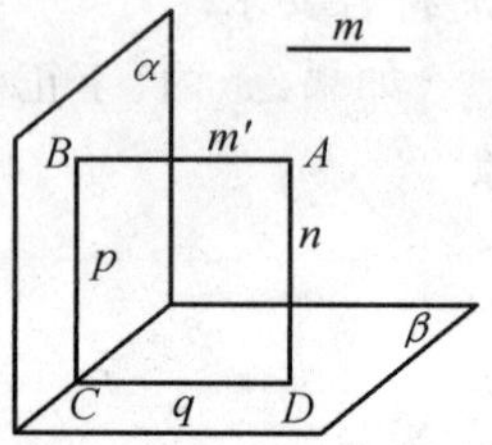

图 3.4

对于命题(4)，由 $\alpha\perp\beta,n\perp\beta$，则 $n\parallel\alpha$，又 $m\perp\alpha$，则 $m\perp n$，因此命题(4) 成立.

以上组成的四个命题有两个是正确的，两个是错误的，题目只要求写出一个正确的命题，所以写出命题(3) 或命题(4) 都可以.

【例 2】 (1999 年，上海卷)

若四面体的棱的长是 1 或 2，且该四面体不是正四面体，则其体积的值是________(只需写出一个可能的值).

【分析及解】 首先，这个题目的条件是开放的，除了锁定给出的不是正四面体之外，棱长只给出是1或2，至于在6条棱中，有几条棱长是1，几条棱长是2，题目并没有给出，并且长度为1的棱与长度为2的棱之间如何排列，题目也没有给出，这就给解题者一个自己创设情景的自由空间.

其次，结论是开放的，由于条件的不确定，必然造成结果的不唯一，对于长度为 1 或 2 的棱的不同组合，会出现不同的四面体，因而就会出现不同的体积的值.

下面我们具体讨论这个题目.

6 条棱长为 1 或 2 的不同组合有三种可能：

“5 + 1”型，即 5 条棱长为 1，1 条棱长为 2，或 5 条棱长为 2，1 条棱长为 1；

“4 + 2”型，即 4 条棱长为 1，2 条棱长为 2，或 4 条棱长为 2，2 条棱长为 1；

“3 + 3”型，即 3 条棱长为 1，3 条棱长为 2.

1.“5 + 1”型

① 四面体的 5 条棱长为 1，1 条棱长为 2.

在这种情况下，必有一个面是由 1 个 2 与 2 个 1 为边长组成的三角形，而由“三角形的任意两边之和大于第三边”这种情况是不可能的.

② 四面体的 5 条棱长为 2,1 条棱长为 1.

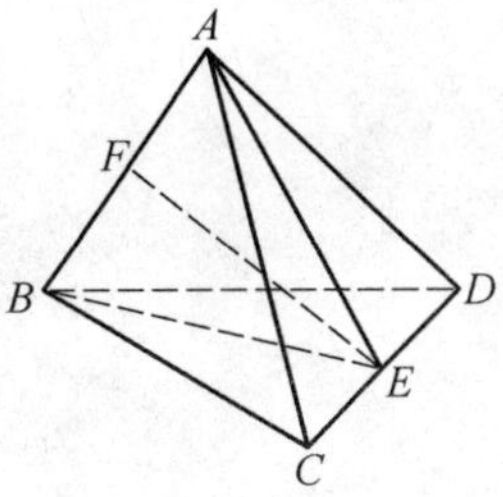
图 3.5

设四面体 $ABCD$, $AB=AC=AD=BC=BD=2$, $CD=1$.(图 3.5)

取 CD 的中点 E, AB 的中点 F, 连 AE, EF, BE, 则 $CD\perp$ 平面 ABE, $EF\perp AB$, 由 $AD=2$, $DE=\frac{1}{2}$ 得 $AE=\frac{\sqrt{15}}{2}$, 再由 $AF=1$, 得 $EF=\frac{\sqrt{11}}{2}$, 于是 $S_{\triangle ABE}=\frac{1}{2}AB\cdot EF=\frac{\sqrt{11}}{2}$.

又 $V_{ABCD}=\frac{1}{3}S_{\triangle ABE}\cdot CD=\frac{1}{3}\cdot\frac{\sqrt{11}}{2}\cdot 1=\frac{\sqrt{11}}{6}$.

2."4 + 2"型

① 四面体的 4 条棱长为 1,1 条棱长为 2.

在这种情况下,也会出现由边长 1,1,2 组成的三角形,这是不可能的.

② 四面体的 4 条棱长为 2,2 条棱长为 1.

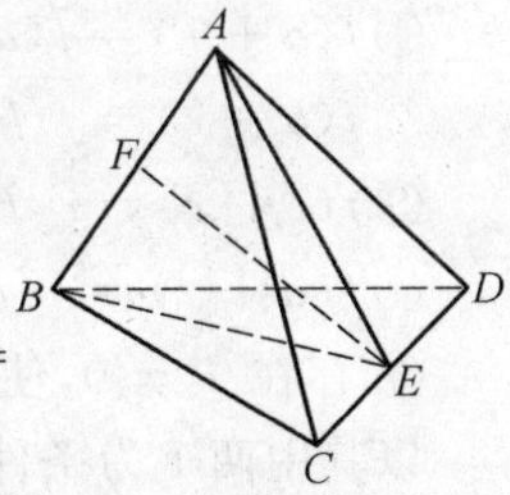
图 3.6

若两条棱长为 1 的棱长是由同一顶点引出的,也会出现边长为 1,1,2 的三角形,这是不可能的,因此,长度为 1 的两条棱一定是对棱.

设四面体 $ABCD$, $AB=CD=1$, $AC=AD=BC=BD=2$(图 3.6),取 CD 的中点 E, AB 的中点 F, 连 AE, EF, BE, 则 $EF\perp AB$, $AE\perp CD$.

由 $AD=2$, $DE=\frac{1}{2}$, 得 $AE=\frac{\sqrt{15}}{2}$.

由 $AE=\frac{\sqrt{15}}{2}$, $AF=\frac{1}{2}$, 得 $EF=\frac{\sqrt{14}}{2}$.

又可证明 $CD\perp$ 平面 ABE, 则 $S_{\triangle ABE}=\frac{1}{2}AB\cdot EF=\frac{\sqrt{14}}{4}$.

$V_{ABCD}=\frac{1}{3}S_{\triangle ABE}\cdot CD=\frac{\sqrt{14}}{12}$.

3."3 + 3"型

① 底面的 3 条棱长是 2,侧棱的三条棱长是 1,必定出现边长为 1,1,2 的三角形,这不可能.

② 底面的 3 条棱长是 1,侧棱的三条棱长是 2,这时是一个正三棱锥(图 3.7),设 O 为 $\triangle BCD$ 的中心,则

$$BO=\frac{\sqrt{3}}{3}, AO=\sqrt{4-\frac{1}{3}}=\frac{\sqrt{33}}{3}$$

$$\begin{aligned}V_{ABCD}&=\frac{1}{3}\cdot S_{\triangle BCD}\cdot AO\\&=\frac{1}{3}\cdot\frac{\sqrt{3}}{4}\cdot\frac{\sqrt{33}}{3}\\&=\frac{\sqrt{11}}{12}\end{aligned}$$

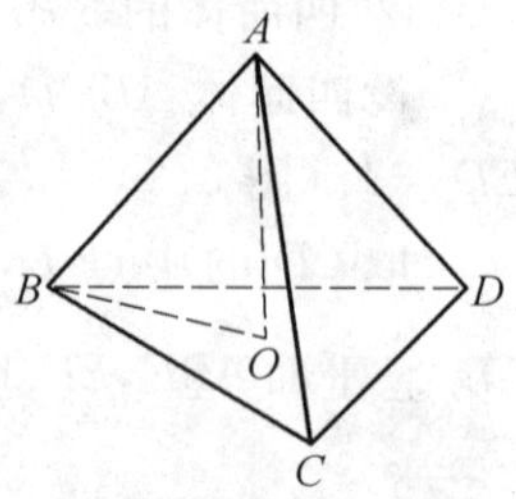

图 3.7

由以上可以看出，当四面体的棱长为 1 或 2，且不是正四面体时，其体积的值可能是$\frac{\sqrt{11}}{6}$，$\frac{\sqrt{11}}{12}$，$\frac{\sqrt{14}}{12}$. 虽然本题只需要一个结果，但是在解题之初还是要对棱长为 1 和 2 的不同组合分类探讨，并计算其中一种可能的情形.

【例 3】 设 $f(x)$ 在$(-\infty,+\infty)$上有定义，有下面 5 个论断($a\neq b\neq c\neq d, a, b, c, d\in\mathbf{R}$)：

①$f(a+x)=f(a-x)$；

②$f(b+x)=f(b-x)$；

③$f(c+x)=-f(c-x)$；

④$f(d+x)=-f(d-x)$；

⑤ 存在 $T\neq 0$，使 $f(x+T)=f(x)$.

以其中两个为条件，一个为结论，写出一个正确的命题.

【分析及解】 按照题目的条件，可以产生 $C_5^2\cdot C_3^1=30$(个) 命题，关键在于从中找出正确的命题.

我们首先证明 ①，②⇒⑤.

由 ①$f(a+x)=f(a-x)$，得 $f(x)=f(2a-x)$，

由 ②$f(b+x)=f(b-x)$，得 $f(x)=f(2b-x)$.

于是 $f(2a-x)=f(2b-x)$，即

$$f(x)=f(x+2b-2a)$$

于是存在 $T=2b-2a\neq 0$，使 $f(x+T)=f(x)$.

由此可类似地证明由 ③，④⇒⑤.

下面再证明 ①，③⇒⑤.

由 ①$f(a+x)=f(a-x)$，得 $f(x)=f(2a-x)$.

由 ③$f(c+x)=-f(c-x)$，得 $f(x)=-f(2c-x)$.

于是 $f(2a-x)=-f(2c-x)$，即有

$$f(x)=-f(x+2c-2a)$$

$$f(4c-4a+x)=-f(2c-2a+x)=f(x)$$

因此存在 $T\neq 0, T=4c-4a$，使 $f(x+T)=f(x)$.

以上几个命题揭示了函数的自身对称性与周期性的关系.

如果一个函数图像有两条对称轴 $x=a, x=b, a\neq b$，则它是以 $T=2b-2a$ 为周期的周期函数.

如果一个函数的图像有两个对称中心 $(c,0),(d,0)$，则它是以 $T=2c-2d$ 为周期的周期函数.

如果一个函数的图像有一条对称轴 $x=a$ 和一个对称中心 $(c,0)$，则它是以 $T=4c-4a$ 为周期的周期函数.

四、信息迁移型

这类题目的特点是命题者通过文字或图表等给出了中学数学内容中没有遇到过的新知识，这些新知识可以是新概念、新定义、新定理、新规则和新情境，并且这些解题的信息有可能不是直接给出的，要求解题者通过观察、阅读、归纳、探索进行迁移，即读懂新概念，理解新情景，获取有用的新信息，然后运用这些有用的信息进一步计算和推理，从而考察在新的情景下，独立获取和运用新信息的能力，综合运用数学知识解决问题的能力和探究能力.

信息迁移题，由于信息呈现的方式不同，又可分为定义信息型，图表信息型和图形、图像信息型等.

（一）定义信息型

这类题目通过设计一个对于解题者并不熟悉的情境，在这个情境下，定义一个新的概念，新的运算或者新的定理，要求解题者阅读这些新的信息，在新的数学情境下，完成解题要求.

【例 1】 （1994 年，全国卷）

在测量某物理量的过程中，因仪器和观察的误差，使得 n 次测量分别得到 $a_1, a_2, \cdots, a_n$ 共 n 个数据. 我们规定所测量的物理量的“最佳近似值”a 是这样的一个量：与其他近似值比较，a 与各数据的差的平方和最小，依此规定，从 $a_1, a_2, \cdots, a_n$ 推出的 $a=$ ________.

【分析及解】 本题是在测量物理量的情境下，定义了“最佳近似值”这样一个概念，由这个概念的定义，我们可以转化为一个数学问题 —— 最值问题.

设 x 是各种近似值，并设 $f(x)=\sum\limits_{k=1}^{n}(x-a_k)^2$.

根据题设给出的定义，最佳近似值 a 就是使 $f(x)$ 取得最小值的 x.

由

$$f(x)=\sum_{k=1}^{n}(x-a_k)^2$$
$$=nx^2-2(a_1+a_2+\cdots+a_n)x+(a_1^2+a_2^2+\cdots+a_n^2)$$

及 $n>0$ 可得，当 $x=\frac{a_1+a_2+\cdots+a_n}{n}$ 时，$f(x)$ 取得最小值.

即所求的最佳近似值 a 为 $a_1,a_2,\cdots,a_n$ 的算术平均值.

【例 2】 定义一种运算"$*$"，对于自然数 $n\geqslant 1$，满足以下运算性质：

(1)$1*1=1$；

(2)$(n+1)*1=3(n*1)$.

则 $n*1$ 用含 n 的代数式表示是________.

【分析及解】 由题目规定的运算可以看出，运算的结果是与 n 有关的，因此可以设 $n*1=a_n$. 这样，就有 $1*1=a_1$，即 $a_1=1$.

而 $(n+1)*1=a_{n+1}$，即 $a_{n+1}=3a_n$.

于是数列 $\{a_n\}$ 是以 $a_1=1$ 为首项，以 $q=3$ 为公比的等比数列.

即 $a_n=1\cdot 3^{n-1}=3^{n-1}$.

【例 3】 下面是一个计算机程序的操作说明：

(1) 初始值 $x=1,y=1,z=0,n=0$；

(2)$n=n+1$(将当前的 $n+1$ 的值赋予新的 n)；

(3)$x=x+2$(将当前的 $x+2$ 的值赋予新的 x)；

(4)$y=2y$(将当前的 $2y$ 的值赋予新的 y)；

(5)$z=z+xy$(将当前的 $z+xy$ 的值赋予新的 z)；

(6) 如果 $z>7\ 000$；则执行语句(7)，否则返回语句(2) 继续进行；

(7) 打印 n,z；

(8) 程序终止.

由语句(7) 打印的数值为________，________请写出计算过程.

【分析及解】 题目给出的定义信息是一个计算机程序的操作说明. 我们的工作是把题目给出的信息，变成数学表达式，成为一个数学模型.

由(2) 可知，自变量 n 是按自然数 0,1,2,… 的规律变化的，因此可以用数列模型来看待这一计算机程序.

由(1),(3) 可知 $x_0=1,x_{n+1}=x_n+2$，于是 $\{x_n\}$ 是一个等差数列，$x_n=1+2n$.

由(1),(4) 可知，$y_0=1,y_{n+1}=2y_n$. 于是 $\{y_n\}$ 是一个等比数列，$y_n=2^n$.

由(1),(5)及$\{x_n\}$,$\{y_n\}$可得,$z_0=0$,$z_n=z_{n-1}+x_ny_n$,即

$$z_1=z_0+x_1y_1=x_1y_1$$

$$z_2=z_1+x_2y_2=x_1y_1+x_2y_1$$

$$z_3=z_2+x_3y_3=x_1y_1+x_2y_2+x_3y_3$$

$$\vdots$$

$$z_n=x_1y_1+x_2y_2+\cdots+x_ny_n$$

$$=3\cdot 2+5\cdot 2^2+7\cdot 2^3+\cdots+(2n+1)\cdot 2^n$$

$$2z_n=3\cdot 2^2+5\cdot 2^3+\cdots+(2n-1)\cdot 2^n+(2n+1)2^{n+1}$$

以上两式相减可得

$$z_n=-3\cdot 2-2\cdot 2^2-2\cdot 2^3-\cdots-2\cdot 2^n+(2n+1)\cdot 2^{n+1}$$

$$=-6-\frac{2^3(2^{n-1}-1)}{2-1}+(2n+1)\cdot 2^{n+1}$$

$$=-2^{n+2}+2+(2n+1)\cdot 2^{n+1}$$

$$=(2n-1)\cdot 2^{n+1}+2$$

由题意,即由(6),需研究何时$z_n>7\ 000$,即解$\begin{cases}z_n>7\ 000\\z_{n-1}\leqslant 7\ 000\end{cases}$,即

$$\begin{cases}(2n-1)\cdot 2^{n+1}+2>7\ 000\\(2n-3)\cdot 2^n+2\leqslant 7\ 000\end{cases}$$

由于$z_8=7\ 682>7\ 000$,$z_7=3\ 330<7\ 000$,于是由(7)打印出的数值为$n=8$,$z=7\ 682$.

(二)图表信息型

这类题目是指题目给出的信息是一些相关的图表,要求解题者认真阅读和研究这些图表,解读图表给出的信息,并根据图表提供的特征找出数量关系,得到数学模型,并进行推理计算.

【例4】 (2000年,全国卷)

《中华人民共和国个人所得税法》规定,公民全月工资、薪金所得不超过800元的部分不必纳税,超过800元的部分为全月应纳税所得额,此项税款按表3.1分段累进计算.

表3.1

全月应纳税所得额	税率
不超过500元的部分	5%
超过500元至2 000元的部分	10%
超过2 000元至5 000元的部分	15%

某人一月份应交纳此项税款 26.78 元，则他的当月工资、薪金所得介于(　　)元.

A. 800 ～ 900　　　　B. 900 ～ 1 200

C. 1 200 ～ 1 500　　　　D. 1 500 ～ 2 800

【分析及解】 本题给出了一个个人所得税应纳税款的累进计算表，要求利用这个表，根据每个人的工资、薪金所得计算出应纳税的数额.

研究此表提供的信息，可以发现，如果以一个人的工资、薪金所得为自变量 x，那么，应纳税额 $y=f(x)$ 就是 x 的一个分段函数.

我们不难写出这个分段函数

$$f(x)=\begin{cases}0, & 0<x\leqslant 800\\ 5\%(x-800), & 800<x\leqslant 1\,300\\ 25+10\%(x-1\,300), & 1\,300<x\leqslant 2\,800\\ 175+15\%(x-2\,800), & 2\,800<x\leqslant 5\,800\end{cases}$$

如果这人应交纳税款为 26.78 元，显然由分段函数，需选择 $1\,300<x\leqslant 2\,800$ 这一段函数解析式，即 $26.78=25+10\%(x-1\,300)$，得 $x=1\,317.8$(元).

因此，应选 C.

这道题把表格信息转化为分段函数，正是对解题者数学能力，特别是把实际问题转化为数学问题的能力的考查.

(三) 图像、图形信息型

这类题目给出的信息是图像或者图形，通过观察图像或者图形，研究它们的形状，位置发展变化趋势，变化规律，解析表达式或者特殊点等有关信息，发现题目规律进而解决问题.

【例 5】 (2000 年，全国卷)

某蔬菜基地种植西红柿，由历年市场行情知，从一月一日起的 300 天内，西红柿市场售价与上市时间的关系用图 3.8 的一条折线表示，西红柿的种植成本与上市时间的关系用图 3.9 的抛物段表示.

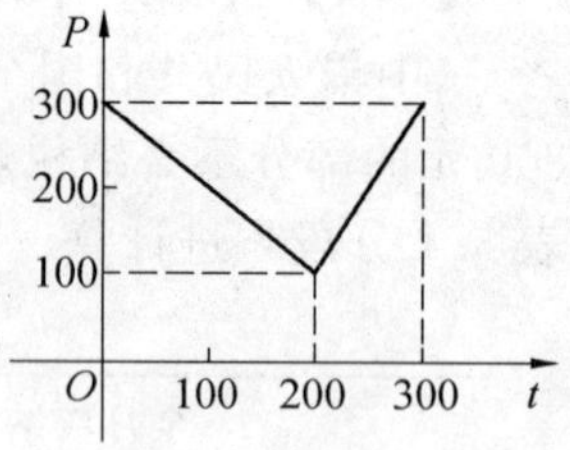

图 3.8

(Ⅰ) 写出表示市场售价与时间的函数关系 $P=f(t)$；

写出表示的种植成本与时间的函数关系式 $Q=g(t)$.

(Ⅱ) 认定市场售价减去种植成本为纯收益，问何时上市的西红柿纯收益

最大？(注:市场售价和种植成本的单位:元 /10^2kg,时间单位:天)

【分析及解】 本题给出的信息是两个函数 $P=f(t)$ 与 $Q=g(t)$ 的图像，我们从图 3.8 是一条折线可以判断,函数 $P=f(t)$ 是一个分段函数

$$P=f(t)=\begin{cases}300-t, & 0\leqslant t<200\\ 2t-300, & 200<t\leqslant 300\end{cases}$$

从图 3.9 是一条抛物线，且已知顶点坐标为(150,100),经过点(50,150)可得 $Q=g(t)=\frac{1}{200}(t-150)^2+100, 0\leqslant t\leqslant 300$.

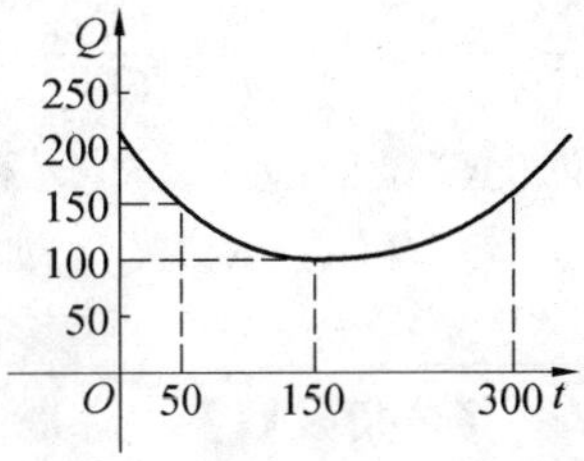

图 3.9

从图像信息迁移到函数解析式,这样,对第(Ⅱ)问求最大纯收益就比较容易了.

设第 t 天的纯收益为 $h(t)$.

从题目给出的定义信息可知:纯收益=市场售价－种植成本.

因此有函数

$$h(t)=f(t)-g(t)$$

$$h(t)=\begin{cases}-\frac{1}{200}t^2+\frac{1}{2}t+\frac{175}{2}, & 0\leqslant t\leqslant 200\\ -\frac{1}{200}t^2+\frac{7}{2}t-\frac{1\,025}{2}, & 200<t\leqslant 300\end{cases}$$

下面分段求 $h(t)$ 的最大值.

当 $0\leqslant t\leqslant 200$ 时,$h(t)=-\frac{1}{200}(t-50)^2+100$.

所以当 $t=50$ 时,$h(t)$ 取得区间$[0,200]$的最大值 $h(50)=100$.

当 $200<t\leqslant 300$ 时,$h(t)=-\frac{1}{200}(t-350)^2+100$.

由 $t\in(200,300]$,$h(t)$ 是增函数,所以当 $t=300$ 时,$h(t)$ 取得区间$(200,300]$的最大值 $h(300)=87.5$.

由 $100>87.5$ 可知,$h(t)$ 在区间$[0,300]$上可以取得最大值 100,此时 $t=50$.

即从一月一日开始第 50 天时,上市的西红柿纯收益最大.

五、类比归纳型

这种题目的特点是给出一个数学情境或一个数学命题,要求解题者发散

思维去联想、类比、推广、转化，找出类似的命题，推广的命题，深入的命题，或者根据一些特殊的数据，特殊的情况去归纳出一般的规律.

【例 1】（2002 年，上海春季卷）

如图 3.10，若从点 O 所做的两条射线 OM，ON 分别有点 M_1，M_2 与点 N_1，N_2，则三角形面积之比 $\frac{S_{\triangle OM_1N_1}}{S_{\triangle OM_2N_2}}=\frac{OM_1}{OM_2}\cdot\frac{ON_1}{ON_2}$，若从点 O 所做的不在同一平面内的三条射线 OP，OQ 和 OR 上，分别有点 P_1，P_2，点 Q_1，Q_2 和点 R_1，R_2，如图 3.11 则类似的结论为________.

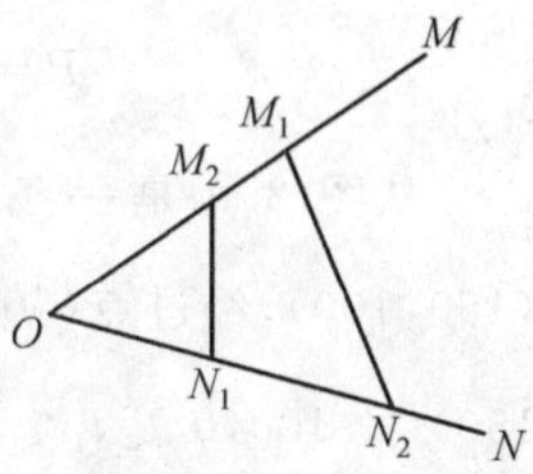

图 3.10

【分析及解】 这是一道由平面图形问题去类比空间图形问题的填空题.

平面图形的命题是：有一个角相等的两个三角形的面积之比等于夹这个角的两边的乘积的比.

三角形类比到空间图形是三棱锥，从一个公共点出发的两条边类比为从一个顶点出发的不共面的三条棱，面积类比为体积，由此可以得到三棱锥体积比的公式.

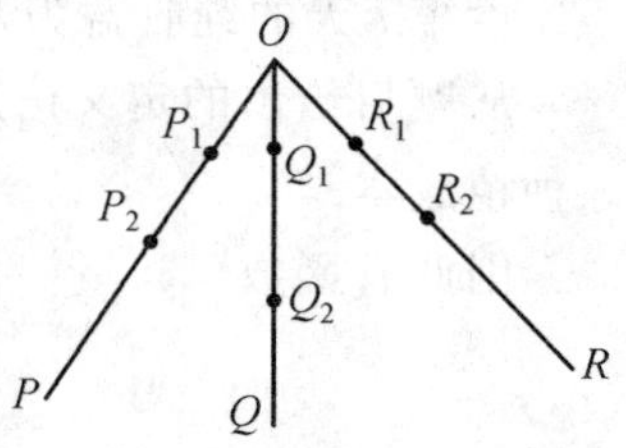

图 3.11

设 $V_{O-P_iQ_iR_i}$ 表示三棱锥 $O-P_iQ_iR_i(i=1,2)$ 的体积，则有

$$\frac{V_{O-P_1Q_1R_1}}{V_{O-P_2Q_2R_2}}=\frac{OP_1\cdot OQ_1\cdot OR_1}{OP_2\cdot OQ_2\cdot OR_2}$$

这个命题的证明并不困难，只要把三棱锥的底面看作 $\triangle OP_1Q_1$，$\triangle OP_2Q_2$，而三棱锥的高为从 R_1，R_2 到 $\triangle OP_1Q_1$，$\triangle OP_2Q_2$ 的距离，就可以得到证明.

【例 2】（2000 年，上海卷）

在等差数列 $\{a_n\}$ 中，若 $a_{10}=0$，则有等式

$$a_1+a_2+\cdots+a_n=a_1+a_2+\cdots+a_{19-n}\quad(n<19,n\in\mathbf{N}^*)$$

成立. 类比上述性质，相应地，在等比数列 $\{b_n\}$ 中，若 $b_9=1$，则有等式________成立.

【分析及解】 在等差数列与等比数列的类比中，加法类比为乘法，$a_{10}=0$ 类比为 $b_9=1$，又由 $2\times10-1=19$，有 $2\times9-1=17$，因此，在等比数列 $\{b_n\}$ 中，若 $b_9=1$，有等式 $b_1b_2\cdots b_n=b_1b_2\cdots b_{17-n}(n<17,n\in\mathbf{N}^*)$.

从试题的角度，以上的解答已经完整了，为了更深刻地认识题目中给出的命题和类比的命题，下面对涉及的两个命题给予证明.

在等差数列$\{a_n\}$中，因为$a_{10}=0$，又因为

$$a_1+a_{19}=a_2+a_{18}=\cdots=a_9+a_{11}=2a_{10}=0$$

所以$S_{19}=\dfrac{19(a_1+a_{19})}{2}=0$.

由$a_{19-k}+a_{k+1}=0$可得

$$(a_{n+1}+a_{n+2}+\cdots+a_{19})+(a_1+a_2+\cdots+a_{19-n})=0$$

$$\begin{aligned}S_{19}&=S_n+(a_{n+1}+\cdots+a_{19})\\&=S_n-(a_1+a_2+\cdots+a_{19-n})\\&=S_n-S_{19-n}=0\end{aligned}$$

于是$S_n=S_{19-n}$，即

$$a_1+a_2+\cdots+a_n=a_1+a_2+\cdots+a_{19-n}$$

对于等比数列$\{b_n\}$，由于$b_9=1$，则

$$b_1b_{17}=b_2b_{16}=\cdots=b_8b_{10}=b_9^2=1$$

于是

$$b_1b_{17}=b_2b_{16}=\cdots=b_{17-n}b_{n+1}=1$$

设T_n为数列$\{b_n\}$的前n项积，则以上各等式相乘，得

$$(b_1b_2\cdots b_{17-n})\cdot(b_{n+1}b_{n+2}\cdots b_{17})=1$$

$$b_{n+1}b_{n+2}\cdots b_{17}=\frac{1}{T_{17-n}}$$

即有$T_{17}=T_n(b_{n+1}b_{n+2}\cdots b_{17})=T_n\cdot\dfrac{1}{T_{17-n}}=1$.

所以$T_n=T_{17-n}$.

因此$b_1b_2\cdots b_n=b_1b_2\cdots b_{17-n}(n<17,n\in\mathbf{N}^*)$.

【例 3】 (2001 年，上海卷)

已知两个圆

$$x^2+y^2=1 \qquad ①$$

与

$$x^2+(y-3)^2=1 \qquad ②$$

则由式①减去式②可得上述两圆的对称轴方程，将上述命题在曲线仍为圆的情况下加以推广，即要求得到一个更一般的命题，而已知命题应成为所推广命题的一个特例，推广的命题为________.

【分析及解】 本题是一个由特殊推广到一般的归纳型命题. 显然，只要把题目所给的圆心特殊(一个圆心为(0,0)，一个圆心为(0,3))，半径特殊(半径均为1)的圆改为具有一般性的圆即可，即设已知两个圆的方程为

$$(x-a)^2+(y-b)^2=r^2 \qquad ③$$

与

$$(x-c)^2+(y-d)^2=r^2 \qquad ④$$

其中 $a\neq c$ 或 $c\neq d$，则由式③减去式④得到这两个已知圆的对称方程. 其中 $a=b=0, c=0, d=3, r=1$ 即为原命题.

六、存在型

这种题型是题目给出一定的条件，让解题者去证明在给定条件下，一些给定的结论一定存在或者一定不存在，或者要求解题者去判断在给定的条件下的结论是否存在.

【例 1】 （1995 年，全国卷）

设 $\{a_n\}$ 是由正数组成的等比数列，S_n 是其前 n 项和.

（Ⅰ）证明 $\dfrac{\lg S_n+\lg S_{n+2}}{2}<\lg S_{n+1}$.

（Ⅱ）是否存在常数 $c>0$，使得 $\dfrac{\lg(S_n-c)+\lg(S_{n+2}-c)}{2}=\lg(S_{n+1}-c)$ 成立？并证明你的结论.

【分析及解】 本题的第（Ⅰ）问是常规的封闭型题目，证明并不困难.

设 $\{a_n\}$ 的公比为 q，则 $q>0$.

(1) 当 $q=1$ 时，$S_n=na_1, S_{n+1}=(n+1)a_1, S_{n+2}=(n+2)a_1$.

由于

$$S_n\cdot S_{n+2}-S_{n+1}^2=n(n+2)a_1^2-(n+1)^2a_1^2=-a_1^2<0.$$

所以

$$S_nS_{n+2}<S_{n+1}^2, \lg S_nS_{n+2}<\lg S_{n+1}^2$$

即

$$\frac{\lg S_n+\lg S_{n+2}}{2}<\lg S_{n+1}$$

(2) 当 $q>0$ 且 $q\neq 1$ 时

$$S_n=\frac{a_1(1-q^n)}{1-q}$$

$$\begin{aligned}S_n\cdot S_{n+2}-S_{n+1}^2&=\frac{a_1(1-q^n)}{1-q}\cdot\frac{a_1(1-q^{n+2})}{1-q}-\left[\frac{a_1(1-q^{n+1})}{1-q}\right]^2\\&=-a_1^2q^n<0\end{aligned}$$

所以 $S_nS_{n+2}<S_{n+1}^2$，$\dfrac{\lg S_n+\lg S_{n+2}}{2}<\lg S_{n+1}$.

由以上，(Ⅰ)得证.

本题的第(Ⅱ)问具有开放性，要求确定是否存在满足条件的正数 c.

可以首先假设存在满足条件的 $c>0$，这样就有

$$\begin{cases}(S_n-c)(S_{n+2}-c)=(S_{n+1}-c)^2 & ① \\ S_n-c>0 & ②\end{cases}$$

对 q 分为 $q=1$ 及 $q\neq 1$ 两种情况讨论.

(1) 当 $q=1$ 时

$$\begin{aligned}&(S_n-c)\cdot(S_{n+2}-c)-(S_{n+1}-c)^2\\=&(na_1-c)[(n+2)a_1-c]-[(n+1)a_1-c]^2\\=&-a_1^2<0\end{aligned}$$

因此 $(S_n-c)\cdot(S_{n+2}-c)<(S_{n+1}-c)^2$. 与式 ① 矛盾.

(2) 当 $q\neq 1$ 时，若式 ① 成立，有

$$(S_n-c)(S_{n+2}-c)-(S_{n+1}-c)^2=0$$

$$\left[\frac{a_1(1-q^n)}{1-q}\right]\left[\frac{a_1(1-q^{n+2})}{1-q}-c\right]-\left[\frac{a_1(1-q^{n+1})}{1-q}-c\right]^2=0$$

即

$$-a_1q^n[a_1-c(1-q)]=0$$

由于 $a_1\neq 0, q^n\neq 0$，则 $a_1-c(1-q)=0$，又 $1-q\neq 0$，则 $c=\dfrac{a_1}{1-q}$.

由 $a_1>0$，若 $c>0$，则 $0<q<1$，此时

$$S_n-c=\frac{a_1(1-q^n)}{1-q}-\frac{a_1}{1-q}=\frac{-a_1q^n}{1-q}<0$$

于是与式 ② 矛盾.

综合以上，不存在 $c>0$ 满足题目要求.

这类需要判定是否存在的题目，一般可以假设满足题目要求的结论存在，经过推理、论证. 若存在，则可以求出满足条件的常数 $c>0$；若不存在，就导致一定的矛盾.

【例 2】 是否存在正数 a,b，使 $a^3+b^3<2a^2b^2$ 成立.

【分析及解】 本题是问是否存在两个正数 a,b，可先假定存在一个正数，并给予赋值，比如设 $a=1$，使问题简化为：是否存在一个正数 b，使 $1+b^3<2b^2$ 成立.

考虑不等式 $b^3-2b^2+1<0$，即

$$(b-1)\left(b-\frac{1+\sqrt{5}}{2}\right)\left(b-\frac{1-\sqrt{5}}{2}\right)<0$$

由 $b>0$ 可解得 $1<b<\dfrac{1+\sqrt{5}}{2}=1.618$.

我们可以取 $b=1.5$，即满足条件.

所以存在正数 a,b，满足 $a^3+b^3<2a^2b^2$.

【例 3】 已知点 $A(x+a,y_1)$，$B(x,y_2)$，$C(2+a,y_3)$ 是函数 $f(x)=\log_2(x-a)$ 上不同的三点.是否存在实数 a，使得存在唯一的实数 x，使 y_1，y_2，y_3 成等差数列.

【分析及解】 这里涉及两个存在性问题，一个是是否存在实数 a，一个是所存在的实数 a，是否存在唯一的实数 x，满足题设条件

$$y_1=\log_2(x+a-a)=\log_2 x$$
$$y_2=\log_2(x-a)$$
$$y_3=\log_2(2+a-a)=1$$

若存在实数 a，满足题设条件，则 y_1，y_2，y_3 成等差数列.

即有 $2\log_2(x-a)=\log_2 x+1$，得

$$\begin{cases}(x-a)^2=2x\\ x>a\\ x>0\end{cases}$$

有唯一解，则方程

$$x^2-2(a+1)x+a^2=0 \qquad (*)$$

的实数解 x 有两种可能：方程（$*$）有等根，或者方程（$*$）有一个根大于 a，另一根小于或等于 a，即

$$g(x)=x^2-2(a+1)x+a^2$$

则

$$\Delta=4(a+1)^2-4a^2=4(2a+1)=0$$

或

$$g(a)=a^2-2(a+1)a+a^2\leqslant 0$$

解得

$$a=-\frac{1}{2}\text{ 或 }a\geqslant 0$$

因此存在实数 $a=-\dfrac{1}{2}$ 或 $a\geqslant 0$，使得存在唯一的实数 x，使 y_1，y_2，y_3 成等差数列.

本题也可以用图像帮助解题，即考虑图像 $y=(x-a)^2(x>a)$ 及 $y=2x(x>0)$ 有一个公共点的条件.

七、解题策略开放型

一般的题目，题型与方法相对是固定的，所以解题者可以根据题目的条件

和结论，根据固有的解题模式确定解题策略. 但有些题目，并不是按照“题型加方法”的思维定式编拟的，题目的背景比较新颖，解题的要求比较开放，有时需要实际操作和巧妙设计，这就要求解题者具有灵活的思维和应变能力，能根据题目的条件和结论进行观察、分析、探索、决策，这是一种解题策略开放与发散的题型.

【例 1】 (2002 年，北京卷)

在研究并行计算的基本算法时，有以下简单的模型问题：

用计算机求 n 个不同的数 $v_1, v_2, \cdots, v_n$ 的和 $\sum\limits_{i=1}^{n} v_i = v_1 + v_2 + \cdots + v_n$，计算开始前，$n$ 个数存贮在 n 台由网络连接的计算机中，每台机器有一个数，计算开始后，在一个单位时间内，每台机器致多到一台其他机器中读数据，并与自己原有数据相加得到新数据，各台机器可同时完成上述工作.

为了用尽可能少的单位时间，使各台机器都得到这 n 个数的和，需要设计一种读和加的方法，比如 $n=2$，用一个单位时间即可完成计算，方法可用表 3.2 表示.

表 3.2

机器号	初始时	第一单位时间		第二单位时间		第三单位时间	
		被读机号	结果	被读机号	结果	被读机号	结果
1	v_1	2	v_1+v_2				
2	v_2	1	v_2+v_1				

(1) 当 $n=4$ 时，至少需要多少单位时间可完成计算？

把你设计的方法填入表 3.3.

表 3.3

机器号	初始时	第一单位时间		第二单位时间		第三单位时间	
		被读机号	结果	被读机号	结果	被读机号	结果
1	v_1						
2	v_2						
3	v_3						
4	v_4						

(2) 当 $n=128$ 时，要使所有机器都得到 $\sum\limits_{i=1}^{n} v_i$，至少需要多少单位时间可

完成计算?(结果不要求证明)

【分析及解】 这是一个解题策略开放的题目,要求解题者设计一种读机器数据的方法,使得可以用最少的时间,使所有 n 部机器同时完成求 $\sum_{i=1}^{n} v_i$ 的任务.

对于 $n=4$,由 $n=2$ 可以得到启发,1 号机第一次读取 2 号机数据得到 v_1+v_2,此时,3 号机第一次读取 4 号机数据得到 v_3+v_4,同样,2 号机读 1 号机,4 号机读 3 号机,在第二单位时间,3 号机与 1 号机互读,都得到 $v_1+v_2+v_3+v_4$,4 号机与 2 号机互读,也都得到 $v_1+v_2+v_3+v_4$,由此得到表 3.4.

表 3.4

机器号	初始时	第一单位时间		第二单位时间		第三单位时间	
		被读机号	结果	被读机号	结果	被读机号	结果
1	v_1	2	v_1+v_2	3	$v_1+v_2+v_3+v_4$		
2	v_2	1	v_2+v_1	4	$v_2+v_1+v_4+v_3$		
3	v_3	4	v_3+v_4	1	$v_3+v_4+v_1+v_2$		
4	v_4	3	v_4+v_2	2	$v_4+v_3+v_2+v_1$		

对于 $n=128$,由 $128=2^7$ 可知,至少需要 7 个单位时间才能完成计算.

【例2】 某工厂有旧墙一面,长为 14 m,现准备利用这面旧墙建造平面图形为矩形,建筑面积为 126 m^2 的厂房,工程条件是:

(1) 建 1 m 新墙的费用为 a 元;

(2) 拆去 1 m 旧墙所得的材料建 1 m 新墙的费用为 $\frac{a}{2}$ 元;

(3) 修 1 m 旧墙的费用为 $\frac{a}{4}$ 元.

现有两个方案:

方案 1:利用旧墙长为 x m($x<14$) 的一段;

方案 2:旧墙全部利用,矩形厂房的一面边长为 x m($x\geqslant 14$).

问如何利用旧墙,建墙费用最省?

【分析及解】 本题是利用工程条件决策建设厂房的策略,我们可以对方案 1,方案 2 分别研究,进行比较,得出最佳方案.

【方案1】 利用旧墙的边长 x m($x<14$). 把拆去旧墙 $(14-x)$m 的材料用于建新墙,则此时矩形的四边为 $x,\frac{126}{x},\frac{126}{x}$,及 $(2x-14)+(14-x)$.(图

3.12）这时，工程造价 y_1 为

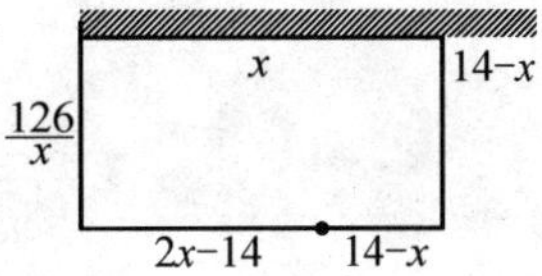

图 3.12

$$y_1=\frac{a}{4}x+\frac{a}{2}(14-x)+(2x-14)a+2\cdot\frac{126}{x}a$$
$$=\frac{7}{4}ax+\frac{252a}{x}-7a$$
$$\geqslant 2\sqrt{\frac{7ax}{4}\cdot\frac{252a}{x}}-7a$$
$$=35a$$

当且仅当 $\frac{7ax}{4}=\frac{252a}{x}$，即 $x=12$(m) 时，费用最省为 $y_1=35a$(元).

【方案 2】 全部利用旧墙，这时厂房四面墙的长为 $x(x>14)$，$14+(x-14)$，$\frac{126}{x}$，$\frac{126}{x}$（图 3.13).

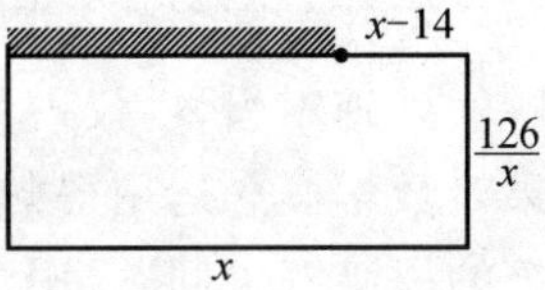

图 3.13

这时，工程造价 y_2 为

$$y_2=\frac{a}{4}\cdot 14+(2x-14+2\cdot\frac{126}{x})a$$
$$=2a(x+\frac{126}{x})-\frac{21}{2}a$$

考虑函数 $\varphi(x)=x+\frac{126}{x}$，当 $x>\sqrt{126}$ 时为增函数，又 $x\geqslant 14$，则 $x=14$ 时，$x+\frac{126}{x}$ 最小，此时 y_2 的最小值满足

$$y_2>2a(14+\frac{126}{14})-\frac{21}{2}a=35.5a(\text{元})$$

由 y_1 的最小值 $35a<35.5a$. 于是，比较两个方案，利用旧墙 12 m，拆掉旧墙 2 m 的材料用于建新墙的方案 1 费用较省.

第四讲 用简缩思维估算选择题

一道数学题往往有多种解法，有的简捷、有的复杂、有的选择捷径、有的舍近求远，对于高考试题，考生选择什么样的解法，也是对考生思维层次、思维水平的区分.因此，在高考选择题复习中，注意对解题方法的选择是重要的一环.

近几年高考的选择题减少了运算量，增加了思维的空间，如果对选择题的解法处理不当，不仅占用较长的答题时间，而且还容易造成解答错误.但是，如果对数学概念运用得熟练、思维灵活，能够直接抓住题目的实质，就可以用简缩的思维解决问题.用简缩思维解选择题主要不是采用精算的方法，而是用估算的方法.

数学能力是个体的一项重要认知功能和个体素质的重要组成部分，数学理性思维能力则是数学能力的最重要的体现，运算求解能力是个体数学能力的基础和核心成分之一，也是数学理性思维能力的重要组成部分.

运算求解能力又可分为精算能力和估算能力这两种基本形式，精算能力主要指个体依靠数字与数学运算符号，遵循一定的运算规则，按照一定的演算步骤，得出较精确的计算结果的能力，而估算能力则是指个体在利用一些估算策略的基础上，通过观察、比较、判断、推理等认知过程，获得一种概括化结果的能力.

在解选择题的过程中，一般比较注意直接计算，注意对题目的精算，而忽视估算，即只把选择题的题干作为已知条件，把一道选择题当作一道解答题来解，从而小题大做.其实，估算能力在解决问题中起着重要作用，利用估算能力不仅可以节约认知步骤，提高问题解决的效益，并且可以帮助探索问题解决的策略，估计结果的正确性和合理性，是数学思维简缩能力的重要体现.发展估算能力并注意精算与估算的结合，应该成为中学数学学习的一个目标，也是高考中考生运算求解能力的重要要求.

估算能力也是个体对搜集信息和处理信息能力的反映，选择题包含了大量的信息：

(1) 题干提供的题设条件和题目要求；

(2) 四个选项，即题目结果的四个可能性；

(3) 选择的要求，例如四个选项中只有一个是符合题目要求的.

对选择题进行估算，就是要求充分利用选择题提供的全部信息，并在众多信息面前寻求有用的信息和关键的信息，对这些信息进行观察、比较、分析、判断、确定问题的答案，估算往往又以正确的算理为基础，采用合理的策略形成认知决策，以简缩的思维解决问题，这些策略包括局部化策略，整体化策略，特殊化策略，极限化策略和图形化策略，由于图形化策略已在数学思想方法中讲述，所以本讲只讲前四个策略.

一、局部化策略

主要是集中精力对一个问题的局部状况进行估算，用局部状况估算整体状况.

【例 1】 (2004 年，天津卷，理工类)

若 $P(2,-1)$ 为圆 $(x-1)^2+y^2=25$ 的弦 AB 的中点，则直线 AB 的方程是(　　)

A. $x-y-3=0$　　　　B. $2x+y-3=0$

C. $x+y-1=0$　　　　D. $2x-y-5=0$

【分析及解】 A.

本题主要考查直线方程，圆的方程以及直线与圆的位置关系.

【解法 1】 直接由题干条件求直线方程.

设圆心为 C，则 $C(1,0)$，由于 P 是弦 AB 的中点，则 $CP\perp AB$，需求出 AB 的斜率，为此先求直线 CP 的斜率

$$k_{CP}=\frac{0-(-1)}{1-2}=-1$$

于是 $k_{AB}=1$.

又直线 AB 过点 $P(2,-1)$，则直线 AB 的方程为

$$y+1=1\cdot(x-2)$$

即

$$x-y-3=0$$

【解法 2】 可以只研究直线 AB 的斜率，这是因为题目中的 4 个选项的斜率全不相同，所以只研究直线 AB 方程的局部即斜率就可以.

由上面的解法已求出 AB 的斜率为 1，再对照四个选项可以选 A.

【例 2】 (1990 年，全国卷)

如图 4.1 所示，在多面体 $ABCDEF$ 中，已知面 $ABCD$ 是边长为 3 的正方形，$EF\parallel AB$，$EF=\frac{3}{2}$，EF 与面 AC 的距离为 2，则该多面体的体积为(　　)

A. $\frac{9}{2}$　　B. 5　　C. 6　　D. $\frac{15}{2}$

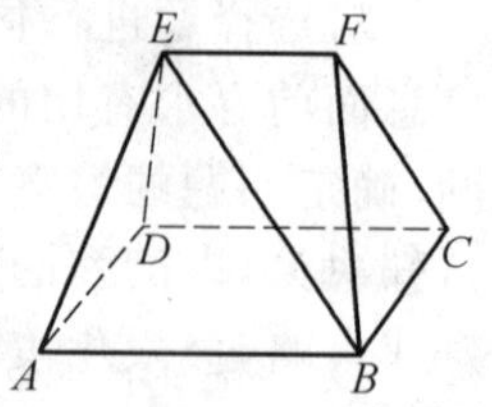

图 4.1

【分析及解】 试题给出的几何体是一个"劈"的形状,这种几何体没有现成的体积公式,一般的解法是采取分解的方法,把"劈"分解成棱锥和棱柱求解.

精算方法是:

过 E 作平面 EKH 与平面 FBC 平行,这时多面体 $ABCDEF$ 分解成一个四棱锥 $E-AHKD$ 和一个三棱柱 $EHK-FBC$(图 4.2)

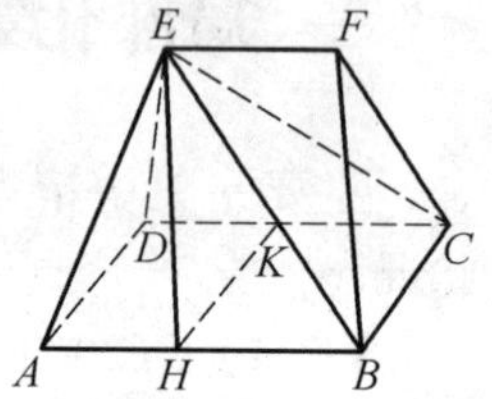

图 4.2

$$V_{E-AHKD}=\frac{1}{3}\cdot 2\cdot AH\cdot HK$$
$$=\frac{1}{3}\cdot 2\cdot \frac{3}{2}\cdot 3$$
$$=3$$
$$V_{EHK-FBC}=S_{直截面}\cdot BH$$
$$=\frac{1}{2}\cdot 3\cdot 2\cdot \frac{3}{2}=\frac{9}{2}$$

所以所求几何体积 $V_{ABCDEF}=3+\frac{9}{2}=\frac{15}{2}$. 因此选 D.

估算方法是首先计算这个多面体的局部体积,连接 EB,EC,则出现四棱锥 $E-ABCD$(如图 4.3)

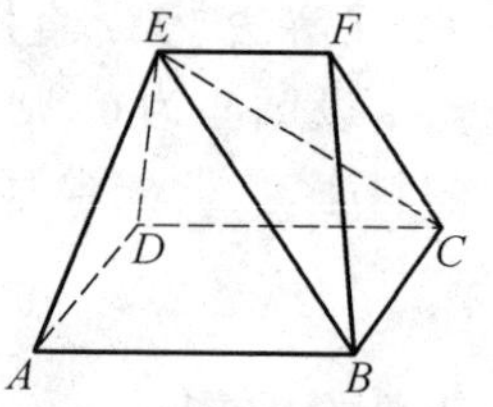

图 4.3

$$V_{E-ABCD}=\frac{1}{3}\cdot 2\cdot S_{ABCD}$$
$$=\frac{1}{3}\cdot 2\cdot 9$$
$$=6$$

又 $V_{ABCDEF}>V_{E-ABCD}=6$.

在四个选项中,只有 D,$V=\frac{15}{2}>6$,因此选 D.

【例 3】 (2002 年,新课程卷)

曲线 $\begin{cases}x=\cos\theta\\ y=\sin\theta\end{cases}$ (θ 为参数)上的点到两坐标轴的距离之和的最大值是(　　)

A. $\frac{1}{2}$　　B. $\frac{\sqrt{2}}{2}$　　C. 1　　D. $\sqrt{2}$

【分析及解】 曲线上的点到两坐标轴的距离之和为 $d=|\cos\theta|+|\sin\theta|$.

若采用精算方法，则应对 θ 在不同象限及不同轴线的值分别求出最大值，再进行比较.

但是，由于是对 $\cos\theta$，$\sin\theta$ 取绝对值，所以只需考虑 θ 在第一象限这个局部，此时 $d=\cos\theta+\sin\theta>1$.

由四个选项可知，只有 $\sqrt{2}>1$，即选 D.

【例 4】 (2000 年，新课程卷，全国卷)

函数 $y=-x\cos x$ 的部分图像是(　　)

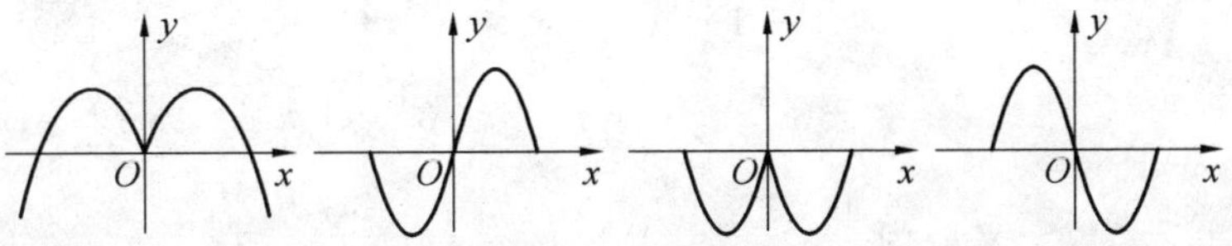

【分析及解】 如果要画出 $y=-x\cos x$ 的图像，则费时费力，可以根据所给出的函数特征来分析图像的特征.

由于 $y=-x\cos x$ 是奇函数，它的图像关于原点对称，由此可以排除 A，C.

对于图像 B，D 可以根据对函数图像的局部进行估计，为此，取 x 的一个小正数，这时 $\cos x>0$，$x>0$，$-x\cos x<0$，这表明在 y 轴右侧靠近原点处的图像应该在第四象限，所以排除 B，而选 D.

二、整体化策略

在解选择题时，有些题目可以从题目的整体去思考，或者把题目的条件放在一个整体之中，再用整体去判断各选项的局部.

【例 1】 (2004 年，天津卷)

函数 $y=3^{x^2-1}(-1\leqslant x<0)$ 的反函数是(　　)

A. $y=\sqrt{1+\log_3 x}\quad(x\geqslant\frac{1}{3})$

B. $y=-\sqrt{1+\log_3 x}\quad(x\geqslant\frac{1}{3})$

C. $y=\sqrt{1+\log_3 x}\quad(\frac{1}{3}<x\leqslant 1)$

D. $y=-\sqrt{1+\log_3 x}\quad(\frac{1}{3}<x\leqslant 1)$

【分析及解】 D.

本题主要考查反函数的概念以及反函数的求法.

【解法1】 采用直接求函数的方法，对已知函数两边取以3为底的对数，得 $x^2-1=\log_3 y, x^2=1+\log_3 y$.

由于 $x<0$，则 $x=-\sqrt{1+\log_3 y}$.

写成习惯形式为 $y=-\sqrt{1+\log_3 x}$.

下面求反函数的定义域，这相当于求已知函数的值域.

由 $-1\leqslant x<0$ 可得

$$-1<x^2-1\leqslant 0$$

$$\frac{1}{3}=3^{-1}\leqslant y=3^{x^2-1}\leqslant 3^0=1$$

于是反函数定义域为 $\frac{1}{3}<x\leqslant 1$.

【解法2】 不求反函数，而对其定义域，值域进行整体估算.

由已知条件可以求出已知函数的定义域为 $-1\leqslant x<0$，值域为 $\frac{1}{3}<y\leqslant 1$，则其反函数的定义域为 $\frac{1}{3}<x\leqslant 1$，值域 $-1\leqslant y<0$，观察四个选项，很容易得出所求反函数为 D.

【例2】（2003年，新课程卷）

函数 $y=\ln\frac{x+1}{x-1}, x\in(1,+\infty)$ 的反函数是（　　）

A. $y=\frac{e^x-1}{e^x+1}, x\in(0,+\infty)$

B. $y=\frac{e^x+1}{e^x-1}, x\in(0,+\infty)$

C. $y=\frac{e^x-1}{e^x+1}, x\in(-\infty,0)$

D. $y=\frac{e^x+1}{e^x-1}, x\in(-\infty,0)$

【分析及解】 精算的方法是直接求 $y=\ln\frac{x+1}{x-1}$ 的反函数，这需要解方程，实际上，我们可以从整体上研究已知函数.

已知函数 $y=\ln\frac{x+1}{x-1}$ 的定义域为 $x\in(1,+\infty)$，而值域由 $\frac{x+1}{x-1}>1$ 可知 $y\in(0,+\infty)$.

于是,已知函数的反函数的定义域为 $x\in(0,+\infty)$,值域为 $y\in(1,+\infty)$. 在四个选项中,只有 B. $y=\dfrac{e^x+1}{e^x-1}$,$x\in(0,+\infty)$ 满足条件,而四个选项中又只有一个是正确的,所以选 B.

【例 3】 (1998 年,全国卷)

向高为 H 的水瓶中注水,注满为止,如果注水量 V 与水深 h 的函数关系如图 4.4 所示,那么水瓶的形状是(　　)

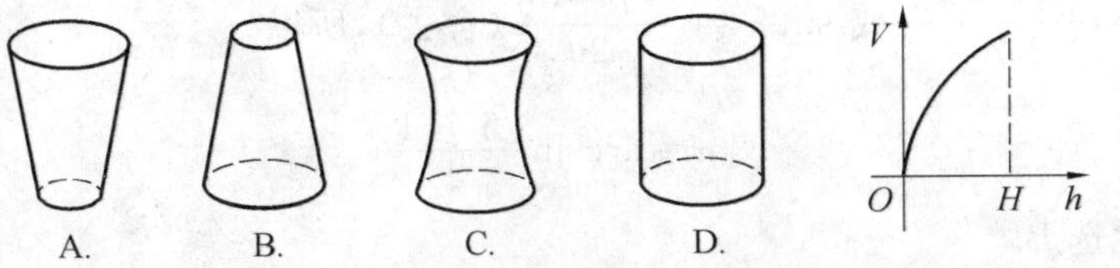

图 4.4

【分析及解】 我们可以从整体上观察注水量 V 与水深 h 的变化趋势.

在图像中,把 h 轴上 OH 线段 n 等分,每等份为 Δh,这时观察体积 V 的变化,从 $O\to H$,虽然,注水时,在容器中增加的高度相同,但是体积的增加越来越小(图 4.5),由此可知容器的形状是下大上小的,从四个选项提供的形状,只能选 B.

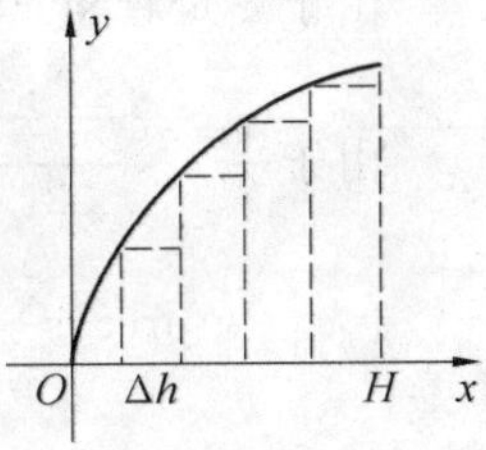

图 4.5

这个题目也可以不采取整体化策略,而采取特殊化策略.

选取 OH 的中点,$h=\dfrac{H}{2}$,从图 4.6 中可以看出,当水深达到一半时,体积已经超过了一半,因此选 B.

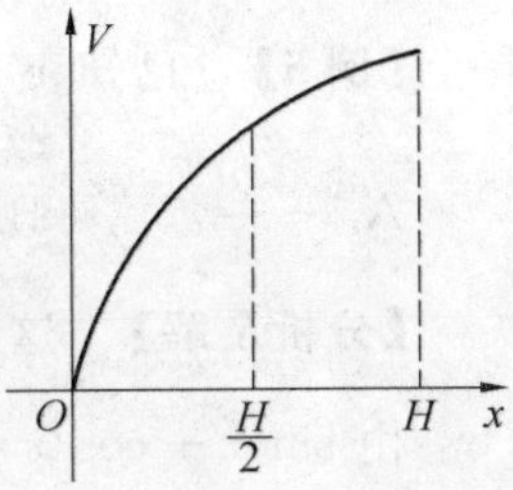

图 4.6

【例 4】 (1998 年,全国卷)

一个直角三角形三内角的正弦值成等比数列,其最小内角为(　　)

A. $\arccos\dfrac{\sqrt{5}-1}{2}$

B. $\arcsin\dfrac{\sqrt{5}-1}{2}$

C. $\arccos\dfrac{1-\sqrt{5}}{2}$

D. $\arcsin\dfrac{1-\sqrt{5}}{2}$

【分析及解】 直接算法是设 α 为直角三角形的最小内角，则另一锐角为 $\frac{\pi}{2}-\alpha$，依题意有

$$\sin^2(\frac{\pi}{2}-\alpha)=\sin\alpha\cdot\sin\frac{\pi}{2},\cos^2\alpha=\sin\alpha$$

即

$$\sin^2\alpha+\sin\alpha-1=0$$

得 $\sin\alpha=\frac{-1+\sqrt{5}}{2}$ 或 $\sin\alpha=\frac{-1-\sqrt{5}}{2}$（舍去），所以

$$\alpha=\arcsin\frac{\sqrt{5}-1}{2}$$

因此选 B.

事实上，对这道选择题可以不通过解方程去求出具体的角 α 而进行整体估算.

由于 α 是直角三角形的最小内角，则 $0<\alpha<\frac{\pi}{4}$.

由于 $\frac{1}{2}<\frac{\sqrt{5}-1}{2}<\frac{\sqrt{2}}{2}$，$\frac{1-\sqrt{5}}{2}<0$，则

$$\arccos\frac{\sqrt{5}-1}{2}\in\left(\frac{\pi}{4},\frac{\pi}{2}\right),\arccos\frac{1-\sqrt{5}}{2}\in(\frac{\pi}{2},\pi)$$

$$\arcsin\frac{1-\sqrt{5}}{2}\in(-\frac{\pi}{2},0)$$

只有 $\arcsin\frac{\sqrt{5}-1}{2}\in(0,\frac{\pi}{4})$，因此选 B.

【例 5】 已知 $x\in(0,\pi)$，$\sin x+\cos x=\frac{1}{5}$，则 $\tan x$ 等于（　　）

A. $-\frac{3}{4}$　　B. $-\frac{4}{3}$　　C. $-\frac{4}{3}$ 或 $-\frac{3}{4}$　　D. $\frac{4}{3}$ 或 $\frac{3}{4}$

【分析及解】 这是一个常见题，常见的解法是：

由 $\sin x+\cos x=\frac{1}{5}$，得 $2\sin x\cos x=-\frac{24}{25}<0$，因此

$$x\in(\frac{\pi}{2},\pi)$$

$$1-2\sin x\cos x=\frac{49}{25},(\sin x-\cos x)^2=\frac{49}{25}$$

又因为 $x\in(\frac{\pi}{2},\pi)$，则 $\sin x-\cos x>0$，于是

$$\sin x - \cos x = \frac{7}{5}$$

解方程组

$$\begin{cases} \sin x + \cos x = \frac{1}{5} \\ \sin x - \cos x = \frac{7}{5} \end{cases}$$

得 $\sin x = \frac{4}{5}, \cos x = -\frac{3}{5}$,则 $\tan x = -\frac{4}{3}$.

因此选 B.

对这个题目我们可以不进行精算而进行估算:

由 $\sin x + \cos x = \frac{1}{5} < 1$,则 $x \in (\frac{\pi}{2}, \pi)$;

由 $\sin x + \cos x > 0$,可得 $x \in (\frac{\pi}{2}, \frac{3\pi}{4})$.

于是 $\tan x < \tan \frac{3\pi}{4} = -1$.

从四个选项可以看出,只有 $\tan x = -\frac{4}{3} < -1$ 符合要求,因此选 B.

【例 6】 已知 $\sin(\alpha - \frac{\pi}{4}) = \frac{1}{3}, \alpha \in (0, \pi)$,则 $\sin(\alpha + \frac{\pi}{4})$ 的值等于(　　)

A. $\frac{2\sqrt{2}}{3}$　　B. $-\frac{2\sqrt{2}}{3}$　　C. $\pm\frac{2\sqrt{2}}{3}$　　D. $-\frac{1}{3}$

【分析及解】 本题和例 4 类似,可以直接计算,也可以进行估算,即通过研究 $\alpha + \frac{\pi}{4}$ 的范围进行估算.

由 $0 < \alpha < \pi$ 可知 $-\frac{\pi}{4} < \alpha - \frac{\pi}{4} < \frac{3\pi}{4}$.

又由 $\sin(\alpha - \frac{\pi}{4}) = \frac{1}{3} < \frac{\sqrt{2}}{2}$ 可知,$\alpha - \frac{\pi}{4} \in (0, \frac{\pi}{4})$.

即 $\frac{\pi}{4} < \alpha < \frac{\pi}{2}, \frac{\pi}{2} < \alpha + \frac{\pi}{4} < \frac{3\pi}{4}$,于是 $\sin(\alpha + \frac{\pi}{4}) > 0$,由此可选 A.

【例 7】 (2000 年,全国卷)

已知两直线 $l_1: y = x, l_2: ax - y = 0$,其中 a 为实数,当这两条直线的夹角在 $(0, \frac{\pi}{12})$ 内变动时,a 的取值范围是(　　)

A. $(0,1)$　　B. $(\frac{\sqrt{3}}{3}, \sqrt{3})$　　C. $(\frac{\sqrt{3}}{3}, 1) \cup (1, \sqrt{3})$　　D. $(1, \sqrt{3})$

【分析及解】 本题按题型分析，是两直线的夹角问题，应该用两直线夹角公式，$k_1=1,k_2=a$，设两直线的夹角为θ，则

$$\begin{cases}\tan\theta=\left|\dfrac{k_1-k_2}{1+k_1k_2}\right|=\left|\dfrac{1-a}{1+a}\right|<\tan\dfrac{\pi}{12}=2-\sqrt{3}\\ a\neq 1\end{cases}$$

由此解得 $a\in(\frac{\sqrt{3}}{3},1)\cup(1,\sqrt{3})$，因此选 C.

这个解法一是计算困难，需要解一个含绝对值的分式不等式，在解不等式时还要记住 $\tan\frac{\pi}{12}$ 的值，并且如果忽略了两直线不能重合这个隐含条件，即 $a\neq 1$ 这个条件，解出来的结果是$(\frac{\sqrt{3}}{3},\sqrt{3})$，这样一来，容易误选 B.

实际上，我们可以从整体上观察两直线的运动，$l_1:y=x$ 为直线，$l_2:ax-y=0$ 为动直线，两直线交于$(0,0)$，当 l_2 从 l_1 开始顺时针旋转$\frac{\pi}{12}$时，倾斜角变为$\frac{\pi}{4}-\frac{\pi}{12}=\frac{\pi}{6}$. 当 l_2 从 l_1 开始逆时针旋转$\frac{\pi}{12}$时，倾斜角变为$\frac{\pi}{4}+\frac{\pi}{12}=\frac{\pi}{3}$，因此，$l_2$ 的斜率应在 $\tan\frac{\pi}{6}$ 与 $\tan\frac{\pi}{3}$ 之间，且不等于 $\tan\frac{\pi}{4}$，因此 a 的取值范围是$(\frac{\sqrt{3}}{3},1)\cup(1,\sqrt{3})$，即选 C.

三、特殊化策略

特殊化策略是用简缩的思维估算选择题最常用，最重要的策略，用特殊化策略解选择题，主要是通过取特殊数值，构造特殊函数，特殊数列，取特殊点，特殊位置等方法否定和排除错误的选项，从而间接地肯定符合题目要求的选项.

【例 1】 (2004 年，天津卷)

不等式$\frac{x-1}{x}\geqslant 2$ 的解集为(　　)

A. $[-1,0)$　　　　B. $[-1,+\infty)$

C. $(-\infty,-1]$　　　　D. $(-\infty,-1]\cup(0,+\infty)$

【分析及解】 A.

本题主要考查分式不等式的解法及运算能力.

【解法 1】 采用直接精算的方法

$$\frac{x-1}{x}-2\geqslant 0$$

$$\frac{x-1-2x}{x}\geqslant 0$$

$$\frac{x+1}{x}\leqslant 0$$

解得 $-1\leqslant x<0$.

【解法 2】 用特殊值进行特例否定.

注意到由不等式本身可知 $x\neq 0$，因此可排除 B.

再注意到 C 与 D 都有 $(-\infty,-1]$，我们可以用特殊值验证.

例如，取 $x=-2$，则有 $\frac{x-1}{x}=\frac{-2-1}{-2}=\frac{3}{2}<2$.

显然 $x=-2$ 不在不等式的解集之内，从而排除 C，D.

因此选 A.

【例 2】 (2002 年，全国卷)

设 $\theta\in(0,\frac{\pi}{4})$，则二次曲线 $x^2\cot\theta-y^2\tan\theta=1$ 的离心率的取值范围为(　　)

A. $(0,\frac{1}{2})$　　B. $\left(\frac{1}{2},\frac{\sqrt{2}}{2}\right)$　　C. $\left(\frac{\sqrt{2}}{2},\sqrt{2}\right)$　　D. $(\sqrt{2},+\infty)$

【分析及解】 由 $\theta\in(0,\frac{\pi}{4})$ 要知 $\cot\theta>0$，$\tan\theta>0$，因此题设的二次曲线是双曲线，于是离心率 $e>1$，因而排除 A，B.

由于四个选项互不包含，取 $(0,\frac{\pi}{4})$ 中的一个特殊值，例如 $\theta=\frac{\pi}{6}$，此时二次曲线为 $\frac{x^2}{\frac{\sqrt{3}}{3}}-\frac{y^2}{\sqrt{3}}=1$，由 $a^2=\frac{\sqrt{3}}{3}$，$b^2=\sqrt{3}$，得

$$c^2=\frac{4\sqrt{3}}{3},e^2=\frac{c^2}{a^2}=4,e=2>\sqrt{2}$$

由此又排除 C，因而选 D.

【例 3】 (2002 年，全国卷)

在 $(0,2\pi)$ 内，使 $\sin x>\cos x$ 成立的 x 的取值范围为(　　)

A. $\left(\frac{\pi}{4},\frac{\pi}{2}\right)\cup\left(\pi,\frac{5\pi}{4}\right)$　　B. $\left(\frac{\pi}{4},\pi\right)$

C. $\left(\frac{\pi}{4},\frac{5\pi}{4}\right)$　　D. $\left(\frac{\pi}{4},\pi\right)\cup\left(\frac{5\pi}{4},\frac{3\pi}{2}\right)$

【分析及解】 本题采用把不等式 $\sin x > \cos x$ 化为 $\sqrt{2}\sin(x-\frac{\pi}{4})>0$，再解三角不等式，或通过单位圆，或画出 $y=\sin x$ 及 $y=\cos x$ 的图像，都可以解出，但是，如果取一个特殊值，解题的速度会更快.

取 $x=\pi$，则 $\sin\pi=0>-1=\cos\pi$，因此 $x=\pi$ 应属于取值范围，但是 A，B，D 给出的范围都不含 $x=\pi$，应排除，于是选 C.

【例 4】 (2002 年，全国卷)

不等式 $(1+x)(1-|x|)>0$ 的解集是(　　)

A. $\{x\mid 0\leqslant x<1\}$　　　B. $\{x\mid x<0$ 且 $x\neq-1\}$

C. $\{x\mid -1<x<1\}$　　　D. $\{x\mid x<1$ 且 $x\neq-1\}$

【分析及解】 本题是一个含绝对值的不等式，一般采用分类讨论求解，比较麻烦，如果观察题设不等式及四个选项，可以取一些特殊值，根据 A，B，可以考虑特殊值 $x=0$，此时不等式为 $(1+0)(1-0)>0$ 成立，由此可以排除 B，根据 A，C，D，选取一个小于 -1 的特殊值来验算，例如取 $x=-2$，经时不等式化为 $(1-2)(1-2)>0$，因此 $x=-2$ 应属于解集，由此排除 A，C，于是选 D.

【例 5】 (1999 年，全国卷)

函数 $f(x)=M\sin(\omega x+\varphi)(\omega>0)$，在区间 $[a,b]$ 上是增函数，且 $f(a)=-M$，$f(b)=M$，则函数 $g(x)=M\cos(\omega x+\varphi)$ 在 $[a,b]$ 上(　　)

A. 是增函数　　　B. 是减函数

C. 可以取得最大值 M　　　D. 可以取得最小值 $-M$

【分析及解】 本题给出的正弦函数含有五个参数 M,ω,φ,a,b，在解题时都要兼顾到，又涉及该函数的单调性与最值，并且单调性与最值与参数值 M，a,b 有关，因此，抽象地处理 $f(x)=M\sin(\omega x+\varphi)$ 比较困难，我们可以对题设的正弦函数的五个参数赋予特殊值：设

$$M=1,\omega=1,\varphi=0,a=-\frac{\pi}{2},b=\frac{\pi}{2}$$

这五个参数使题设函数化为 $f(x)=\sin x$，它在 $[a,b]=\left[-\frac{\pi}{2},\frac{\pi}{2}\right]$ 上是增函数，且 $f(-\frac{\pi}{2})=-M=-1$，$f(\frac{\pi}{2})=M=1$，符合题目要求.

这时 $g(x)=M\cos(\omega x+\varphi)$ 化为 $g(x)=\cos x$，显然它在区间 $\left[-\frac{\pi}{2},\frac{\pi}{2}\right]$ 上不是单调函数，由此排除 A，B，并且在 $x=0$ 时取得最大值 $g(0)=1=M$，在 $x=-\frac{\pi}{2}$ 和 $x=\frac{\pi}{2}$ 时，取得最小值 $f(-\frac{\pi}{2})=f(\frac{\pi}{2})=0\neq$

-1，由此排除 D，因而选 C.

【例 6】 若点(x_0,y_0)满足$y_0^2<4x_0$，就叫做点(x_0,y_0)在抛物线$y^2=4x$的内部. 如果点(x_0,y_0)在抛物线$y^2=4x$的内部，则直线$y_0y=2(x+x_0)$与抛物线$y^2=4x$(　　)

A. 有一个公共点　　　　B. 至少有一个公共点

C. 恰有两个公共点　　　D. 无公共点

【分析及解】 本题的精算方法是由方程组$\begin{cases}y^2=4x\\ y_0y=2(x+x_0)\end{cases}$，消去$x$得到关于$y$的方程

$$y^2-2y_0y+4x_0=0$$

$$\Delta=(-2y_0)^2-4\times 4x_0=4(y_0^2-4x_0)$$

由于(x_0,y_0)在抛物线$y^2=4x$的内部，因而$y_0^2<4x_0$，$y_0^2-4x_0<0$.

于是$\Delta<0$，从而直线$y_0y=2(x+x_0)$与抛物线$y^2=4x$没有公共点，所以选 D.

我们也可以采用取特殊点的方法简缩求解过程.

取$(x_0,y_0)=(1,0)$，显然(x_0,y_0)在$y^2=4x$的内部.

由$(x_0,y_0)=(1,0)$对应的直线为$x=-1$，与$y^2=4x$没有公共点，因此可否定 A，B，C 而选 D.

【例 7】 (2002 年，天津市质量监测)

已知α,β为锐角，$\sin\alpha=x$，$\cos\beta=y$，$\cos(\alpha+\beta)=-\frac{3}{5}$，则$y$与$x$的函数关系为(　　)

A. $y=-\frac{3}{5}\sqrt{1-x^2}+\frac{4}{5}x\quad\left(\frac{3}{5}<x<1\right)$

B. $y=-\frac{3}{5}\sqrt{1-x^2}+\frac{4}{5}x\quad(0<x<1)$

C. $y=-\frac{3}{5}\sqrt{1-x^2}-\frac{4}{5}x\quad\left(0<x<\frac{3}{5}\right)$

D. $y=-\frac{3}{5}\sqrt{1-x^2}-\frac{4}{5}x\quad(0<x<1)$

【分析及解】 本题用直接算法不难求出函数的关系式

$$\begin{aligned}y&=\cos\beta=\cos[(\alpha+\beta)-\alpha]\\&=\cos(\alpha+\beta)\cos\alpha+\sin(\alpha+\beta)\sin\alpha\\&=-\frac{3}{5}\sqrt{1-x^2}+\frac{4}{5}x\end{aligned}$$

关键在于这个函数的定义域如何求出来.

对定义域采用精算方法可以这样思考：

由 $0<\alpha<\frac{\pi}{2}$,$0<\beta<\frac{\pi}{2}$,得 $0<\alpha+\beta<\alpha+\frac{\pi}{2}<\pi$.

在$(0,\pi)$上函数 $y=\cos x$ 是减函数,因此

$$\cos(\alpha+\beta)>\cos(\alpha+\frac{\pi}{2})=-\sin\alpha$$

即 $-\frac{3}{5}>-\sin\alpha$,$\frac{3}{5}<\sin\alpha=x<1$.

因此选 A.

但是注意到,在四个选项中,只有 A,B 的选项中的函数表达式符合要求,而这两个式子的定义域分别是 $\frac{3}{5}<x<1$,$0<x<1$. 这样就可以用特殊化方法估算定义域.

取 $x=\frac{1}{2}$,则 $y=-\frac{3}{5}\sqrt{1-\frac{1}{4}}+\frac{4}{10}=\frac{4-3\sqrt{3}}{10}<0$,而 $y=\cos\beta>0$(β 为锐角),出现矛盾,因此 $x=\frac{1}{2}$ 不在定义域内,于是选 A.

【例 8】 若动点 P,Q 在椭圆 $9x^2+16y^2=144$ 上,且满足 $OP\perp OQ$,则中心 O 到弦 PQ 的距离 OH 必等于(　　)

A. $6\frac{2}{3}$　　B. $5\frac{3}{4}$　　C. $2\frac{2}{5}$　　D. $\frac{4}{15}$

【分析及解】 本题的常规解法是这样的.

【解法 1】 设 $l_{PQ}:y=kx+m$,则 $OH=\frac{|m|}{\sqrt{1+k^2}}$.

设 $P(x_1,y_1)$,$Q(x_2,y_2)$,则

$$\begin{cases}y=kx+m\\9x^2+16y^2=144\end{cases}$$

消去 y 得

$$(9+16k^2)x^2+32kmx+16m^2-144=0$$

$$x_1x_2=\frac{16m^2-144}{9+16k^2},x_1+x_2=\frac{-32km}{9+16k^2}$$

$$\begin{aligned}y_1y_2&=(kx_1+m)(kx_2+m)\\&=k^2x_1x_2+km(x_1+x_2)+m^2\\&=\frac{k^2(16m^2-144)}{9+16k^2}+\frac{-32k^2m^2}{9+16k^2}+m^2\end{aligned}$$

$$=\frac{-144k^2+9m^2}{9+16k^2}$$

由 $OP\perp OQ$ 知

$$x_1x_2+y_1y_2=0$$

$$\frac{16m^2-144}{9+16k^2}+\frac{-144k^2+9m^2}{9+16k^2}=0$$

$$25m^2=(1+k^2)144$$

$$OH^2=\frac{m^2}{1+k^2}=\frac{144}{25},OH=\frac{12}{5}=2\frac{2}{5}$$

因此选 C.

【解法 2】 设

$$P(r_1\cos\theta,r_1\sin\theta)$$

则由 $OP\perp OQ$,设 $Q(-r_2\sin\theta,r_2\cos\theta)$.

由 P,Q 在椭圆上,有

$$9r_1^2\cos^2\theta+16r_1^2\sin^2\theta=144$$

$$9r_2^2\sin^2\theta+16r_2^2\cos^2\theta=144$$

$$r_1^2=\frac{144}{9+7\sin^2\theta},r_2^2=\frac{144}{9+7\cos^2\theta}$$

$$OH^2=\frac{r_1^2\cdot r_2^2}{r_1^2+r_2^2}=\frac{\frac{144}{9+7\sin^2\theta}\cdot\frac{144}{9+7\cos^2\theta}}{\frac{144}{9+7\sin^2\theta}+\frac{144}{9+7\cos^2\theta}}$$

$$=\frac{144}{9+7\cos^2\theta+9+7\sin^2\theta}$$

$$=\frac{144}{25}$$

$$OH=\frac{12}{5}=2\frac{2}{5}$$

以上两种解法都比较费时费力.

但是,由于本题的四个选项都是给出 OH 的一个唯一的值,这就表明互相垂直的 OP,OQ 不论在什么位置上,OH 的值都应有同一个结果,于是我们可以选一个特殊位置,最简单的是使 OP,OQ 分别与长、短正半轴重合(图 4.7).

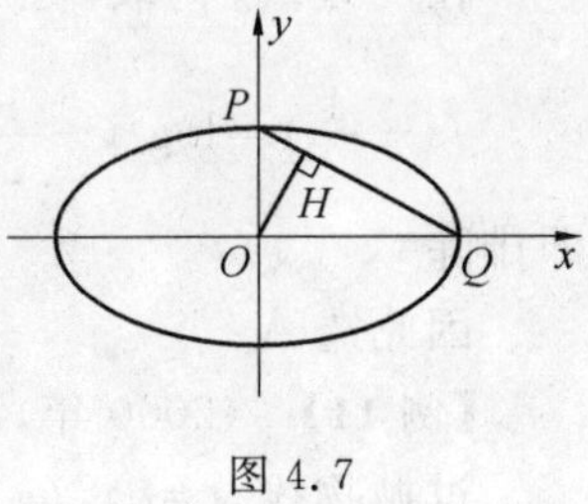

图 4.7

由已知 $a^2=16,b^2=9$,即 $OP=4,OQ=3$,于是

$OH=\frac{12}{5}$,显然应选 C.

【例 9】 $f(x)$ 是定义在$(-\infty,+\infty)$上的偶函数,且在$[0,+\infty)$上是减函数,则使函数 $f(1-x^2)$ 为增函数的区间是(　　)

A. $[-1,1]$　　　　B. $(-\infty,-1)$ 或$[1,+\infty)$

C. $(-\infty,-1]$ 或$[0,1]$　　　　D. $[-1,0]$ 或$[1,+\infty)$

【分析及解】 这是一个抽象函数问题,涉及复合函数的单调性,要具体分析 $f(x)$ 及 $f(1-x^2)$ 的单调性比较困难,我们可以选取一个具体的,特殊的函数进行估计.

根据题设条件,可设函数 $f(x)=-x^2$,则

$$f(1-x^2)=-(1-x^2)^2=-1+2x^2-x^4=\varphi(x)$$

$$f'(1-x^2)=\varphi'(x)=4x-4x^3$$

若 $f(1-x^2)=\varphi(x)$ 为增函数,则 $4x-4x^3\geqslant 0$,即

$$x(1+x)(1-x)\geqslant 0$$

解得$(-\infty,-1]\cup[0,1]$.

因此选 C.

本题还可以设 $f(x)=-|x|$,使 $f(1-x)^2=-|1-x^2|$. 通过图像可以观测出增区间.

【例 10】 (2001 年,全国卷)

若定义在区间$(-1,0)$内的函数 $f(x)=\log_{2a}(x+1)$ 满足 $f(x)>0$,则 a 的取值范围是(　　)

A. $(0,\frac{1}{2})$　　B. $(0,\frac{1}{2}]$　　C. $(\frac{1}{2},+\infty)$　　D. $(0,+\infty)$

【分析及解】 首先 $2a\neq 1$,$a\neq\frac{1}{2}$,由此排除 B,D.

我们构造一个特殊函数,取 $a=1$,得 $f(x)=\log_2(x+1)$.

在$(-1,0)$内取一个特殊值 $x=-\frac{1}{2}$.

$f(-\frac{1}{2})=\log_2(-\frac{1}{2}+1)=-1<0$ 与已知 $f(x)>0$ 矛盾,因此 $a\neq 1$. 即排除 C.

因此选 A.

【例 11】 (2000 年,新课程卷,全国卷)

过抛物线 $y=ax^2(a>0)$ 的焦点 F 作一直线交抛物线于 P,Q 两点,若线段 PF 与 FQ 的长分别是 p,q,则 $\frac{1}{p}+\frac{1}{q}$ 等于(　　)

A. $2a$　　　B. $\dfrac{1}{2a}$　　　C. $4a$　　　D. $\dfrac{4}{a}$

【分析及解】 本题的一般解法比较麻烦，但是考虑到$\dfrac{1}{p}+\dfrac{1}{q}$的值与过$F$的直线的位置无关，因此可以选一条特殊直线，即过$F$与$x$轴平行的直线交抛物线于$P,Q$(图 4.8).

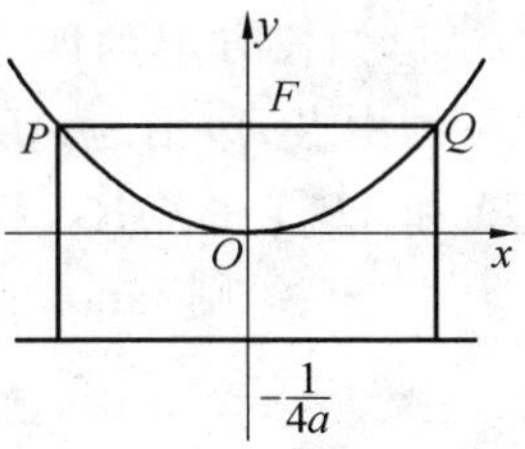

图 4.8

由于焦点$F(0,\dfrac{1}{4a})$，准线$x=-\dfrac{1}{4a}$，焦准距$d=\dfrac{1}{2a}$，而

$$|FP|=|FQ|=p=q=d=\frac{1}{2a}$$

于是$\dfrac{1}{p}+\dfrac{1}{q}=2a+2a=4a$.

因此选 C.

【例 12】 (1993 年，全国卷)

在各项均为正数的等比数列$\{a_n\}$中，若$a_5a_6=9$，则$\log_3 a_1+\log_3 a_2+\cdots+\log_3 a_{10}$等于(　　)

A. 12　　　B. 10　　　C. 8　　　D. $2+\log_3 5$

【分析及解】 虽然常规解法并不困难，解法是这样的

$$9=a_5a_6=a_1q^4\cdot a_1q^5=a_1^2q^9$$

$$a_1a_2\cdots a_{10}=a_1^{10}q^{1+2+\cdots+9}=a_1^{10}q^{45}=(a_1^2q^9)^5=3^{10}$$

$$原式=\log_3(a_1a_2\cdots a_{10})=\log_3 3^{10}=10$$

因此选 B.

另一个常规解法是

$$9=a_5a_6=a_1a_{10}=a_2a_9=a_3a_8=a_4a_7$$

$$原式=\log_3(a_5a_6)^5=\log_3 9^5=10$$

但是，我们考虑到四个选项的值都是唯一的，并且只有一个是正确的，可以构造一个特殊数列，由$\{a_n\}$是等比数列，且$a_5a_6=9$，可构造一个常数列$\{3,3,3,\cdots,3\}$.

因此，原式$=10\log_3 3=10$. 于是选 B.

四、极限化策略

有些选择题我们可以考虑题目中的条件趋向极限位置或极端位置的情

形，并以此估算整个题目的结果.

【例 1】 (2003 年，新课程卷，全国卷)

已知长方形的四个顶点 $A(0,0)$，$B(2,0)$，$C(2,1)$ 和 $D(0,1)$，一质点从 AB 的中点 P_0 沿与 AB 夹角为 θ 的方向射到 BC 上的点 P_1，依次反射到 CD，DA 和 AB 上的点 P_2，P_3 和 P_4(入射角等于反射角)，设 P_4 的坐标为 $(x_4,0)$，若 $1<x_4<2$，则 $\tan\theta$ 的取值范围是(　　)

A. $(\frac{1}{3},1)$　　B. $(\frac{1}{3},\frac{2}{3})$　　C. $(\frac{2}{5},\frac{1}{2})$　　D. $(\frac{2}{5},\frac{2}{3})$

【分析及解】 本题有多种解法，常规方法中较简单的方法是，如图 4.9 所设

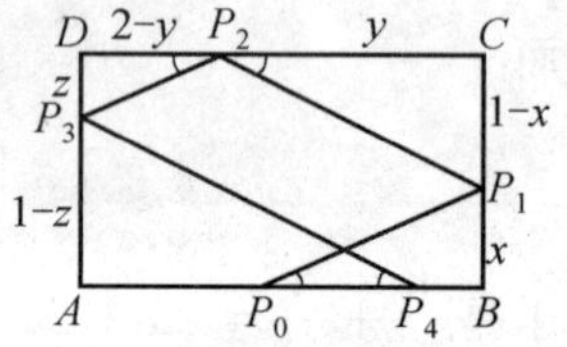

图 4.9

$$\tan\theta=\frac{x}{1}=\frac{1-x}{y}=\frac{z}{2-y}=\frac{1-z}{x_4}$$

应用等比定理

$$\frac{x+(1-x)+z+(1-z)}{1+y+(2-y)+x_4}=x$$

$$\frac{2}{3+x_4}=x$$

$$x_4=\frac{2}{x}-3$$

由 $1<x_4<2$ 得 $1<\frac{2}{x}-3<2$，$\frac{2}{5}<x<\frac{1}{2}$.

因此选 C.

【另解】 根据反射原理，将矩形打开如图 4.10，则质点运行的路线是直线 P_0P_4，其方程为 $y=\tan\theta(x-1)$. 本题相当于点 P_4 在该直线与 $y=2$ 相交于(5,2)，(6,2)之间的线段上，则有

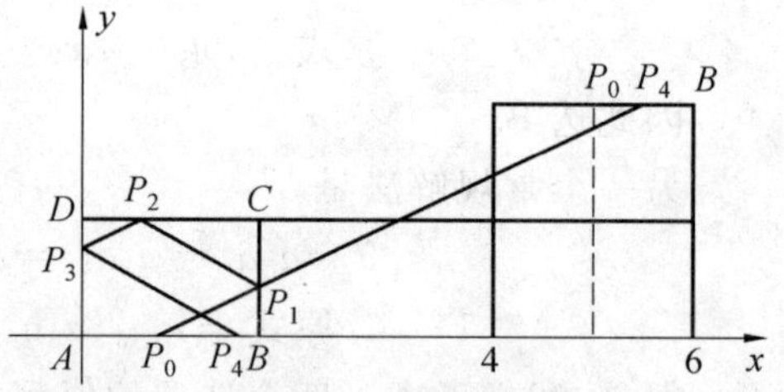

图 4.10

$$2=\tan\theta(x-1)$$

$$5<x=\frac{2}{\tan\theta}+1<6$$

$$\frac{2}{5}<\tan\theta<\frac{1}{2}$$

还可以用极限思想解本题，考虑到 $1<x_4<2$，则研究 $x_4\to 1$ 和 $x_4\to 2$，即 $P_4\to P_0$ 及 $P_4\to B$ 的情形.

当 $P_4 \equiv P_0$ 时，易求 $\tan\theta = \frac{1}{2}$（图 4.11）.

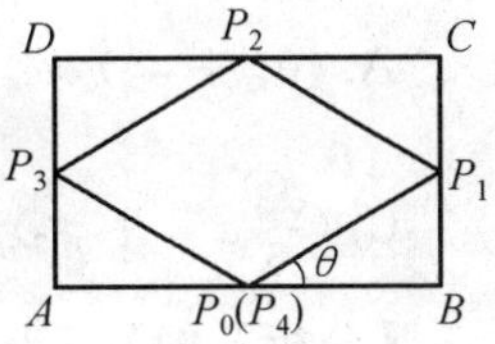

图 4.11

当 $P_4 \equiv B$ 时，由入射角等于反射角，可得如图 4.12 的情形，$CM = CP_2$，$DN = DP_2$，于是 $MN = 4$，作 $TL \perp P_0B$ 于 L，因为 $\triangle TP_0B \backsim \triangle TMN$，且相似比为 4，则 $TL = \frac{1}{5}$，$P_1B = \frac{2}{5}$，即 $\tan\theta = \frac{2}{5}$. 因此，$\tan\theta \to \frac{1}{2}$，$\tan\theta \to \frac{2}{5}$. 即 $\tan\theta \in \left(\frac{2}{5}, \frac{1}{2}\right)$.

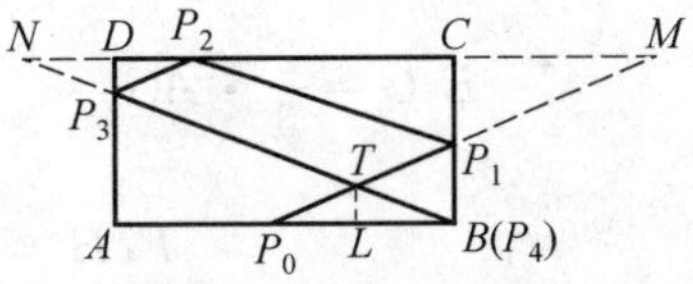

图 4.12

【例 2】 设四面体的四个面的面积分别为 S_1, S_2, S_3, S_4，它们中的最大一个为 S，记 $\lambda = \frac{S_1 + S_2 + S_3 + S_4}{S}$，则 λ 一定满足（　　）

A. $2 < \lambda \leqslant 4$　　B. $3 < \lambda < 4$

C. $2.5 < \lambda \leqslant 3.5$　　D. $3.5 \leqslant \lambda < 5.5$

【分析及解】 若已知四面体为正四面体，则 $S_1 = S_2 = S_3 = S_4$，这时 $\lambda = \frac{S_1 + S_2 + S_3 + S_4}{S} = \frac{4S}{S} = 4$.

设最大的一个为 $S_4 = S$，若面积为 S 的面对应的高 $h \to 0$，则

$$S_1 + S_2 + S_3 \to S$$

此时 $\lambda \to \frac{S + S}{S} = 2$.

因此 $2 < \lambda \leqslant 4$，选 A.

【例 3】 在正 n 棱锥中，相邻两侧面所成的二面角的取值范围是（　　）

A. $\left(\frac{n-1}{n}\pi, \pi\right)$　B. $\left(\frac{n-2}{n}\pi, \pi\right)$　C. $\left(0, \frac{\pi}{2}\right)$　D. $\left(\frac{n-2}{n}\pi, \frac{n-1}{n}\pi\right)$

【分析及解】 设正 n 棱锥的顶点为 P，底面为 α，相邻侧面所成二面角为 θ.

当 $P \to \alpha$ 时，正 n 棱锥的极限为正 n 边形，这时相邻两侧面所成二面角为平面，即二面角 $\theta \to \pi$.

当 $P \to \infty$ 时，正 n 棱锥的极限为正 n 棱柱，相邻两侧面所成二面角为正 n 边形的内角，即 $\theta \to \frac{n-2}{n}\pi$. 由此可选 B.

【例 4】 正三棱锥 $P - ABC$ 的底面边长为 $2a$，E, F, G, H 分别是 PA，PB，PC，AC 的中点，则四边形 $EFGH$ 的面积的取值范围是（　　）

A. $(0, +\infty)$　　　　B. $(\frac{\sqrt{3}}{3}a^2, +\infty)$

C. $(\frac{\sqrt{3}}{6}a^2, +\infty)$　　　　D. $(\frac{1}{2}a^2, +\infty)$

【分析及解】 当 $P \to$ 底面 $\triangle ABC$ 的中心 O 时如图 4.13

$$\square EFGH \to \square E_1F_1GH$$

$$E_1G = \frac{2}{3} \cdot AG = \frac{2}{3} \cdot \frac{\sqrt{3}}{2} \cdot 2a = \frac{2}{\sqrt{3}}a$$

$$F_1H = \frac{2}{\sqrt{3}}a$$

$$S_{\square E_1F_1GH} = \frac{1}{2}E_1G \cdot F_1H \cdot \sin 60^\circ$$

$$= \frac{1}{2} \cdot \frac{2}{\sqrt{3}}a \cdot \frac{2}{\sqrt{3}}a \cdot \frac{\sqrt{3}}{2} = \frac{\sqrt{3}}{3}a^2$$

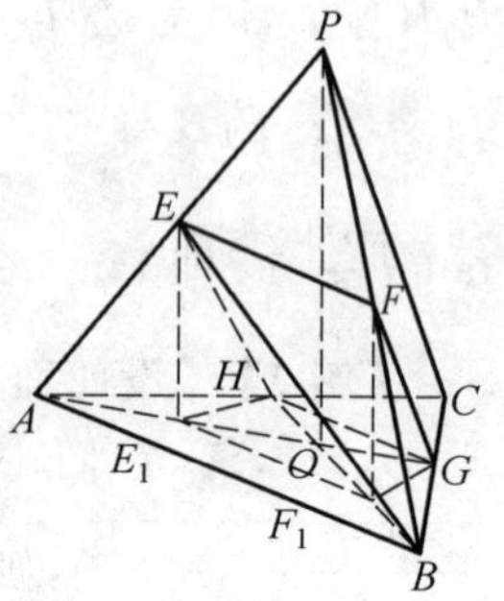

图 4.13

即 $S_{\square EFGH} \to \frac{\sqrt{3}}{3}a^2$.

又当 $P \to \infty$ 时，$S_{\square EFGH} \to \infty$.

$S \in (\frac{\sqrt{3}}{3}a^2, +\infty)$，即选 B.

第五讲　怎样解二次函数综合题

一、高考中的二次函数问题

【例 1】（1990 年，全国卷）

设椭圆的中心是坐标原点，长轴在 x 轴上，离心率 $e=\frac{\sqrt{3}}{2}$，已知点 $P(0,\frac{3}{2})$ 到这个椭圆上的点的最远距离是 $\sqrt{7}$，求这个椭圆的方程，并求椭圆上到点 P 的距离等于 $\sqrt{7}$ 的点的坐标.

【分析及解】 设所求椭圆的方程是

$$\frac{x^2}{a^2}+\frac{y^2}{b^2}=1 \quad (a>b>0)$$

由 $e^2=\frac{c^2}{a^2}=1-\left(\frac{b}{a}\right)^2=\frac{3}{4}$，可得 $a=2b$.

设椭圆上的点 (x,y) 到点 P 的距离为 d，则

$$\begin{aligned} d^2 &= x^2+(y-\frac{3}{2})^2 \\ &= a^2(1-\frac{y^2}{b^2})+y^2-3y+\frac{9}{4} \\ &= -3(y+\frac{1}{2})^2+4b^2+3 \end{aligned}$$

设 $f(y)=-3(y+\frac{1}{2})^2+4b^2+3(-b\leqslant y\leqslant b)$.

下面求 $f(y)$ 在 $y\in[-b,b]$ 上的最大值.

(1) $-b\leqslant -\frac{1}{2}<0$，即 $b\geqslant\frac{1}{2}$ 时（图 5.1），$f(-\frac{1}{2})$ 最大，解

$$f(-\frac{1}{2})=4b^2+3=7$$

得 $b=1,a=2$.

(2) $-\frac{1}{2}<-b<0$，即 $0<b<\frac{1}{2}$ 时（图 5.2），$f(-b)$ 最大，解

$$f(-b)=-3(-b+\frac{1}{2})^2+4b^2+3=7$$

得 $b=\frac{-3\pm 2\sqrt{7}}{2}$.

由 $b>0$,得 $b=\frac{2\sqrt{7}-3}{2}>\frac{1}{2}$,与 $0<b<\frac{1}{2}$ 矛盾.

所以只有 $b=1,a=2$ 满足条件.

于是椭圆方程为 $\frac{x^2}{4}+y^2=1$.

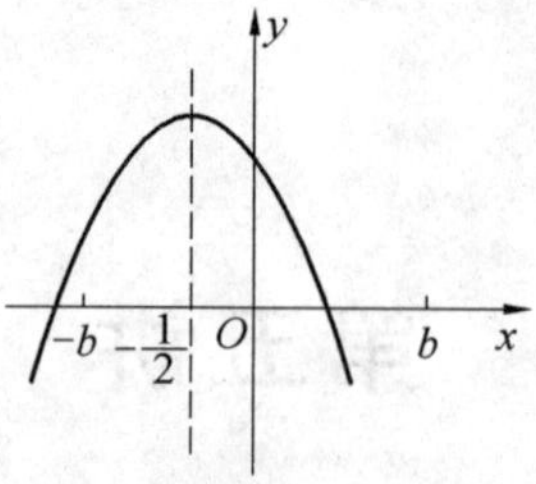

图 5.1

此时 $y=-\frac{1}{2}$,$x=\pm\sqrt{3}$,所求点的坐标为$(\pm\sqrt{3},-\frac{1}{2})$.

本题实质上是求含参数的二次函数

$$f(y)=-3(y+\frac{1}{2})^2+4b^2+3$$

在区间$[-b,b]$上的最大值问题,并且已知最大值求参数的值.

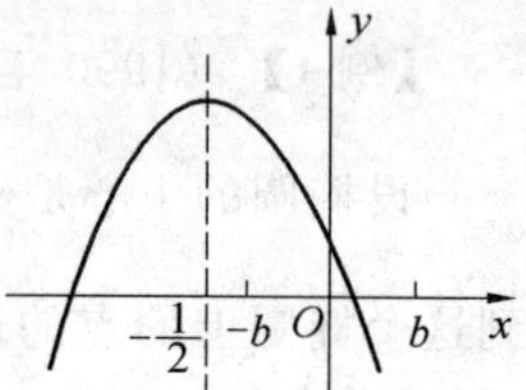

图 5.2

类似的高考题有

【例 2】 (2000 年,京、皖春季高考,文科卷)

已知二次函数 $f(x)=(\lg a)x^2+2x+4\lg a$ 的最大值为 3,求 a 的值.

本题答案为 $a=10^{-\frac{1}{4}}$,解题过程略.

【例 3】 (1996 年,全国卷)

已知 a,b,c 是实数,函数 $f(x)=ax^2+bx+c$,$g(x)=ax+b$,当 $-1\leqslant x\leqslant 1$ 时,$|f(x)|\leqslant 1$.

(Ⅰ)证明:$|c|\leqslant 1$.

(Ⅱ)证明:当 $-1\leqslant x\leqslant 1$ 时,$|g(x)|\leqslant 2$.

(Ⅲ)设 $a>0$,当 $-1\leqslant x\leqslant 1$ 时,$g(x)$ 的最大值是 2,求 $f(x)$.

【分析及解】 (Ⅰ)由于 $c=f(0)$,所以取 $x=0$,由 $-1\leqslant x\leqslant 1$ 时

$$|f(x)|\leqslant 1$$

可得 $|f(0)|\leqslant 1$,即 $|c|\leqslant 1$.

(Ⅱ)**【证法 1】** 我们充分利用 $g(x)$ 的单调性.

当 $a>0$ 时,$g(x)=ax+b$ 在$[-1,1]$上是增函数,则

$$g(-1)\leqslant g(x)\leqslant g(1)$$

由(Ⅰ)知 $|c|\leqslant 1$,则

$$g(1)=a+b=f(1)-c\leqslant |f(1)|+|c|\leqslant 1+1=2$$

$$g(-1)=-a+b=-f(-1)+c\geqslant -(|f(-1)|+|c|)\geqslant -(1+1)=-2$$

于是 $$-2\leqslant g(-1)\leqslant g(x)\leqslant g(1)\leqslant 2$$

即 $$|g(x)|\leqslant 2$$

当 $a<0$ 时,$g(x)=ax+b$ 在 $[-1,1]$ 上是减函数,则

$$g(-1)\geqslant g(x)\geqslant g(1)$$

$$g(-1)=-a+b=-f(-1)+c\leqslant |f(-1)|+|c|\leqslant 2$$

$$g(1)=a+b=f(1)-c\geqslant -(|f(1)|+|c|)\leqslant 2$$

于是 $$-2\leqslant g(1)\leqslant g(x)\leqslant g(-1)\leqslant 2$$

即 $$|g(x)|\leqslant 2$$

当 $a=0$ 时

$$g(x)=b,f(x)=bx+c$$

$$|g(x)|=|b|=|f(1)-c|\leqslant |f(1)|+|c|\leqslant 2$$

综合以上,$|g(x)|\leqslant 2$.

【证法 2】 我们设法用 $f(x)$ 的式子表达 $g(x)$,以便利用 $f(x)$ 的取值范围求 $g(x)$ 的范围,由

$$1=\frac{x+1}{2}-\frac{x-1}{2},x=\left(\frac{x+1}{2}\right)^2-\left(\frac{x-1}{2}\right)^2$$

可得

$$\begin{aligned}g(x)&=ax+b\\&=a\left[\left(\frac{x+1}{2}\right)^2-\left(\frac{x-1}{2}\right)^2\right]+b\left(\frac{x+1}{2}-\frac{x-1}{2}\right)\\&=\left[a\left(\frac{x+1}{2}\right)^2+b\left(\frac{x+1}{2}\right)+c\right]-\\&\quad\left[a\left(\frac{x-1}{2}\right)^2+b\left(\frac{x-1}{2}\right)+c\right]\\&=f\left(\frac{x+1}{2}\right)-f\left(\frac{x-1}{2}\right)\end{aligned}$$

由 $-1\leqslant x\leqslant 1$,可得

$$0\leqslant\frac{x+1}{2}\leqslant 1,-1\leqslant\frac{x-1}{2}\leqslant 0$$

$$|g(x)|=\left|f\left(\frac{x+1}{2}\right)-f\left(\frac{x-1}{2}\right)\right|\leqslant\left|f\left(\frac{x+1}{2}\right)\right|+\left|f\left(\frac{x-1}{2}\right)\right|\leqslant 2$$

即 $|g(x)|\leqslant 2$.

【证法3】 对于 $f(x)$ 与 $g(x)$ 中的系数 a,b,c，我们设法用 $f(1)$，$f(-1)$，$f(0)$ 表示，从而能充分利用 $f(x)$ 的取值范围

$$f(1)=a+b+c, f(-1)=a-b+c, f(0)=c$$

$$a=\frac{f(1)+f(-1)}{2}-c,\quad b=\frac{f(1)-f(-1)}{2}$$

$$\begin{aligned}|g(x)|&=\left|\frac{f(1)+f(-1)}{2}x-cx+\frac{f(1)-f(-1)}{2}\right|\\&=\left|\frac{x+1}{2}f(1)+\frac{x-1}{2}f(-1)-cx\right|\\&\leqslant\frac{1}{2}|x+1||f(1)|+\frac{1}{2}|x-1||f(-1)|+|c||x|\\&\leqslant\frac{1}{2}|x+1|+\frac{1}{2}|x-1|+1\\&=\frac{1}{2}(x+1+1-x)+1\\&=2\end{aligned}$$

（Ⅲ）因为 $a>0$，$|g(x)|\leqslant 2$，且 $g(x)$ 在 $[-1,1]$ 上是增函数，所以 $x=1$ 时，$g(x)$ 有最大值 $g(1)=2$.

即 $g(1)=a+b=f(1)-f(0)=2$.

又 $-1\leqslant f(0)=f(1)-2\leqslant 1-2\leqslant -1$，于是 $f(0)=c=-1$.

又因为当 $-1\leqslant x\leqslant 1$ 时，$f(x)\geqslant -1$，即 $f(x)\geqslant f(0)$.

所以 $x=0$ 为 $f(x)$ 图像的对称轴，即 $b=0$.

由 $a+b=2$，知 $a=2$.

所以 $f(x)=2x^2-1$.

本题是一道函数不等式问题，对于（Ⅱ），证法1是利用一次函数 $g(x)$ 的单调性证明.证法2是利用函数自变量的转换证明，证法3则是通过对系数的代换进行证明.

【例4】（2002年，江苏卷）

已知：$a>0$，函数 $f(x)=ax-bx^2$.

（Ⅰ）当 $b>0$ 时，若对任意 $x\in\mathbf{R}$，都有 $f(x)\leqslant 1$，证明：$a\leqslant 2\sqrt{b}$.

（Ⅱ）当 $b>1$ 时，证明：对任意 $x\in[0,1]$，$|f(x)|\leqslant 1$ 的充要条件是 $b-1\leqslant a\leqslant 2\sqrt{b}$.

（Ⅲ）当 $0<b\leqslant 1$ 时，讨论对任意 $x\in[0,1]$，$|f(x)|\leqslant 1$ 的充要条件.

【分析及解】（Ⅰ）对所有 $x\in\mathbf{R}$，恒有 $f(x)\leqslant 1\Leftrightarrow f(x)$ 的最大值 $\leqslant 1$.

因 $b>0$，则 $f(x)=-b(x-\frac{a}{2b})^2+\frac{a^2}{4b}$ 的最大值为 $\frac{a^2}{4b}$，于是 $\frac{a^2}{4b}\leqslant 1$，$a^2\leqslant$

$4b, a \leqslant 2\sqrt{b}$.

(Ⅱ)**【证法1】** $f(x)=-b(x-\frac{a}{2b})^2+\frac{a^2}{4b}, x\in[0,1]$，$x$ 在 $(0,\frac{a}{2b}]$ 上为增函数，在 $[\frac{a}{2b},+\infty)$ 上为减函数.

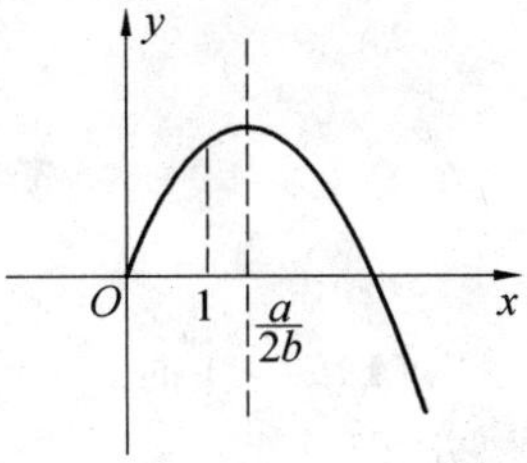

图 5.3

(1) 若 $\frac{a}{2b}\geqslant 1$，即 $a\geqslant 2b$ 时(图 5.3)，$f(1)$ 最大，即 $f(1)=a-b\leqslant 1$，即 $a\leqslant 1+b$.

但是由 $1+b\geqslant a\geqslant 2b$ 得 $b\leqslant 1$，与 $b>1$ 矛盾.

(2) 若 $\frac{a}{2b}<1$，即 $a<2b$ 时(图 5.4)，$f\left(\frac{a}{2b}\right)$ 最大，则由 $|f(x)|\leqslant 1$，知

$$-1\leqslant f(1)<f_{\max}(x)\leqslant 1$$

$$-1\leqslant a-b<\frac{a^2}{4b}\leqslant 1$$

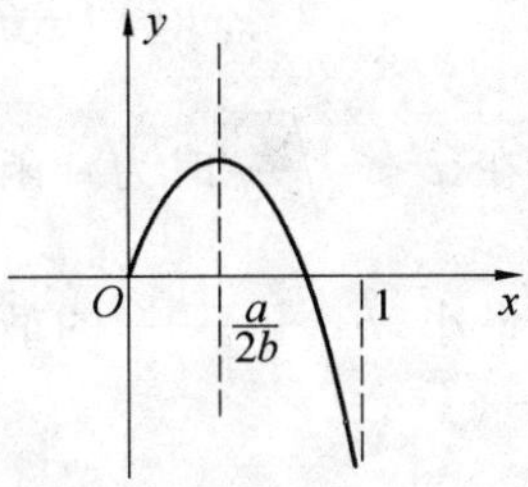

图 5.4

即 $b-1\leqslant a\leqslant 2\sqrt{b}$.

所以 $b>1$ 时，$|f(x)|\leqslant 1$ 的充要条件为 $b-1\leqslant a\leqslant 2\sqrt{b}$.

(Ⅲ)**【证法1】** $0<b\leqslant 1$ 时.

(1) 若 $\frac{a}{2b}\geqslant 1$，即 $a\geqslant 2b$ 时(图 5.3)，$f(1)$ 最大，即 $f(1)\leqslant 1$，得

$$\begin{cases}a-b\leqslant 1\\ a\geqslant 2b\end{cases}$$

于是 $2b\leqslant a\leqslant 1+b$.

(2) 若 $\frac{a}{2b}<1$，即 $a<2b$ 时(图 5.4)，则 $f\left(\frac{a}{2b}\right)$ 最大

$$-1\leqslant f(1)<f\left(\frac{a}{2b}\right)\leqslant 1$$

$$-1\leqslant a-b<\frac{a^2}{4b}\leqslant 1$$

$$b-1\leqslant a\leqslant 2\sqrt{b}，又\ 0<a<2b$$

而 $0<b\leqslant 1$ 时如图 5.5 所示，$1+b\geqslant 2\sqrt{b}\geqslant 2b$.

图 5.5

由(1)，(2) 取并集得 $0<a\leqslant 1+b$.

所以 $0<a\leqslant 1+b$ 为 $0<b\leqslant 1$ 时，$x\in[0,1]$，$|f(x)|\leqslant 1$ 的充要条件.

(Ⅱ),(Ⅲ)**【证法 2】** 不等式方法

$$|f(x)|\leqslant \Leftrightarrow |x||a-bx|\leqslant 1$$
$$\Leftrightarrow |a-bx|\leqslant \frac{1}{|x|}\quad (x\neq 0)$$
$$\Leftrightarrow bx-\frac{1}{|x|}\leqslant a\leqslant bx+\frac{1}{|x|}\quad (x\neq 0)$$

(1)$b>1$ 时,$\varphi(x)=bx-\dfrac{1}{|x|}$ 在 $x\in(0,1]$ 上是增函数,则 $\varphi(x)$ 的最大值为 $\varphi(1)=b-1$,于是有

$$b-1\leqslant a$$

$$g(x)=bx+\frac{1}{|x|}=b(x+\frac{\frac{1}{b}}{|x|})=b(x+\frac{\frac{1}{b}}{x})$$

在 $x<\sqrt{\dfrac{1}{b}}$ 时为减函数,$x>\sqrt{\dfrac{1}{b}}$ 时为增函数,所以 $x=\sqrt{\dfrac{1}{b}}$ 时,$bx+\dfrac{1}{|x|}$ 最小,$bx+\dfrac{1}{|x|}$ 的最小值为 $b\cdot\sqrt{\dfrac{1}{b}}+\dfrac{1}{\sqrt{\dfrac{1}{b}}}=2\sqrt{b}$,于是有 $a\leqslant 2\sqrt{b}$.

所以 $b-1\leqslant a\leqslant 2\sqrt{b}$.

又 $x=0$ 时,$f(0)=0$ 对所有 a 都有 $|f(0)|\leqslant 1$ 成立,所以 $b-1\leqslant a\leqslant 2\sqrt{b}$ 为 $b>1$ 时,$x\in[0,1]$,$|f(x)|\leqslant 1$ 的充要条件.

(2)$0<b<1$ 时,考查 $bx-\dfrac{1}{|x|}\leqslant a\leqslant bx+\dfrac{1}{|x|}$.

显然 $\varphi(x)=bx-\dfrac{1}{|x|}$ 在 $x\in[0,1]$ 的最大值为 $b-1<0$,有 $b-1\leqslant a$,又 $a>0$,所以 $0<a$.

又 $g(x)=bx+\dfrac{1}{|x|}=b(x+\dfrac{\frac{1}{b}}{x})$,由 $0<b\leqslant 1$,有 $\dfrac{1}{b}>1$,则 $g(1)$ 最小,$g(1)=b+1$,于是 $a\leqslant b+1$.

从而有 $0<a\leqslant b+1$.

(Ⅱ),(Ⅲ)**【证法 3】** 充要条件的分别证明.

(Ⅱ)必要性:

因为 $x\in[0,1]$ 时,都有 $|f(x)|\leqslant 1$,所以

$$f(1)=a-b\geqslant -1,a\geqslant b-1$$

又由 $b>1$,$\dfrac{1}{\sqrt{b}}\in[0,1]$,得

$$f\left(\frac{1}{\sqrt{b}}\right)=\frac{a}{\sqrt{b}}-1\leqslant 1,a\leqslant 2\sqrt{b}$$

所以 $b-1\leqslant a\leqslant 2\sqrt{b}$ 为 $|f(x)|\leqslant 1,x\in[0,1]$ 的必要条件.

充分性：

当 $b-1\leqslant a\leqslant 2\sqrt{b}$ 时，由 $b>1$. 所以对所有 $x\in[0,1]$ 都有

$$f(x)=ax-bx^2\leqslant 2\sqrt{b}x-bx^2=1-(1-\sqrt{b}x)^2\leqslant 1$$

$$f(x)=ax-bx^2\geqslant(b-1)x-bx^2=bx(1-x)-x\geqslant -x\geqslant -1$$

即 $|f(x)|\leqslant 1$.

得 $b-1\leqslant a\leqslant 2\sqrt{b}$ 为 $|f(x)|\leqslant 1,x\in[0,1]$ 的充分条件.

(Ⅲ) 必要性：

当 $x\in[0,1]$ 时，都有 $f(x)\leqslant 1$.

则 $f(1)=a-b\leqslant 1,a\leqslant b+1$.

充分性：

证明若 $a>0,0<b\leqslant 1$，则 $a\leqslant b+1$ 也是 $|f(x)|\leqslant 1$ 的充分条件.

因为 $$x\in[0,1]$$

所以

$$\begin{aligned}f(x)&=ax-bx^2\leqslant(b+1)x-bx^2=bx(1-x)+x\\&\leqslant x(1-x)+x\\&=-x^2+2x=1-(x-1)^2\leqslant 1\end{aligned}$$

$$f(x)=ax-bx^2\geqslant -bx^2\geqslant -1$$

所以 $a>0,0<b\leqslant 1;0<a\leqslant b+1$ 是 $|f(x)|\leqslant 1$ 的充分条件.

于是 $0<a\leqslant b+1,0<b\leqslant 1$ 是 $|f(x)|\leqslant 1,x\in[0,1]$ 的充要条件.

例 4 是一道已知函数取值范围时，寻找充要条件的题目，其中第(Ⅱ)，(Ⅲ) 问实际上是求 $x\in[0,1]$，$|f(x)|\leqslant 1$ 的充要条件，即 $f(x)$ 系数 a,b 应满足的条件，证法 1,2 及第(Ⅰ)问，本质上是运用关于函数问题的极值原理解决的，即若使 $x\in D,f(x)>A$，只需 $f(x)$ 在 D 上的最小值小于 A 就可以了.

【例 5】 (2002 年，京、皖春季高考)

对于函数 $f(x)$，若存在 $x_0\in\mathbf{R}$，使 $f(x_0)=x_0$ 成立，则称 x_0 为 $f(x)$ 的不动点.

已知函数 $f(x)=ax^2+(b+1)x+(b-1),a\neq 0$.

(Ⅰ) 当 $a=1,b=-2$ 时，求函数 $f(x)$ 的不动点；

(Ⅱ) 若对任意实数 b，函数 $f(x)$ 恒有两个相异的不动点，求 a 的取值范围；

（Ⅲ）在（Ⅱ）的条件下，若 $y=f(x)$ 图像上 A,B 两点的横坐标是函数 $f(x)$ 的不动点，且 A,B 两点关于直线 $y=kx+\dfrac{1}{2a^2+1}$ 对称，求 b 的最小值.

【分析及解】 （Ⅰ）$a=1,b=-2$ 时，$f(x)$ 化为 $f(x)=x^2-x-3$.

设 x_0 为不动点，则 $x_0^2-x_0-3=x_0$.

解得 $x_0=-1$ 或 $x_0=3$.

（Ⅱ）因为 $f(x)$ 有两个相异不动点，则 $ax^2+(b+1)x+(b-1)=x$ 有两个不相等的实根，即

$$ax^2+bx+(b-1)=0 \quad ①$$

有两个不相等的实根，则

$$\Delta_1=b^2-4a(b-1)>0$$

$$b^2-4ab+4a>0$$

由于上式对任意实数 b 恒成立，则 $\Delta_2=16a^2-16a<0,0<a<1$.

（Ⅲ）设 $A(x_1,x_1),B(x_2,x_2)$，由方程 ① 有 $\dfrac{x_1+x_2}{2}=-\dfrac{b}{2a}$.

又 A,B 在直线 $y=x$ 上，则 $k_{AB}=1,k=-1$.

设 AB 的中点为 $E(x_E,y_E)$，则 $x_E=y_E$，且

$$x_E=-\frac{b}{2a},y_E=-x_E+\frac{1}{2a^2+1}=\frac{b}{2a}+\frac{1}{2a^2+1}$$

即

$$-\frac{b}{2a}=\frac{b}{2a}+\frac{1}{2a^2+1}$$

所以

$$\frac{b}{a}=-\frac{1}{2a^2+1}$$

由 $a>0$ 有

$$b=-\frac{a}{2a^2+1}=-\frac{1}{2a+\dfrac{1}{a}}\geqslant-\frac{1}{2\sqrt{2}}=-\frac{\sqrt{2}}{4}$$

当且仅当 $2a=\dfrac{1}{a}$ 即 $a=\dfrac{\sqrt{2}}{2}$（因为 $0<a<1$）时，b 有最小值 $-\dfrac{\sqrt{2}}{4}$.

本题是围绕二次函数不动点展开的，通过定义不动点，求对任意实数 b，二次函数存在两个相异不动点的条件，以及不动点同时又是一条直线对称点时，b 的最小值，在这里一元二次方程根与系数的关系，解二次不等式及均值不等式是解本题的工具.

由以上五道高考题可以看出，二次函数试题是以二次函数为载体，把数与形结合起来，把二次函数，一元二次方程，一元二次不等式综合起来，通过求含参数二次函数的最值，求二次函数系数的取值范围，求参数的取值范围，证明有关的代数不等式，考查对数学知识内在联系的理解和综合运用能力.

由于二次函数可以从数与形两方面研究函数的性态，系数的变化，函数值的变化等，所以从二次函数的解题思维过程可以反映出函数与方程，数形结合，分类讨论，化归转化等思想方法以及演绎证明，归纳推理，符号表达等理性思维能力，所以二次函数是命题的一个重要素材，是在知识网络交汇点上设计试题的重要载体.

由以上几个题目的解题过程可以看出，解二次函数综合题主要是以图像为中介，以系数为中介，以函数的性质为中介，以方程为中介，或者以构造的新函数为中介，这也就形成了解二次函数问题的主要方法.

二、二次函数综合题的解法

(一) 图像帮助解题

二次函数的图像直观地反映了二次函数的性质，在解二次函数的有关题目时，有时画出二次函数的图像可以帮助思考.

【例 1】 设函数 $f(x)=ax^2+8x+3(a<0)$，对于给定的负数 a，有一个最大的正数 $g(a)$，使得整个区间 $[0,g(a)]$ 上，不等式 $|f(x)|\leqslant 5$ 都成立，问 a 为何值时，$g(a)$ 最大？求出这个最大的 $g(a)$. 证明你的结论.

【分析及解】 $|f(x)|\leqslant 5$ 的几何意义是，$f(x)$ 的图像在平行直线 $y=\pm 5$ 之间，本题是求一个最大的区间 $[0,g(a)]$，使得在这个区间内的 $f(x)$ 的图像在直线 $y=\pm 5$ 之间

$$f(x)=ax^2+8x+3$$

$$=a\left(x+\frac{4}{a}\right)^2+3-\frac{16}{a}$$

考虑 $f(x)$ 图像最高点的纵坐标 $3-\frac{16}{a}$.

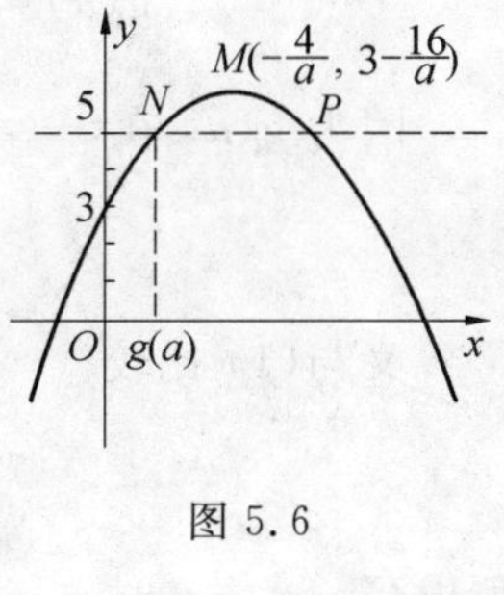

图 5.6

(1) 若 $3-\frac{16}{a}>5$，即 $-8<a<0$(图 5.6).

由于 $a<0$，$f(x)$ 图像开口向下，设图像与 $y=5$ 交于 N,P 两点，$x_N<x_P$，则 $x_N=g(a)$.

下面求 x_N，这相当于解方程 $ax^2+8x+3=5$，$x=\dfrac{-4\pm\sqrt{16+2a}}{a}$.

x_N 为这个方程的小根

$$x_N=\frac{-4+\sqrt{16+2a}}{a}=\frac{2}{\sqrt{16+2a}+4}$$

$$g(a)=\frac{2}{\sqrt{16+2a}+4}\quad(-8<a<0)$$

下面求 $g(a)$ 在 $-8<a<0$ 上的取值范围.

由于 $g(a)$ 在 $(-\infty,0)$ 上是减函数，所以

$$g(a)<g(-8)=\frac{1}{2}$$

又 $f(0)=3>0>-5$ 恒成立.

即当 $x\in\left[0,\dfrac{2}{\sqrt{16+2a}+4}\right]$ 时 $|f(x)|\leqslant 5$ 恒成立.

(2) 若 $3-\dfrac{16}{a}\leqslant 5$，即 $a\leqslant -8$ 时(图 5.7)，$f(x)$ 的图像与 $y=-5$ 交于两点 N,P 由于 $f(0)=3>0$，则 $x_N<0,x_P>0$.

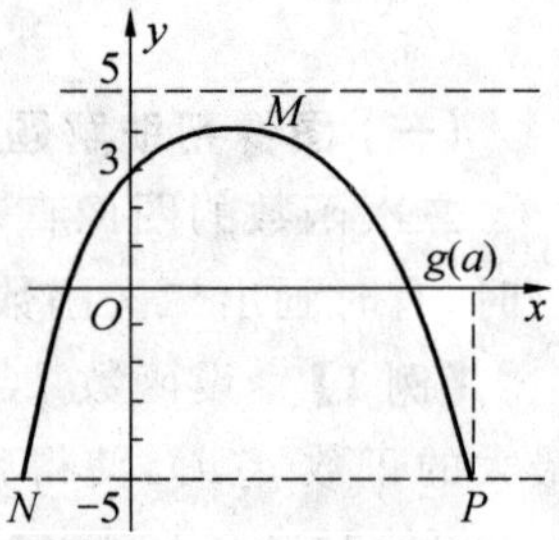

图 5.7

于是 $x_P=g(a)$.

求 x_P 相当于解方程

$$ax^2+8x+3=-5$$

$$x=\frac{-4\pm 2\sqrt{4-2a}}{a}$$

x_P 为这个方程的大根，则

$$g(a)=x_P=\frac{-4-2\sqrt{4-2a}}{a}=\frac{4}{\sqrt{4-2a}-2}$$

因为 $g(a)$ 在 $(-\infty,-8]$ 上递增，则

$$g(a)\leqslant g(-8)=\frac{1+\sqrt{5}}{2}$$

又与(1) 比较

$$\frac{1+\sqrt{5}}{2}>\frac{1}{2}$$

所以当 $a=-8$ 时

$$g(a)_{\max}=\frac{1+\sqrt{5}}{2}$$

【例 2】 若函数 $f(x)=-\dfrac{1}{2}x^2+\dfrac{13}{2}$,在区间$[a,b]$上的最小值为 $2a$,最大值为 $2b$,求$[a,b]$.

【分析及解】 函数 $f(x)$ 在$[a,b]$上的最大值可能在区间端点,也可能在曲线顶点获得,最小值则可能在$[a,b]$的一个端点获得,因此要分析 $f(x)$ 图像的对称轴相对于区间$[a,b]$的不同位置,函数的最值.

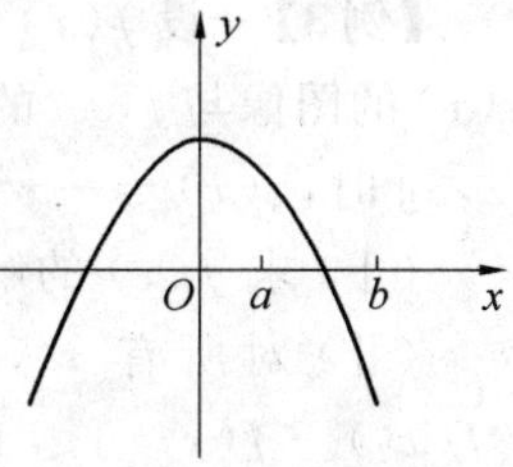

图 5.8

(1)$0\leqslant a<b$ 时(图 5.8),$f(x)$ 在$[a,b]$上递减,则

$$\begin{cases}f(a)=2b\\ f(b)=2a\end{cases}\Rightarrow\begin{cases}-\dfrac{1}{2}a^2+\dfrac{13}{2}=2b\\ -\dfrac{1}{2}b^2+\dfrac{13}{2}=2a\end{cases}$$

解得 $a=1,b=3,[a,b]=[1,3]$.

(2)$a<0<b$ 时(图 5.9),$f(x)$ 在$[a,0]$上递增,在$[0,b]$上递减,所以 $f(0)$ 最大,$f(0)=\dfrac{13}{2}=2b$,得

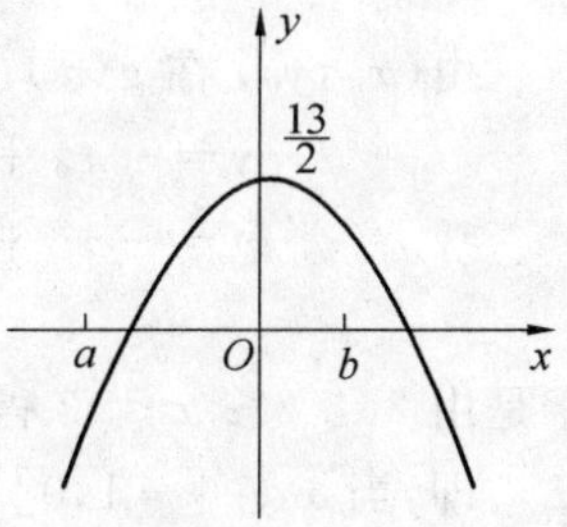

图 5.9

$$b=\frac{13}{4}$$

$$f(b)=-\frac{1}{2}\left(\frac{13}{4}\right)^2+\frac{13}{2}=\frac{39}{32}>0$$

而最小值 $2a<0$. 所以必有 $f(a)=2a$,即

$$-\frac{1}{2}a^2+\frac{13}{2}=2a$$

$$a=-2-\sqrt{17}$$

所以$[a,b]=\left[-2-\sqrt{17},\dfrac{13}{4}\right]$.

(3)$a<b\leqslant 0$ 时(图 5.10),$f(x)$ 在$[a,b]$上递增

$$\begin{cases}f(a)=2a\\ f(b)=2b\end{cases}\Rightarrow\begin{cases}-\dfrac{1}{2}a^2+\dfrac{13}{2}=2a\\ -\dfrac{1}{2}b^2+\dfrac{13}{2}=2b\end{cases}\Rightarrow\begin{cases}a^2+4a-13=0\\ b^2+4b-13=0\end{cases}$$

于是 a,b 是方程 $x^2+4x-13=0$ 的二根,由韦达定理有 $ab=-13<0$,与 $a<b\leqslant 0$ 矛盾,此时无解.

由(1),(2),(3),$[a,b]=[1,3]$ 或 $\left[-2-\sqrt{17},\frac{13}{4}\right]$.

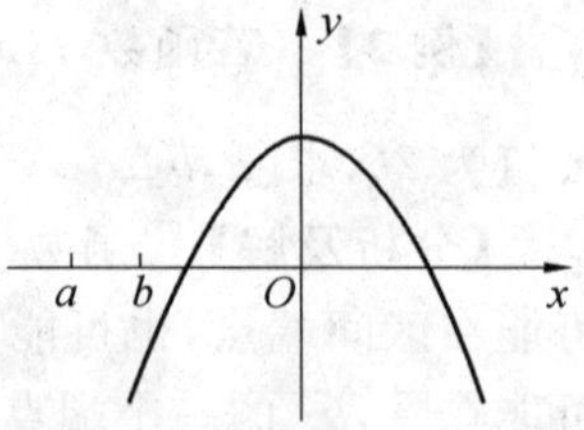

图 5.10

【例 3】 设 $f(x)$ 是定义在 $[-1,1]$ 上的奇函数,$g(x)$ 的图像与 $f(x)$ 的图像关于 $x=1$ 对称,而当 $x\in[2,3]$ 时,$g(x)=-x^2+4x+c$(c 为常数).

(Ⅰ)求 $f(x)$ 的解析式.

(Ⅱ)对所有 $x_1,x_2\in[0,1]$,$x_1\neq x_2$,求证:$|f(x_2)-f(x_1)|\leqslant 1$.

【分析及解】 本题给出了函数的奇偶性和对称性,以及其中一个函数 $g(x)$ 在区间 $[2,3]$ 上的解析式,求 $f(x)$ 的解析式,显然要利用函数的图像特征确定 $f(x)$ 的解析式.

(Ⅰ)设 $g(x)$ 上的点 $Q(x_0,y_0)$ 与 $f(x)$ 上的点 $P(x,y)$ 对应,由 $f(x)$ 与 $g(x)$ 关于 $x=1$ 对称,有 $\begin{cases}y_0=y\\x_0=2-x\end{cases}$.

由 (x_0,y_0) 在 $g(x)$ 的图像上,则

$$\begin{aligned}y&=-x_0^2+4x_0+c=-(2-x)^2+4(2-x)+c\\&=-x^2+4+c\end{aligned}$$

$$2-x\in[2,3]$$

于是由 $2\leqslant 2-x\leqslant 3$ 得 $-1\leqslant x\leqslant 0$.

即,当 $x\in[-1,0]$ 时,$f(x)=-x^2+4+c$.

因为 $f(x)$ 在 $[-1,1]$ 上是奇函数,则 $f(0)=0$,$-0^2+4+c=0$,$c=-4$.

于是,当 $x\in[-1,0]$ 时,$f(x)=-x^2$.

再由 $f(x)$ 是 $[-1,1]$ 上奇函数得,$x\in[0,1]$ 时,$f(x)=x^2$,即

$$f(x)=\begin{cases}-x^2, & x\in[-1,0]\\x^2, & x\in[0,1]\end{cases}$$

(Ⅱ)当 $x_1,x_2\in[0,1]$ 时,$|f(x_2)-f(x_1)|=|x_2^2-x_1^2|$,又 $0\leqslant x_2^2\leqslant 1$,$0\leqslant x_1^2\leqslant 1$.

则 $-1\leqslant x_2^2-x_1^2\leqslant 1$,$|x_2^2-x_1^2|\leqslant 1$,所以 $|f(x_2)-f(x_1)|=|x_2^2-x_1^2|\leqslant 1$.

(二)赋值帮助解题

由于每一个二次函数都有自己的定义域,因此,为了达到解题目标,有时在定义域内给出自变量的一些具体数值,得到函数值,通过这些具体值的研究,促进问题的解决,如例 4 中(Ⅱ),(Ⅲ)的证法 3,也有些二次函数的题目,

特别是一些二次函数不等式，又可以用特殊的函数值表达系数，即通过对系数赋值进行转化，达到解题目的，如例 3 中（Ⅱ）的证法 3.

【例 4】 设二次函数 $f(x)=x^2+bx+c(b,c\in\mathbf{R})$，对于任意 α,β 恒有 $f(\sin\alpha)\geqslant 0$，$f(2+\cos\beta)\geqslant 0$.

（Ⅰ）求证：$b+c=-1$，且 $c\geqslant 3$.

（Ⅱ）若函数 $f(\sin\alpha)$ 的最大值为 8，求 b,c 的值.

【分析及解】 对于（Ⅰ）要证 $b+c=-1$，即 $1+b+c=0$，相当于证明 $f(1)=0$. 利用已知条件 $f(\sin\alpha)\geqslant 0$，$f(2+\cos\beta)\leqslant 0$ 对任意 α,β 都成立，可以通过对 $\sin\alpha,\cos\beta$ 赋值，设法求出 $f(1)$ 的值，而（Ⅱ）则是已知函数的最大值求系数问题，这是比较容易解决的.

（Ⅰ）由于对任意 α,β 恒有

$$f(\sin\alpha)\geqslant 0,f(2+\cos\beta)\leqslant 0$$

所以取 $\sin\alpha=1$，$\cos\beta=-1$，有

$$\begin{cases}f(1)\geqslant 0\\f(1)\leqslant 0\end{cases}$$

于是 $f(1)=0$，即 $1+b+c=0$，$b+c=-1$.

此时已知函数化为

$$f(x)=x^2+(-1-c)x+c=(x-1)(x-c)$$

再对 $f(2+\cos\beta)\leqslant 0$ 中的 β 赋值，令 $\cos\beta=1$，则

$$f(3)=(3-1)(3-c)\leqslant 0$$

因此 $c\geqslant 3$.

（Ⅱ）记 $\sin\alpha=t$，则

$$\begin{aligned}f(\sin\alpha)=f(t)&=t^2+bt+c\\&=t^2+bt-1-b\\&=(t+\frac{b}{2})^2-1-b-\frac{b^2}{4}\quad -1\leqslant t\leqslant 1\end{aligned}$$

由于 $-\dfrac{b}{2}=\dfrac{1+c}{2}\geqslant\dfrac{1+3}{2}=2$，以及 $-1\leqslant t\leqslant 1$.

所以 $f(t)$ 在 $[-1,1]$ 处递减.

因此 $f(t)$ 在 $t=-1$ 处取得最大值 8

$$f(-1)=1-b+c=-2b=8$$

即 $b=-4$，$c=-1-b=3$.

【例 5】 设二次函数 $f(x)=ax^2+bx+c(a,b,c\in\mathbf{R},a\neq 0)$ 满足条件.

(1) 当 $x\in\mathbf{R}$ 时，$f(x-4)=f(2-x)$，且 $f(x)\geqslant x$；

(2) 当 $x \in (0,2)$ 时，$f(x) \leqslant \left(\frac{x+1}{2}\right)^2$；

(3) $f(x)$ 在 $\mathbf{R}$ 上的最小值为 0；

求最大的 $m(m>1)$ 使得存在 $t \in \mathbf{R}$，只要 $x \in [1,m]$，就有 $f(x+t) \leqslant x$.

【分析及解】 本题要求求出满足 $f(x+t) \leqslant x$ 的最大区间 $[1,m]$，一个朴素的想法就是利用已知条件求出 $f(x)$ 的解析式. 事实上，这是能够做到的，由条件(1)，可得 $f(x)$ 的对称轴，由条件(3) 可得 $f(x)$ 图像的顶点坐标，由 $f(x) \geqslant x$ 及 $f(x) \leqslant \left(\frac{x+1}{2}\right)^2$ 可对 x 赋值，求出特殊的函数值.

由条件(1)，$f(x-4)=f(2-x)$ 可得函数 $f(x)$ 的图像关于 $x=-1$ 对称，于是有

$$-\frac{b}{2a}=-1 \quad ①$$

再由条件(3)，$f(x)$ 在 $\mathbf{R}$ 上的最小值为 0，于是有

$$a>0$$

$$f(-1)=a-b+c=0 \quad ②$$

我们对条件(1)，(2) 的不等式赋值，令 $x=1$，则有

$$f(1) \geqslant 1, f(1) \leqslant 1$$

即

$$f(1)=1, a+b+c=1 \quad ③$$

等式 ①，②，③ 组成关于 a,b,c 的方程组

$$\begin{cases} b=2a \\ a-b+c=0 \\ a+b+c=1 \end{cases}$$

解得

$$\begin{cases} a=\frac{1}{4} \\ b=\frac{1}{2} \\ c=\frac{1}{4} \end{cases}$$

于是，$f(x)$ 的解析式为

$$f(x)=\frac{1}{4}x^2+\frac{1}{2}x+\frac{1}{4}=\frac{1}{4}(x+1)^2$$

为求最大的区间 $[1,m]$，使得存在 $t \in \mathbf{R}$，有 $f(x+t) \leqslant x$，仍可采用赋值

求出 t 的范围. 由于 $f(x+t)-x$ 开口向上, $f(x+t)-x$ 的最大值只能在区间 $[1,m]$ 的端点取到,为此对 $f(x+t)\leqslant x$ 赋值取 $x=1,m$.

当 $x=1$ 时, $f(1+t)\leqslant 1$,即

$$\frac{1}{4}(t+2)^2\leqslant 1$$

$$(t+2)^2\leqslant 4$$

所以 $-4\leqslant t\leqslant 0$.

对于固定的 $t\in[-4,0]$,再对不等式 $f(x+t)\leqslant x$ 赋值,令 $x=m$,有 $f(t+m)\leqslant m$, 即

$$\frac{1}{4}(t+m+1)^2\leqslant m$$

$$m^2-2(1-t)m+(t^2+2t+1)\leqslant 0$$

$$1-t-\sqrt{-4t}\leqslant m\leqslant 1-t+\sqrt{-4t}$$

由 $t\in[-4,0]$ 知 $-t\in[0,4]$,函数 $1-t+\sqrt{-4t}$ 对于 $-t\in[0,4]$ 为增函数,于是

$$m\leqslant 1-t+\sqrt{-4t}\leqslant 1+4+\sqrt{4\times 4}=9$$

所以当 $t=-4$ 时,对任意 $x\in[1,9]$ 恒有

$$f(x-4)-x=\frac{1}{4}(x^2-10x+9)$$

$$=\frac{1}{4}(x-1)(x-9)\leqslant 0$$

成立.

因此,存在 $t=-4$,和最大的 $m=9$,使 $f(x+t)\leqslant x$ 成立.

【例 6】 设二次函数 $f(x)=ax^2+bx+c(a\neq 0)$ 且 $|f(0)|\leqslant 2$, $|f(1)|\leqslant 1$, $|f(-1)|\leqslant 1$,当 $|x|\leqslant 1$ 时,求证:

(Ⅰ) $|f(x)|\leqslant\frac{17}{8}$;

(Ⅱ) $|f'(x)|\leqslant 6$.

其中 $f'(x)$ 为 $f(x)$ 的导数.

【分析及解】 $f'(x)=2ax+b$,由于已知一些特殊函数值 $f(0)$, $f(1)$, $f(-1)$ 的范围,而求证 $|ax^2+bx+c|\leqslant\frac{17}{8}$ 及 $|2ax+b|\leqslant 6$,就要设法用 $f(0)$, $f(1)$, $f(-1)$ 的值表示系数 a,b,c.

由$\begin{cases}f(1)=a+b+c\\f(-1)=a-b+c\\f(0)=c\end{cases}$,得$\begin{cases}a=\dfrac{f(1)+f(-1)}{2}-f(0)\\b=\dfrac{f(1)-f(-1)}{2}\\c=f(0)\end{cases}$.

(Ⅰ)可得

$$\begin{aligned}|f(x)|&=|ax^2+bx+c|\\&=\left|\left[\frac{f(1)+f(-1)}{2}-f(0)\right]x^2+\frac{f(1)-f(-1)}{2}x+f(0)\right|\\&=\left|\frac{x^2+x}{2}f(1)+\frac{x^2-x}{2}f(-1)+(1-x^2)f(0)\right|\\&\leqslant\frac{|x^2+x|}{2}|f(1)|+\frac{|x^2-x|}{2}|f(-1)|+|1-x^2||f(0)|\\&\leqslant\frac{|x^2+x|}{2}+\frac{|x^2-x|}{2}+2|1-x^2|\end{aligned}$$

(1) 当$x\in[-1,0]$时,$x^2+x\leqslant 0,x^2-x\geqslant 0,1-x^2\geqslant 0$.
所以

$$\begin{aligned}|f(x)|&\leqslant-\frac{1}{2}(x^2+x)+\frac{1}{2}(x^2-x)+2(1-x^2)\\&=-2x^2-x+2\\&=-2(x+\frac{1}{4})^2+\frac{17}{8}\leqslant\frac{17}{8}\end{aligned}$$

(2) 当$x\in[0,1]$时,$x^2+x\geqslant 0,x^2-x\leqslant 0,1-x^2\geqslant 0$.所以

$$\begin{aligned}|f(x)|&\leqslant\frac{1}{2}(x^2+x)-\frac{1}{2}(x^2-x)+2(1-x^2)\\&=-2x^2+x+2\\&=-2(x-\frac{1}{4})^2+\frac{17}{8}\leqslant\frac{17}{8}\end{aligned}$$

即$x\in[-1,1]$时,$|f(x)|\leqslant\frac{17}{8}$.

(Ⅱ)可得

$$|f'(x)|=|2ax+b|\leqslant\max\{|2a+b|,|-2a+b|\}$$

$$\begin{aligned}|2a+b|&=|f(1)+f(-1)-2f(0)+\frac{1}{2}f(1)-\frac{1}{2}f(-1)|\\&=|\frac{3}{2}f(1)+\frac{1}{2}f(-1)-2f(0)|\\&\leqslant\frac{3}{2}|f(1)|+\frac{1}{2}|f(-1)|+2|f(0)|\end{aligned}$$

$$\leqslant \frac{3}{2}+\frac{1}{2}+2\times 2=6$$

$$\begin{aligned}|-2a+b| &=\left|-f(-1)-f(-1)+2f(0)+\frac{1}{2}f(1)-\frac{1}{2}f(-1)\right| \\ &=\left|-\frac{1}{2}f(1)-\frac{3}{2}f(-1)+2f(0)\right| \\ &\leqslant \frac{1}{2}|f(1)|+\frac{3}{2}|f(-1)|+2|f(0)|\leqslant 6\end{aligned}$$

即 $|f'(x)|\leqslant 6$.

【例 7】 设 $f(x)$ 是二次函数，且对 $x\in[0,1]$，$|f(x)|\leqslant 1$ 恒成立，求使 $|f'(0)|\leqslant M$ 恒成立的 M 的最小值.

【分析及解】 设 $f(x)=ax^2+bx+c$，则

$$f'(x)=2ax+b, f'(0)=b$$

又

$$f(0)=c, f\left(\frac{1}{2}\right)=\frac{1}{4}a+\frac{1}{2}b+c, f(1)=a+b+c$$

$$b=4f\left(\frac{1}{2}\right)-f(1)-3f(0)$$

$$\begin{aligned}|f'(0)| &=|b|=\left|4f\left(\frac{1}{2}\right)-f(1)-3f(0)\right| \\ &\leqslant 4\left|f\left(\frac{1}{2}\right)\right|+|f(1)|+3|f(0)| \\ &\leqslant 4+1+3 \\ &=8\end{aligned}$$

所以由 $|f'(0)|\leqslant M$ 知 $M_{\min}=8$.

我们可以求出满足条件的 $f(x)$.

令 $\begin{cases}f(0)=c=1\\ f\left(\frac{1}{2}\right)=\frac{1}{4}a+\frac{1}{2}b+c=-1\\ f(1)=a+b+c=1\end{cases}$，解得 $a=8,b=-8,c=1$，所以

$$f(x)=8x^2-8x+1$$

满足 $x\in[0,1]$ 时，$|f(x)|\leqslant 1$，且 $|f'(0)|=8$.

(三) 方程帮助解题

二次函数与一元二次方程有着不可分割的关系，有些二次函数问题可以通过对一元二次方程的研究解决.

【例 8】 关于抛物线 $y=x^2-2ax+a^2+2a$.

(Ⅰ)若使两点 $A(0,3)$,$B(2,7)$ 中一点位于抛物线上方,另一点位于抛物线下方,试求 a 的取值范围;

(Ⅱ)当 a 在 $(-1,1)$ 内变化时,求曲线的变化范围.

【分析及解】 (Ⅰ)若 $A(0,3)$,$B(2,7)$ 在曲线上,则

$$3=0^2-2a\cdot 0+a^2+2a$$

$$7=2^2-2a\cdot 2+a^2+2a$$

即

$$a^2+2a-3=0$$

$$a^2-2a-3=0$$

但是,A,B 两点,一在抛物线上,一在抛物线下,则

$$(a^2+2a-3)(a^2-2a-3)<0$$

$$(a+3)(a-1)(a-3)(a+1)<0$$

解得 $-3<a<-1$ 或 $1<a<3$.

(Ⅰ)的另一解法

题目的要求相当于线段 AB 与抛物线只有一个交点,且交点在 AB 内部.

因 $A(0,3)$,$B(2,7)$,则线段 AB 满足 $y-3=\frac{7-3}{2-0}(x-0)$,即

$$y=2x+3 \quad (0<x<2)$$

解

$$\begin{cases}y=x^2-2ax+a^2+2a\\ y=2x+3\end{cases}$$

得

$$x^2-2(a+1)x+a^2+2a-3=0 \qquad ①$$

记 $f(x)=x^2-2(a+1)x+a^2+2a-3$,则方程 ① 在区间 $(0,2)$ 内只有一根,相当于 $f(0)\cdot f(2)<0$,即

$$(a^2-2a-3)(a^2+2a-3)<0$$

解得 $-3<a<-1$ 或 $1<a<3$.

(Ⅱ)a 在 $(-1,1)$ 内变化,则由 $y=x^2-2ax+a^2+2a$ 知,相当于方程至少有一根在 $(-1,1)$ 内.

记 $g(a)=a^2-2(x-1)a+x^2-y$.

若方程 $g(a)=0$ 在 $(-1,1)$ 内只有一根,则 $g(-1)\cdot g(1)<0$,即

$$(x^2+2x-1-y)(x^2-2x+3-y)<0$$

$$[y-(x^2+2x-1)][y-(x^2-2x+3)]<0 \qquad ①$$

若方程 $g(a)=0$ 在 $(-1,1)$ 内有二根,则

$$\begin{cases}\Delta=4(x-1)^2-4(x^2-y)\geqslant 0\\ -1<-\dfrac{-2(x-1)}{2}<1\\ g(-1)=x^2+2x-1-y>0\\ g(1)=x^2-2x+3-y>0\end{cases}.$$

即

$$\begin{cases}y\geqslant 2x-1\\ 0<x<1\\ y<x^2+2x-1\\ y<x^2-2x+3\end{cases}\qquad ③$$

下面用区域表示曲线的点(x,y)的变化范围.

注意到,直线$y=2x-1$过点$(0,-1)$,$(2,3)$.

曲线$y=x^2-2x+3$过点$(2,3)$,$(0,3)$,$(1,2)$.

曲线$y=x^2+2x-1$过点$(0,-1)$,$(1,2)$,$(-1,-2)$.

横线区域为①的区域,格线区域为②的区域(图5.11).

图中阴影区域为曲线的变化范围.

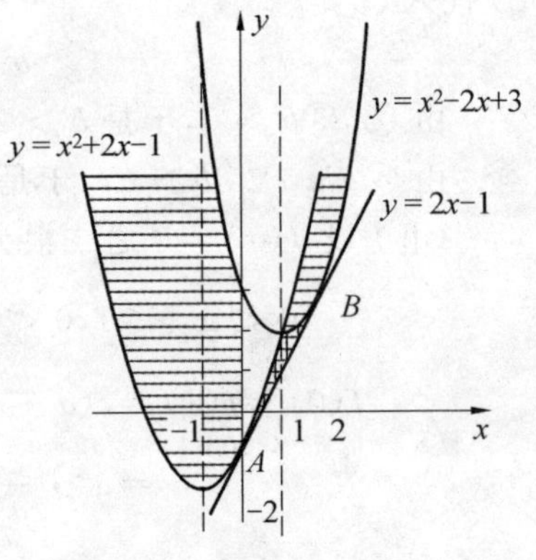

图 5.11

【例 9】 设a为正整数,若存在整数a,b,c使二次函数$f(x)=ax^2-bx+c$与x轴的区间$[0,1]$有两个交点(不在区间端点上).

(Ⅰ)求证:$b>2c$,且$a>c$;

(Ⅱ)求证:$f(0)\cdot f(1)<\dfrac{1}{16}a^2$;

(Ⅲ)求适合条件的a的最小值;

(Ⅳ)当$b>2a$时,在$[-1,1]$上是否存在一个x,使得$|f(x)|\geqslant b$成立,请证明你的结论.

【分析及解】 (Ⅰ)由题设,方程$f(x)=ax^2-bx+c=0$,有两个小于1的不等正根,其充要条件是

$$\begin{cases}\Delta=b^2-4ac>0 & ①\\ 0<\dfrac{b}{2a}<1 & ②\\ f(0)=c>0 & ③\\ f(1)=a-b+c>0 & ④\\ a>0 & ⑤\end{cases}$$

由 ①

$$b^2>4ac=2a\cdot 2c \qquad ⑥$$

由 ②

$$2a>b \qquad ⑦$$

⑦ 代入 ⑥

$$b^2>2a\cdot 2c>2bc$$

由 ②,⑤$b>0$,于是 $b>2c$.

由 ④$a+c>b>2c$,于是 $a>c$.

(Ⅱ) 设 $f(x)=0$ 之二根为 $x_1,x_2(x_1\neq x_2)$,则

$$0<x_1<1,0<x_2<1,x_1+x_2=\frac{b}{a},x_1x_2=\frac{c}{a}$$

$$\begin{aligned}f(0)\cdot f(1)&=c(a-b+c)\\&=a^2\cdot\frac{c}{a}(1-\frac{b}{a}+\frac{c}{a})\\&=a^2\cdot x_1\cdot x_2(1-x_1-x_2+x_1x_2)\\&=a^2\cdot x_1\cdot x_2\cdot(1-x_1)\cdot(1-x_2)\\&<a^2\cdot\left(\frac{x_1+1-x_1}{2}\right)^2\cdot\left(\frac{x_2+1-x_2}{2}\right)^2\\&=\frac{1}{16}a^2\end{aligned}$$

(Ⅲ) 因 $f(0)>0,f(1)>0$ 及 a,b,c 为整数,则

$$f(0)\geqslant 1,f(1)\geqslant 1$$

$$\frac{1}{16}a^2>f(0)\cdot f(1)\geqslant 1$$

$a^2>16,a>4$,所以 $a_{\min}=5$.

(Ⅳ) 因为 $b>2a$,所以$\dfrac{b}{2a}>1$.

因此 $f(x)$ 在$[-1,1]$上是减函数,由 $|f(x)|\geqslant b$.

即 $f(x)\geqslant b$ 或 $f(x)\leqslant -b$.

若在$[-1,1]$上存在 x,使 $|f(x)|\geqslant b$ 成立,只需

$$f_{\max}(x) \geqslant b \text{ 或 } f_{\min}(x) \leqslant -b$$

即可.

又

$$f_{\max}(x) = f(-1) = a + b + c$$
$$f_{\min}(x) = f(1) = a - b + c$$

于是 $a+b+c \geqslant b$ 或 $a-b+c \leqslant -b$,即 $a+c \geqslant 0$ 或 $a+c \leqslant 0$.

因为上式中必有一个成立,所以在$[-1,1]$中,必存在 x,使 $|f(x)| \geqslant b$.

【例 10】 已知二次函数 $f(x)=ax^2+bx+c(a>b>c)$ 的图像上有两点 $A(m_1, f(m_1))$,$B(m_2, f(m_2))$,满足 $f(1)=0$,且

$$a^2 + [f(m_1) + f(m_2)]a + f(m_1) \cdot f(m_2) = 0$$

(Ⅰ)求证:$b \geqslant 0$;

(Ⅱ)求证:$f(x)$ 的图像被 x 轴截得的线段长的取值范围是$[2,3)$;

(Ⅲ)问能否保证 $f(m_1+3)$,$f(m_2+3)$ 中至少有一个为正数;请证明你的结论.

【分析及解】 (Ⅰ)由 $a^2+[f(m_1)+f(m_2)]a+f(m_1)\cdot f(m_2)=0$,得

$$[f(m_1)+a][f(m_2)+a]=0$$
$$f(m_1)=-a, f(m_2)=-a$$

于是 m_1 或 m_2 是方程 $f(x)+a=0$ 的实根.

因而

$$f(x)+a=ax^2+bx+c+a=0$$

一定有实根,即

$$\Delta = b^2 - 4a(a+c) \geqslant 0$$

又由 $f(1)=0$ 知 $a+b+c=0$,又 $a>b>c$,则

$$a>0, c<0$$

$$\Delta = b^2 - 4a(a+c) = b^2 + 4ab = b(b+4a) = b(3a-c) \geqslant 0$$

又 $3a-c>0$,所以 $b \geqslant 0$.

(Ⅱ)设 $f(x)=ax^2+bx+c=0$ 之二根为 x_1, x_2,由 $a+b+c=0$ 知,二根 $x_1=1$,$x_2=\frac{c}{a}$,又 $a>0$,$c<0$,所以 $x_2=\frac{c}{a}<0$,又 $a>b=-a-c>c$.则

$$\begin{cases} 2a > -c \\ 2c < -a \end{cases}$$

$$-2 < \frac{c}{a} < -\frac{1}{2}$$

再由 $b\geqslant 0$，有 $a+c\leqslant 0$，则 $\frac{c}{a}\leqslant -1$，因而有

$$-2<\frac{c}{a}\leqslant -1$$

$$\begin{aligned}|x_1-x_2|&=\frac{\sqrt{b^2-4ac}}{a}\\&=\frac{\sqrt{(a+c)^2-4ac}}{a}\\&=\sqrt{\left(1-\frac{c}{a}\right)^2}\\&=\left|1-\frac{c}{a}\right|\end{aligned}$$

于是 $2\leqslant\left|1-\frac{c}{a}\right|<3$.

(Ⅲ) 记 $f(x)=a(x-x_1)(x-x_2)=a(x-1)(x-\frac{c}{a})$.

由已知 $f(m_1)=-a$ 或 $f(m_2)=-a$，不妨设 $f(m_1)=-a$，则

$$f(m_1)=a(m_1-1)(m_1-\frac{c}{a})=-a<0$$

$$\frac{c}{a}<m_1<1$$

$$\frac{c}{a}+3<m_1+3<4$$

又

$$\frac{c}{a}+3>-2+3=1$$

所以

$$m_1+3>1$$

由 $f(1)=0$ 及 $f(x)=ax^2+bx+c$ 是开口向上且对称轴 $x=-\frac{b}{2a}<0$ 的抛物线，则 $f(m_1+3)>0$.

同理，当 $f(m_2)=-a$ 时，可证明 $f(m_2+3)>0$.

即 $f(m_1+3)$ 与 $f(m_2+3)$ 中至少有一个正数.

(四) 构造函数帮助解题

有些从表面上看不是二次函数的题目，但是当根据题目的特点能够构造出二次函数，再运用二次函数的图像和性质对问题求解，就会使原来的问题能够顺利解决.

【例 11】 证明:若 $a^2+ab+ac<0(a,b,c\in\mathbf{R})$,则 $b^2>4ac$.

【分析及解】 所求证的目标是 $b^2>4ac$,即 $b^2-4ac>0$,使我们联想到二次方程的判别式,为此可以构造二次函数 $f(x)=ax^2+bx+c$.

构造二次函数 $f(x)=ax^2+bx+c(a,b,c\in\mathbf{R})$,则

$$f(1)=a+b+c$$

而题设 $a^2+ab+ac<0$,即 $a(a+b+c)<0$,$a\neq0$.

于是 $af(1)<0$.

当 $a>0$ 时,若存在一个 $x_0\in\mathbf{R}$,使得 $f(x_0)<0$,则 $f(x)$ 的图像必与 x 轴相交,因而 $b^2-4ac>0$.

当 $a<0$ 时,若存在一个 $x_0\in\mathbf{R}$,使得 $f(x_0)>0$,则 $f(x)$ 的图像必与 x 轴相交,因而 $b^2-4ac>0$.

因此,当 $af(1)<0$ 时,$f(x)$ 的图像必与 x 轴相交,即必有 $b^2-4ac>0$.

【例 12】 若 $a<b<c<d$,求证:对任意实数 $t\neq-1$,关于 x 的方程 $(x-a)(x-c)+t(x-b)(x-d)=0$ 都有两个不相等的实根.

【分析及解】 和例 11 相同,把方程的左边看成一个函数 $f(x)$,若这个二次函数的图像与 x 轴有两个不同的交点,则命题成立.

构造函数 $f(x)=(x-a)(x-c)+t(x-b)(x-d)$,则

$$f(x)=(t+1)x^2-(bt+dt+a+c)x+ac+bdt$$

当 $t>-1$ 时,即 $t+1>0$ 时,$f(x)$ 的图像开口向上,并且

$$f(b)=(b-a)(b-c)$$

由于 $a<b<c$,则 $b-a>0$,$b-c<0$,此时 $f(b)<0$.

于是 $f(x)$ 的图像必与 x 轴有两个不同的交点,因而方程 $f(x)=0$ 有两个不等的实根.

当 $t<-1$ 时,即 $t+1<0$,此时

$$f(c)=t(c-b)(c-d)>0\quad(\text{或} f(d)=(d-a)(d-c)>0)$$

同样,$f(x)$ 的图像与 x 轴有两个不同的交点,因而方程 $f(x)=0$ 有两个不等的实根.

【例 13】 设 x_1,x_2,x_3,y_1,y_2,y_3 是实数,且满足 $x_1^2+x_2^2+x_3^2\leqslant1$. 证明不等式

$$(x_1y_1+x_2y_2+x_3y_3-1)^2\geqslant(x_1^2+x_2^2+x_3^2-1)(y_1^2+y_2^2+y_3^2-1)$$

【分析及解】 所要证明的不等式使我们联想到判别式 b^2-4ac,为此可构造形如 $f(x)=ax^2+2bx+c(a\neq0)$ 的二次函数.

显然,当 $x_1^2+x_2^2+x_3^2=1$ 或 $y_1^2+y_2^2+y_3^2=1$ 时,不等式一定成立.

于是只需考虑 $x_1^2+x_2^2+x_3^2<1$ 且 $y_1^2+y_2^2+y_3^2<1$ 的情形. 构造函数

$$f(x)=(x_1^2+x_2^2+x_3^2-1)x^2+2(x_1y_1+x_2y_2+x_3y_3-1)x+(y_1^2+y_2^2+y_3^2-1)$$

只需存在一个 x_0 使 $f(x_0)\geqslant 0$，就可以证明 $f(x)$ 与 x 轴有公共点，从而 $f(x)$ 的判别式有 $\Delta\geqslant 0$ 成立.

由于

$$\begin{aligned}f(-1)&=x_1^2+x_2^2+x_3^2-1-2x_1y_1-2x_2y_2-2x_3y_3+2+y_1^2+y_2^2+y_3^3-1\\&=(x_1-y_1)^2+(x_2-y_2)^2+(x_3-y_3)^2\geqslant 0\end{aligned}$$

于是由 $f(x)$ 的图像开口向下，又有 $f(-1)\geqslant 0$，则 $f(x)$ 的图像必与 x 轴有公共点，即有

$$4(x_1y_1+x_2y_2+x_3y_3-1)^2-4(x_1^2+x_2^2+x_3^2-1)(y_1^2+y_2^2+y_3^2-1)\geqslant 0$$

即

$$(x_1y_1+x_2y_2+x_3y_3-1)^2\geqslant(x_1^2+x_2^2+x_3^2-1)(y_1^2+y_2^2+y_3^2-1)$$

【例 14】 已知两条曲线：椭圆 $C_1:\frac{x^2}{9}+\frac{y^2}{4}=1$ 和圆 $C_2:x^2+(y+1)^2=r^2$ $(r>0)$，问 r 为何值时，两条曲线没有公共点.

【分析及解】 一般解法是：从 C_1 和 C_2 中消去一个未知数（本题适于消去 x 得到一个方程）

$$-\frac{5}{4}y^2+2y+10-r^2=0 \qquad ①$$

因为 C_1 和 C_2 没有公共点，所以方程 ① 无实根，判别式 $\Delta<0$，即

$$\Delta=4-4(-\frac{5}{4})(10-r^2)<0$$

解得 $r>\sqrt{\frac{54}{5}}$ 或 $r<-\sqrt{\frac{54}{5}}$（舍去）.

但是这个结果并不完整，通过画图可以知道当 $0<r<1$ 时，C_1 与 C_2 也没有公共点.

我们换一个思路，把 ① 化为一个关于 y 的函数.

从 C_1 和 C_2 中消去 x 得

$$-\frac{5}{4}y^2+2y+10-r^2=0$$

$$r^2=-\frac{5}{4}y^2+2y+10$$

由于 y 为椭圆上的点的纵坐标，则 $-2\leqslant y\leqslant 2$.

于是可以构造函数 $r^2=\varphi(y)=-\frac{5}{4}y^2+2y+10(-2\leqslant y\leqslant 2)$.

$\varphi(y)$ 的值域就是 C_1 与 C_2 有公共点的 r^2 的取值范围，又

$$\varphi(-2)=1,\varphi(2)=9,\varphi\left(\frac{4}{5}\right)=\frac{54}{5}$$

即 $1\leqslant\varphi(y)\leqslant\frac{54}{5}$，从而 $1\leqslant r\leqslant\sqrt{\frac{54}{5}}$，于是，$C_1$ 和 C_2 没有公共点的 r 的取值范围为 $0<r<1$ 和 $r>\sqrt{\frac{54}{5}}$.

第六讲　关于抽象函数符号的几个问题

一、近几年高考试题中的抽象函数问题

1.(1996 年,全国卷,文,理)

设 $f(x)$ 是$(-\infty,+\infty)$上的奇函数,$f(x+2)=-f(x)$,当 $0\leqslant x\leqslant 1$ 时,$f(x)=x$,则 $f(7.5)$ 等于(　　)

A. 0.5　　B. -0.5　　C. 1.5　　D. -1.5

2.(1997 年,全国卷,文)

设函数 $f(x)$ 定义在实数集上,则函数 $y=f(x-1)$ 与 $y=f(1-x)$ 的图像关于(　　)

A. 直线 $y=0$ 对称

B. 直线 $x=0$ 对称

C. 直线 $y=1$ 对称

D. 直线 $x=1$ 对称

3.(1997 年,全国卷,理)

定义在区间$(-\infty,+\infty)$的奇函数 $f(x)$ 为增函数,偶函数 $g(x)$ 在区间$[0,+\infty)$的图像与 $f(x)$ 的图像重合,设 $a>b>0$,给出下列不等式:

①$f(b)-f(-a)>g(a)-g(-b)$

②$f(b)-f(-a)<g(a)-g(-b)$

③$f(a)-f(-b)>g(b)-g(-a)$

④$f(a)-f(-b)<g(b)-g(-a)$

其中成立的是(　　)

A. ① 与 ④　　B. ② 与 ③　　C. ① 与 ③　　D. ② 与 ④

4.(1999 年,全国卷,文,理)

若函数 $y=f(x)$ 的反函数是 $y=g(x)$,$f(a)=b$,$ab\neq 0$,则 $g(b)$ 等于(　　)

A. a　　B. a^{-1}　　C. b　　D. b^{-1}

5.(2001 年,全国卷,文,理)

设 $f(x)$,$g(x)$ 都是单调函数,有如下四个命题:

① 若 $f(x)$ 单调递增,$g(x)$ 单调递增,则 $f(x)-g(x)$ 单调递增.

② 若 $f(x)$ 单调递增,$g(x)$ 单调递减,则 $f(x)-g(x)$ 单调递增.

③ 若 $f(x)$ 单调递减,$g(x)$ 单调递增,则 $f(x)-g(x)$ 单调递减.

④ 若 $f(x)$ 单调递减,$g(x)$ 单调递减,则 $f(x)-g(x)$ 单调递减.

其中不正确的命题是(　　)

A. ①③　　B. ①④　　C. ②③　　D. ②④

6.(1990 年,上海卷)

函数 $f(x)$ 和 $g(x)$ 的定义域均为 $\mathbf{R}$,“$f(x)$,$g(x)$ 都是奇函数”是 $f(x)$ 与 $g(x)$ 的积是偶函数的(　　)

A. 必要条件但非充分条件

B. 充分条件但非必要条件

C. 充分必要条件

D. 非充分条件也非必要条件

7.(1994 年,上海卷)

已知 $y=f(x)(x\in\mathbf{R})$ 是奇函数,$f(5)\neq 0$,则下列各点中,在 $y=f(x)$ 的图像上的点是(　　)

A. $(5,f(-5))$　　B. $(-5,-f(5))$

C. $(-5,f(5))$　　D. $(5,-f(5))$

8.(1996 年,上海卷,理)

若函数 $f(x)$,$g(x)$ 的定义域和值域都是 $\mathbf{R}$,则 $f(x)>g(x)(x\in\mathbf{R})$ 成立的充要条件是

A. 有一个 $x\in\mathbf{R}$,使得 $f(x)>g(x)$

B. 有无穷多个 $x\in\mathbf{R}$,使得 $f(x)>g(x)$

C. 对 $\mathbf{R}$ 中任意的 x,都有 $f(x)>g(x)+1$

D. $\mathbf{R}$ 中不存在 x,使得 $f(x)\leqslant g(x)$

9.(1996 年,上海卷,文)

若 $y=f(x)$ 是定义在 $\mathbf{R}$ 上的函数,则 $y=f(x)$ 为奇函数的一个充要条件为(　　)

A. $f(0)=0$

B. 对任意的 $x\in\mathbf{R}$,$f(x)=0$ 都成立

C. 存在某一 $x_0\in\mathbf{R}$,使得 $f(x_0)+f(-x_0)=0$

D. 对任意的 $x\in\mathbf{R}$,$f(x)+f(-x)=0$ 都成立

10.(2002 年,上海卷)

已知函数 $y=f(x)$(定义域为 D,值域为 A)有反函数 $y=f^{-1}(x)$,则方程 $f(x)=0$ 有解 $x=a$ 且 $f(x)>x(x\in D)$ 的充要条件是 $y=f^{-1}(x)$ 满足________.

11.(2001 年,全国)

设 $f(x)$ 是定义在 $\mathbf{R}$ 上的偶函数,其图像关于直线 $x=1$ 对称,对任意 x_1,$x_2\in[0,\frac{1}{2}]$,都有 $f(x_1+x_2)=f(x_1)\cdot f(x_2)$,且 $f(1)=a>0$.

(1) 求 $f\left(\frac{1}{2}\right)$ 及 $f\left(\frac{1}{4}\right)$.

(2) 证明 $f(x)$ 是周期函数.

(3) 证 $a_n=f(2n+\frac{1}{2n})$,求 $\lim\limits_{n\to\infty}(\ln a_n)$.

12.(2003 年,北京)

设 $y=f(x)$ 是定义在区间 $[-1,1]$ 上的函数,且满足条件:

(1) $f(-1)=f(1)=0$.

(2) 对任意的 $u,v\in[-1,1]$,都有 $|f(u)-f(v)|\leqslant|u-v|$.

(Ⅰ) 证明:对任意的 $x\in[-1,1]$,都有 $x-1\leqslant f(x)\leqslant 1-x$;

(Ⅱ) 证明:对任意的 $u,v\in[-1,1]$,都有 $|f(u)-f(v)|\leqslant 1$;

(Ⅲ) 在区间 $[-1,1]$ 上是否存在满足题设条件的奇函数 $y=f(x)$,且使得

$$\begin{cases}|f(u)-f(v)|<|u-v|,\text{当 } u,v\in[0,\frac{1}{2}]\\ |f(u)-f(v)|=|u-v|,\text{当 } u,v\in[\frac{1}{2},1]\end{cases}$$

若存在,请举一例;若不存在,请说明理由.

二、关于抽象函数符号需要弄清的几个问题

(一) 函数方程与代表函数

要弄清一个函数方程的代表函数是什么,以便遇到抽象函数问题时,有一个具体函数帮助思考.(表 6.1)

表 6.1

	函数方程	代表函数
1	$f(x_1+x_2)=f(x_1)+f(x_2)$	$f(x)=kx$
2	$f(x_1+x_2)=f(x_1)\cdot f(x_2)$	$f(x)=a^x$
3	$f(x_1-x_2)=\dfrac{f(x_1)}{f(x_2)}$	$f(x)=a^x$
4	$f(x_1\cdot x_2)=f(x_1)+f(x_2)$	$f(x)=\log_a x$
5	$f\left(\dfrac{x_1}{x_2}\right)=f(x_1)-f(x_2)$	$f(x)=\log_a x$
6	$f(x_1\cdot x_2)=f(x_1)\cdot f(x_2)$	$f(x)=x^2, f(x)=x^n$
7	$f(x_1)+f(x_2)=2f\left(\dfrac{x_1+x_2}{2}\right)f\left(\dfrac{x_1-x_2}{2}\right)$	$f(x)=\cos x$
8	$f(x_1)+f(x_2)=f\left(\dfrac{x_1+x_2}{1+x_1x_2}\right)$	$f(x)=\log_a\dfrac{1-x}{1+x}$
9	$f(x)=-f\left(\dfrac{1}{x}\right)$	$f(x)=\log_a x, f(x)=x-\dfrac{1}{x}$

【例 1】 若函数 $f(x)$ 和 $g(x)$ 在 $\mathbf{R}$ 上有意义,且

$$f(x-y)=f(x)g(y)-f(y)g(x), f(-2)=f(1)\neq 0$$

则 $g(1)+g(-1)=$ ________.

【分析及解】 由 $f(x-y)=f(x)g(y)-f(y)g(x)$ 可以联想到函数

$$f(x)=\sin x, g(x)=\cos x$$

于是

$$\begin{aligned} f(-2)&=\sin(-2)=\sin(-1-1)\\ &=\sin(-1)\cos 1-\cos(-1)\sin 1\\ &=-\sin 1\cos 1-\cos(-1)\sin 1\\ &=-\sin 1[\cos 1+\cos(-1)]\\ &=-f(1)[g(1)+g(-1)] \end{aligned}$$

由 $f(-2)=f(1)\neq 0$,可得 $g(1)+g(-1)=-1$.

本题如果不能联想到正弦函数和余弦函数以及 $\sin(x-y)$ 的公式,就要证明 $f(x)$ 是奇函数,解法就稍微麻烦一些,解法是这样的.

对

$$f(x-y)=f(x)g(y)-f(y)g(x)$$

令 $x=y=0$,有 $f(0)=f(0)g(0)-f(0)g(0)=0$,再令 $x=0$,则有

$$f(-y)=f(0)g(y)-f(y)g(0)=-f(y)g(0) \qquad ①$$

令 $y=0$，有

$$f(x)=f(x)g(0)-f(0)g(x)=f(x)g(0) \qquad ②$$

由于式 ② 对所有 $f(x)$ 都成立，于是 $g(0)=1$.

代入式 ① 有 $f(-y)=-f(y)$.

因此 $f(x)$ 为奇函数，这样就有

$$\begin{aligned} f(-2)=f(-1-1)&=f(-1)g(1)-f(1)g(-1)\\ &=-f(1)g(1)-f(1)g(-1)\\ &=-f(1)[g(1)+g(-1)] \end{aligned}$$

由 $f(-2)=f(1)\neq 0$，所以 $g(1)+g(-1)=-1$.

【例 2】 设函数 $f(x)$ 在 $(-1,1)$ 上定义，且 $f(x)+f(y)=f\left(\dfrac{1+y}{1+xy}\right)$，$x\in(-1,0)$ 时，$f(x)>0$.

（Ⅰ）研究 $f(x)$ 的奇偶性.

（Ⅱ）研究 $f(x)$ 在 $x\in(-1,1)$ 的单调性.

【分析及解】 （Ⅰ）令 $x=y=0$，则

$$f(0)+f(0)=f\left(\frac{0+0}{1+0\times 0}\right)=f(0)$$

得 $f(0)=0$，令 $y=-x$，则

$$f(x)+f(y)=f(x)+f(-x)=f\left(\frac{x-x}{1-x^2}\right)=f(0)=0$$

即 $f(x)=-f(-x)$，所以 $f(x)$ 在 $(-1,1)$ 上是奇函数.

（Ⅱ）设 $-1<x_1<x_2<0$，考查下式

$$f(x_1)+f(-x_2)=f\left(\frac{x_1-x_2}{1-x_1x_2}\right)$$

由

$$\frac{x_1-x_2}{1-x_1x_2}+1=\frac{x_1-x_2+1-x_1x_2}{1-x_1x_2}=\frac{(1+x_1)(1-x_2)}{1-x_1x_2}>0$$

又 $\dfrac{x_1-x_2}{1-x_1x_2}<0$，则 $-1<\dfrac{x_1-x_2}{1-x_1x_2}<0$.

由题设 $f\left(\dfrac{x_1-x_2}{1-x_1x_2}\right)>0$.

即 $f(x_1)+f(-x_2)>0$，$f(x_1)>-f(-x_2)$，又因为 $f(x)$ 为奇函数，则 $f(x_1)>f(x_2)$，又由已知 $x_1<x_2$，则 $f(x)$ 在 $(-1,0)$ 上是减函数，再由 $f(x)$ 是奇函数，则 $f(x)$ 在 $(-1,1)$ 上是减函数.

需要说明的是，当我们见到这个题目之后，如果能够联想到满足方程

$f(x)+f(y)=f\left(\dfrac{x+y}{1+xy}\right)$ 的一个代表函数，例如 $f(x)=\lg\dfrac{1-x}{1+x}$，可以发现，该函数满足题设条件，而由该函数可以得出 $f(x)$ 是奇函数，且在 $(-1,1)$ 上是减函数，这样，我们由代表函数得到了证题的方向，从而使解题的思路更加明确.

（二）定义域问题

关于 $f(x)$ 的定义域，有下面几个问题需要弄清：

1. 若 $f(x)$ 的定义域是 D，如何求 $f[u(x)]$ 的定义域；

2. 若 $f[u(x)]$ 的定义域是 D，如何求 $f(x)$ 的定义域；

3. 若 $f[u(x)]$ 的定义域是 D，如何求 $f[\varphi(x)]$ 的定义域.

【例 3】 已知函数 $f(x)$ 的定义域为 $[-1,1]$，求函数 $F(x)=f(1-x)+f(1-x^2)$ 的定义域.

【分析及解】 这是已知 $f(x)$ 的定义域，求 $f[u(x)]$ 的定义域问题.

设

$$u(x)=1-x, v(x)=1-x^2$$

由 $f(x)$ 的定义域为 $[-1,1]$，则 $u(x)\in[-1,1]$，$v(x)\in[-1,1]$.

解不等式组

$$\begin{cases}-1\leqslant 1-x\leqslant 1\\ -1\leqslant 1-x^2\leqslant 1\end{cases}$$

解得 $0\leqslant x\leqslant\sqrt{2}$.

即 $F(x)$ 的定义域为 $[0,\sqrt{2}]$.

【例 4】 已知 $f(x+1)$ 的定义域是 $[-2,3)$，求 $f(\dfrac{1}{x}+2)$ 的定义域.

【分析及解】 这是已知 $f[u(x)]$ 的定义域，求 $f[\varphi(x)]$ 的定义域的问题，$f(x+1)$ 的定义域是指 x 的变化范围，即 $-2\leqslant x<3$，则

$$-1\leqslant x+1<4$$

若设 $u(x)=x+1$，$\varphi(x)=\dfrac{1}{x}+2$，则 $[-1,4)$ 是 $u(x)$，$\varphi(x)$ 的值域，即

$$-1\leqslant u(x)<4,\ -1\leqslant\varphi(x)<4,\ -1\leqslant\frac{1}{x}+2<4$$

解得 $-3\leqslant\dfrac{1}{x}<2$，$x\leqslant-\dfrac{1}{3}$ 或 $x>\dfrac{1}{2}$.

于是 $f(\dfrac{1}{x}+2)$ 的定义域为 $(-\infty,-\dfrac{1}{3}]\cup(\dfrac{1}{2},+\infty)$.

【例 5】 已知函数 $f(x+\dfrac{1}{x})=x^2+\dfrac{1}{x^2}$，求 $f(x)$ 的表达式.

【分析及解】 设 $x+\frac{1}{x}=t$，则

$$t\leqslant -2 \text{ 或 } t\geqslant 2$$

$$t^2=x^2+\frac{1}{x^2}+2, x^2+\frac{1}{x^2}=t^2-2$$

于是

$$f(t)=t^2-2 \quad (t\leqslant -2 \text{ 或 } t\geqslant 2)$$

即

$$f(x)=x^2-2 \quad (x\leqslant -2 \text{ 或 } x\geqslant 2)$$

这里需要注意的是，由 $f[u(x)]$ 求 $f(x)$ 的解析式时，$u(x)$ 的值域恰为 x 的定义域，因此，在进行换元 $t=x+\frac{1}{x}$ 时，一定要求出 t 的范围.

（三）奇偶性问题

要弄清已知 $f(x)$ 的奇偶性，如何求 $f[-u(x)]$ 或 $f[u(-x)]$，或者已知 $f[u(x)]$ 的奇偶性，如何求 $f[-u(x)]$ 或 $f[u(-x)]$ 这样两个问题.

一般地有下列结论（$f(x)$ 及 $f[u(x)]$ 的定义域均设为 **R**，如表 6.2.

表 6.2

	已　知	正确结果	错误结果
1	$f(x)$ 为奇函数	$f[-(u(x))]=-f[u(x)]$	$f[u(-x)]=-f[u(x)]$
2	$f(x)$ 为偶函数	$f[-u(x)]=f[u(x)]$	$f[u(-x)]=f[u(x)]$
3	$f[u(x)]$ 为奇函数	$f[u(-x)]=-f[u(x)]$	$f[-u(x)]=-f[u(x)]$
4	$f[u(x)]$ 为偶函数	$f[u(-x)]=f[u(x)]$	$f[-u(x)]=f[u(x)]$

例如，$u(x)=x+1$，则：

1. $f(x)$ 为 **R** 上的奇函数 $\Rightarrow f(-x-1)=-f(x+1)\Rightarrow f(x)$ 以 $(0,0)$ 为对称中心.

2. $f(x+1)$ 为 **R** 上的奇函数 $\Rightarrow f(-x+1)=-f(x+1)\Rightarrow f(x)$ 以 $(1,0)$ 为对称中心.

3. $f(x)$ 为 **R** 上的偶函数 $\Rightarrow f(-x-1)=f(x+1)\Rightarrow f(x)$ 以 $x=0$ 为对称轴.

4. $f(x+1)$ 为 **R** 上的偶函数 $\Rightarrow f(-x+1)=f(x+1)\Rightarrow f(x)$ 以 $x=1$ 为对称轴.

【例 6】（天津市，2001 年质量监测）

已知 $f(x)$ 是定义在 **R** 上的奇函数，若 $g(x)$ 为偶函数，且 $g(x)=f(x-$

1), $g(2)=2\,001$,则 $f(1\,999)$ 的值等于(   )

A. $-2\,000$　　B. $-2\,001$　　C. $2\,000$　　D. $2\,001$

【分析及解】 因为 $g(x)=f(x-1)$ 为偶函数,所以

$$f(-x-1)=f(x-1) \quad ①$$

又因为 $f(x)$ 为奇函数,所以

$$f(-x-1)=-f(x+1) \quad ②$$

由 ①,② 可得

$$f(x-1)=-f(x+1)$$

即

$$f(x+2)=-f(x),\ f(x+4)=-f(x+2)=f(x)$$

于是 $f(x)$ 是以 4 为周期的周期函数.

所以有

$$f(1\,999)=f(3)=f(-1)=-f(1)=-g(2)=-2\,001$$

即

$$f(1\,999)=-2\,001$$

因此,选 B.

【例 7】 定义在 $\mathbf{R}$ 上的函数 $f(x)$ 在 $(-\infty,2)$ 上是增函数,且 $f(x+2)$ 的图像关于 $x=0$ 对称,则(   )

A. $f(-1)<f(3)$　　B. $f(0)>f(3)$

C. $f(-1)=f(3)$　　D. $f(0)=f(3)$

【分析及解】 因为 $f(x+2)$ 的图像关于 $x=0$ 对称,则 $f(x+2)$ 是偶函数, $f(-x+2)=f(x+2)$,即 $f(x)$ 以 $x=2$ 为对称轴,因此 $f(3)=f(1)$.

又 $f(x)$ 在 $(-\infty,2)$ 上是增函数,则 $f(-1)<f(1)=f(3)$.

因此选 A.

【例 8】 已知函数 $y=f(2x+1)$ 是定义在 $\mathbf{R}$ 上的偶函数,则函数 $y=f(2x)$ 的图像的对称轴是(   )

A. $x=1$　　B. $x=\frac{1}{2}$　　C. $x=-\frac{1}{2}$　　D. $x=-1$

【分析及解】 因为 $y=f(2x+1)$ 是偶函数,所以

$$f(-2x+1)=f(2x+1)$$

$$f\left[2\left(\frac{1}{2}-x\right)\right]=f\left[2\left(\frac{1}{2}+x\right)\right]$$

所以 $f(2x)$ 的图像的对称轴为 $x=\frac{1}{2}$.

因此选 B.

(四) 反函数问题

如果函数 $f(x)$ 存在反函数,则下面的几个问题需要弄清:

1. $f(x+1)$ 的反函数与 $f^{-1}(x+1)$ 是否相同?

2. 如何求 $f(x+1)$ 的反函数?

3. 如何求 $f^{-1}(x+1)$?

【例 9】 已知函数 $f(x)=\dfrac{2x+3}{x-1}$,函数 $g(x)$ 的图像与函数 $y=f^{-1}(x+1)$ 的图像关于直线 $y=x$ 对称,则 $g(11)$ 等于( )

A. $\dfrac{3}{2}$　　B. $\dfrac{5}{2}$　　C. $\dfrac{7}{2}$　　D. $\dfrac{21}{8}$

【分析及解】 设 $y=\dfrac{2x+3}{x-1}$,则

$$y\neq 2$$

$$(y-2)x=y+2$$

$$x=\frac{y+3}{y-2}$$

于是

$$f^{-1}(x)=\frac{x+3}{x-2}\quad(x\neq 2)$$

$$f^{-1}(x+1)=\frac{x+4}{x-1}$$

由题设 $g(x)$ 是 $f^{-1}(x+1)$ 的反函数,再求 $g(x)$.

设

$$u=\frac{x+4}{x-1}\quad(x\neq 1,u\neq 1)$$

$$(u-1)x=u+4$$

$$x=\frac{u+4}{u-1}$$

则

$$g(x)=\frac{x+4}{x-1}$$

$$g(11)=\frac{11+4}{11-1}=\frac{3}{2}$$

因此选 A.

解本题的关键在于求 $f^{-1}(x+1)$,要注意 $f^{-1}(x+1)$ 不是 $f(x+1)$ 的反函数,而是 $f^{-1}(x)$ 在 $x+1$ 时的函数值,因此解本题的程序是

$$f(x)\xrightarrow{\text{求反函数}}f^{-1}(x)\xrightarrow{\text{代入 }x+1}f^{-1}(x+1)\xrightarrow{\text{求反函数}}g(x)\xrightarrow{\text{代入 }x=11}g(11)$$

对于本题,也可以不求 $g(x)$,而利用反函数的性质,直接把 11 作为 $f^{-1}(x+1)$ 的函数值代入,求出的 x 即为 $g(11)$,即

$$11=f^{-1}(x+1)=\frac{x+4}{x-1}$$
$$11x-11=x+4$$
$$x=\frac{3}{2}=g(11)$$

本题还可采取直接求 $f^{-1}(x+1)$ 的反函数，即直接求 $g(x)$ 的方法求解.

由 $y=f^{-1}(x+1)$，得 $f(y)=f(f^{-1}(x+1))$，即

$$x+1=f(y)$$
$$x=f(y)-1$$

于是
$$g(x)=f(x)-1=\frac{2x+3}{x-1}-1=\frac{x+4}{x-1}$$
$$g(11)=\frac{3}{2}$$

【例 10】 已知函数 $f(x)$ 的图像经过点 $M(0,1)$，$f(x+4)$ 的反函数的图像则经过点 P，$f^{-1}(x+4)$ 的图像经过点 Q，求 P,Q 的坐标.

【分析及解】 先求 $f(x+4)$ 的反函数

$$y=f(x+4)$$
$$f^{-1}(y)=f^{-1}(f(x+4))$$
$$x+4=f^{-1}(y)$$

即
$$y=f^{-1}(x)-4$$

因为 $y=f(x)$ 过点 $M(0,1)$，则 $y=f^{-1}(x)$ 过点 $(1,0)$，于是

$$y=f^{-1}(x)-4$$

过点 $P(1,-4)$.

又 $y=f^{-1}(x)$ 过点 $(1,0)$，则 $y=f^{-1}(x+4)$ 的图像过 $Q(-3,0)$.

【例 11】 设定义域为 $\mathbf{R}$ 的函数 $f(x)$，$g(x)$ 都有反函数，且函数 $f(x-1)$ 和函数 $g^{-1}(x-2)$ 的图像关于直线 $y=x$ 对称，若 $g(5)=2\,004$，求 $f(4)$ 的值.

【分析及解】 这是一个关于反函数的抽象函数问题，由于已知 $g(5)$ 的值，求 $f(4)$ 的值，因此就必须研究 $f(x)$ 与 $g(x)$ 的关系，而这一关系就需要利用函数 $f(x-1)$ 和 $g^{-1}(x-2)$ 的图像关于直线 $y=x$ 对称这一已知条件.

由于 $f(x-1)$ 和 $g^{-1}(x-2)$ 互为反函数.

可以设 $y=g^{-1}(x-2)$，下面求它的反函数.

则有 $g(y)=g(g^{-1}(x-2))$，即 $g(y)=x-2$，于是

$$y=g(x)+2$$

由于 $y=g(x)+2$ 就是 $g^{-1}(x-2)$ 的反函数，因而也就是函数 $f(x-1)$.

因此有 $f(x-1)=g(x)+2$.

即 $f(4)=g(5)+2=2\ 004+2=2\ 006$.

当然,如果对函数符号理解得比较清晰,也可以不求出 $y=g^{-1}(x-2)$ 的反函数.

由 $g(5)=2\ 004$,得 $g^{-1}(2\ 004)=5$,即

$$g^{-1}(2\ 006-2)=5$$

于是

$$2\ 006=f(5-1)=f(4)$$

(五) 对称性问题

关于函数图像的对称性,有下面几个问题需要弄清:

1. 满足什么条件的函数 $f(x)$ 的图像具有自身的对称性?

2. 满足什么条件的两个函数的图像之间具有相互对称性?

3. 满足 $f(1+x)=f(1-x)$ 的图像对称轴与满足 $y=f(1+x)$ 与 $y=f(1-x)$ 的图像的对称轴是否相同?

4. 函数 $y=f(x+a)$ 的图像关于 $y=x$ 对称的图像有什么特点?

我们用下面的两个表(表 6.3,6.4) 介绍两种不同的对称性,以及函数图像对称轴的求法.

表 6.3　两种不同的对称性

函数图像自身的对称性	两函数图像之间的对称性
函数 $y=f(x)$ 的图像 C 关于直线 l 对称,是指 C 上的每一点关于 l 的对称点都在 C 上.	函数 $y=f(x)$ 的图像 C 与函数 $y=g(x)$ 的图像 D 关于直线 l 对称,是指 C 上每一点关于 l 的对称点都在 D 上,D 上每一点关于 l 的对称点都在 C 上.

表 6.4　函数图像的对称轴举例

函数满足的条件	对称轴	简要证明
满足 $f(a+x)=f(b-x)$ 的函数 $y=f(x)$ 的图像	$x=\frac{a+b}{2}$	设点 $P(a+x_0,y_0)$ 是函数 $y=f(x)$ 的图像上任一点,则 $f(a+x_0)=f(b-x_0)=y_0$. 所以点 $P'(b-x_0,y_0)$ 也是 $y=f(x)$ 图像上的一点. 因为 $\frac{(a+x_0)+(b-x_0)}{2}=\frac{a+b}{2}$,所以直线 $x=\frac{a+b}{2}$ 过 PP' 的中点,且由 $PP' /\!/ x$ 轴可得 $x=\frac{a+b}{2}$ 垂直于 PP',即 $x=\frac{a+b}{2}$ 是 PP' 的中垂线,于是 P 与 P' 关于 $x=\frac{a+b}{2}$ 对称.

续表 6.4

函数满足的条件	对称轴	简要证明
满足 $f(x)=f(-x)$ 的函数 $y=f(x)$ 的图像	$x=0$	上例中令 $a=0,b=0$.
满足 $y=f(a+x)$ 与 $y=f(b-x)$ 的两个函数的图像	$x=\dfrac{b-a}{2}$	设 $P(x_0,y_0)$ 是函数 $y=f(a+x)$ 图像上任一点,则有 $y_0=f(a+x_0)$,点 $P(x_0,y_0)$ 关于直线 $x=\dfrac{b-a}{2}$ 的对称点 P' 坐标为$(b-a-x_0,y_0)$,又由于 $$f[b-(b-a-x_0)]=f(a+x_0)=y_0$$ 所以 $P'(b-a-x_0,y_0)$ 在 $y=f(b-x)$ 的图像上,反之,若 $P(x_0,y_0)$ 是 $y=f(b-x)$ 图像上一点,则它关于直线 $x=\dfrac{b-a}{2}$ 的对称点也在 $y=f(a+x)$ 图像上.
满足 $y=f(x)$ 与 $y=f(-x)$ 的两个函数的图像	$x=0$	上例中 $a=0,b=0$.
满足 $y=f(a+\omega x)$ 与 $y=f(b-\omega x)$ 的两个函数的图像	$x=\dfrac{b-a}{2\omega}$	上例的推广
满足 $y=f(x)$ 与 $y=-f(x)$ 的两个函数的图像	$y=0$	
函数 $y=f(x)$ 存在反函数 $g(x)=f(x+a)$ 与 $h(x)=f^{-1}(x)-a$ 的图像	$y=x$	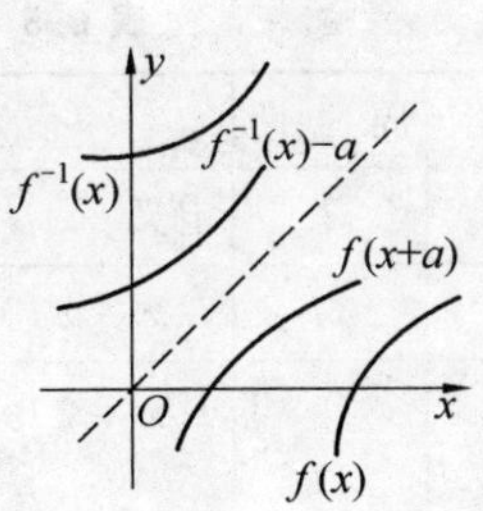 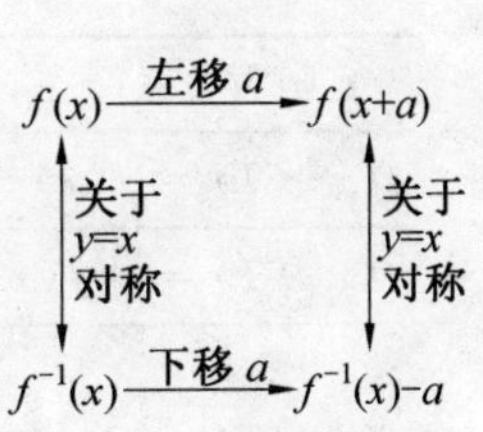

【例 12】 已知,对一切 $x\in\mathbf{R}$,都有 $f(x)=f(2-x)$,且方程 $f(x)=0$ 有 5 个不同的根,求这 5 个不同的根的和.

【分析及解】 因为 $f(x)=f(2-x)$，所以 $f(1+x)=f(1-x)$，即 $x=1$ 为函数 $y=f(x)$ 图像的对称轴. 于是，$f(x)=0$ 的一对不同的根为 $x,2-x(x\neq 1)$，其和为 2.

又由于 $f(x)=0$ 有 5 个根，所以必有一根为 $x=1$，于是 5 个不同根的和为 $2+2+1=5$.

【例 13】 设函数 $y=f(x)$ 定义在实数集上，函数 $y=f(x-1)$ 与函数 $y=f(1-x)$ 的图像关于(　　)

A. 直线 $y=1$ 对称　　B. 直线 $x=0$ 对称

C. 直线 $y=0$ 对称　　D. 直线 $x=1$ 对称

【分析及解】 这是两个函数图像之间的对称关系问题.

由 $1-x=x-1$，可得 $x=1$，因此，两函数图像关于 $x=1$ 对称.

具体证明如下：设 $P(x_0,y_0)$ 是曲线 $y=f(x-1)$ 上的点，则

$$y_0=f(x_0-1)$$

又设 $Q(x',y')$ 是 $P(x_0,y_0)$ 关于 $x=1$ 的对称点，则

$$x_0=2-x'$$
$$y_0=y'$$

于是

$$y_0=y'=f(x_0-1)=f(2-x'-1)=f(1-x')$$

即 (x',y') 在曲线 $y=f(1-x)$ 上，因而两图像关于 $x=1$ 对称.

(六) 周期性问题

关于函数的周期性问题，有下面两个问题要弄清：

1. 函数的周期性与对称性有什么关系？

2. 函数的周期性与奇偶性有什么关系？

表 6.5 反映了关于函数周期性的一些规律.

表 6.5

函数关系($x\in\mathbf{R}$)	周　期	简要证明
$f(x+T)=f(x)$	T	定义
$f(x+T)=-f(x)$	$2T$	$f(x+2T)=-f(x+T)=f(x)$
$f(x+T)=\pm\frac{1}{f(x)}$	$2T$	$f(x+2T)=\frac{1}{f(x+T)}=f(x)$ $f(x+2T)=\frac{1}{-f(x+T)}=f(x)$
$f(x+T)=f(x-T)$	$2T$	$f(x+2T)=f[(x+T)+T]=f[(x+T)-T]$ $=f(x)$

续表 6.5

函数关系($x \in \mathbf{R}$)	周　期	简要证明
$f(x+T) = -f(x-T)$	$4T$	$f(x+2T) = f[(x+T)+T]$ $= -f[(x+T)-T] = -f(x)$ $f(x+4T) = -f(x+2T) = f(x)$
$\begin{cases} f(a+x) = f(a-x) \\ f(b+x) = f(b-x) \end{cases}$	$2(b-a)$	$f(a+x) = f(a-x) \Rightarrow f(x+2a) = f(-x)$ $f(b+x) = f(b-x) \Rightarrow f(x+2b) = f(-x)$ $f(x+2a) = f(x+2b) \Rightarrow f[x+2(b-a)]$ $= f[(x-2a)+2b]$ $= f[-(x-2a)] = f(2a-x)$ $= f(x)$
$\begin{cases} f(a+x) = f(a-x) \\ f(x)\text{ 为偶函数} \end{cases}$	$2a$	上式中 $b=0$
$\begin{cases} f(a+x) = -f(a-x) \\ f(b+x) = -f(b-x) \end{cases}$	$2(b-a)$	$\left.\begin{array}{l} f(a+x) = -f(a-x) \Rightarrow f(x+2a) = -f(-x) \\ f(b+x) = -f(b-x) \Rightarrow f(x+2b) = -f(-x) \end{array}\right\}$ $\Rightarrow f(x+2a) = f(x+2b)$ $\Rightarrow f[x+(2b-2a)] = f(x)$
$f(a+x) = -f(a-x)$ $f(x)$ 为奇函数	$2a$	上式中 $b=0$
$f(a+x) = f(a-x)$ $f(b+x) = -f(b-x)$ [特例] $\begin{cases} f(a+x) = f(a-x) \\ f(x)\text{ 为奇函数} \end{cases}$ $\begin{cases} f(b+x) = -f(b-x) \\ f(x)\text{ 为偶函数} \end{cases}$	$4(b-a)$ $4a$ $4b$	$f(a+x) = f(a-x) \Rightarrow f(x+2a) = f(-x)$ $f(b+x) = -f(b-x) \Rightarrow f(x+2b) = -f(-x)$ $\Rightarrow$ $f(x+2a) = -f(x+2b)$ $f[x+4b-4a] = f[(x+2b-4a)+2b]$ $= -f(-x-2b+4a)$ $= f[2a+(2a-2b)-x]$ $= -f[x-(2a-2b)]$ $= -f[(x-2a)+2b]$ $= f(2a-x)$ $= f[a+(a-x)] = f(x)$

【例 14】 (2001 年,全国高考)

设 $f(x)$ 是定义在 $\mathbf{R}$ 上的偶函数,其图像关于直线 $x=1$ 对称,对任意 x_1, $x_2 \in [0,\frac{1}{2}]$ 都有 $f(x_1+x_2)=f(x_1)\cdot f(x_2)$,且 $f(1)=a>0$.

（Ⅰ）求 $f\left(\frac{1}{2}\right)$ 及 $f\left(\frac{1}{4}\right)$.

（Ⅱ）证明 $f(x)$ 是周期函数.

（Ⅲ）记 $a_n=f(2n+\frac{1}{2n})$，求 $\lim\limits_{n\to\infty}(\ln a_n)$.

【分析及解】 (1) $a=f(1)=f\left(\frac{1}{2}+\frac{1}{2}\right)=f\left(\frac{1}{2}\right)\cdot f\left(\frac{1}{2}\right)$，得

$$f\left(\frac{1}{2}\right)=a^{\frac{1}{2}}$$

所以

$$a^{\frac{1}{2}}=f\left(\frac{1}{2}\right)=f\left(\frac{1}{4}+\frac{1}{4}\right)=f\left(\frac{1}{4}\right)\cdot f\left(\frac{1}{4}\right)$$

所以

$$f\left(\frac{1}{4}\right)=a^{\frac{1}{4}}$$

(2) 本问相当于已知函数 $f(x)$ 有两条对称轴

$$f(0+x)=f(0-x), f(1+x)=f(1-x)$$

由前面的表，易知 $f(x+2)=f(x)$，即以 $T=2$ 为周期.

具体证明如下：

因为 $f(x)$ 关于直线 $x=1$ 对称，则 $f(x)=f(2-x)$，又因为 $f(x)$ 为偶函数，则 $f(x)=f(-x)$，于是 $f(2-x)=f(-x)$，即 $f(2+x)=f(x)$.

所以 $f(x)$ 是以 2 为周期的周期函数.

(3) 因为

$$\begin{aligned} f\left(\frac{1}{2}\right)&=f\left(n\cdot\frac{1}{2n}\right)=f\left[\frac{1}{2n}+(n-1)\frac{1}{2n}\right) \\ &=f\left(\frac{1}{2n}\right)\cdot f\left[(n-1)\cdot\frac{1}{2n}\right] \\ &=\left[f\left(\frac{1}{2n}\right)\right]^2\cdot f\left[(n-2)\cdot\frac{1}{2n}\right] \\ &\vdots \\ &=\left[f\left(\frac{1}{2n}\right)\right]^n \end{aligned}$$

所以 $f\left(\frac{1}{2n}\right)=a^{\frac{1}{2n}}$.

又因为 $f(x)$ 以 2 为周期，则

$$f\left(2n+\frac{1}{2n}\right)=f\left(\frac{1}{2n}\right)=a^{\frac{1}{2n}}$$

$$\lim_{n\to\infty}(\ln a_n)=\lim_{n\to\infty}\left(\frac{1}{2n}\ln a\right)=0$$

【例 15】 $f(x)$ 定义在 $\mathbf{R}$ 上，且满足 $f(2+x)=f(2-x)$，$f(7+x)=f(7-x)$，则 $f(x)$（　　）

A. 是周期函数，周期是 9　　　　B. 是周期函数，周期是 10

C. 不可能是周期函数　　　　D. $f(x)$ 图像的对称轴为 $x=0$

【分析及解】 由

$$f(2+x)=f(2-x)\Rightarrow f(4+x)=f(-x)$$
$$f(7-x)=f(7-x)\Rightarrow f(14+x)=f(-x)$$

则

$$f(14+x)=f(4+x)$$
$$f(10+x)=f(x)$$

所以 $f(x)$ 是周期函数，周期为 10，因此选 B.

（七）图像变换问题

有下面的问题需要弄清：

当函数图像经过平移变换，伸缩变换或绝对值变换之后，函数的解析式有什么变化？（表 6.6）

表 6.6

平移变换	$y=f(x)$ 图像 $\xrightarrow[(a>0)]{\text{向左平移 } a \text{ 个单位}}$ $y=f(x+a)$ 的图像
	$y=f(x)$ 图像 $\xrightarrow[(a>0)]{\text{向右平移 } a \text{ 个单位}}$ $y=f(x-a)$ 的图像
	$y=f(x)$ 图像 $\xrightarrow[(b>0)]{\text{向上平移 } b \text{ 个单位}}$ $y=f(x)+b$ 的图像
	$y=f(x)$ 图像 $\xrightarrow[(b>0)]{\text{向下平移 } b \text{ 个单位}}$ $y=f(x)-b$ 的图像
	$y=f(x)$ 图像 $\xrightarrow{\text{按向量 } \boldsymbol{a}=(h,k) \text{ 平移}}$ $y=f(x-h)+k$ 的图像
伸缩变换	$y=f(x)$ 图像 $\xrightarrow[\text{伸到原来的 } a(a>0) \text{ 倍}]{\text{每点纵坐标}}$ $y=af(x)$ 的图像
	$y=f(x)$ 图像 $\xrightarrow[\text{伸到原来的 } a(a>0) \text{ 倍}]{\text{每点横坐标}}$ $y=f(\frac{1}{a}x)$ 的图像
绝对值变换	$y=f(x)$ 图像 $\xrightarrow{\text{关于 } y \text{ 轴的对称}}$ $y=f(\lvert x\rvert)$ 的图像
	$y=f(x)$ 图像 $\xrightarrow{\text{将 } x \text{ 轴下方图像翻上}}$ $y=\lvert f(x)\rvert$ 的图像

【例 16】 已知函数 $f(x)=x+1$，则函数 $f(x+1)$ 的图像关于直线 $x=2$ 对称的方程是(　　)

A. $y=-x+6$　　B. $y=x-6$　　C. $y=-x-2$　　D. $y=x-2$

【分析及解】 设 $u=x+1$，则

$$f(u)=f(x+1)=u+1$$

当 $x=2$ 时，$u=3$，$y=f(u)$ 关于 $u=3$ 对称的图像是 $y=f(6-u)$ 的图像

$$y=f(6-u)=6-u+1=-u+7$$

即

$$y=-(x+1)+7=-x+6$$

因此选 A.

本题也可以通过画图像解决(图 6.1).

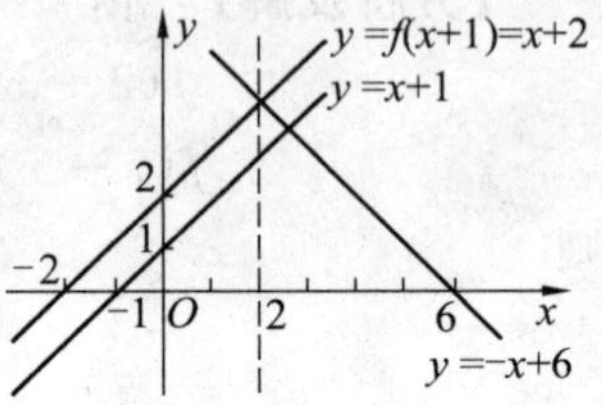

图 6.1

另一解法则是由

$$y=f(x)=x+1$$

得

$$y=f(x+1)=x+2$$

$y=x+2$ 关于直线 $x=2$ 对称的解析式为 $f(4-x)$，即

$$y=f(4-x)=4-x+2=-x+6$$

【例 17】 将函数 $y=\dfrac{3}{x+a}$ 的图像向左平移一个单位得到 $y=f(x)$ 的图像，再将 $y=f(x)$ 的图像绕原点旋转 180° 后与 $y=f(x)$ 的图像本身重合，则 a 的值为(　　)

A. -1　　B. 1　　C. 0　　D. -3

【分析及解】 由题意 $f(x)=\dfrac{3}{x+a+1}$.

又由题意，$y=f(x)$ 是奇函数，即

$$f(-x)=-f(x),\ \frac{3}{-x+a+1}=-\frac{3}{x+a+1}$$

解得 $a=-1$.

因此选 A.

【例 18】 设函数 $y=f(x)$ 为定义在 **R** 上的奇函数，且满足 $f(x-2)=-f(x)$，对一切 $x\in \mathbf{R}$ 都成立. 又知，当 $-1\leqslant x\leqslant 1$ 时，$f(x)=x^3$. 则下列 4 个命题：

①$f(x)$ 是以 4 为周期的周期函数.

②$f(x)$ 的图像的对称轴中，有 $x=\pm 1$.

③$f(x)$ 在 $x\in[1,3]$ 的解析式为 $f(x)=(2-x)^3$.

④$f(x)$ 在 $x\in[3,5]$ 的解析式为 $f(x)=(x-4)^3$.

其中正确命题的个数为(　　)

A. 1　　B. 2　　C. 3　　D. 4

【分析及解】 我们对以上四个命题逐个讨论.

命题 ①:因为 $f(x)$ 为奇函数,且 $f(x-2)=-f(x)$,则

$$f(x-2)=-f(x)=f(-x)$$

$$f(x+2)=-f[(x+2)-2]=-f(x)=f(-x)$$

于是

$$f(x+2)=f(x-2)$$

$$f(x+4)=f[(x+2)+2]=f[(x+2)-2]=f(x)$$

即 $f(x)$ 是以 4 为周期的周期函数,命题 ① 正确.

命题 ②:由

$$f(x-2)=f(-x)$$

可得 $f(x)$ 有对称轴 $x=-1$. 由

$$f(x+2)=f(-x)$$

可得 $f(x)$ 有对称轴 $x=1$.

因此,命题 ② 正确.

命题 ③:由 $f(x)=f(2-x)$,可知当 $x\in[1,3]$ 时,$2-x\in[-1,1]$,因此,$f(x)=(2-x)^3$.

即命题 ③ 正确.

命题 ④:$x\in[3,5]$ 的图像相当于 $x\in[-1,1]$ 的图像右移 4 个单位. 即 $f(x)=(x-4)^3$,$x\in[3,5]$,即命题 ④ 正确.

于是,命题 ①,②,③,④ 都正确,因此选 D.

(八) 已知函数方程研究函数性质问题

1. 不动点问题

【例 19】 设 $x,y\in\mathbf{R}$,函数 $f(x)$ 满足 $f(x+y)-f(x)-f(y)=xy+1$,且 $f(1)=1$,求满足 $f(n)=n$ 的所有正整数 n.

【分析及解】 令 $y=1$,则已知函数方程化为

$$f(x+1)-f(x)=x+2$$

在上式中,取 $x=1,2,\cdots,x-1$,得

$$f(2)-f(1)=1+2$$

$$f(3)-f(2)=2+2$$

$$\vdots$$

$$f(x)-f(x-1)=(x-1)+2$$

诸式相加得

$$f(x)-f(1)=1+2+\cdots+(x-1)+2(x-1)$$
$$=\frac{x(x-1)}{2}+2x-2$$

得

$$f(x)=\frac{x^2+3x-2}{2}$$

于是,对所有 $x\in\mathbf{N}^*$,有 $f(x)=\frac{x^2+3x-2}{2}$,令 $f(n)=n$,有$\frac{n^2+3n-2}{2}=n$,解得 $n=1,n=-2(n<0$,舍去),于是满足 $f(n)=n$ 的正整数 n,只有 $n=1$.

2. 奇偶性问题

【例 20】 已知 $x,y\in\mathbf{R}$,且 $f(x+y)+f(x-y)=2f(x)\cdot f(y)$,$f(0)\neq 0$.

判断 $f(x)$ 的奇偶性,并证明你的判断.

【分析及解】 由已知函数方程联想到 $f(x)=\cos x$.因此可猜想,$f(x)$ 是一个偶函数,下面给予证明:

令 $x=y=0$,则 $f(0)+f(0)=2f^2(0)$,因为 $f(0)\neq 0$,所以 $f(0)=1$.

再令 $x=0$,则 $f(y)+f(-y)=2f(0)f(y)=2f(y)$,于是 $f(-y)=f(y)$.

因此,$f(x)$ 是偶函数.

【例 21】 已知 $f(x)(x\in\mathbf{R},x\neq 0)$ 满足 $f(xy)=f(x)+f(y)$.证明 $f(x)$ 是偶函数.

【分析及解】 令 $x=y=1$,则 $f(1)=f(1)+f(1)$,所以 $f(1)=0$.再令 $x=y=-1$,则

$$f[(-1)(-1)]=f(-1)+f(-1)=f(1)=0$$

所以 $f(-1)=0$.

又令 $y=-1$,则 $f(-x)=f(x)+f(-1)=f(x)$,因此 $f(x)$ 是偶函数.

3. 单调性问题

【例 22】 已知 $f(x)$ 定义在$[0,1]$上,其值非负,对任意 $x,y\in[0,1]$,有

$$f(x+y)>f(x)+f(y)$$

试判断 $f(x)$ 在$[0,1]$上的单调性,并证明.

【分析及解】 设 $0\leqslant x_1<x_2\leqslant 1$,则由已知不等式有

$$f(x_2)>f(x_1)+f(x_2-x_1)$$

由 $x_2-x_1>0$ 及题设可知 $f(x_2-x_1)\geqslant 0$,于是

$$f(x_2)>f(x_1)+f(x_2-x_1)\geqslant f(x_1)$$

即

$$f(x_2)>f(x_1)$$

因此,$f(x)$ 在$[0,1]$上是增函数.

【例 23】 定义在$[-1,1]$上的奇函数 $f(x)$,满足 $f(1)=1$,且当 $a,b\in[-1,1]$ 时,$a+b\neq 0$,有$\dfrac{f(a)+f(b)}{a+b}>0$.

证明:当$\dfrac{1}{3}\leqslant x\leqslant 1$ 时,$f(x)\leqslant 3x$.

【分析及解】 由$\dfrac{1}{3}\leqslant x$,可知 $1\leqslant 3x$.

为证明 $f(x)\leqslant 3x$,只要证明 $f(x)\leqslant 1$ 即可,又考虑到 $f(1)=1$,即证 $f(x)\leqslant f(1)$,因此,只要证明 $f(x)$ 在$[-1,1]$上是增函数即可.

设 $-1\leqslant x_1\leqslant x_2\leqslant 1$,则由 $f(x)$ 是奇函数及已知不等式得

$$\begin{aligned}f(x_1)-f(x_2)&=f(x_1)+f(-x_2)\\&=\frac{f(x_1)+f(-x_2)}{x_1+(-x_2)}[x_1+(-x_2)]\\&=\frac{f(x_1)+f(-x_2)}{x_1+(-x_2)}(x_1-x_2)<0\end{aligned}$$

即 $f(x_1)<f(x_2)$.

所以 $f(x)$ 在$[-1,1]$上是增函数.

于是 $f(x)\leqslant f(1)=1\leqslant 3x$.

【例 24】 已知函数 $f(x)$ 对任意 $x,y\in\mathbf{R}$,都有

$$f(x+y)=f(x)+f(y)-1$$

并且当 $x>0$ 时,有 $f(x)>1$.

(1) 求证:$f(x)$ 在 $\mathbf{R}$ 上是增函数.

(2) 若不等式 $f(a^2+a-5)<2$ 的解集为$\{a\mid -3<a<2\}$,求 $f(4)$.

【分析及解】 (1) 令 $x=y=0$,则有 $f(0)=f(0)+f(0)-1$,即 $f(0)=1$.再令 $x=-y$,则有 $f(0)=f(x)+f(-x)-1$,$f(x)+f(-x)=2$.

设 $x_1<x_2$,则有

$$\begin{aligned}f(x_1)-f(x_2)&=f(x_1)-[2-f(-x_2)]\\&=f(x_1)+f(-x_2)-1-1\\&=f(x_1-x_2)-1\end{aligned}$$

下面判断 $f(x_1-x_2)-1$ 的正负.

由 $x_2-x_1>0$ 可知 $f(x_2-x_1)>1$,又

$$f(x_2-x_1)=2-f(x_1-x_2)>1$$

于是

$$f(x_1-x_2)<1$$

即

$$f(x_1-x_2)-1<0$$

因此

$$f(x_1)-f(x_2)=f(x_1-x_2)-1<0$$
$$f(x_1)<f(x_2)$$

所以，$f(x)$ 在 **R** 上是增函数.

(2) 设 $2=f(m)$，则题设不等式化为 $f(a^2+a-5)<f(m)$，再由 $f(x)$ 是 **R** 上增函数，有

$$a^2+a-5<m$$
$$a^2+a-5-m<0$$

其解集为 $(-3,2)$，从而有

$$-5-m=(-3)\times 2=-6$$
$$m=1$$

于是 $f(1)=2$，再由题设等式有

$$f(2)=f(1+1)=f(1)+f(1)-1=2+2-1=3$$
$$f(4)=f(2+2)=f(2)+f(2)-1=3+3-1=5$$

4. **解析式问题**

【例 25】 已知 $f(x)$ 在 $(-\infty,0)\cup(0,+\infty)$ 上有意义，且 $f(x)+2f\left(\frac{1}{2}\right)=3x$. 求 $f(x)$ 的解析式.

【分析及解】 在已知函数方程中，将 x 换成 $\frac{1}{x}$，有

$$\begin{cases} f(x)+2f\left(\dfrac{1}{x}\right)=3x \\ f\left(\dfrac{1}{x}\right)+2f(x)=\dfrac{3}{x} \end{cases}$$

从中消去 $f\left(\frac{1}{x}\right)$ 得 $f(x)=\frac{2}{x}-x$.

第七讲　含参数的不等式

含参数的不等式有着丰富的内容，解决含参数不等式的问题不仅需要很熟练的运算能力，而且还需要有明确的数学思想指导，灵活深刻的思维品质和进行模式构建，演绎证明等理性思维能力.

我们从一个熟悉的不等式谈起：

解不等式：$x^2-5x+4>0$.

这个不等式很容易解决，不等式化为

$$(x-1)(x-4)>0$$

解得

$$x<1 \text{ 或 } x>4$$

但是如果我们把这个不等式中的某些系数参数化或添加一些条件，就会变化出许多灵活的题目.

【变化 1】 解关于 x 的不等式

$$x^2-ax+a>0$$

【变化 2】 解关于 x 的不等式

$$ax^2-5x+4>0$$

【变化 3】 是否存在实数 a，使得当 $2<x<3$ 时，不等式

$$x^2-ax+4<0$$

成立，若存在，求 a 的取值范围，若不存在，说明理由.

【变化 4】 当 $6\leqslant a\leqslant 8$ 时，解关于 x 的不等式

$$x^2-ax+(a+2)>0$$

【变化 5】 已知关于 x 的不等式

$$x^2-ax+a>0$$

的解集为 $(-\infty,+\infty)$，求 a 的取值范围.

【变化 6】 已知关于 x 的不等式

$$x^2-ax+(a-1)>0$$

的解集为 $(-\infty,1)\cup(4,+\infty)$ 求 a 的值.

【变化 7】 已知关于 x 的不等式

$$x^2-ax+a>0$$

在 $x \in [0,2]$ 时恒成立,求 a 的取值范围.

【变化 8】 若存在实数 x,使不等式

$$x^2 - ax + a > 0$$

在 $x \in [0,2]$ 时成立,求 a 的取值范围.

以上这些变化,实际上包含了解含参数不等式的下面几个内容:

1. 解含有参数的不等式.

2. 已知不等式成立的条件,求参数的范围.

3. 不等式恒成立,能成立,恰成立问题.

下面我们将围绕以上三个问题,通过例题进行分析,根据新课程教学大纲的要求,下面所举的例题只涉及一次不等式,有理分式不等式,一元二次不等式,而不涉及指数不等式,对数不等式,无理不等式,三角不等式及高次不等式等内容.

一、解含有参数的不等式

对于含有参数的不等式,参数的变化会引起不等式的解的变化,因此解决这类问题时,要注意运用分类讨论思想,对影响解的情况的参数分情况研究.

【例 1】 解关于 x 的不等式 $\dfrac{a(x-1)}{x-2} > 1$.

【分析及解】 这是一个含参数 a 的分式不等式,首先注意的是,分母是 $x-2$,由于 $x-2$ 的正负不同,会影响不等号的方向,所以解这类问题不能用去分母的方法,而应该使不等式的一边为零.

不等式化为

$$\frac{a(x-1)}{x-2} - 1 > 0$$

$$\frac{(a-1)x-(a-2)}{x-1} > 0$$

这个不等式中 $(a-1)$ 的正负又影响不等号的方向,所以要对 $a-1>0$ 和 $a-1=0$,$a-1<0$ 分类讨论:

(1) 当 $a-1>0$,即 $a>1$ 时,原不等式化为 $\dfrac{x-\dfrac{a-2}{a-1}}{x-2} > 0$.

这里又涉及 $\dfrac{a-2}{a-1}$ 与 2 的大小比较问题,因为 $\dfrac{a-2}{a-1}$ 与 2 的大小影响不等式的结果.

因为$\frac{a-2}{a-1}-2=\frac{-a}{a-1}<0$,于是$\frac{a-2}{a-1}<2$.

即不等式的解为$x<\frac{a-2}{a-1}$或$x>2$.

(2) 当$a-1=0$,即$a=1$时,不等式化为$\frac{1}{x-2}>0$,即不等式的解为$x>2$.

(3) 当$a-1<0$,即$a<1$时,原不等式化为$\frac{x-\frac{a-2}{a-1}}{x-2}<0$.

我们仍然要比较$\frac{a-2}{a-1}$与2的关系$\frac{a-2}{a-1}-2=\frac{-a}{a-1}$.

由于$a-1<0$,这里又取决于a的正负,因此还要对a进行第二次分类:

① 当$a<0$时,$\frac{-a}{a-1}<0$,$\frac{a-2}{a-1}<2$,此时不等式的解为$\frac{a-2}{a-1}<x<2$.

② 当$a=0$时,$\frac{a-2}{a-1}=2$,不等式化为$\frac{x-2}{x-2}<0$,此时不等式无解.

③ 当$0<a<1$时,$\frac{a-2}{a-1}>2$,此时不等式的解为$2<x<\frac{a-2}{a-1}$.

由以上,不等式的解集有5种情况:

当$a<0$时,$x\in\left(\frac{a-2}{a-1},2\right)$;

当$a=0$时,$x\in\varnothing$;

当$0<a<1$时,$x\in(2,\frac{a-2}{a-1})$;

当$a=1$时,$x\in(2,+\infty)$;

当$a>1$时,$x\in(-\infty,\frac{a-2}{a-1})\cup(2,+\infty)$.

解这个不等式时,我们对于参数a进行了两次分类:第一次分类,分为$a>1$,$a=1$,$a<1$,从而确定不等式的符号,第二次分类是在$a<1$时,分为$a<0$,$a=0$,$0<a<1$,从而确定不等式的结果.

【例2】 解关于x的不等式$ax^2-5x+4>0$.

【分析及解】 这是含有参数a的不等式,是本讲前言中的变化2,首先要对a进行$a=0$及$a\neq0$分类,因为$a=0$时是一次不等式,$a\neq0$时是二次不等式,解法不相同.

(1) 当$a=0$时,不等式化为$-5x+4>0$,解为$x<\frac{4}{5}$.

(2) 当 $a \neq 0$ 时,不等式为关于 x 的一元二次不等式,由于 $a > 0$ 及 $a < 0$ 会影响到不等式的结果,所以要对 $a \neq 0$ 进行第二次分类 $a > 0$ 和 $a < 0$.

当 $a > 0$ 时,$\Delta = 25 - 16a$.

下面再对 $\Delta = 25 - 16a$ 的情况分类:

①$\Delta = 25 - 16a > 0$,即 $0 < a < \frac{25}{16}$ 时,不等式的解为

$$x < \frac{5 - \sqrt{25 - 16a}}{2a} \text{ 或 } x > \frac{5 + \sqrt{25 - 16a}}{2a}$$

②$\Delta = 25 - 16a = 0$,即 $a = \frac{25}{16}$ 时,不等式的解为

$$x \neq \frac{8}{5}$$

③$\Delta = 25 - 16a < 0$,即 $a > \frac{25}{16}$ 时,不等式的解为

$$x \in (-\infty, +\infty)$$

当 $a < 0$ 时,$\Delta = 25 - 16a > 0$,不等式的解为

$$\frac{5 + \sqrt{25 - 16a}}{2a} < x < \frac{5 - \sqrt{25 - 16a}}{2a}$$

综合以上,不等式的解分为 5 种情况:

当 $a < 0$ 时,$x \in \left(\frac{5 + \sqrt{25 - 16a}}{2a}, \frac{5 - \sqrt{25 - 16a}}{2a}\right)$.

当 $a = 0$ 时,$x \in (-\infty, \frac{4}{5})$.

当 $0 < a < \frac{25}{16}$ 时,$x \in (-\infty, \frac{5 - \sqrt{25 - 16a}}{2a}) \cup (\frac{5 + \sqrt{25 - 16a}}{2a}, +\infty)$.

当 $a = \frac{25}{16}$ 时,$x \in (-\infty, \frac{8}{5}) \cup (\frac{8}{5}, +\infty)$.

当 $a > \frac{25}{16}$ 时,$x \in (-\infty, +\infty)$.

本题是对 a 进行了三级分类来解决的,其中 $a < 0$ 时,由于 $\Delta = 25 - 16a$ 一定为正数,减少了分类解决的过程,否则也要对 $\Delta = 25 - 16a$ 分为 > 0, $= 0$, < 0 三种情况讨论.

因此,一个含有参数 a,特别是 x^2 项也含参数 a 的一元二次不等式 $ax^2 + f(a)x + \varphi(a) > 0$,要对 a 分为三级讨论,程序如下:

$$\begin{cases} a=0 \\ a\neq 0\begin{cases} a>0\begin{cases}\Delta>0\\ \Delta=0\\ \Delta<0\end{cases} \\ a<0\begin{cases}\Delta>0\\ \Delta=0\\ \Delta<0\end{cases}\end{cases}\end{cases}$$

【例 3】 解关于 x 的不等式 $|x-1|+|x-a|>1(a\geqslant 1)$.

【分析及解】 这是含参数 a 的含有绝对值符号的不等式,在解不等式之前需要去掉绝对值符号,因此,要对 x 的不同取值进行分类讨论,设 $f(x)=|x-1|+|x-a|$,则

$$f(x)=\begin{cases}2x-a-1,x\geqslant a\\ a-1,1<x<a\\ a+1-2x,x\leqslant 1\end{cases}$$

(1) 当 $x\geqslant a$ 时,不等式的解为 $2x-a-1>1$,即 $x>\frac{2+a}{2}$.

下面比较 $\frac{2+a}{2}$ 与 a 的大小

$$\frac{2+a}{2}-a=\frac{2-a}{2}$$

当 $1\leqslant a\leqslant 2$ 时,$\frac{2+a}{2}>a$,于是不等式的解为 $x>\frac{2+a}{2}$.

当 $a>2$ 时,$\frac{2+a}{2}<a$,于是不等式的解为 $x\geqslant a$.

(2) 当 $1<x<a$ 时,有 $a-1>1,a>2$.

即 $a>2$ 时的解为 $1<x<a$.

(3) 当 $x\leqslant 1$ 时,不等式的解为 $a+1-2x>1$,即 $x<\frac{a}{2}$.

下面比较 $\frac{a}{2}$ 与 1 的关系:

当 $\frac{a}{2}<1$,即 $1\leqslant a<2$ 时,不等式的解为 $x<\frac{a}{2}$.

当 $\frac{a}{2}=1$ 时,不等式的解为 $x<1$.

当 $\frac{a}{2}>1$,即 $a<2$ 时,不等式的解为 $x\leqslant 1$.

综合以上,可得到不等式的解为:

$a>2$ 时,$x\in(1,+\infty)$.

$a=2$ 时,$x\in(-\infty,\frac{a}{2})\cup(\frac{2+a}{2},+\infty)$.

$x\in(-\infty,1)\cup(2,+\infty)$.

【例4】 若关于 x 的不等式$\frac{x^2+(2a^2+2)x-a^2+4a-7}{x^2+(a^2+4a-5)x-a^2+4a-7}<0$的解集是一些区间的并集,且这些区间长度的和小于4,求实数 a 的取值范围.

【分析及解】 这是一个含参数的分式不等式,本题所要求的不是求这个不等式的解集,而是求它的解集的并集及解集的长度,所以就要抓住题目所给出的不等式,对于解集进行研究.

首先分别研究分子、分母的状况.

对于分母的判别式有

$$\begin{aligned}\Delta_1&=(a^2+4a-5)^2-4(-a^2+4a-7)\\&=(a^2+4a-5)^2+4(a-2)^2+12>0\end{aligned}$$

因此,方程 $x^2+(a^2+4a-5)x-a^2+4a-7=0$ 有两个不相等的实根,设为 x_1,x_2,且 $x_1<x_2$.

对于分子的判别式有

$$\begin{aligned}\Delta_2&=(2a^2+2)^2-4(-a^2+4a-7)\\&=(2a^2+2)^2+4(a-2)^2+12>0\end{aligned}$$

因此,方程 $x^2+(2a^2+2)x-a^2+4a-7=0$ 有两个不相等的实根,设为 x_3,x_4,且 $x_3<x_4$. 于是已知不等式化为$\frac{(x-x_3)(x-x_4)}{(x-x_1)(x-x_2)}<0$.

要求出不等式的解集,需要判断 x_1,x_2,x_3,x_4 相互间的大小关系.

首先注意到一个事实:已知不等式的分子和分母的常数项相同,都是 $-a^2+4a-7$,且 $-a^2+4a-7=-(a-2)^2-3<0$,因此有

$$x_1x_2=x_3x_4<0,x_1<0,x_3<0,x_2>0,x_4>0$$

再研究已知不等式的分子和分母的一次项系数,可以发现

$$(a^2+4a-5)-(2a^2+2)=-a^2+4a-7<0$$

于是有

$$-(x_1+x_2)-[-(x_3+x_4)]=x_1x_2=x_3x_4<0$$

即

$$\begin{gathered}x_3+x_4<x_1+x_2\\x_3x_4=x_1x_2\end{gathered}$$

于是

$$x_1x_2=x_3x_4>x_3(x_1+x_2-x_3)$$
$$x_3^2-(x_1+x_2)x_3+x_1x_2>0$$
$$(x_3-x_1)(x_3-x_2)>0$$

由于 $x_3<0,x_2>0$，则 $x_3-x_2<0$，于是 $x_3-x_1<0,x_3<x_1<0$，另外

$$x_3x_4=x_1x_2>x_2(x_3+x_4-x_2)$$
$$x_2^2-(x_3+x_4)x_2+x_3x_4>0$$
$$(x_2-x_3)(x_2-x_4)>0$$

由于 $x_2>0,x_3<0$，则 $x_2-x_3>0$，于是 $x_2-x_4>0,x_2>x_4$.

这样，x_1,x_2,x_3,x_4 的排列顺序 $x_3<x_1<0<x_4<x_2$.

于是，不等式的解为 $(x_3,x_1)\cup(x_4,x_2)$.

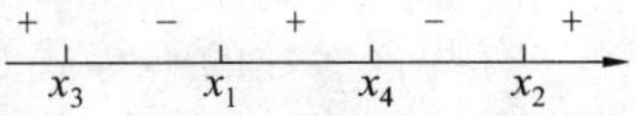

图 7.1

由于解集是两个开区间的并集如图 7.1，并且区间的长度之和小于 4，则有

$$(x_2-x_4)+(x_1-x_3)\leqslant 4$$
$$(x_1+x_2)-(x_3+x_4)\leqslant 4$$
$$-(a^2+4a-5)-[-(2a^2+2)]\leqslant 4$$
$$a^2-4a+7\leqslant 4$$

解得 $a\leqslant 1,a\geqslant 3$.

对于这个题目，由于只涉及解集区间的长度，所以我们并没有对不等式具体求解，而只是研究解集呈现的形式，从而减少了许多不必要的运算.

【例 5】 当 $6\leqslant a\leqslant 8$ 时，解关于 x 的不等式

$$x^2-ax+(a+2)>0 \qquad ①$$

【分析及解】 这是本讲前言中的变化 4，本题是指对于满足 $a\in[6,8]$ 的一切实数 a 的值，不等式 ① 成立，这相当于已知参数的范围解不等式.

由于已经给出了参数 a 的范围，我们可以把 ① 改写为以 a 为主变量的不等式

$$(1-x)a+x^2+2>0 \qquad ②$$

记 $\varphi(a)=(1-x)a+x^2+2$.

当 $x=1$ 时，不等式 ② 化为 $3>0$，不等式成立.

当 $x\neq 1$ 时，$\varphi(a)$ 是定义在 $[6,8]$ 上的一次函数，这是一个在 $[6,8]$ 上的单调函数，因此要使不等式 ② 在 $a\in[6,8]$ 成立，只需

$$\begin{cases}\varphi(6)=(1-x)\cdot 6+x^2+2>0\\ \varphi(8)=(1-x)\cdot 8+x^2+2>0\end{cases} \qquad ③$$

成立即可.

不等式组 ③ 化为

$$\begin{cases}x^2-6x+8>0\\x^2-8x+10>0\end{cases}$$

即 $\begin{cases}x<2 \text{ 或 } x>4\\x<4-\sqrt{6} \text{ 或 } x>4+\sqrt{6}\end{cases}$.

于是不等式 ① 的解为 $x<4-\sqrt{6}$ 或 $x>4+\sqrt{6}$ 或 $x=1$.

由于 $1\in(-\infty,4-\sqrt{6})$，则 ① 的解集为 $(-\infty,4-\sqrt{6})\cup(4+\sqrt{6},+\infty)$.

二、已知不等式成立的条件，求参数的范围

有些含参数的不等式是在给定的条件下成立的，这些条件可以是充分条件，也可以是充要条件，我们要充分理解不等式成立的条件并依据这些条件解决参数的范围.

【例 1】 (1990 年，上海卷)

关于实数 x 的不等式

$$\left|x-\frac{(a+1)^2}{2}\right|\leqslant\frac{(a-1)^2}{2} \quad ①$$

与

$$x^2-3(a+1)x+2(3a+1)\leqslant 0 \quad ②$$

(其中 $a\in\mathbf{R}$) 的解集依次记为 A 与 B.

求使 $A\subseteq B$ 的 a 的取值范围.

【分析及解】 由题设条件可以知道，不等式 ① 成立是不等式 ② 成立的充分条件，我们可以先求出它们的解集，再根据解集进行判断，不等式化 ① 为

$$-\frac{(a-1)^2}{2}\leqslant x-\frac{(a+1)^2}{2}\leqslant\frac{(a-1)^2}{2}$$

$$2a\leqslant x\leqslant a^2+1$$

于是

$$A=\{x\mid 2a\leqslant x\leqslant a^2+1\}$$

$$B=\{x\mid[x-(3a+1)](x-2)\leqslant 0\}$$

要确定解集 B，需确定 $3a+1$ 与 2 的大小关系. 因此要分类进行讨论.

(1) 当 $3a+1\geqslant 2$，即 $a\geqslant\frac{1}{3}$ 时

$$B=\{x\mid 2\leqslant x\leqslant 3a+1\}$$

若 $A\subseteq B$，则应满足(图 7.2)

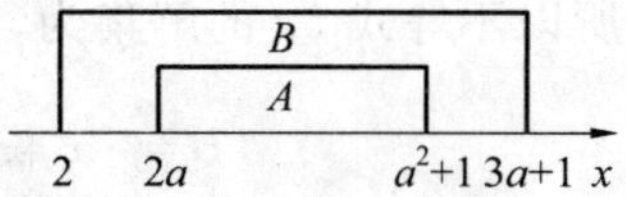

图 7.2

$$\begin{cases}2a \geqslant 2 \\ a^2+1 \leqslant 3a+1\end{cases}$$

解得 $1 \leqslant a \leqslant 3$.

(2) 当 $3a+1<2$ 即 $a<\frac{1}{3}$ 时,$B=\{x \mid 3a+1 \leqslant x \leqslant 2\}$.

若 $A \subseteq B$,则应满足(图 7.3)

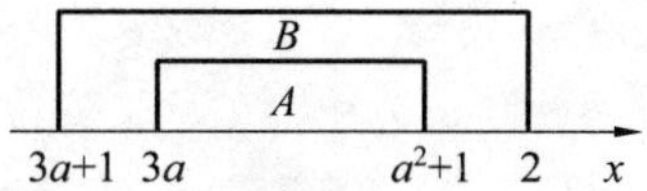

图 7.3

$$\begin{cases}2a \geqslant 3a+1 \\ a^2+1 \leqslant 2\end{cases}$$

解得 $a=-1$.

于是所求 a 的取值范围是 $\{-1\} \cup \{a \mid 1 \leqslant a \leqslant 3\}$.

【例 2】 设 a 是给定的正数,若满足不等式 $|x-a|<b$ 的一切实数 x,不等式 $|x^2-a^2|<\frac{1}{2}$ 都成立,求正数 b 的取值范围.

【分析及解】 本题相当于不等式

$$|x-a|<b \qquad ①$$

成立是不等式

$$|x^2-a^2|<\frac{1}{2} \qquad ②$$

成立的充分条件.

因此,不等式 ① 的解集是不等式 ② 的解集的子集.

由 $b>0$ 得 ① 的解集为 $A=\{x \mid a-b<x<a+b\}$.

由不等式 ② 得

$$a^2-\frac{1}{2}<x^2<a^2+\frac{1}{2} \qquad ③$$

为解出不等式 ②,需要对 $a^2-\frac{1}{2}$ 进行讨论:

(1) 当 $a^2-\frac{1}{2} \geqslant 0$,即 $a \geqslant \frac{1}{\sqrt{2}}$ 时,不等式 ② 的解集为

$$\begin{cases}-\sqrt{a^2+\frac{1}{2}}<x<\sqrt{a^2+\frac{1}{2}} \\ x<-\sqrt{a^2-\frac{1}{2}} \text{ 或 } x>\sqrt{a^2-\frac{1}{2}}\end{cases}$$

由于

$$-\sqrt{a^2+\frac{1}{2}}<-\sqrt{a^2-\frac{1}{2}} \leqslant \sqrt{a^2-\frac{1}{2}}<\sqrt{a^2+\frac{1}{2}}$$

所以不等式②的解集为

$$B=\{x\mid -\sqrt{a^2+\frac{1}{2}}<x<-\sqrt{a^2-\frac{1}{2}}\text{ 或 }\sqrt{a^2-\frac{1}{2}}<x<\sqrt{a^2+\frac{1}{2}}\}$$

要使 $A\subseteq B$,需满足

$$\begin{cases}\sqrt{a^2-\frac{1}{2}}\leqslant a-b\\ a+b\leqslant\sqrt{a^2+\frac{1}{2}}\end{cases}$$

即

$$\begin{cases}0<b\leqslant a-\sqrt{a^2-\frac{1}{2}}\\ 0<b\leqslant\sqrt{a^2+\frac{1}{2}}-a\end{cases}$$

下面又需要比较 $a-\sqrt{a^2-\frac{1}{2}}$ 与 $\sqrt{a^2+\frac{1}{2}}-a$ 的大小.

$$a-\sqrt{a^2-\frac{1}{2}}=\frac{\frac{1}{2}}{a+\sqrt{a^2-\frac{1}{2}}}>\frac{\frac{1}{2}}{a+\sqrt{a^2+\frac{1}{2}}}=\sqrt{a^2+\frac{1}{2}}-a.$$

所以,b 的取值范围是 $0<b\leqslant\sqrt{a^2+\frac{1}{2}}-a$.

(2) 当 $a^2-\frac{1}{2}<0$,即 $0<a<\frac{1}{\sqrt{2}}$ 时,同样可得 b 的取值范围是 $0<b\leqslant\sqrt{a^2+\frac{1}{2}}-a$.

因此,满足不等式①成立的所有实数 x,使不等式②成立的 b 的取值范围是 $0<b\leqslant\sqrt{a^2+\frac{1}{2}}-a$.

【例 3】 设 a,b 为正数,求证:对任意 $x>1$,不等式

$$ax+\frac{x}{x-1}>b \qquad ①$$

成立的充要条件是

$$\sqrt{a}+1>\sqrt{b} \qquad ②$$

【分析及解】 本题是探讨不等式①成立的充要条件,需要证明②成立,

则 ① 成立以及 ① 成立，则 ② 成立两个方面.

首先证明 ② 成立，则 ① 成立.

对 a 与 b 的大小关系分情况讨论：

(1) 若 $a \geqslant b$，则$\sqrt{a} \geqslant \sqrt{b}$，于是有$\sqrt{a}+1>\sqrt{b}$，此时对任意 $x>1$，有

$$ax+\frac{x}{x-1}=ax+1+\frac{1}{x-1}>a+1>b$$

因此 ② 成立，必有 ① 成立.

(2) 若 $a<b$，我们对 ① 变式

$$\frac{ax^2-ax+x-bx+b}{x-1}>0$$

由于 $x>1$，则

$$f(x)=ax^2-(a+b-1)x+b>0 \qquad ③$$

因此，不等式 ① 与不等式 ③ 是等价的.

考虑 ③ 的判别式

$$\begin{aligned}\Delta&=(a+b-1)^2-4ab\\&=(a+b-1+2\sqrt{ab})(a+b-1-2\sqrt{ab})\\&=(\sqrt{a}+\sqrt{b}+1)(\sqrt{a}+\sqrt{b}-1)(\sqrt{a}-\sqrt{b}+1)(\sqrt{a}-\sqrt{b}-1)\end{aligned}$$

由$\sqrt{a}+1>\sqrt{b}$ 成立及 $0<a<b$ 可知

$$\sqrt{a}+\sqrt{b}+1>0$$
$$\sqrt{a}-\sqrt{b}+1>0$$
$$\sqrt{a}-\sqrt{b}-1>0$$

如果$\sqrt{a}+\sqrt{b}-1>0$，则 $\Delta<0$，必有 $f(x)<0$，即 ③ 成立.

如果$\sqrt{a}+\sqrt{b}-1\leqslant 0$，这时 $\Delta \geqslant 0$，我们证明对 $x>1$，$f(x)>0$ 仍成立.

由于 $1>\sqrt{b}-\sqrt{a}>0$，则$\sqrt{a}+\sqrt{b}>(\sqrt{b}-\sqrt{a})(\sqrt{b}+\sqrt{a})=b-a$，于是，$b-a-1<\sqrt{a}+\sqrt{b}-1\leqslant 0$.

考虑 $f(x)$ 图像的对称轴

$$x=\frac{a+b-1}{2a}=\frac{2a+(b-a-1)}{2a}<1$$

而 $f(1)=a\cdot 1^2-(a+b-1)\cdot 1+b=1$.

由于 $f(x)$ 在 $x>1$ 时为增函数，于是 $f(x)>f(1)=1>0$.

由以上，我们证明了 ② 成立，一定有 ① 成立，即$\sqrt{a}+1>\sqrt{b}$ 是

$$ax+\frac{x}{x-1}>b \quad (x>1)$$

成立的充分条件.

下面证明 ① 成立必有 ② 成立.

即当 $x>1$ 时,$f(x)>0$,必有$\sqrt{a}+1>\sqrt{b}$.

我们用反证法,若$\sqrt{a}+1\leqslant\sqrt{b}$,即$\sqrt{a}-\sqrt{b}+1\leqslant 0$,如果还有$\sqrt{a}+\sqrt{b}-1\leqslant 0$,则二式相加有$\sqrt{a}\leqslant 0$,即 $a=0$ 与已知 $a>0$ 矛盾,因此必有

$$\sqrt{a}+\sqrt{b}>1$$

$$\sqrt{a}+\sqrt{b}-1>0$$

从而

$$(\sqrt{b}+\sqrt{a})(\sqrt{b}-\sqrt{a})>\sqrt{b}-\sqrt{a}$$

$$b-a>\sqrt{b}-\sqrt{a}$$

另一方面,由$\sqrt{a}-\sqrt{b}+1\leqslant 0$,考虑 $f(x)$ 的判别式

$$\Delta=(\sqrt{a}+\sqrt{b}+1)(\sqrt{a}+\sqrt{b}-1)(\sqrt{a}-\sqrt{b}+1)(\sqrt{a}-\sqrt{b}-1)$$

因为$\sqrt{a}+\sqrt{b}+1>0$,$\sqrt{a}+\sqrt{b}-1>0$,$\sqrt{a}-\sqrt{b}+1\leqslant 0$,$\sqrt{a}-\sqrt{b}-1<0$,所以必有 $\Delta\geqslant 0$.

再由 $f(1)=1$ 以及 $x>1$ 时,$f(x)>0$,则 $f(x)$ 图像的对称轴

$$x=\frac{a+b-1}{2a}<1$$

于是 $a-b+1>0$,与 $b-a>\sqrt{b}-\sqrt{a}$ 相加得$\sqrt{a}+1>\sqrt{b}$ 与假设$\sqrt{a}+1\leqslant\sqrt{b}$ 矛盾.

所以有$\sqrt{a}+1>\sqrt{b}$,由此又证明了$\sqrt{a}+1>\sqrt{b}$ 是不等式 $ax+\frac{x}{x-1}>b(x>1)$ 成立的必要条件,于是,本题的充要性得证.

【例 4】 已知集合 $A=\{x\mid(x-1)(x+1)(x+2)>0\}$,$B=\{x\mid x^2+ax+b\leqslant 0\}$.求使:$A\cup B=\{x\mid x+2>0\}$,$A\cap B=\{x\mid 1<x\leqslant 3\}$ 同时成立的 a,b 的值.

【分析及解】 本题是寻找使 $A\cup B$ 与 $A\cap B$ 同时成立的充要条件,为此需要把集合 A,B 具体化

$$A=\{x\mid -2<x<-1,x>1\}$$

$$B=\{x\mid \alpha\leqslant x\leqslant\beta\}$$

$$A\cup B=\{x\mid x>-2\}$$

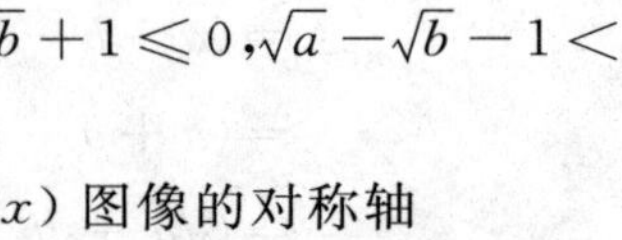

图 7.4

由 $A\cup B$ 可得(图 7.4)

$$\begin{cases}-2<\alpha\leqslant-1\\ \beta\geqslant 1\end{cases}$$

由 $A\cap B$ 可得(图 7.5)

$$\begin{cases}-1\leqslant\alpha\leqslant 1\\ \beta=3\end{cases}$$

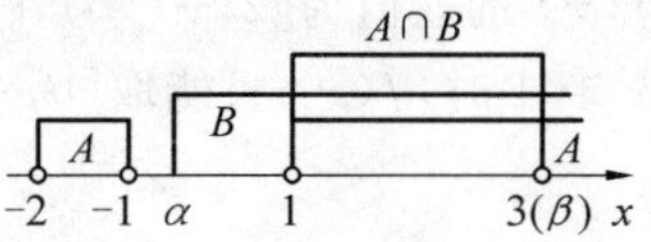

图 7.5

于是有

$$\alpha=-1,\beta=3$$

即 $B=\{x\mid -1\leqslant x\leqslant 3\}$,从而 $a=-2,b=-3$.

三、不等式恒成立,能成立,恰成立问题

关于不等式恒成立,能成立,恰成立问题在本书中介绍用数学思想方法指导解题时,已经有所涉及,在本讲前言中所举出的变化 5,变化 6,变化 7,变化 8,就是恰成立,恒成立,能成立问题.解决这类题目一方面要弄清题意,另一方面要站在用函数思想解题的高度来处理问题,让我们从一道上海市高考试题谈起.

【例 1】 (2000 年,上海卷)

(Ⅰ)已知 $f(x)=\dfrac{x^2+2x+a}{x}$,对任意 $x\in[1,+\infty)$,$f(x)\geqslant 0$ 恒成立,试求实数 a 的取值范围;

(Ⅱ)已知 $f(x)=\dfrac{x^2+2x+a}{x}$,当 $x\in[1,+\infty)$,$f(x)$ 的值域是$[0,+\infty)$,试求实数 a 的值.

【分析及解】 本题第(Ⅰ)问是一个恒成立问题,解这类问题的通常思路是:若 $x\in D$,$f(x)\geqslant A$ 在 D 上恒成立,等价于 $f(x)$ 在 D 上的最小值 $f_{\min}(x)\geqslant A$ 成立.若 $f(x)\leqslant B$ 在 D 上恒成立,则等价于 $f(x)$ 在 D 上的最大值 $f_{\max}(x)\leqslant B$ 成立.

由于 $x\geqslant 1$,则 $f(x)=\dfrac{x^2+2x+a}{x}\geqslant 0$ 恒成立,等价于

$$\varphi(x)=x^2+2x+a\geqslant 0\quad(x\geqslant 1)$$

恒成立,又等价于 $x\geqslant 1$ 时,$\varphi(x)$ 的最小值 $\geqslant 0$ 恒成立.

由于 $\varphi(x)=(x+1)^2+a-1$ 在 $x\geqslant 1$ 时为增函数,所以

$$\varphi_{\min}(x)=\varphi(1)=a+3$$

于是

$$a+3\geqslant 0,a\geqslant -3$$

第（Ⅱ）问是一个恰成立问题，即当 $x \geqslant 1$ 时，$f(x)$ 的值域恰为 $[0, +\infty)$，与（Ⅰ）不同的是（Ⅰ）是 $x \geqslant 1$ 时，$f(x) \geqslant 0$ 恒成立，因此允许在 $x \geqslant 1$ 时，$f(x)$ 的取值为 $[2, +\infty)$，$[3, +\infty)$，等等. 而 $f(x)$ 的值域为 $[0, +\infty)$，则当 $x \geqslant 1$ 时，$f(x)$ 只能取 $[0, +\infty)$，而不能是其他

$$f(x) = x + \frac{a}{x} + 2$$

当 $a \geqslant 0$ 时，由于 $x \geqslant 1$，$f(x) = x + \frac{a}{x} + 2 \geqslant 3$ 与其值域为 $[0, +\infty)$ 矛盾，所以有 $a < 0$.

注意到当 $a < 0$ 时，函数 $y = x$，$y = \frac{a}{x}$ 都是 $[1, +\infty)$ 上的增函数，因而 $f(x)$ 也是 $[1, +\infty)$ 上的增函数.

于是 $f(x)$ 在 $x \geqslant 1$ 时的最小值为 $f(1)$，令 $f(1) = 0$，即 $1 + \frac{a}{1} + 2 = 0$，得 $a = -3$.

【例 2】 若不等式 $m > |x+1| + |x-1|$ 的解集为非空数集，求实数 m 的取值范围.

【分析及解】 本题相当于存在 x，使 $m > |x+1| + |x-1|$ 成立，因此是一个不等式能成立问题，这类问题的通常思路是：若 $x \in D$，$f(x) \geqslant A$ 在 D 上能成立，即存在 $x \in D$，使 $f(x) \geqslant A$ 成立，等价于 $f(x)$ 在 D 上的最大值 $f_{\max}(x) \geqslant A$ 成立，若存在 $x \in D$，使 $f(x) \leqslant B$ 成立，则等价于 $f(x)$ 在 D 上的最小值 $f_{\min}(x) \leqslant B$ 成立.

记 $f(x) = |x+1| + |x-1|$. 为使 $m > f(x)$ 有解，只要 $f_{\min} < m$ 即可

$$f(x) = \begin{cases} -2x & x \leqslant -1 \\ 2 & -1 < x < 1 \\ 2x & x \geqslant 1 \end{cases}$$

则 $f(x)$ 的最小值为 2，于是 $m > 2$.

【例 3】 已知函数 $f(x) = x^3 + ax^2 + bx + c$ 在 $x = -\frac{2}{3}$ 与 $x = 1$ 处取得极值.

（Ⅰ）若 $x \in [-1, 2]$ 时，不等式 $f(x) < c^2$ 恒成立，求实数 c 的取值范围；

（Ⅱ）若存在 $x \in [-1, 2]$，使不等式 $f(x) < c^2$ 恒成立，求实数 c 的取值范围.

【分析及解】 本题给出的是含有常数 a, b, c 的三次函数，而为了解决（Ⅰ）、（Ⅱ），必须首先求出 a, b 的值.

由于函数在 $x=x_0$ 处有极值的必要条件是 $f'(x_0)=0$,所以首先要求出 $f(x)$ 的导函数

$$f'(x)=3x^2+2ax+b$$

$$\begin{cases}f'(-\frac{2}{3})=\frac{4}{3}-\frac{4}{3}a+b=0\\f'(1)=3+2a+b=0\end{cases}$$

解得

$$a=-\frac{1}{2},b=-2$$

于是

$$f(x)=x^3-\frac{1}{2}x^2-2x+c$$

关于第(Ⅰ)问,等价于 $f(x)$ 在 $x\in[-1,2]$ 时的最大值 $<c^2$ 成立,而第(Ⅱ)问,则等价于 $f(x)$ 在 $x\in[-1,2]$ 时的最小值 $<c^2$ 成立,为此,需要求出 $f(x)$ 在闭区间 $[-1,2]$ 上的最大值和最小值

$$f'(x)=3x^2-x-2=(x-1)(3x+2)$$

令 $f'(x)=0$,则 $x=1,-\frac{2}{3}$(表 7.1).

表 7.1

x	-1	$(-1,-\frac{2}{3})$	$-\frac{2}{3}$	$(-\frac{2}{3},1)$	1	$(1,2)$	2
$f'(x)$	$+$	$+$	0	$-$	0	$+$	$+$
$f(x)$	$\frac{1}{2}+c$	增	$-\frac{22}{27}+c$	减	$-\frac{3}{2}+c$	增	$2+c$

于是在 $x\in[-1,2]$ 时

$$f_{\max}(x)=f(2)=2+c$$

$$f_{\min}(x)=f(1)=-\frac{3}{2}+c$$

对于第(Ⅰ)问,有 $2+c<c^2$,解得 $c<-1$ 或 $c>2$.

对于第(Ⅱ)问,有 $-\frac{3}{2}+c<c^2$,即 $2c^2-2c+3>0$.

此不等式的解为 $c\in\mathbf{R}$.

于是,$c<-1$ 或 $c>2$ 时,满足(Ⅰ),$c\in\mathbf{R}$ 时满足(Ⅱ).

【例 4】 已知函数 $f(x)=\sqrt{x}$，$g(x)=x+a(a>0)$.

若不等式 $\left|\dfrac{f(x)-ag(x)}{f(x)}\right|\leqslant 1$ 在 $x\in[1,4]$ 上恒成立，求 a 的取值范围.

【分析及解】 依题意，有不等式 $\left|\dfrac{\sqrt{x}-ax-a^2}{\sqrt{x}}\right|\leqslant 1$ 在 $x\in[1,4]$ 上恒成立.

设 $\sqrt{x}=t$，则 $t\in[1,2]$，这时不等式可化为 $\left|\dfrac{at^2-t+a^2}{t}\right|\leqslant 1$，在 $t\in[1,2]$ 上恒成立.

由于 $-1\leqslant\dfrac{at^2-t+a^2}{t}\leqslant 1$. 记 $\varphi(t)=\dfrac{at^2-t+a^2}{t}$，则 $\varphi(t)=at+\dfrac{a^2}{t}-1$.

为此，$-1\leqslant\varphi(t)\leqslant 1$ 在 $t\in[1,2]$ 上恒成立，等价于

$$\begin{cases}\varphi_{\max}(t)\leqslant 1\\ \varphi_{\min}(t)\geqslant -1\end{cases}\quad(t\in[1,2])$$

由于 $\varphi'(t)=a-\dfrac{a^2}{t^2}$，令 $\varphi'(t)=0$，则 $t=\sqrt{a}$.

于是 $t\in(0,\sqrt{a})$ 时，$\varphi(t)$ 为减函数，$t\in[\sqrt{a},+\infty]$ 时，$\varphi(t)$ 为增函数.

下面对 $\sqrt{a}$ 相对于 $[1,2]$ 的位置分类进行讨论：

(1) 当 $\sqrt{a}>2$，即 $a>4$ 时

$$\begin{cases}\varphi_{\max}(t)=\varphi(1)=a+a^2-1\leqslant 1\\ \varphi_{\min}(t)=\varphi(2)=2a+\dfrac{a^2}{2}-1\geqslant -1\end{cases}$$

即

$$\begin{cases}a>4\\ -2\leqslant a\leqslant 1\\ a<0\text{ 或 }a\geqslant 4\end{cases}$$

此时无解.

(2) 当 $1<\sqrt{a}<2$，即 $1<a<4$ 时

$$\varphi_{\min}(t)=\varphi(\sqrt{a})=2a\sqrt{a}-1\geqslant -1$$

由于 $\varphi(2)-\varphi(1)=a-\dfrac{a^2}{2}=\dfrac{a(2-a)}{2}$，因此：

当 $1<a\leqslant 2$ 时，$\varphi(2)\geqslant\varphi(1)$，此时

$$\varphi_{\max}(t)=\varphi(2)=2a+\frac{a^2}{2}-1\leqslant 1$$

解得 $-2-2\sqrt{2}\leqslant a\leqslant 2\sqrt{2}-2<1$. 与 $1<a\leqslant 2$ 矛盾.

当 $2<a<4$ 时, $\varphi(1)\geqslant\varphi(2)$, 此时

$$\varphi_{\max}(t)=\varphi(1)=a+a^2-1\leqslant 1$$

解得 $-2\leqslant a\leqslant 1$ 与 $2<a<4$ 矛盾.

所以当 $1<\sqrt{a}<2$ 时, 无解.

(3) 当 $\sqrt{a}\leqslant 1$, 即 $0<a\leqslant 1$ 时, $\varphi(t)$ 在 $t\in[1,2]$ 上是增函数, 因此有

$$\begin{cases}\varphi_{\min}(t)=\varphi(1)=a^2+a-1\geqslant -1\\ \varphi_{\max}(t)=\varphi(2)=2a+\dfrac{a^2}{2}-1\leqslant 1\end{cases}$$

即

$$\begin{cases}a>0\\ -2-2\sqrt{2}\leqslant a\leqslant 2\sqrt{2}-2\end{cases}$$

于是 a 的取值范围是 $0<a\leqslant 2\sqrt{2}-2$.

【例 5】 已知奇函数 $f(x)$ 的定义域为 $(-\infty,-1)\cup(1,+\infty)$, 且在 $(-\infty,-1)$ 上是减函数, $f(-2)=0$, 又设 $g(\theta)=-\cos^2\theta-p\cos\theta x+3p$, $\theta\in\left[\dfrac{\pi}{2},\pi\right]$, 集合 $A=\{p\mid g(\theta)>0\}$, $B=\{p\mid f[g(\theta)]<0\}$, 试求 $A\cap B$.

【分析及解】 首先要弄清楚集合 A, B 及 $A\cap B$ 的含义.

由于 $f(x)$ 是奇函数, 则 $f(-2)=f(2)=0$.

又由于 $f(x)$ 在 $(-\infty,-1)$ 上及 $(1,+\infty)$ 都是减函数, 则当 $-2<x<-1$ 及 $x>2$ 时, 都有 $f(x)<0$, 因而由集合 B, $f[g(\theta)]<0$ 有 $-2<g(\theta)<1$ 或 $g(\theta)>2$.

又由集合 A, $g(\theta)>0$, 于是, 对集合 $A\cap B$ 有 $g(\theta)>2$, 即

$$g(\theta)=-\cos^2\theta-p\sin\theta+3p>2$$

$$\sin^2\theta-p\sin\theta+3p-3>0$$

令 $\sin\theta=t$, 由 $\theta\in\left[\dfrac{\pi}{2},\pi\right]$ 得 $t\in[0,1]$.

于是有 $t^2-pt+3p-3>0$.

记 $\varphi(t)=t^2-pt+3p-3$, $t\in[0,1]$, 则 $\varphi(t)>0$, $t\in[0,1]$ 等价于 $\varphi(t)$ 在 $t\in[0,1]$ 的最小值大于 0.

由 $\varphi(t)$ 的单调性, 需对 $\dfrac{p}{2}$ 与 $t\in[0,1]$ 的关系进行分类研究.

(1) 当 $\dfrac{p}{2}<0$, 即 $p<0$ 时, $\varphi(t)$ 在 $[0,1]$ 上是增函数, 则 $\varphi(0)$ 最小, 解

$$\begin{cases} p < 0 \\ \varphi(0) = 3p - 3 > 0 \end{cases}$$

此时无解.

(2) 当 $0 \leqslant \frac{p}{2} \leqslant 1$,即 $0 \leqslant p \leqslant 2$ 时,$\varphi\left(\frac{p}{2}\right)$ 最小,解

$$\begin{cases} 0 \leqslant p \leqslant 2 \\ \varphi\left(\frac{p}{2}\right) = 3p - 3 - \frac{p^2}{4} > 0 \end{cases}$$

得 $6 - 2\sqrt{6} < p \leqslant 2$.

(3) 当 $\frac{p}{2} > 1$,即 $p > 2$ 时,$\varphi(t)$ 为 $[0,1]$ 上的减函数,此时 $\varphi(1)$ 最小,解

$$\begin{cases} p > 2 \\ \varphi(1) = 2p - 2 > 0 \end{cases}$$

得 $p > 2$.

综合(1)、(2)、(3) 有 $p > 6 - 2\sqrt{6}$,即 $A \cap B = \{p \mid p > 6 - 6\sqrt{6}\}$.

关于求 $t^2 - pt + 3p - 3 > 0$ 在 $t \in [0,1]$ 恒成立时,参数 p 的范围还可以采用下面的方法.

不等式可化为

$$(3 - t)p > 3 - t^2$$

由 $t \in [0,1]$ 知,$3 - t > 0$,得

$$p > \frac{3 - t^2}{3 - t} \quad t \in [0,1]$$

记

$$h(t) = \frac{3 - t^2}{3 - t} \quad t \in [0,1]$$

则需满足 $h(t)$ 在 $t \in [0,1]$ 的最大值 $< p$

$$\begin{aligned} h(t) &= \frac{3 - t^2}{3 - t} \\ &= 3 + t - \frac{6}{3 - t} \\ &= -(3 - t + \frac{6}{3 - t}) + 6 \\ &\leqslant -2\sqrt{6} + 6 \end{aligned}$$

当且仅当 $3 - t = \frac{6}{3 - t}$,即 $t = 3 - \sqrt{6} \in [0,1]$ 时,$h(t)$ 有最大值 $6 - 2\sqrt{6}$,于是 $p > 6 - 2\sqrt{6}$,$A \cap B = \{p \mid p > 6 - 2\sqrt{6}\}$.

第八讲　数列与函数、不等式的综合

数列是高考的主干知识之一，是高考命题的一个热点．由于数列作为定义在正整数集上的函数，因此，以数列为载体与函数、不等式、解析几何等知识综合，成为高考数学命题的一个最好素材，是考查学生应用数学思想方法，特别是函数和方程思想，化归思想和分类讨论思想以及考查演绎证明，归纳猜想，符号表达及模式构建等数学理性思维能力，命制新颖脱俗试题的理想内容，近几年以数列为载体的高考试题大致有下列几种类型：

1. 等差数列与等比数列的综合问题．
2. 递推公式与通项公式问题．
3. 数列与函数的综合问题．
4. 数列与不等式的综合问题．
5. 点列问题．
6. 数列的存在性问题．
7. 建立数列模型解决实际问题．

由于数列问题的综合性，在高考数列试题中又常常把以上七个问题中的几个综合成一道题，通过分步设问的方式进行考查．

一、等差数列与等比数列的综合问题

这类试题主要是给出已知数列为等差数列或等比数列，或者已知数列可转化为等差数列或等比数列．

【例 1】（1994 年，全国卷）

设$\{a_n\}$是正数组成的数列，其前 n 项和为 S_n，并且对于所有的自然数 n，a_n 与 2 的等差中项等于 S_n 与 2 的等比中项．

（Ⅰ）写出数列$\{a_n\}$的前 3 项；

（Ⅱ）求数列$\{a_n\}$的通项公式（写出推证过程）；

（Ⅲ）令 $b_n=\frac{1}{2}\left(\frac{a_{n+1}}{a_n}+\frac{a_n}{a_{n+1}}\right)(n\in\mathbf{N})$，求$\lim\limits_{n\to\infty}(b_1+b_2+\cdots+b_n-n)$．

【分析及解】　首先需要说明的是题目中的自然数实际为正整数，**N** 在这里表示正整数集合.

由题意,有等式$\frac{a_n+2}{2}=\sqrt{2S_n}$.

由此等式,第(Ⅰ)问很容易解决.

(Ⅰ)$n=1$时,$\frac{a_1+2}{2}=\sqrt{2S_1}=\sqrt{2a_1}$,解得$a_1=2$.

$n=2$时,$\frac{a_2+2}{2}=\sqrt{2S_2}=\sqrt{2a_1+2a_2}=\sqrt{4+2a_n}$,解得$a_2=6$.

$n=3$时,$\frac{a_3+2}{2}=\sqrt{2S_3}=\sqrt{2a_1+2a_2+2a_3}=\sqrt{16+2a_3}$,解得$a_3=10$.

(Ⅱ)可以用不同的方法求出$\{a_n\}$的通项公式.

【解法1】 由(Ⅰ)可以猜想$a_n=4n-2$.

下面用数学归纳法证明这个猜想.

(1)$n=1$时,$a_1=2=4\times1-2$,猜想正确;

(2)假设$n=k$时猜想正确,即$a_k=4k-2$.

那么$n=k+1$时,由$\frac{a_{k+1}+2}{2}=\sqrt{2S_{k+1}}$,得

$$\frac{a_{k+1}+2}{2}=\sqrt{2(S_k+a_{k+1})} \quad ①$$

又由$\frac{a_k+2}{2}=\sqrt{2S_k}$,得

$$\frac{4k-2+2}{2}=\sqrt{2S_k}$$

于是$2k=\sqrt{2S_k}$,$S_k=2k^2$,代入式①得

$$\frac{a_{k+1}+2}{2}=\sqrt{2(2k^2+a_{k+1})}$$

解得$(a_{k+1}-2)^2=16k^2$,由题设$a_{k+1}\geqslant2$,则$a_{k+1}=4k+2=4(k+1)-2$.

于是$n=k+1$时,猜想成立.

由(1),(2),对所有正整数n,猜想$a_n=4n-2$成立.

【解法2】 设法把已知等式转化为等差数列或等比数列.

$n=1$时

$$\frac{a_1+2}{2}=\sqrt{2S_1}=\sqrt{2a_1},a_1=2$$

$n\geqslant2$时

$$\frac{a_n+2}{2}=\sqrt{2S_n}$$

$$S_n - S_{n-1} + 2 = 2\sqrt{2S_n}$$

$$S_n - 2\sqrt{2S_n} + 2 = S_{n-1}$$

$$(\sqrt{S_n} - \sqrt{2})^2 = S_{n-1}$$

由于$\{a_n\}$为正项数列，且$a_1 = 2$，则$n \geqslant 2$时，$S_n \geqslant 2$，因此

$$\sqrt{S_n} - \sqrt{2} = \sqrt{S_{n-1}}, \sqrt{S_n} - \sqrt{S_{n-1}} = \sqrt{2}$$

于是$\{\sqrt{S_n}\}$是以$\sqrt{S_1} = \sqrt{2}$为首项，$d = \sqrt{2}$为公差的等差数列

$$\sqrt{S_n} = \sqrt{S_1} + (n-1)d = \sqrt{2}n$$

$$S_n = 2n^2 \quad (n \geqslant 2)$$

因此$a_n = S_n - S_{n-1} = 2n^2 - 2(n-1)^2 = 4n - 2 (n \geqslant 2)$.

又$n = 1$时，$a_1 = 2 = 4 \times 1 - 2$.

所以，所求通项公式为$a_n = 4n - 2 (n \geqslant 1, n \in \mathbf{N})$.

(Ⅲ)可得

$$\begin{aligned} b_n &= \frac{1}{2}\left(\frac{a_{n+1}}{a_n} + \frac{a_n}{a_{n+1}}\right) \\ &= \frac{1}{2}\left(\frac{4n+2}{4n-2} + \frac{4n-2}{4n+2}\right) \\ &= \left(\frac{2n+1}{2n-1} + \frac{2n-1}{2n+1}\right) \cdot \frac{1}{2} \\ &= \frac{8n^2+2}{(2n-1)(2n+1)} \cdot \frac{1}{2} \\ &= \frac{4n^2+1}{(2n-1)(2n+1)} \\ &= \frac{2}{(2n-1)(2n+1)} + 1 \\ &= \left(\frac{1}{2n-1} - \frac{1}{2n+1}\right) + 1 \end{aligned}$$

所以

$$b_n - 1 = \frac{1}{2n-1} - \frac{1}{2n+1}$$

$$\begin{aligned} &\lim_{n\to\infty}(b_1 + b_2 + \cdots + b_n - n) \\ =& \lim_{n\to\infty}[(b_1 - 1) + (b_2 - 1) + \cdots + (b_n - 1)] \\ =& \lim_{n\to\infty}\left(1 - \frac{1}{3} + \frac{1}{3} - \frac{1}{5} + \cdots + \frac{1}{2n-1} - \frac{1}{2n+1}\right) \\ =& \lim_{n\to\infty}\left(1 - \frac{1}{2n+1}\right) = 1 \end{aligned}$$

解本题的关键在于第(Ⅱ)问,这一问给出了求数列通项公式的两个不同方法,第一个方法是归纳思维,通过 a_1,a_2,a_3 的特殊项的值归纳出 a_n 的表达式,再用数学归纳法证明,第二个方法是化归思想,通过运算把已知等式转化为熟知的等差数列.

【例 2】 (1996 年,上海卷)

设 A_n 为数列$\{a_n\}$前 n 项的和,$A_n=\frac{3}{2}(a_n-1)(n\in\mathbf{N})$,数列$\{b_n\}$的通项公式为 $b_n=4n+3(n\in\mathbf{N})$.

(Ⅰ)求数列$\{a_n\}$的通项公式.

(Ⅱ)若 $d\in\{a_1,a_2,a_3,\cdots,a_n,\cdots\}\cap\{b_1,b_2,b_3,\cdots,b_n,\cdots\}$,则称 d 为数列$\{a_n\}$与$\{b_n\}$的公共项,将数列$\{a_n\}$与$\{b_n\}$的公共项,按它们的原数列中的先后顺序排成一个新的数列$\{d_n\}$,证明数列$\{d_n\}$的通项公式为 $d_n=3^{2n+1}(n\in\mathbf{N})$.

(Ⅲ)设数列$\{d_n\}$中的第 n 项是数列$\{b_n\}$中的第 r 项,B_r 为数列$\{b_n\}$前 r 项的和,D_n 为数列$\{d_n\}$前 n 项的和,$T_n=B_r-D_n$,求$\lim\limits_{n\to\infty}\frac{T_n}{a_n^4}$.

【分析及解】 (Ⅰ)先求数列$\{a_n\}$的通项公式,由于已知数列$\{a_n\}$的前 n 项和 A_n,所以可以直接求通项公式.

$a_1=A_1=\frac{3}{2}(a_1-1)$,解得 $a_1=3$.

当 $n\geqslant 2$ 时,$a_n=A_n-A_{n-1}=\frac{3}{2}(a_n-a_{n-1})$,得 $a_n=3a_{n-1}$.

因此数列$\{a_n\}$是以 $a_1=3$ 为首项,公比为 3 的等比数列

$$a_n=3\cdot 3^{n-1}=3^n$$

(Ⅱ)求$\{a_n\}$与$\{b_n\}$的公共项有两个途径,第一由 a_n 及 b_n 的通项公式出发,求它们的公共项,第二由题目给出的求证的结论出发,即证明 $d_n=3^{2n+1}$ 是公共项,为此可获得两个不同的解法.

【证法 1】 本问的实质是对于 3^n,当指数 n 是什么数时,具有 $4k+3$ 的形状,先做一些实验

$$a_1=3^1=3,a_2=3^2=9=4\times 2+1,a_3=3^3=27=4\times 6+3$$
$$a_4=3^4=81=4\times 20+1,a_5=3^5=243=4\times 60+3$$

由以上可以看出 $a_3=3^3=b_6=d_1,a_5=3^5=b_{60}=d_2$,并以此可以猜想,当 a_k 具有 $4k+3$ 形状,a_{k+1} 就不具有 $4k+3$ 形状,a_{k+2} 又具有 $4k+3$ 形状.

设 $a_k=3^k$ 是数列$\{b_n\}$中的第 m 项,则有等式 $3^k=4m+3(k,n\in\mathbf{N}^*)$,考察 a_{k+1} 和 a_{k+2}

$$a_{k+1}=3^{k+1}=3(4m+3)=4(3m+2)+1$$

显然不是$\{b_n\}$中的项

$$a_{k+2}=3^{k+2}=3\cdot 3^{k+1}=2[4(3m+2)+1]=4(9m+6)+3$$

因此a_{k+2}是$\{b_n\}$中的第$9m+6$项.

由以上讨论可知$d_1=a_3,d_2=a_5,d_3=a_7,\cdots,d_n=a_{2n+1}$.

所以公共项d_n的通项公式是$d_n=a_{2n+1}=3^{2n+1}(n\in\mathbf{N}^*)$

【证法2】 我们设法证明形如3^{2n+1}的项具有$4n+3$型,而不是形如3^{2n+1}的项即形如3^{2n}的项则不具有$4m+3$的形式.$(n\geqslant 1,n\in\mathbf{N}^*)$

首先证明形如3^{2n+1}的数是$\{a_n\}$的项,即具有$4m+3$的形式

$$\begin{aligned}3^{2n+1}&=3\cdot 9^n=3(8+1)^n\\&=3\cdot 8^n+3C_n^1 8^{n-1}+\cdots+3C_n^{n-1}8+3\end{aligned}$$

显然$3\cdot 8^n+3C_n^1 8^{n-1}+\cdots+3C_n^{n-1}8$能被4整除,于是可设$4m=3\cdot 8^n+3C_n^1 8^{n-1}+\cdots+3C_n^{n-1}8$.

因此$3^{2n+1}=4m+3$.

下面再证明形如3^{2n}的数不是$\{a_n\}$的项,即不具有$4m+3$的形式

$$\begin{aligned}3^{2n}&=9^n=(8+1)^m\\&=8^n+C_n^1 8^{n-1}+\cdots+C_n^{n-1}8+1\end{aligned}$$

显然$8^n+C_n^1 8^{n-1}+\cdots+C_n^{n-1}8$能被4整除,于是可设

$$4t=8^n+C_n^1 8^{n-1}+\cdots+C_n^{n-1}8$$

于是$3^{2n}=4t+1$.

由以上可知$\{a_n\},\{b_n\}$的公共项为$3^{2n+1}(n\geqslant 1,n\in\mathbf{N}^*)$.

即$d_n=a_{2n+1}=3^{2n+1}(n\in\mathbf{N}^*)$.

(Ⅲ)由题意,$d_n=b$,即

$$3^{2n+1}=4r+3$$

$$r=\frac{3^{2n+1}-3}{4}=\frac{3}{4}(3^{2n}-1)$$

又

$$B_r=\frac{r(b_1+b_r)}{2}=\frac{3}{8}(3^{2n}-1)\cdot(7+3^{2n+1})$$

$$D_n=\frac{d_1(q^n-1)}{q-1}=\frac{3^3(q^n-1)}{q-1}=\frac{27(3^{2n}-1)}{8}$$

$$\begin{aligned}T_n=B_r-D_n&=\frac{3(3^{2n}-1)(7+3^{2n+1})}{8}-\frac{27(3^{2n-1})}{8}\\&=\frac{(3^{2n}-1)(3^{2n+2}-6)}{8}\end{aligned}$$

$$=\frac{9\cdot 3^{4n}-15\cdot 3^{2n}+6}{8}$$

$$a_n^4=3^{4n}$$

所以

$$\lim_{n\to\infty}\frac{T_n}{a_n^4}=\lim_{n\to\infty}\frac{1}{8}\left(9-\frac{15}{3^{2n}}+\frac{6}{3^{4n}}\right)=\frac{9}{8}$$

本题综合运用了等差数列,等比数列的通项公式和前 n 项和公式等数列的基本知识,在求一个等差数列与一个等比数列的公共项时,采取了两种不同的思考方法,证法1是用试验和归纳的方法获得了一个递推关系,当 a_n 是公共项时,a_{n+2} 也是公共项,证法 2 则是采取演绎证明方法.

【例 3】 (2000 年,全国卷,新课程卷)

(Ⅰ)已知数列$\{c_n\}$,其中 $c_n=2^n+3^n$,且数列$\{c_{n+1}-pc_n\}$为等比数列,求常数 p;

(Ⅱ)设$\{a_n\}$,$\{b_n\}$是公比不相等的两个等比数列,$c_n=a_n+b_n$,证明数列$\{c_n\}$不是等比数列.

【分析及解】 (Ⅰ)由已知$\{c_{n+1}-pc_n\}$是等比数列,求常数 p,所以可以有下面几个思路.

【解法 1】 设等比数列$\{c_{n+1}-pc_n\}$的公比是 q,则

$$\frac{c_{n+2}-pc_{n+1}}{c_{n+1}-pc_n}=q$$

$$c_{n+2}-pc_{n+1}=q(c_{n+1}-pc_n)$$

$$2^{n+2}+3^{n+2}-p\cdot 2^{n+1}-p\cdot 3^{n+1}-q\cdot 2^{n+1}-q\cdot 3^{n+1}+pq\cdot 2^n+pq\cdot 3^n=0$$

$$2^n(4-2p-2q+pq)+3^n(9-3p-3q+pq)=0$$

$$2^n(2-p)(2-q)+3^n(3-p)(3-q)=0$$

由于上式对所有正整数 n 都成立,则

$$\begin{cases}(2-p)(2-q)=0\\(3-p)(3-q)=0\end{cases}$$

解得$\begin{cases}p=2\\q=3\end{cases}$或$\begin{cases}p=3\\q=2\end{cases}$,所以 $p=2$ 或 $p=3$.

【解法 2】 由$\{c_{n+1}-pc_n\}$是等比数列,得

$$(c_{n+1}-pc_n)^2=(c_{n+2}-pc_{n+1})(c_n-pc_{n-1})$$

将 $c_n=2^n+3^n$ 代入得

$$[2^{n+1}+3^{n+1}-p(2^n+3^n)]^2$$
$$=[2^{n+2}+3^{n+2}-p(2^{n+1}+3^{n+1})][2^n+3^n-p(2^{n-1}+3^{n-1})]\cdot$$

$$[(2-p)\cdot 2^n+(3-p)\cdot 3^n]^2$$
$$=[(2-p)\cdot 2^{n+1}+(3-p)\cdot 3^{n+1}]\cdot[(2-p)\cdot 2^{n-1}+(3-p)\cdot 3^{n-1}]$$

整理得$\frac{1}{6}(2-p)(3-p)\cdot 2^n\cdot 3^n=0$,解得 $p=2$ 或 $p=3$.

【解法 3】 因为$\{c_{n+1}-pc_n\}$成等比数列,则 $c_2-pc_1,c_3-pc_2,c_4-pc_3$ 成等比数列.

由于

$$c_1=2^1+3^1=5,c_2=2^2+3^2=13$$
$$c_3=2^3+3^3=35$$
$$c_4=2^4+3^4=97$$

则有

$$(c_3-pc_2)^2=(c_2-pc_1)\cdot(c_4-pc_3)$$
$$(35-13p)^2=(13-5p)(97-35p)$$
$$p^2-5p+6=0$$

解得 $p=2$ 或 $p=3$.

(Ⅱ)本题是要求证明公比不相等的两个等比数列,它们对应项的和组成的数列不是等比数列.

解决这类否定性命题的一个常用方法是反证法.

【证法 1】 设数列$\{a_n\}$,$\{b_n\}$的公比依次为 p,q,且 $p\neq q$.

用反证法.

假设$\{c_n\}$是等比数列,则

$$c_n^2=c_{n-1}\cdot c_{n+1}$$

又

$$c_n^2=(a_n+b_n)^2=(a_1p^{n-1}+b_1q^{n-1})^2$$
$$c_{n-1}\cdot c_{n+1}=(a_1p^{n-2}+b_1q^{n-2})(a_1p^n+b_1q^n)$$

由以上两式相等,并整理得

$$2a_1b_1p^{n-1}q^{n-1}=a_1b_1p^{n-2}q^n+a_1b_1p^nq^{n-2}$$

再由 $a_1\neq 0,b_1\neq 0,p\neq 0,q\neq 0$,得 $2pq=p^2+q^2$,$(p-q)^2=0$,$p=q$ 与已知 $p\neq q$ 矛盾.

所以$\{c_n\}$不是等比数列.

【证法 2】 假设$\{c_n\}$成等比数列,且公比为 t,于是有

$$c_{n+1}=tc_n$$
$$a_1p^n+b_1q^n=ta_1p^{n-1}+tb_1q^{n-1}$$
$$a_1p^{n-1}(p-t)+b_1q^{n-1}(q-t)=0$$

由于上式对所有正整数 n 都成立，则必有 $\begin{cases}p-t=0\\q-t=0\end{cases}$.

于是 $p=q=t$，与 $p\neq q$ 矛盾.

所以 $\{c_n\}$ 不是等比数列.

【证法 3】 本问也可以不用反证法，思路是这样的，如果 $\{c_n\}$ 是等比数列，则 c_1,c_2,c_3 也成等比，反之，如果 c_1,c_2,c_3 不成等比数列，则 $\{c_n\}$ 不可能是等比数列.

假设 $\{a_n\}$，$\{b_n\}$ 的公比分别为 $p,q,p\neq q$，则

$$\begin{aligned}c_2^2-c_1c_3&=(a_1p+b_1q)^2-(a_1+b_1)(a_1p^2+b_1q^2)\\&=2a_1b_1pq-a_1b_1(p^2+q^2)\\&=-2a_1b_1(p-q)^2\end{aligned}$$

因为 $a_1\neq 0,b_1\neq 0,p\neq q$，则

$$c_2^2-c_1c_3\neq 0$$

$$c_2^2\neq c_1c_3$$

因此，c_1,c_2,c_3 不成等比数列，于是 $\{c_n\}$ 不是等比数列.

本题的两问是围绕着等比数列进行的. 第(1) 问是已知 $\{c_{n+1}-pc_n\}$ 是等比数列，运用等比数列的性质，求 p 的值. 第(2) 问则是证明公比不相等的两个等比数列，相应项的和组成的数列不可能是等比数列. 其实这两问是相互联系的，第(1) 问的 $c_n=2^n+3^n$，可看作两个等比数列相应项的和，它不是等比数列，但是当 $\{c_{n+1}-pc_n\}$ 是等比数列时，求出的 $p=2$ 或 3，其实，$p=2$ 时，$c_{n+1}-pc_n=2^{n+1}+3^{n+1}-2^{n+1}-2\cdot 3^{n+1}=3^n$；$p=3$ 时，$c_{n+1}-pc_n=2^{n+1}+3^{n+1}-3\cdot 2^n-3^{n+1}=-2^n$，都不是两个等比数列和的形式，所以本题对逻辑推理能力，运算能力和判断能力的要求都是比较高的.

二、递推公式与通项公式问题

在数列问题中，已知递推公式求通项公式或已知递推公式证明通项公式，是常见的题目，也是对于运算能力和化归思想的考验.

【例 1】 (2002 年，新课程卷)

已知 $\{a_n\}$ 是由非负整数组成的数列，满足 $a_1=0,a_2=3,a_{n+1}a_n=(a_{n-1}+2)(a_{n-2}+2)(n=3,4,5,\cdots)$.

(Ⅰ) 求 a_3；

(Ⅱ) 证明 $a_n=a_{n-2}+2(n=3,4,5,\cdots)$；

(Ⅲ) 求 $\{a_n\}$ 的通项公式及前 n 项和 S_n.

【分析及解】（Ⅰ）由题设等式得

$$a_3a_4=(a_1+2)(a_2+2)=2\times5=10$$

则 a_3 应是 10 的正约数，a_3 的可能值为 1，2，5，10，我们逐一进行分析.

若 $a_3=1$，则 $a_4=10$，由

$$a_4a_5=(a_3+2)(a_2+2)=(1+2)(3+2)=15$$

得 $a_5=\frac{15}{10}=\frac{3}{2}\notin\mathbf{Z}$，所以 $a_3\neq1$.

若 $a_3=5$，则 $a_4=2$，由

$$a_4a_5=(a_3+2)(a_2+2)=7\times5=35,a_5=\frac{35}{2}\notin\mathbf{Z}$$

所以 $a_3\neq5$.

若 $a_3=10$，则 $a_4=1$，由 $a_4a_5=(a_3+2)(a_2+2)=60$，得 $a_5=60$，再由

$$a_5a_6=(a_4+2)(a_3+2)=36$$

得 $a_6=\frac{36}{60}=\frac{3}{5}\notin\mathbf{Z}$，所以 $a_3\neq10$.

若 $a_3=2$，则 $a_4=5$，由 $a_4a_5=(a_3+2)(a_2+2)=20$，得 $a_5=4$，再由

$$a_5a_6=(a_4+2)(a_3+2)=28$$

得 $a_6=7$，进一步还能求出 $a_7=6,a_8=9,\cdots$

所以 $a_3=2$ 符合题意.

（Ⅱ）本问是证明递推公式 $a_n=a_{n-2}+2$，实际上，从第（Ⅰ）问可以看出

$$a_1=0,a_3=2,a_5=4,a_7=6,\cdots$$

$$a_2=3,a_4=5,a_6=7,a_8=9,\cdots$$

由此也可以猜想 $a_n=a_{n-2}+2(n=3,4,5,\cdots)$.

下面用数学归纳法给予证明.

(1) 当 $n=3$ 时，由 $a_1=0,a_3=2$，得 $a_3=0+2=a_1+2$ 成立，所以，$n=3$ 时等式成立.

(2) 假设 $n=k(k\geqslant3)$ 时等式成立，即 $a_k=a_{k-2}+2$.

由题设等式得 $a_{k+1}a_k=(a_{k-1}+2)(a_{k-2}+2)$，因为 $a_k=a_{k-2}+2\neq0$，则

$$a_{k+1}=a_{k-1}+2$$

即 $n=k+1$ 时，等式成立.

由(1)，(2) 对所有 $n\geqslant3$，等式 $a_n=a_{n-2}+2$ 成立.

（Ⅲ）本问是由递推公式 $a_n=a_{n-2}+2$ 推导通项公式.

由递推公式可以得出 $a_1,a_3,a_5,a_7,\cdots$ 是以 $a_1=0$ 为首项，以 2 为公差的等差数列，因此有

$$a_{2k-1}=2(k-1)\quad(k=1,2,3,\cdots)$$

$$a_2, a_4, a_6, a_8, \cdots$$

是以 $a_2=3$ 为首项，以 2 为公差的等差数列，因此有

$$a_{2k}=3+(k-1)\cdot 2=2k+1 \quad (k=1,2,3,\cdots)$$

综合 a_{2k-1}，a_{2k} 的表达式可得 $a_n=n+(-1)^n(n=1,2,3,\cdots)$.

由此可求出 $S_n=\begin{cases}\dfrac{n(n+1)}{2}-1, n \text{ 为奇数} \\ \dfrac{n(n+1)}{2}, n \text{ 为偶数}\end{cases}$.

本题是由一个递推公式和初始条件推出一个新的递推公式，再由新的递推公式推出通项公式的题目，解题的关键在于通过递推公式 $a_n=a_{n-2}+2$ 得出关于等差数列的判断，并且要对 n 分为奇偶数进行讨论.

【例 2】 (2003 年，新课程卷)

设 a_0 为常数，且 $a_n=3^{n-1}-2a_{n-1}(n\in \mathbf{N}^*)$.

(Ⅰ) 证明对任意 $n\geqslant 1$，$a_n=\dfrac{1}{5}[3^n+(-1)^{n-1}2^n]+(-1)^n 2^n a_0$；

(Ⅱ) 假设对任意 $n\geqslant 1$，有 $a_n\geqslant a_{n-1}$，求 a_0 的取值范围.

【分析及解】 本题的第(Ⅰ)问是已知递推公式证明通项公式，而第(Ⅱ)问是数列单调性问题.

(Ⅰ)**【证法 1】** 由于递推公式和通项公式都已给出，所以只要用数学归纳法就可以证明.

① 当 $n=1$ 时，由已知 $a_1=1-2a_0$，又

$$\frac{1}{5}[3^1+(-1)^{1-1}\cdot 2^1]+(-1)^1\cdot 2^1\cdot a_0=1-2a_0$$

所以，$n=1$ 时，通项公式成立.

② 假设 $n=k(k\geqslant 1)$ 时，通项公式成立，即

$$a_k=\frac{1}{5}[3^k+(-1)^{k-1}\cdot 2^k]+(-1)^k\cdot 2^k a_0$$

那么 $n=k+1$ 时

$$\begin{aligned} a_{k+1} &= 3^k-2a_n \\ &= 3^k-\frac{2}{5}[3^k+(-1)^{k-1}2^k]-(-1)^k\cdot 2^{k+1}a_0 \\ &= \frac{3}{5}\cdot 3^k-\frac{2}{5}(-1)^{k-1}\cdot 2^k+(-1)^{k+1}\cdot 2^{k+1}a_0 \\ &= \frac{1}{5}[3^{k+1}-(-1)^{k+1}2^{k+1}]+(-1)^{k+1}\cdot 2^{k+1}a_0 \end{aligned}$$

所以 $n=k+1$ 时，通项公式成立.

由 ①,②,对所有 $n\in \mathbf{N}^*$,通项公式成立.

对于已知的递推公式,即使不给出通项公式,也可通过化归手段,进行转化求出通项公式,有下面的证法 2,证法 3.

【证法 2】 由 $a_n=3^{n-1}-2a_{n-1}$,可设 $a_n-\beta\cdot 3^n=-2(a_{n-1}-\beta\cdot 3^{n-1})$,其中 β 是待定常数,$a_n=5\beta\cdot 3^{n-1}-2a_{n-1}$,所以 $5\beta=1,\beta=\frac{1}{5}$.

所以,$\{a_n-\frac{1}{5}\cdot 3^n\}$ 是以 $a_1-\frac{1}{5}\cdot 3^1$ 为首项,-2 为公比的等比数列

$$a_n-\frac{1}{5}\cdot 3^n=(a_1-\frac{3}{5})(-2)^{n-1}$$

$$\begin{aligned}a_n&=\frac{1}{5}\cdot 3^n+(1-2a_0-\frac{3}{5})(-2)^{n-1}\\&=\frac{1}{5}[3^n+(-1)^{n-1}\cdot 2^n]+(-1)^n\cdot 2^n a_0\end{aligned}$$

【证法 3】 可得

$$a_n=3^{n-1}-2a_{n-1} \quad ①$$

$$a_{n-1}=3^{n-2}-2a_{n-2} \quad ②$$

$$a_{n-2}=3^{n-3}-2a_{n-3} \quad ③$$

$$\vdots$$

$$a_1=3^0-2a_0 \quad ⓝ$$

式 ② $\times(-2)+$ ③ $\times(-2)^2+\cdots+$ ⓝ $\times(-2)^{n-1}$,得

$$\begin{aligned}a_n&=3^{n-1}+(-2)\cdot 3^{n-2}+(-2)^2\cdot 3^{n-3}+\cdots+3\cdot(-2)^{n-2}+\\&\quad(-2)^{n-1}+(-1)^{n-1}\cdot 2^n a_0\\&=\frac{3^{n-1}[1-(-\frac{2}{3})^n]}{1-(-\frac{2}{3})}+(-1)^{n-1}\cdot 2^n a_0\\&=\frac{1}{5}[3^n+(-1)^{n-1}\cdot 2^n]+(-1)^{n-1}\cdot 2^n a_0\end{aligned}$$

证法 2 是通过递推公式构造一个辅助数列,并使这个辅助数列为等比数列,求出辅助数列的通项公式之后,已知数列的通项公式就容易求出了,而证法 3 则是采取消元的方法,通过运算消去 $a_{n-1},a_{n-2},\cdots,a_3,a_2,a_1$,使最后的式子中只剩下 a_n 与 a_0,进而求出通项公式.

(Ⅱ)这是一个已知数列的单调性,求参数的范围问题,有两个方法.

【解法 1】 可得

$$a_n=\frac{1}{5}[3^n+(-1)^{n-1}\cdot 2^n]+(-1)^{n-1}\cdot 2^n a_0$$

$$a_{n-1}=\frac{1}{5}[3^{n-1}+(-1)^{n-2}\cdot 2^{n-1}]+(-1)^{n-2}\cdot 2^{n-1}a_0$$

$$a_n-a_{n-1}=\frac{1}{5}[2\cdot 3^{n-1}+(-1)^{n-1}\cdot 3\cdot 2^{n-1}]+(-1)^n\cdot 3\cdot 2^{n-1}a_0$$

由已知 $a_n>a_{n-1}$，则 $a_n-a_{n-1}>0$，即

$$\frac{1}{5}[2\cdot 3^{n-1}+(-1)^{n-1}\cdot 3\cdot 2^{n-1}]+(-1)^n\cdot 3\cdot 2^{n-1}a_0>0$$

不等边两边同除以 $3\cdot 2^{n-1}$ 得

$$(-1)^{n-1}(5a_0-1)<\left(\frac{3}{2}\right)^{n-2}\quad(n\in\mathbf{N}^*)\qquad①$$

对式 ① 进行奇偶分类讨论.

(1) 当 $n=2k-1,k=1,2,\cdots$ 时，式 ① 化为

$$(-1)^{2k-2}(5a_0-1)<\left(\frac{3}{2}\right)^{2k-3}$$

$$a_0<\frac{1}{5}\left(\frac{3}{2}\right)^{2k-3}+\frac{1}{5}$$

设 $\varphi(k)=\frac{1}{5}\left(\frac{3}{2}\right)^{2k-3}+\frac{1}{5},k\in\mathbf{N}^*$，则 $a_0<\varphi(k),k\in\mathbf{N}^*$ 等价于 $a_0<\varphi_{\min}(k),k\in\mathbf{N}^*$.

显然，$\varphi(k)$ 是单调递增的

$$\varphi_{\min}(k)=\varphi(1)=\frac{1}{3}$$

于是 $a_0<\frac{1}{3}$.

② 当 $n=2k,k=1,2,\cdots$ 时，式 ① 化为

$$(-1)^{2k-1}(5a_0-1)<\left(\frac{3}{2}\right)^{2k-2}$$

$$a_0>-\frac{1}{5}\left(\frac{3}{2}\right)^{2k-2}+\frac{1}{5}$$

设 $g(k)=-\frac{1}{5}\left(\frac{3}{2}\right)^{2k-2}+\frac{1}{5},k\in\mathbf{N}^*$.

于是 $g(k)$ 是单调递减的，$g_{\max}(k)=g(1)=0$.

而 $a_0>g(k),k\in\mathbf{N}^*$ 等价于 $a_0>g_{\max}(k),k\in\mathbf{N}^*$ 于是 $a_0>0$.

由以上 $0<a_0<\frac{1}{3}$.

【解法 2】 由于对所有 $n\in\mathbf{N}^*$，$a_n>a_{n-1}$，则特别地对 $n=1,2$ 也成立，即有 $a_1>a_0,a_2>a_1$，于是有

$$\begin{cases} a_1 - a_0 = 1 - 3a_0 > 0 \\ a_2 - a_1 = 6a_0 > 0 \end{cases}$$

解得 $0 < a_0 < \frac{1}{3}$.

下面证明，当 $0 < a_0 < \frac{1}{3}$ 时，对所有 $n \in \mathbf{N}^*$，$a_n - a_{n-1} > 0$ 都成立

$$5(a_n - a_{n-1}) = 2 \cdot 3^{n-1} + (-1)^{n-1} 3 \cdot 2^{n-1} + (-1)^n \cdot 5 \cdot 3 \cdot 2^{n-1} a_0$$

(1) 当 $n = 2k-1, k = 1,2,3,\cdots$ 时

$$\begin{aligned} 5(a_n - a_{n-1}) &= 2 \cdot 3^{n-1} + 3 \cdot 2^{n-1} - 5 \cdot 3 \cdot 2^{n-1} a_0 \\ &> 2 \cdot 2^{n-1} + 3 \cdot 2^{n-1} - 5 \cdot 3 \cdot 2^{n-1} \cdot \frac{1}{3} = 0 \end{aligned}$$

即 $a_n > a_{n-1}$.

(2) 当 $n = 2k, k = 1,2,3,\cdots$ 时

$$\begin{aligned} 5(a_n - a_{n-1}) &= 2 \cdot 3^{n-1} - 3 \cdot 2^{n-1} + 5 \cdot 3 \cdot 2^{n-1} a_0 \\ &> 6 \cdot 3^{n-2} - 6 \cdot 2^{n-2} + 5 \cdot 3 \cdot 2^{n-1} \cdot 0 > 0 \end{aligned}$$

即 $a_n > a_{n-1}$.

因此 $0 < a_0 < \frac{1}{3}$，使 $a_n > a_{n-1}$ 对所有 $n \in \mathbf{N}^*$ 都成立.

这一问的解法 1 是用函数思想处理的，即把 $\frac{1}{5}\left(\frac{3}{2}\right)^{2k-3} + \frac{1}{5}$ 和 $-\frac{1}{5}\left(\frac{3}{2}\right)^{2k-2} + \frac{1}{5}$ 都看成 k 的函数，通过求这两个函数的最值得到 a_0 的范围. 解法 2 则是一种归纳思维，首先通过特殊的 n，$n = 1,2$，求出 a_0 的范围，再证明对所有的 n，结论成立.

【例 3】 (2002 年，全国卷)

某城市 2001 年末汽车保有量为 30 万辆，预计此后每年报废上一年末汽车保有量的 6%，并且每年新增汽车数量相同，为保护城市环境，要求该城市汽车保有量不超过 60 万辆，那么每年新增汽车数量不应超过多少辆？

【分析及解】 这是一道通过建立数学模型解决实际问题的试题，需要根据题意建立递推关系，再根据递推关系，求出通项公式，以进一步利用题设条件解决问题.

设 2001 年末汽车保有量为 a_1 万辆，由题意 $a_1 = 30$，以后各年末汽车保有量依次为 a_2 万辆，a_3 万辆，…

并设每年新增汽车 x 万辆，则

$$a_{n+1} = a_n \times 0.94 + x \quad (n \in \mathbf{N}^*) \qquad ①$$

这是一个递推公式，为计算使 $a_n \leqslant 60$ 的 x 值，就需要求出通项公式.

我们构造辅助数列，设 $a_{n+1}+\alpha=0.94(a_n+\alpha)$，即

$$a_{n+1}=0.94a_n-0.06\alpha \qquad ②$$

比较式 ①，② 得

$$-0.06\alpha=x$$

$$\alpha=-\frac{x}{0.06}$$

因此数列 $\{a_n-\frac{x}{0.06}\}$ 是以 $a_1-\frac{x}{0.06}=30-\frac{x}{0.06}$ 为首项，0.94 为公比的等比数列

$$a_n-\frac{x}{0.06}=(30-\frac{x}{0.06})(0.94)^{n-1}$$

$$a_n=\frac{x}{0.06}+(30-\frac{x}{0.06})(0.94)^{n-1}$$

注意到，当 $30-\frac{x}{0.06}>0$，即 $x\leqslant 1.8$ 时，数列 $\{a_n\}$ 为减数列，有

$$a_n\leqslant a_{n-1}\leqslant\cdots\leqslant a_2\leqslant a_1=30$$

此时汽车保有量不越过 30 万辆.

当 $30-\frac{x}{0.06}<0$，即 $x>1.8$ 时，数列 $\{a_n\}$ 为增数列，即汽车保有量逐年递增，但是

$$\lim_{n\to\infty}a_n=\lim_{n\to\infty}\left[\frac{x}{0.06}+(30-\frac{x}{0.06})\cdot(0.94)^{n-1}\right]=\frac{x}{0.06}$$

因此，只要 $\frac{x}{0.06}\leqslant 60$，即 $x\leqslant 3.6$(万辆) 时，每年汽车保有量都不会超过 60 万辆.

综合以上可知，每年新增汽车不应超过 3.6 万辆.

例 2、例 3 中由递推公式求通项公式都可以采用构造辅助数列，把问题转化为熟知的等比数列求解，这是化归思想的重要体现.

三、数列与函数的综合问题

由于数列是定义在正整数集 $\mathbf{N}^*$ 或定义在 $\{1,2,\cdots,n\}$ 上的函数，所以数列又常常通过函数形式给出，综合运用函数与数列的知识求解.

【例 1】 (2002 年，北京卷)

已知 $f(x)$ 是定义在 $\mathbf{R}$ 上的不恒为零的函数，且对于任意的 $a,b\in\mathbf{R}$ 都满

足 $f(a \cdot b)=af(b)+bf(a)$.

(Ⅰ)求 $f(0)$,$f(1)$ 的值;

(Ⅱ)判断 $f(x)$ 的奇偶性,并证明你的结论;

(Ⅲ)若 $f(2)=2$,$u_n=\dfrac{f(2^{-n})}{n}(n\in \mathbf{N}^*)$,求数列$\{u_n\}$ 的前 n 项和 S_n.

【分析及解】 (Ⅰ)对 a,b 赋值可求出 $f(0)$,$f(1)$.

设 $a=0$,$b=0$,则 $f(0)=0f(0)+0f(0)=0$.

设 $a=1$,$b=1$,则 $f(1)=1\cdot f(1)+1\cdot f(1)=2f(1)$,所以 $f(1)=0$.

(Ⅱ)设 $a=-1$,$b=-1$,则

$$f(1)=f[(-1)\cdot(-1)]=-f(-1)-f(1)=0$$

所以 $f(-1)=0$.

再设 $a=-1$,$b=x$,则

$$f(-x)=-1\cdot f(x)+xf(-1)=-f(x)$$

所以 $f(x)$ 为奇函数.

(Ⅲ)已知函数方程可化为,当 $ab\neq 0$ 时

$$\frac{f(a\cdot b)}{a\cdot b}=\frac{f(b)}{b}+\frac{f(a)}{a}$$

构造函数 $g(x)=\dfrac{f(x)}{x}$,则

$$g(a\cdot b)=g(a)+g(b)$$

于是

$$g(a^n)=ng(a)$$

$$f(a^n)=a^n\cdot g(a^n)=na^n g(a)=na^{n-1}f(a)$$

所以

$$f(2^{-n})=\left(\frac{1}{2}\right)^{n-1}\cdot n\cdot f\left(\frac{1}{2}\right)$$

$$u_n=\frac{f(2^{-n})}{n}=\left(\frac{1}{2}\right)^{n-1}\cdot f\left(\frac{1}{2}\right)$$

下面计算 $f\left(\dfrac{1}{2}\right)$.

由 $f(2)=2$,可得

$$f(1)=f\left(2\cdot\frac{1}{2}\right)=2f\left(\frac{1}{2}\right)+\frac{1}{2}f(2)=0$$

$$2f\left(\frac{1}{2}\right)+1=0$$

$$f\left(\frac{1}{2}\right)=-\frac{1}{2}$$

因此 $u_n=-\frac{1}{2}\left(\frac{1}{2}\right)^{n-1}$.

$\{u_n\}$ 是以 $-\frac{1}{2}$ 为首项，$\frac{1}{2}$ 为公比的等比数列. 于是

$$S_n=\frac{-\frac{1}{2}\left[1-\left(\frac{1}{2}\right)^n\right]}{1-\frac{1}{2}}=\left(\frac{1}{2}\right)^n-1\quad(n\in\mathbf{N}^*)$$

这道试题给出一个抽象函数满足的方程，在第(Ⅰ)，(Ⅱ)问主要是研究抽象函数方程给出的函数 $f(x)$ 的性质，而第(Ⅲ)问则是把函数与数列综合起来，通过换元技巧以及函数运算得到数列 $\{u_n\}$ 的具体特征，从而进一步求出 $\{u_n\}$ 的通项公式和前 n 项和 S_n.

【例 2】 (1997 年，上海卷)

设数列 $\{a_n\}$ 的首项 $a_1=1$，前 n 项和 S_n 满足关系式

$$3tS_n-(2t+3)S_{n-1}=3t\quad(t>0,n=2,3,4,\cdots)$$

(Ⅰ)求证：数列 $\{a_n\}$ 是等比数列；

(Ⅱ)设数列 $\{a_n\}$ 的公比为 $f(t)$，作数列 $\{b_n\}$，使 $b_1=1,b_n=f\left(\frac{1}{b_{n-1}}\right)(n=2,3,4,\cdots)$，求数列 $\{b_n\}$ 的通项 b_n；

(Ⅲ)求和：$b_1b_2-b_2b_3+b_3b_4-\cdots+b_{2n-1}b_{2n}-b_{2n}b_{2n+1}$.

【分析及解】 (Ⅰ)由已知 $S_1=a_1=1,S_2=a_1+a_2=1+a_2$，代入题设关系式得

$$3t(1+a_2)-(2t+3)\cdot 1=3t$$

$$a_2=\frac{2t+3}{3t}$$

$$\frac{a_2}{a_1}=\frac{2t+3}{3t}$$

又由

$$3tS_n-(2t+3)S_{n-1}=3t$$

$$3tS_{n-1}-(2t+3)S_{n-2}=3t\quad(n\geqslant 3)$$

两式相减得

$$3ta_n-(2t+3)a_{n-1}=0\quad(n\geqslant 3)$$

于是

$$\frac{a_n}{a_{n-1}}=\frac{2t+3}{3t}\quad(n\geqslant 3)$$

又

$$\frac{a_2}{a_1}=\frac{2t+3}{3t}$$

所以，$\{a_n\}$ 是以 1 为首项，以 $\frac{2t+3}{3t}$ 为公比的等比数列.

（Ⅱ）由题设，公比为 $f(t)$，则

$$f(t)=\frac{2t+3}{3t}=\frac{2}{3}+\frac{1}{t}$$

从而有

$$b_n=f\left(\frac{1}{b_{n-1}}\right)=\frac{2}{3}+b_{n-1}$$

所以，数列 $\{b_n\}$ 是以 $b_1=1$，$\frac{2}{3}$ 为公差的等差数列

$$b_n=1+\frac{2}{3}(n-1)=\frac{2n+1}{3}$$

（Ⅲ）可得

$$\begin{aligned}&b_1b_2-b_2b_3+b_3b_4-b_4b_5+\cdots+b_{2n-1}b_{2n}-b_{2n}b_{2n+1}\\=&b_2(b_1-b_3)+b_4(b_3-b_5)+\cdots+b_{2n}(b_{2n-1}-b_{2n+1})\end{aligned}$$

因为 $b_1-b_3=b_3-b_5=\cdots=b_{2n-1}-b_{2n+1}=-\frac{4}{3}$. $b_2, b_4, \cdots, b_{2n}$ 是以 $b_2=\frac{5}{3}$，公差为 $\frac{4}{3}$ 的等差数列. 于是

$$\begin{aligned}\text{原式}&=-\frac{4}{3}(b_2+b_4+\cdots+b_{2n})\\&=-\frac{4}{3}\cdot\frac{n\left(\frac{5}{3}+\frac{4n+1}{3}\right)}{2}\\&=-\frac{4}{9}(2n^2+3n)\end{aligned}$$

本题把等差数列与等比数列结合起来，并由函数产生新数列，从而把函数知识与数列知识综合在一起.

【例 3】（2001 年，上海卷）

对任意函数 $f(x)$，$x\in D$，可如图 8.1 所示构造一个数列发生器，其工作原理如下：

① 输入数据 $x_0\in D$，经数列发生器输出 $x_1=f(x_0)$；

② 若 $x_1\notin D$，则数列发生器结束工作，若 $x_1\in D$，则将 x_1 反馈回输入端，再输出 $x_2=f(x_1)$，并依此规律继续下去.

现定义 $f(x)=\dfrac{4x-2}{x+1}$.

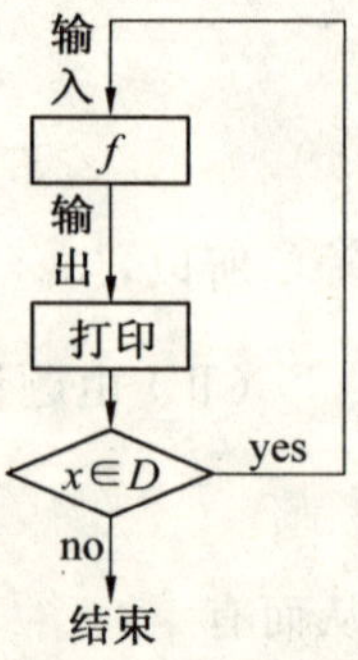

图 8.1

（Ⅰ）若输入 $x_0=\dfrac{49}{65}$，则由数列发生器发生数列 $\{x_n\}$，请写出数列 $\{x_n\}$ 的所有项；

（Ⅱ）若要求数列发生器产生一个无穷的常数数列，试求输入的初始数据 x_0 的值；

（Ⅲ）若输入 x_0 时，产生的无穷数列 $\{x_n\}$ 满足：对任意正整数 n，均有 $x_n<x_{n+1}$，求 x_0 的取值范围.

【分析及解】 这是一个由函数产生数列的问题，以函数为载体，通过对函数值的逐步迭代，产生一系列函数值，这些函数值组成一个数列.

（Ⅰ）$f(x)$ 的定义域

$$D=\{x \mid x\in \mathbf{R}, x\neq -1\}$$

$$x_1=f(x_0)=f\left(\frac{49}{65}\right)=\frac{4\times\frac{49}{65}-2}{\frac{49}{65}+1}=\frac{11}{19}\in D$$

$$x_2=f(x_1)=f\left(\frac{11}{19}\right)=\frac{4\times\frac{11}{19}-2}{\frac{11}{19}+1}=\frac{1}{5}\in D$$

$$x_3=f(x_2)=f\left(\frac{1}{5}\right)=\frac{4\times\frac{1}{5}-2}{\frac{1}{5}+1}=-1\notin D$$

于是产生数列 $\{x_n\}$：$\dfrac{11}{19},\dfrac{1}{5},-1$.

（Ⅱ）若产生无穷常数列，需满足 $f(x)=x$，即产生不动点，设

$$f(x)=\frac{4x-2}{x+1}=x$$

即 $x^2-3x+2=0$，$x=1$ 或 2.

于是当初始值 $x_0=1$ 或 2 时，数列 $\{x_n\}$ 为 $x_n=1$ 或 $x_n=2$ 的常数列.

（Ⅲ）要产生无穷增数列，需使 $f(x)>x$，解不等式 $\dfrac{4x-2}{x+1}>x$.

得 $x<-1$ 或 $1<x<2$.

对于函数 $f(x)=\dfrac{4x-2}{x+1}=4-\dfrac{6}{x+1}$.

若 $x_1 < -1$，则 $x_2 = f(x_1) > 4, x_3 = f(x_2) < 4 < x_2$，与题设对任意正整数 $n, x_n < x_{n+1}$ 不符.

若 $1 < x < 2$，则 x_2 满足 $1 < x_1 < x_2 < 2$，进而对所有 $n \in \mathbf{N}^*, 1 < x_n < 2$，且 $x_n < x_{n+1}$.

因此 x_0 的取值范围是(1,2).

本题是以函数产生有限数列，常数列和递增数列为研究对象的一道数列与函数，方程，不等式的综合题，并以数列发生器的框图形式给出数列产生的方法，考查了综合运用知识的能力和判断推理能力.

四、数列与不等式的综合问题

【例 1】（2002 年，全国卷）

设数列 $\{a_n\}$ 满足 $a_{n+1} = a_n^2 - na_n + 1, n = 1, 2, 3, \cdots$

（Ⅰ）当 $a_1 = 2$ 时，求 a_2, a_3, a_4，并由此猜想出 a_n 的一个通项公式；

（Ⅱ）当 $a_1 \geqslant 3$ 时，证明对所有 $n \geqslant 1$，有：

(1) $a_n \geqslant n + 2$.

(2) $\dfrac{1}{1+a_1} + \dfrac{1}{1+a_2} + \cdots + \dfrac{1}{1+a_n} \leqslant \dfrac{1}{2}$.

【分析及解】 第（Ⅰ）问比较容易，由初始条件及递推公式可以求出 $a_1 = 2, a_2 = 3, a_3 = 4, a_4 = 5$，由此猜想 $a_n = n + 1$.

题目并没有要求证明所猜想的通项公式的正确性，如果需要证明，用数学归纳法很容易完成.

（Ⅱ）(1)**【证法 1】** 我们用数学归纳法证明 $a_1 \geqslant 3$ 时，$a_n \geqslant n + 2$.

① 当 $n = 1$ 时，$a_1 \geqslant 3 = 1 + 2$，所以 $n = 1$ 时，不等式成立；

② 假设 $n = k$ 时，不等式成立，即 $a_k \geqslant k + 2$.

那么 $n = k + 1$ 时，有

$$\begin{aligned} a_{k+1} &= a_k^2 - ka_k + 1 = a_k \cdot a_k - ka_k + 1 \\ &\geqslant (k+2)a_k - ka_k + 1 \\ &= 2a_k + 1 \\ &\geqslant 2(k+2) + 1 \\ &> k + 3 \end{aligned}$$

所以 $n = k + 1$ 时，不等式成立.

由 ①，②，对所有 n，当 $a_1 \geqslant 3$ 时，$a_n \geqslant n + 2$ 成立.

对于数学归纳法的第 ② 步骤，还可有如下的证法.

【证法 2】 可得

$$\begin{aligned}a_{k+1}&=a_k^2-ka_k+1\\&=a_k(a_k-k)+1\\&\geqslant(k+2)(k+2-k)+1\\&=2k+5\\&\geqslant(k+1)+2\end{aligned}$$

【证法 3】 $a_{k+1}=(a_k-\frac{k}{2})^2-\frac{k^2}{4}+1$.

因为$f(x)=(x-\frac{k}{2})^2$在$(\frac{k}{2},+\infty)$上是增函数,又$k+2>\frac{k}{2}$,所以$f(x)$在$[k+2,+\infty)$上是增函数

$$a_{k+1}\geqslant(k+2-\frac{k}{2})^2-\frac{k^2}{4}+1=2k+5>(k+1)+2$$

(2) 首先研究$\frac{1}{1+a_k}$的不等关系.

【证法 1】 可得

$$a_{k+1}=a_k^2-ka_k+1\geqslant a_k(k+2-k)+1=2a_1$$
$$1+a_{k+1}\geqslant 2(1+a_k)$$

于是有

$$1+a_k\geqslant 2(1+a_{k-1})\geqslant 2^2(1+a_{k-2})\geqslant\cdots\geqslant 2^{k-1}(1+a_1)$$

即

$$\frac{1}{1+a_k}\leqslant\frac{1}{1+a_1}\cdot\left(\frac{1}{2}\right)^{k-1}$$

取$k=1,2,\cdots,n$,并相加得

$$\frac{1}{1+a_1}+\frac{1}{1+a_2}+\cdots+\frac{1}{1+a_n}\leqslant\frac{1}{1+a_1}(1+\frac{1}{2}+\cdots+\frac{1}{2^{n-1}})$$
$$<\frac{1}{1+3}(1+\frac{1}{2}+\cdots+\frac{1}{2^{n-1}}+\cdots)=\frac{1}{4}\cdot\frac{1}{1-\frac{1}{2}}=\frac{1}{2}$$

因而,所证不等式成立.

本问还有下面的证法.

【证法 2】 由$1+a_k\geqslant 2^{k-1}(1+a_1)\geqslant 2^{k-1}(1+3)=2^{k+1}$可得

$$\frac{1}{1+a_k}\leqslant\frac{1}{2^{k+1}}$$

在上式中,对k取$1,2,\cdots,n$,并相加得

$$\frac{1}{1+a_1}+\frac{1}{1+a_2}+\cdots+\frac{1}{1+a_n}\leqslant\frac{1}{2^2}+\frac{1}{2^3}+\cdots+\frac{1}{2^{n+1}}$$

$$=\frac{\frac{1}{4}(1-\frac{1}{2^n})}{1-\frac{1}{2}}$$

$$=\frac{1}{2}-\frac{1}{2^{n+1}}<\frac{1}{2}$$

这道试题的第(Ⅱ)问证明了两个数列不等式，第一个不等式是用数学归纳法完成的，而第二个不等式则依赖放缩法，把不等式放大为熟知的等比数列求和.

【例 2】 (2002 年，北京卷)

数列$\{x_n\}$由下列条件确定：$x_1=a>0$，$x_{n+1}=\frac{1}{2}(x_n+\frac{a}{x_n})$，$n\in \mathbf{N}^*$.

(Ⅰ)证明：对于$n\geqslant 2$，总有$x_n\geqslant\sqrt{a}$.

(Ⅱ)证明：对于$n\geqslant 2$，总有$x_n\geqslant x_{n+1}$.

【分析及解】 (Ⅰ)由$x_1=a>0$及递推公式可知，对所有n，$x_n>0$. 于是由均值不等式可得

$$x_{n+1}=\frac{1}{2}(x_n+\frac{a}{x_n})\geqslant\frac{1}{2}\cdot 2\sqrt{x_n\cdot\frac{a}{x_n}}=\sqrt{a}\quad(n\geqslant 1)$$

于是，对$n\geqslant 2$，$x_n\geqslant\sqrt{a}$.

(Ⅱ)我们用比较法

$$x_{n+1}-x_n=\frac{1}{2}(x_n+\frac{a}{x_n})-x_n=\frac{1}{2}\cdot\frac{a-x_n^2}{x_n}$$

由(Ⅰ)可知$x_n\geqslant\sqrt{a}$，即有$a-x_n^2\leqslant 0$，又$x_n>0$，所以$x_{n+1}-x_n\leqslant 0$，$x_n\geqslant x_{n+1}$.

在解决本题的两问中，采用了不等式证明的两种常用方法，一种是用平均值不等式证明，一种是用比较法证明.

【例 3】 (2000 年，上海春季招生卷)

已知$\{a_n\}$是等差数列，$a_1=-393$，$a_2+a_3=-768$，$\{b_n\}$是公比为$q(0<q<1)$的无穷等比数列，$b_1=2$，且$\{b_n\}$的各项和为 20.

(Ⅰ)写出$\{a_n\}$和$\{b_n\}$的通项公式；

(Ⅱ)试求满足不等式$\frac{a_{m+1}+a_{m+2}+\cdots+a_{2m}}{m+1}\leqslant -160b_2$的正整数$m$.

【分析及解】 (Ⅰ)设$\{a_n\}$为公差为d，则

$$\begin{cases}a_2+a_3=2a_1+3d=-768\\a_1=-393\end{cases}$$

解得 $d=6, a_n=-393+6(n-1)=6n-399$.

设无穷等比数列 $\{b_n\}$ 的各项和为 S,则

$$S=\frac{2}{1-q}=20, q=\frac{9}{10}$$

$$b_n=2\cdot\left(\frac{9}{10}\right)^{n-1}$$

(Ⅱ)设数列 $\{a_n\}$ 的前 n 项和为 A_n,则

$$A_n=na_1+\frac{n(n-1)}{2}d=-393n+3n(n-1)$$

由 $a_{m+1}+a_{m+2}+\cdots+a_{2m}=A_{2m}-A_m$,得

$$\begin{aligned}a_{m+1}+a_{m+2}+\cdots+a_{2m}&=-393\cdot 2m+6m(2m-1)+\\&\quad 393m-3m(m-1)\\&=9m^2-396m\end{aligned}$$

又

$$b_2=2\cdot\frac{9}{10}=\frac{18}{10}, -160b_2=-\frac{18\cdot 160}{10}=-288$$

于是已知不等式化为

$$\frac{9m^2-396m}{m+1}\leqslant -288$$

$$9m^2-396m\leqslant -288m-288$$

$$m^2-44m\leqslant -32m-32$$

$$m^2-12m+32\leqslant 0$$

$$4\leqslant m\leqslant 8$$

又由 $m\in\mathbf{N}$,可得 $m=4,5,6,7,8$.

本题与前两个例题不同,前两个例题是证明数列不等式,这一题则是解数列不等式.

五、点列问题

数列问题与解析几何知识的综合,常常以点列的形式出现,这些点列实质上是点的横坐标组成的数列和纵坐标组成的数列.

【例 1】 (2003 年,江苏卷)

设 $a>0$,如图 8.2,已知直线 $l: y=ax$ 及曲线 $C: y=x^2$, C 上的点 Q_1 的横坐标为 $a_1(0<a_1<a)$,从 C 上的点 $Q_n(n\geqslant 1)$ 作直线平行于 x 轴,交直线 l 于点 P_{n+1},再从点 P_{n+1} 作直线平行于 y 轴,交曲线 C 于 Q_{n+1}, $Q_n(n=1,2,3,\cdots)$

的横坐标构成数列$\{a_n\}$.

（Ⅰ）试求a_{n+1}与a_n的关系，并求$\{a_n\}$的通项公式；

（Ⅱ）当$a=1, a_1 \leqslant \frac{1}{2}$时，证明$\sum_{k=1}^{n}(a_k-a_{k+1})a_{k+2}<\frac{1}{32}$；

（Ⅲ）当$a=1$时，证明$\sum_{k=1}^{n}(a_k-a_{k+1})a_{k+2}<\frac{1}{3}$.

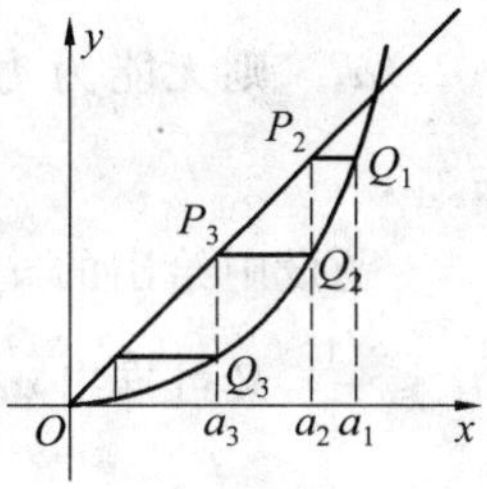

图 8.2

【分析及解】（Ⅰ）首先求出点P_n, Q_n的坐标

$$Q_n(a_n, a_n^2), P_{n+1}\left(\frac{a_n^2}{a}, a_n^2\right), Q_{n+1}\left(\frac{a_n^2}{a}, \frac{a_n^4}{a^2}\right)$$

于是$a_{n+1}=\frac{a_n^2}{a}$.

下面求$\{a_n\}$的通项公式，由a_n与a_{n+1}的递推公式可得

$$\begin{aligned} a_n &= \frac{1}{a}a_{n-1}^2 = \frac{1}{a}\left(\frac{1}{a}a_{n-2}^2\right)^2 = \left(\frac{1}{a}\right)^{1+2} a_{n-2}^{2^2} \\ &= \left(\frac{1}{a}\right)^{1+2}\left(\frac{1}{a}a_{n-3}^2\right)^{2^2} = \left(\frac{1}{a}\right)^{1+2+4} a_{n-3}^{2^3} = \cdots \\ &= \left(\frac{1}{a}\right)^{1+2+2^2+\cdots+2^{n-2}} \cdot a_1^{2^{n-1}} \\ &= \left(\frac{1}{a}\right)^{2^{n-1}-1} \cdot a_1^{2^{n-1}} = a\left(\frac{a_1}{a}\right)^{2^{n-1}} \end{aligned}$$

关于求$\{a_n\}$的通项公式，除了上面采用迭代的方法之外，还可以采用化归为等比数列的方法，具体的求法是这样的.

将$a_{n+1}=\frac{a_n^2}{a}$的两边取常用对数，得

$$\lg a_{n+1} = 2\lg a_n - \lg a$$

令$\lg a_{n+1}-\beta=2(\lg a_n-\beta)$，即$\lg a_{n+1}=2\lg a_n-\beta$，则$\beta=\lg a$，于是$\{\lg a_n-\lg a\}$是以$\lg a_1-\lg a$为首项，2为公比的等比数列，即有

$$\lg a_n - \lg a = (\lg a_1 - \lg a)\cdot 2^{n-1}$$

$$\lg a_n = \lg a_1^{2^{n-1}} - \lg a^{2^{n-1}-1}$$

$$a_n = a\cdot\left(\frac{a_1}{a}\right)^{2^{n-1}}$$

（Ⅱ）要证明题目的不等式，关键是如何处理题目中的和式.

对于$\sum_{k=1}^{n}(a_k-a_{k+1})$我们可以采取交叉消去的方法求和，而对于$\sum_{k=1}^{n}(a_k-$

$a_{k+1})a_{k+2}$ 则无能为力，所以设法把和式 $\sum_{k=1}^{n}(a_k-a_{k+1})a_{k+2}$ 转化为 $\sum_{k=1}^{n}(a_k-a_{k+1})$.

题设中给出的 $a=1$，使得 a_n 与 a_{n+1} 的递推关系化为 $a_{n+1}=a_n^2$，而给出的 $a_1\leqslant\frac{1}{2}$，又可推出 $a_2=a_1^2\leqslant\frac{1}{4}$，$a_3=a_2^2\leqslant\frac{1}{16}$.

当 $k=1,2,\cdots,n$ 时，a_{k+2} 为 $a_3,a_4,\cdots,a_{n+2}$，这时总有 $a_{k+2}\leqslant\frac{1}{16}(k=1,2,\cdots)$.

这样，和式可化为

$$\begin{aligned}\sum_{k=1}^{n}(a_k-a_{k+1})a_{k+2}&\leqslant\frac{1}{16}\sum_{k=1}^{n}(a_k-a_{k+1})\\&=\frac{1}{16}(a_1-a_{n+1})\\&<\frac{1}{16}\cdot a_1\\&\leqslant\frac{1}{32}\end{aligned}$$

从而不等式得证.

(Ⅲ) 由于没有给出 $a_1\leqslant\frac{1}{2}$ 这个条件，这样对每个 a_{k+2} 只能有 $a_{k+2}<1$，因此再用(Ⅱ)的办法进行转化就不行了.

注意到 $\{a_n\}$ 的通项公式化为 $a_n=a_1^{2^{n-1}}$，$0<a_1<1$. 这样我们可以把形如 $a_k-a_{k+1}=a_1^{2^{k-1}}-a_1^{2^k}$ 进行转化，以 $k=3$ 为例

$$a_3-a_4=a^4-a^8=(a^4-a^5)+(a^5-a^6)+(a^6-a^7)+(a^7-a^8)$$

于是有

$$\begin{aligned}\sum_{k=1}^{n}(a_k-a_{k+1})a_{k+2}&=\sum_{k=1}^{n}(a_1^{2^{k-1}}-a_1^{2^k})a_1^{2^{k-1}}\\&=\sum_{i=1}^{2^n-1}(a_1^i-a_1^{i+1})a_1^{2i+2}\\&=(1-a_1)a_1^2\sum_{i=1}^{2^n-1}a_1^{3i}\\&<(1-a_1)a_1^2\sum_{i=1}^{\infty}a_1^{3i}\\&=(1-a_1)a_1^2\cdot\frac{a_1^3}{1-a_1^3}\end{aligned}$$

$$=\frac{a_1^5}{1+a_1+a_1^2}$$

$$=\frac{1}{\frac{1}{a_1^5}+\frac{1}{a_1^4}+\frac{1}{a_1^3}}<\frac{1}{3}$$

关于(Ⅱ),(Ⅲ),我们注意到虽然给出的初始条件不同,(Ⅱ)中 $a_1\leqslant\frac{1}{2}$,(Ⅲ)中 $0<a_1<1$,但是 a 的条件相同,都是 $a=1$,要证明的不等式的左边相同,都是 $\sum\limits_{k=1}^{n}(a_k-a_{k+1})a_{k+2}$,为此,可以考虑一个统一的解法.

当 $a=1$ 时,通项公式为 $a_n=a_1^{2^{n-1}}$,并且

$$a_ka_{k+2}=a_1^{5\cdot 2^{k+1}},a_{k+1}a_{k+2}=a_1^{6\cdot 2^{k-1}}$$

所以

$$(a_k-a_{k+1})a_{k+2}=a_1^{5\cdot 2^{k-1}}-a_1^{6\cdot 2^{k-1}}$$

对于(Ⅱ),当 $0<a_1\leqslant\frac{1}{2}$ 时,由于 $a_1^{6\cdot 2^{k-1}}>a_1^{10\cdot 2^{k-1}}$,则

$$a_1^{5\cdot 2^{k-1}}-a_1^{6\cdot 2^{k-1}}<a_1^{5\cdot 2^{k-1}}-a_1^{10\cdot 2^{k-1}}$$

$$\begin{aligned}\sum_{k=1}^{n}(a_k-a_{k+1})a_{k+2}&=\sum_{k=1}^{n}(a_1^{5\cdot 2^{k-1}}-a_1^{6\cdot 2^{k-1}})\\&<\sum_{k=1}^{n}(a_1^{5\cdot 2^{k-1}}-a_1^{10\cdot 2^{k-1}})\\&=\sum_{k=1}^{n}(a_1^{5\cdot 2^{k-1}}-a_1^{5\cdot 2^{k}})\\&=(a_1^5-a_1^{5\cdot 2})+(a_1^{5\cdot 2}-a_1^{5\cdot 3})+(a_1^{5\cdot 3}-a_1^{5\cdot 4})+\cdots+\\&\quad(a_1^{5\cdot 2^{n-1}}-a_1^{5\cdot 2^n})\\&=a_1^5-a_1^{5\cdot 2^n}<a_1^5\leqslant\left(\frac{1}{2}\right)^5=\frac{1}{32}\end{aligned}$$

因而(Ⅱ)得证.

当 $0<a_1<1$ 时,可以证明 $a_1^{5\cdot 2^{k-1}}-a_1^{6\cdot 2^{k-1}}<\frac{1}{3}(a_1^{3\cdot 2^{k-1}}-a_1^{3\cdot 2^k})$. 这是因为

$$\begin{aligned}a_1^{3\cdot 2^{k-1}}-a_1^{3\cdot 2^k}&=a_1^{3\cdot 2^{k-1}}[1-(a_1^{2^{k-1}})^3]\\&=a_1^{3\cdot 2^{k-1}}(1-a_1^{2^{k-1}})(1+a_1^{2^{k-1}}+a_1^{2^k})\\&>a_1^{3\cdot 2^{k-1}}(1-a_1^{2^{k-1}})\cdot 3a_1^{2^k}\\&=3(a_1^{5\cdot 2^{k-1}}-a_1^{6\cdot 2^{k-1}})\end{aligned}$$

$$\sum_{k=1}^{n}(a_k-a_{k+1})a_{k+2}=\sum_{k=1}^{n}(a_1^{5\cdot 2^{k-1}}-a_1^{6\cdot 2^{k-1}})$$

$$< \frac{1}{3}\sum_{k=1}^{n}(a_1^{3\cdot 2^{k-1}} - a_1^{3\cdot 2^k})$$

$$= \frac{1}{3}(a_1^3 - a_1^{3\cdot 2^n}) < \frac{1}{3}\cdot a_1^3 < \frac{1}{3}$$

因而(Ⅲ)得证.

从本题的两种解法可以看出,点列问题实质上还是数列问题.

【例 2】 (2002 年,京皖春季招生卷)

已知点的序列 $A_n(x_n,0)$,$n\in \mathbf{N}$,其中 $x_1=0$,$x_2=a(a>0)$,A_3 是线段 A_1A_2 的中点,A_4 是线段 A_2A_3 的中点,……,A_n 是线段 $A_{n-2}A_{n-1}$ 的中点……

(Ⅰ)写出 x_n 与 x_{n-1},x_{n-2} 之间的关系式.

(Ⅱ)设 $a_n=x_{n+1}-x_n$,计算 a_1,a_2,a_3,由此推测数列$\{a_n\}$的通项公式,并加以证明.

(Ⅲ)求$\lim\limits_{n\to\infty}x_n$.

【分析及解】 (Ⅰ)由题设及中点公式,有 $n\geqslant 3$ 时,$x_n=\dfrac{x_{n-1}+x_{n-2}}{2}$.

(Ⅱ)可得

$$a_1=x_2-x_1=a-0=a$$

$$a_2=x_3-x_2=\frac{x_1+x_2}{2}-x_2=-\frac{1}{2}(x_2-x_1)=-\frac{1}{2}a$$

$$a_3=x_4-x_3=-\frac{1}{2}(x_3-x_2)=-\frac{1}{2}(-\frac{1}{2}a)=\frac{1}{4}a$$

由此推测

$$a_n=(-\frac{1}{2})^{n-1}a \quad (n\in \mathbf{N}^*)$$

对这一结论有两种证法.

【证法 1】 用数学归纳法.

①$n=1$ 时,$a_1=a=(-\frac{1}{2})^{n-1}a$,$n=1$ 推测成立;

② 假设 $n=k$ 时,推测成立,即 $a_n=(-\frac{1}{2})^{k-1}a$,那么当 $n=k+1$ 时

$$\begin{aligned}a_{k+1}&=x_{k+2}-x_{k+1}\\&=\frac{x_{k+1}+x_k}{2}-x_{k+1}\\&=-\frac{1}{2}(x_{k+1}-x_k)\\&=-\frac{1}{2}a_k\end{aligned}$$

$$=(-\frac{1}{2})^{k}a$$

所以 $n=k+1$ 时，推测成立.

于是，对所有 $n\in\mathbf{N}^{*}$，公式 $a_n=(-\frac{1}{2})^{n-1}a$ 成立.

【证法 2】 不用数学归纳法，而去推导关于 a_n 的递推公式

$$a_n=x_{n+1}-x_n=\frac{x_n+x_{n-1}}{2}-x_n=-\frac{1}{2}(x_n-x_{n-1})=-\frac{1}{2}a_{n-1}$$

于是数列 $\{a_n\}$ 是以 $a_1=a$ 为首项，$-\frac{1}{2}$ 为公比的等比数列，即 $a_n=(-\frac{1}{2})^{n-1}a$.

(Ⅲ) 当 $n\geqslant 3$ 时，有

$$\begin{aligned}x_n&=(x_n-x_{n-1})+(x_{n-1}-x_{n-2})+\cdots+(x_2-x_1)+x_1\\&=a_{n-1}+a_{n-2}+\cdots+a_1\end{aligned}$$

于是

$$\lim_{n\to\infty}x_n=a_1+a_2+\cdots+a_{n-1}+\cdots=\frac{a}{1-(-\frac{1}{2})}=\frac{2}{3}a$$

【例 3】 (1999 年，上海卷)

设数列 $\{a_n\}$ 的前 n 项和 $S_n=na+n(n-1)b(n=1,2,\cdots)$，$a,b$ 是常数且 $b\neq 0$.

(Ⅰ) 证明 $\{a_n\}$ 是等差数列.

(Ⅱ) 证明以 $(a_n,\frac{S_n}{n}-1)$ 为坐标的点 $P_n(n=1,2,\cdots)$ 都落在同一条直线上，并写出此直线的方程.

(Ⅲ) 设 $a=1,b=\frac{1}{2}$，C 是以 (r,r) 为圆心，r 为半径的圆 $(r>0)$. 求使得点 P_1,P_2,P_3 都落在圆外时，r 的取值范围.

【分析及解】 (Ⅰ) 要证明 $\{a_n\}$ 成等差数列，只需证明差 a_n-a_{n-1} 为定值，而由 S_n 很容易求出 a_n.

由条件，$a_1=S_1=a$.

当 $n\geqslant 2$ 时

$$\begin{aligned}a_n&=S_n-S_{n-1}=[na+n(n-1)b]-[(n-1)a+(n-1)(n-2)b]\\&=a+2(n-1)b\end{aligned}$$

$$a_n-a_{n-1}=[a+2(n-1)b]-[a+2(n-2)b]=2b$$

因此，$\{a_n\}$ 是以 a 为首项，$2b$ 为公差的等差数列.

(Ⅱ) 点 P_1 的坐标为 $(a,a-1)$.

下面计算每一点 P_n 与 P_1 所确定的斜率

$$k_{P_nP_1}=\frac{(\frac{S_n}{n}-1)-(a-1)}{a_n-a}$$
$$=\frac{\frac{na+n(n-1)b}{n}-a}{a+2(n-1)b-a}$$
$$=\frac{(n-1)b}{2(n-1)b}$$
$$=\frac{1}{2}$$

因此,所有的点 P_n 都在由点 $P_1(a,a-1)$ 和斜率 $\frac{1}{2}$ 所确定的直线上.

这条直线方程为 $y-(a-1)=\frac{1}{2}(x-a)$,即

$$x-2y+a-2=0$$

(Ⅲ)当 $a=1,b=\frac{1}{2}$ 时

$$a_n=n,S_n=\frac{n(n+1)}{2}$$

P_n 为$(a_n,\frac{S_n}{n}-1)=(n,\frac{n-1}{2})$.

于是 P_1,P_2,P_3 坐标为$(1,0),(2,\frac{1}{2}),(3,1)$.因此 P_1,P_2,P_3 都落在圆 C 外的条件是

$$\begin{cases}(r-1)^2+r^2>r^2\\(r-2)^2+(r-\frac{1}{2})^2>r^2\\(r-3)^2+(r-1)^2>r^2\end{cases}$$

即

$$\begin{cases}r\neq 1\\r<\frac{5}{2}-\sqrt{2}\text{ 或 }r>\frac{5}{2}+\sqrt{2}\\r<4-\sqrt{6}\text{ 或 }r>4+\sqrt{6}\end{cases}$$

注意到 $r\geqslant 0,1<\frac{5}{2}-\sqrt{2}<4-\sqrt{6}<\frac{5}{2}+\sqrt{2}<4+\sqrt{6}$,故使 P_1,P_2,P_3 都落在圆 C 之外时,r 的取值范围是

$$(0,1)\cup\left(1,\frac{5}{2}-\sqrt{2}\right)\cup(4+\sqrt{6},+\infty)$$

例 3 与例 1,例 2 不同,例 1,例 2 是由点列转化为数列求解,例 3 则是由数列转化为点列求解.

六、数列的存在性问题

在高考数列试题中,已经出现的存在性问题,都是属于是否存在一个常数,使得一个数列等式或数列不等式存在的问题,是一种探索性开放性的问题,解题的思路常常是假定满足题设的条件存在,再经过演绎推理进行判断.

【例 1】 (1995 年,全国卷)

设 $\{a_n\}$ 是由正数组成的等比数列,S_n 是其前 n 项和.

(Ⅰ) 证明:$\frac{\lg S_n+\lg S_{n+2}}{2}<\lg S_{n+1}$;

(Ⅱ) 是否存在常数 $c>0$,使得 $\frac{\lg(S_n-c)+\lg(S_{n+2}-c)}{2}=\lg(S_{n+1}-c)$ 成立? 并证明你的结论.

【分析及解】 第(Ⅰ)问是数列不等式问题,第(Ⅱ)问是数列的存在性问题.

(Ⅰ) 设 $\{a_n\}$ 的公比为 q,由 $a_n>0$ 可知 $q>0$,$a_1>0$.

对 q 分类讨论.

(1) 当 $q=1$ 时,$S_n=na_1$,则

$$\begin{aligned}S_n\cdot S_{n+2}-S_{n+1}^2&=na_1\cdot(n+2)a_1-(n+1)^2a_1^2\\&=-a_1^2<0\end{aligned}$$

(2) 当 $q\neq 1$ 时,$S_n=\frac{a_1(1-q^n)}{1-q}$,则

$$\begin{aligned}S_n\cdot S_{n+2}-S_{n+1}^2&=\frac{a_1(1-q^n)}{1-q}\cdot\frac{a_1(1-q^{n+2})}{1-q}-\frac{a_1^2(1-q^{n+1})^2}{(1-q)^2}\\&=-a_1^2q^n<0\end{aligned}$$

由(1),(2) 都有 $S_n\cdot S_{n+2}<S_{n+1}^2$.

又由 $y=\lg x$ 在$(0,+\infty)$ 上是增函数,则

$$\lg S_n\cdot S_{n+2}<\lg S_{n+1}^2,\ \frac{\lg S_n+\lg S_{n+2}}{2}<\lg S_{n+1}$$

(Ⅱ)**【解法 1】** 假设存在常数 $c>0$,使得

$$\frac{\lg(S_n-c)+\lg(S_{n+2}-c)}{2}=\lg(S_{n+1}-c)$$

则有

$$\begin{cases}S_n-c>0 & ①\\(S_n-c)(S_{n+2}-c)=(S_{n+1}-c)^2 & ②\end{cases}$$

当 $q=1$ 时

$$\begin{aligned}&(S_n-c)(S_{n+2}-c)-(S_{n+1}-c)^2\\=&(na_1-c)[(n+2)a_1-c]-[(n+1)a_1-c]^2\\=&-a_1^2\neq 0\end{aligned}$$

所以 $q=1$ 时,不存在满足题设条件的常数 c.

当 $q\neq 1$ 时,若 ② 成立,则

$$(S_n-c)(S_{n+2}-c)-(S_{n+1}-c)^2=0$$

$$\left[\frac{a_1(1-q^n)}{1-q}-c\right]\left[\frac{a_1(1-q^{n+2})}{1-q}-c\right]-\left[\frac{a_1(1-q^{n+1})}{1-q}-c\right]^2=0$$

$$-a_1q^n[a_1-c(1-q)]^2=0$$

由于 $a_1\neq 0,q\neq 0$,则必有 $a_1-c(1-q)=0$,又 $q\neq 1$,则 $c=\dfrac{a_1}{1-q}$,再由 $c>0$ 知 $0<q<1$,由 ① 有

$$S_n-c=\frac{a_1(1-q^n)}{1-q}-c>0$$

$$\frac{a_1(1-q^n)}{1-q}-\frac{a_1}{1-q}>0$$

$$-\frac{a_1q^n}{1-q}>0$$

然而 $0<q<1,1-q>0,a_1>0,q>0$,应有 $-\dfrac{a_1q^n}{1-q}<0$,出现矛盾.

所以 $q\neq 1$ 时,不存在满足题目条件的常数 $c>0$.

综合以上,满足题设等式的常数 $c>0$ 不存在.

【解法 2】 假设存在常数 $c>0$,使得

$$\frac{\lg(S_n-c)+\lg(S_{n+2}-c)}{2}=\lg(S_{n+1}-c)$$

则有

$$\begin{cases}S_n-c>0\\S_{n+1}-c>0\\S_{n+2}-c>0\\(S_n-c)(S_{n+2}-c)=(S_{n+1}-c)^2\end{cases}$$

由

$$(S_n-c)(S_{n+2}-c)=(S_{n+1}-c)^2$$

可得

$$S_nS_{n+2}-S_{n+1}^2=c(S_n+S_{n+2}-2S_{n+1}) \qquad (*)$$

而

$$\begin{aligned}S_n+S_{n+2}-2S_{n+1}&=(S_n-c)+(S_{n+2}-c)-2(S_{n+1}-c)\\&\geqslant 2\sqrt{(S_n-c)(S_{n+2}-c)}-2(S_{n+1}-c)\\&=2(S_{n+1}-c)-2(S_{n+1}-c)\\&=0\end{aligned}$$

于是式(*)右边 $c(S_n+S_{n+2}-2S_{n+1})\geqslant 0$

另一方面,由(Ⅰ)可知,式(*)左边有 $S_nS_{n+2}S_{n+1}<0$.出现矛盾.

所以不存在常数 $c>0$,使题设的等式成立.

如果把题目的两问结合起来,实际上本题说明了这样一个存在性问题,即对于正项等比数列$\{a_n\}$,不存在常数 $c\geqslant 0$,使 $S_n-c,S_{n+1}-c,S_{n+2}-c$ 成等比数列.

【例 2】 (2001 年,上海春季招生卷)

已知$\{a_n\}$是首项为 2,公比为$\frac{1}{2}$ 的等比数列,S_n 为它的前 n 项和.

(Ⅰ)用 S_n 表示 S_{n+1};

(Ⅱ)是否存在自然数 c 和 k,使得$\frac{S_{k+1}-c}{S_k-c}>2$ 成立.

【分析及解】 (Ⅰ)由题设

$$S_n=4(1-\frac{1}{2^n})$$

$$S_{n+1}=4(1-\frac{1}{2^{n+1}})=4-\frac{2}{2^n}=2+2(1-\frac{1}{2^n})=2+\frac{1}{2}S_n$$

(Ⅱ)假设存在 $c,k\in\mathbf{N}^*$,使$\frac{S_{k+1}-c}{S_k-c}>2$ 成立,则$\frac{2+\frac{1}{2}S_k-c}{S_k-c}-2>0$,$\frac{2-\frac{3}{2}S_k+c}{S_k-c}>0$,即$\frac{c-(\frac{3}{2}S_k-2)}{c-S_k}<0$,现比较$\frac{3}{2}S_k-2$ 与 S_k 的大小关系由 $S_k=4(1-\frac{1}{2^k})<4$,则

$$S_k-(\frac{3}{2}S_k-2)=2-\frac{1}{2}S_n>0$$

于是

$$\frac{3}{2}S_k-2<c<S_k<4 \quad (*)$$

又$\{a_n\}$为正项等比数列,则必有

$$S_1<S_2<\cdots<S_k$$

$$\frac{3}{2}S_k-2>\frac{3}{2}S_1-2=1$$

即式(*)满足$1<\frac{3}{2}S_k-2<c<S_k<4$.

从而$c=2,3$.

(1) 当$c=2$时,取$k=1$,则式(*)化为$1<2<2<4$,出现矛盾,从而$k\geqslant 1$时,式(*)不成立.

(2) 当$c=3$时,取$k=2$,由$S_1=2,S_2=4(1-\frac{1}{4})=3$,则式(*)化为$\frac{9}{2}-2<3<3<4$. 出现矛盾,从而$k\geqslant 2$时,式(*)不成立.

$k=1$时,式(*)显然不成立,即$k\geqslant 1$时式(*)不成立.

所以不存在c,k,使$\frac{S_{k+1}-c}{S_k-c}>2$成立.

本题第(Ⅱ)问是一个是否存在双参数c,k使不等式成立的问题,我们采取解不等式的方法,解出第一个参数$c=2,3$,再对k分类讨论,从而得到题目的结论.

七、建立数列模型解决实际问题

有许多以正整数为变量的实际问题可以通过建立数列模型,用数列知识求解,在本讲二、递推公式与通项公式一节中的例3就是2002年全国理工类的高考题,是一道实际问题,通过建立递推关系,求出通项公式再求解.

【例1】 (2001年,全国卷)

从社会效益和经济效益出发,某地投入资金进行生态环境建设,并以此发展旅游产业,根据规划,本年度投入800万元,以后每年投入将比上年减少$\frac{1}{5}$,本年度当地旅游业收入估计为400万元,由于该项建设对旅游业的促进作用,预计今后的旅游业收入每年会比上年增加$\frac{1}{4}$.

(Ⅰ)设n年内(本年度为第一年)总投入为a_n万元,旅游业总收入为b_n万元,写出a_n,b_n的表达式.

（Ⅱ）至少经过几年，旅游业的总收入才能超过总投入？

【分析及解】（Ⅰ）由题意，每年的投入构成一个以800为首项，$1-\frac{1}{5}=\frac{4}{5}$为公比的等比数列，每年的收入构成一个以400为首项，$1+\frac{1}{4}=\frac{5}{4}$为公比的等比数列，而$a_n$，$b_n$分别为这两个数列的前$n$项之和，于是

$$a_n=\frac{800\left[1-\left(\frac{4}{5}\right)^n\right]}{1-\frac{4}{5}}=4\ 000\left[1-\left(\frac{4}{5}\right)^n\right]$$

$$b_n=\frac{400\left[1-\left(\frac{5}{4}\right)^n\right]}{1-\frac{5}{4}}=1\ 600\left[\left(\frac{5}{4}\right)^n-1\right]$$

（Ⅱ）设至少经过n年旅游业的总收入才能超过总投入，即

$$b_n>a_n$$

$$1\ 600\left[\left(\frac{5}{4}\right)^n-1\right]>4\ 000\left[1-\left(\frac{4}{5}\right)^n\right]$$

设$t=\left(\frac{4}{5}\right)^n$，则上述不等式化为$5t^2-7t+2>0$，$t<\frac{2}{5}$或$t>1$(舍去)，即$\left(\frac{4}{5}\right)^n<\frac{2}{5}$，得$n\geqslant 5$.

答：至少经过5年，旅游业的总收入才能超过总投入.

【例2】（2002年，京皖春季招生卷）

假设A型进口汽车关税税率在2001年是100%，在2006年是25%，2001年A型进口车每辆价格为64万元(其中含32万元关税税款).

（Ⅰ）已知与A型车性能相近的B型国产车，2001年每辆价格为46万元，若A型车的价格只受关税降低的影响，为了保证在2006年B型车的价格不高于A型车价格的90%，B型车价格要逐年降低，问平均每年至少下降多少万元？

（Ⅱ）某人在2001年将33万元存入银行，假设该银行扣利息税后的年利率为1.8%(五年内不变)，且每年按复利计算(例如，每一年的利息计入第二年的本金)，那么五年到期时这笔钱连本带息是否一定够买一辆按（Ⅰ）中所述降价后的B型汽车？

【分析及解】（Ⅰ）我们首先计算A型车到2006年的价格.

因为2006年关税税款为2001年关税税款的$\frac{1}{4}$，故所减少的关税税款为

$32\times\frac{3}{4}=24$(万元).

于是,2006 年 A 型车的价格为 $64-24=40$(万元).

因为 5 年后,B 型车价格应不高于 A 型车价格的 90%,所以有 B 型车价格 $\leqslant 40\times 90\%=36$(万元).

又因为 B 型车在 2001 年的价格为 46 万元,即 5 年内要至少降 $46-36=10$(万元),所以平均每年至少降价 2 万元.

(Ⅱ)我们首先计算此人在 5 年后的存款的本息之和为多少元?

由题设条件

$$33\times(1+1.8\%)^5=33\times(1+5\times 0.018+10\times 0.000\,324+\cdots)$$
$$\approx 36.076\,92(\text{万元})$$

所以此人能够买一辆按(Ⅰ)所述的 B 型车.

【例 3】(2002 年,上海春季招生卷)

某公司全年的利润为 b 元,其中一部分作为奖金发给 n 位职工,奖金分配方案如下:首先将职工按工作业绩(工作业绩均不相同)从大到小,由 1 到 n 排序,第 1 位职工得奖金 $\frac{b}{n}$ 元,然后再将余额除以 n,发给第二位职工,按此方法将奖金逐一发给每位职工,并将最后剩余部分作为公司发展基金.

(Ⅰ)设 $a_k(1\leqslant k\leqslant n)$ 为第 k 位职工所得资金额,试求 a_2,a_3,并用 k,n 和 b 表示 a_k(不必证明).

(Ⅱ)证明 $a_k>a_{k+1}(k=1,2,\cdots,n-1)$,并解释此不等式关于分配原则的实际意义;

(Ⅲ)发展基金与 n 和 b 有关,记为 $p_n(b)$,对常数 b,当 n 变化时,求 $\lim\limits_{n\to\infty}p_n(b)$.

【分析及解】(Ⅰ)可得

$$a_1=\frac{b}{n}$$

$$a_2=\frac{1}{n}(1-\frac{1}{n})b$$

$$a_3=\frac{b-\frac{b}{n}-\frac{1}{n}(1-\frac{1}{n})b}{n}=\frac{1}{n}(1-\frac{1}{n})^2b$$

由此推出 $a_k=\frac{1}{n}(1-\frac{1}{n})^{k-1}b$.

（Ⅱ）可得

$$a_k - a_{k+1} = \frac{1}{n}(1-\frac{1}{n})^{k-1}b - \frac{1}{n}(1-\frac{1}{n})^k b$$
$$= \frac{1}{n^2}(1-\frac{1}{n})^{k-1}b > 0$$

此不等式表明工作业绩越好，分配越高，体现了按劳分配，按优分配的原则.

（Ⅲ）由题意

$$p_n(b) = b - \sum_{k=1}^{n} a_k$$
$$= b - \frac{b}{n}[1 + (1-\frac{1}{n}) + \cdots + (1-\frac{1}{n})^{n-1}]$$
$$= b - \frac{b}{n} \cdot \frac{1-(1-\frac{1}{n})^n}{1-1+\frac{1}{n}}$$

所以

$$p_n(b) = (1-\frac{1}{n})^n b$$
$$\lim_{n\to\infty} p_n(b) = \mathrm{e}^{-1} \cdot b = \frac{b}{\mathrm{e}}$$

这里需要说明的是第（Ⅲ）问涉及一个重要极限$\lim\limits_{n\to\infty}(1+\frac{1}{n})^n = \mathrm{e}$，在现行教学大纲中已经删除，但是从数列与实际问题的意义讲，这个题目对于理解和建立数列模型还是有一定作用的.

从以上七个方面的高考试题可以看出，数列问题常常与函数，不等式，解析几何等知识交汇在一起，又常常把函数与方程的思想，分类讨论的思想，化归思想，归纳思想，建模思想等重要数学思想融合在一起. 因此，高考中的数列综合题对于考查学生的学习能力，探究能力和理性思维能力，灵活性，深刻性和批判性等思维品质是很好的素材.

第九讲　作为代数形式与几何形式的平面向量

平面向量作为一种带有方向的线段，反映了几何特征，它的坐标形式又具有代数特征，平面向量的各种运算既有几何意义又有代数意义，因此以平面向量为工具可以沟通代数，几何的许多分支，建立向量与代数、几何等的多元联系，例如同样是数与形相结合的解析几何，用形表示数的函数图像等等，都可以与平面向量联系在一起，由于向量具有一套优良运算通性的数学体系，所以不仅与数学各分支综合，而且与物理学有深刻的联系，正因为如此，作为运算的向量与作为代数形式和几何形式的向量成为高考命题的重要素材.

一、高考中对平面向量的考查

向量由于具有几何形式和代数形式的双重身份，使它成为中学数学知识的一个交汇点，成为联系多项内容的媒介，也是高考命题的一个重要素材.

(一) 高考中对平面向量的考查要求

高考对平面向量的考查有三个层次：

第一层次：主要考查平面向量的性质和运算法则，以及基于运算技能，要求考查掌握平面向量的和、差、数乘和内积运算法则，理解其直观的几何意义，并能正确地进行运算；

第二层次：考查向量的坐标表示，向量的线性运算；

第三层次：和其他数学内容结合在一起，如可以和曲线、函数、数列等基础知识结合，考查逻辑推理和运算能力等综合运用数学知识解决问题的能力.

(二) 近四年(2000 ～ 2003 年) 新课程卷对平面向量的考查

2000 年 —— 考查向量基本概念，定比分点公式；

2001 年 —— 考查向量坐标运算，向量的数量积；

2002 年 —— 考查向量坐标运算，平面向量基本定理，向量与数列、解析几何的综合；

2003 年 —— 考查向量与平面几何的综合，向量与解析几何的综合.

从命题趋势看:前两年主要是把向量放在解决问题的辅助地位,近两年上升为分析问题和解决问题时必不可少的工具,逐年增大考试力度.

(三)新课程卷中的平面向量试题

[2000年试题]

△(文史(2),理工(4))

设 $\boldsymbol{a},\boldsymbol{b},\boldsymbol{c}$ 是任意的非零平面向量,且相互不共线,则

①$(\boldsymbol{a}\cdot\boldsymbol{b})\boldsymbol{c}-(\boldsymbol{c}\cdot\boldsymbol{a})\boldsymbol{b}=\boldsymbol{0}$;

②$|\boldsymbol{a}|-|\boldsymbol{b}|<|\boldsymbol{a}-\boldsymbol{b}|$;

③$(\boldsymbol{b}\cdot\boldsymbol{c})\boldsymbol{a}-(\boldsymbol{c}\cdot\boldsymbol{a})\boldsymbol{b}$ 不与 $\boldsymbol{c}$ 垂直;

④$(3\boldsymbol{a}+2\boldsymbol{b})\cdot(3\boldsymbol{a}-2\boldsymbol{b})=9|\boldsymbol{a}|^2-4|\boldsymbol{b}|^2$

中,是真命题的有(　　)

A. ①②　　　B. ②③　　　C. ③④　　　D. ②④

△(文史(22),理工(21))

如图9.1,已知梯形 $ABCD$ 中,$|AB|=2|CD|$,点 E 满足 $\overrightarrow{AE}=\lambda\overrightarrow{EC}$,双曲线过 C,D,E 三点,且以 AB 为焦点,当 $\frac{2}{3}\leqslant\lambda\leqslant\frac{3}{4}$ 时,求双曲线离心率 e 的取值范围.

(文史类为当 $\lambda=\frac{8}{11}$ 时,求离心率 e 的值)

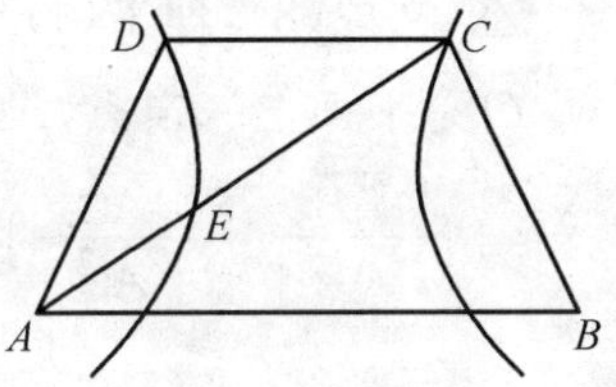

图9.1

[2001年试题]

△(文史(5))

若向量 $\boldsymbol{a}=(3,2)$,$\boldsymbol{b}=(0,-1)$,则向量 $2\boldsymbol{b}-\boldsymbol{a}$ 的坐标是(　　)

A. $(3,-4)$　　　B. $(-3,4)$　　　C. $(3,4)$　　　D. $(-3,-4)$

△(理工(5))

若向量 $\boldsymbol{a}=(1,1)$,$\boldsymbol{b}=(1,-1)$,$\boldsymbol{c}=(-1,2)$,则 $\boldsymbol{c}=$(　　)

A. $-\frac{1}{2}\boldsymbol{a}+\frac{3}{2}\boldsymbol{b}$　　　B. $\frac{1}{2}\boldsymbol{a}-\frac{3}{2}\boldsymbol{b}$

C. $\frac{3}{2}\boldsymbol{a}-\frac{1}{2}\boldsymbol{b}$　　　D. $-\frac{3}{2}\boldsymbol{a}+\frac{1}{2}\boldsymbol{b}$

△(文史(10),理工(10))

设坐标原点为 O,抛物线 $y^2=2x$ 与过焦点的直线交于 A,B 两点,则 $\overrightarrow{OA}\cdot\overrightarrow{OB}=$(　　)

A. $\frac{3}{4}$　　　B. $-\frac{3}{4}$　　　C. 3　　　D. 3

[2002 年试题]

△(文史(12),理工(10))

平面直角坐标系中,O 为坐标原点,已知两点 $A(3,1)$,$B(-1,3)$,若点 C 满足$\overrightarrow{OC}=\alpha\overrightarrow{OA}+\beta\overrightarrow{OB}$,其中 $\alpha,\beta\in\mathbf{R}$,且 $\alpha+\beta=1$,则点 C 的轨迹方程为(　　)

A. $(x-1)^2+(y-2)^2=5$　　B. $3x+2y-11=0$

C. $2x-y=0$　　D. $x+2y-5=0$

△(文史(22),理工(21))

已知两点 $M(-1,0)$,$N(1,0)$,且点 P 使$\overrightarrow{MP}\cdot\overrightarrow{MN}$,$\overrightarrow{PM}\cdot\overrightarrow{PN}$,$\overrightarrow{NM}\cdot\overrightarrow{NP}$ 成公差小于 0 的等差数列.

(Ⅰ)点 P 的轨迹是什么曲线?

(Ⅱ)若点 P 坐标为(x_0,y_0),θ 为$\overrightarrow{PM}$ 与$\overrightarrow{PN}$ 的夹角,求 $\tan\theta$.

[2003 年试题]

△(文史(8),理工(4))

O 是平面上一定点,A,B,C 是平面上不共线的三个点,动点 P 满足$\overrightarrow{OP}=\overrightarrow{OA}+\lambda\left(\frac{\overrightarrow{AB}}{|\overrightarrow{AB}|}+\frac{\overrightarrow{AC}}{|\overrightarrow{AC}|}\right)$,$\lambda\in[0,+\infty)$,则点 P 的轨迹一定通过$\triangle ABC$ 的(　　)

A. 外心　　B. 内心　　C. 重心　　D. 垂心

△(文史(22),理工(21))

已知常数 $a>0$,向量 $\boldsymbol{a}=(0,a)$,$\boldsymbol{i}=(1,0)$,经过原点 O 以 $\boldsymbol{a}+\lambda\boldsymbol{i}$ 为方向向量的直线与经过定点 $A(0,a)$,以 $\boldsymbol{i}-2\lambda\boldsymbol{a}$ 为方向向量的直线相交于点 P,其中 $\lambda\in\mathbf{R}$,试问:是否存在两个定点 E,F,使得 $|PE|+|PF|$ 为定值,若存在,求出 E,F 的坐标,若不存在,说明理由.

(四) 上海卷中的平面向量试题

[1996 年试题]

△(文史(15),理工(15))

已知 $\boldsymbol{a}+\boldsymbol{b}=2\boldsymbol{i}-8\boldsymbol{j}$,$\boldsymbol{a}-\boldsymbol{b}=-8\boldsymbol{i}+16\boldsymbol{j}$,那么 $\boldsymbol{a}\cdot\boldsymbol{b}=$________.

[1997 年试题]

△(文史(14),理工(14))

设 $\boldsymbol{a}=(m+1)\boldsymbol{i}-3\boldsymbol{j}$,$\boldsymbol{b}=\boldsymbol{i}+(m-1)\boldsymbol{j}$,$(\boldsymbol{a}+\boldsymbol{b})\perp(\boldsymbol{a}-\boldsymbol{b})$,则 $m=$________.

[2000 年试题]

△(文史(1),理工(1))

已知向量$\overrightarrow{OA}=(-1,2)$,$\overrightarrow{OB}=(3,m)$,若$\overrightarrow{OA}\perp\overrightarrow{AB}$,则 $m=$________.

[2001 年春季招生试题]

△(8)

若非零向量 $\boldsymbol{\alpha},\boldsymbol{\beta}$ 满足 $|\boldsymbol{\alpha}+\boldsymbol{\beta}|=|\boldsymbol{\alpha}-\boldsymbol{\beta}|$,则 $\boldsymbol{\alpha}$ 与 $\boldsymbol{\beta}$ 的成角的大小为________.

[2002 年试题]

△(春季招生(13))

若 $\boldsymbol{a},\boldsymbol{b},\boldsymbol{c}$ 为任意向量,$m\in\mathbf{R}$,则下列等式不一定成立的是(　　)

A. $(\boldsymbol{a}+\boldsymbol{b})+\boldsymbol{c}=\boldsymbol{a}+(\boldsymbol{b}+\boldsymbol{c})$　　B. $(\boldsymbol{a}+\boldsymbol{b})\cdot\boldsymbol{c}=\boldsymbol{a}\cdot\boldsymbol{c}+\boldsymbol{b}\cdot\boldsymbol{c}$

C. $m(\boldsymbol{a}+\boldsymbol{b})=m\boldsymbol{a}+m\boldsymbol{b}$　　D. $(\boldsymbol{a}\cdot\boldsymbol{b})\cdot\boldsymbol{c}=\boldsymbol{a}\cdot(\boldsymbol{b}\cdot\boldsymbol{c})$

△(文史(2),理工(2))

已知向量 $\boldsymbol{a}$ 和 $\boldsymbol{b}$ 的夹角为 $120°$,且 $|\boldsymbol{a}|=2$,$|\boldsymbol{b}|=5$,则 $(2\boldsymbol{a}-\boldsymbol{b})\cdot\boldsymbol{a}=$________.

[2003 年试题]

△(文史(21),理工(21))

在以 O 为原点的直角坐标系中,点 $A(4,-3)$ 为 $\triangle OAB$ 的直角顶点,已知 $|AB|=2|OA|$,且点 B 的纵坐标大于零.

(Ⅰ)求向量 $\overrightarrow{AB}$ 的坐标;

(Ⅱ)求圆 $x^2-6x+y^2+2y=0$ 关于直线 OB 对称的圆的方程;

(Ⅲ)是否存在实数 a,使抛物线 $y=ax^2-1$ 上总有关于直线 OB 对称的两个点?若不存在,说明理由.若存在,求 a 的取值范围.

二、平面向量的多元联系

(一) 与代数知识的联系

(1) 弄清实数乘积与平面向量的数量积的异同点

① 相同点(表 9.1)

表 9.1

实数的乘积	向量的数量积
运算的结果是一个实数	运算的结果是一个实数
满足交换律 $a\cdot b=b\cdot a$	满足交换律 $\boldsymbol{a}\cdot\boldsymbol{b}=\boldsymbol{b}\cdot\boldsymbol{a}$
满足分配律 $(a+b)\cdot c=ac+bc$	满足分配律 $(\boldsymbol{a}+\boldsymbol{b})\cdot\boldsymbol{c}=\boldsymbol{a}\cdot\boldsymbol{c}+\boldsymbol{b}\cdot\boldsymbol{c}$
$(a\pm b)^2=a^2\pm 2ab+b^2$	$(\boldsymbol{a}\pm\boldsymbol{b})^2=\boldsymbol{a}^2\pm 2\boldsymbol{a}\cdot\boldsymbol{b}+\boldsymbol{b}^2$
$(a+b)\cdot(a-b)=a^2-b^2$	$(\boldsymbol{a}+\boldsymbol{b})\cdot(\boldsymbol{a}-\boldsymbol{b})=\boldsymbol{a}^2-\boldsymbol{b}^2$
$a^2+b^2=0\Rightarrow a=0$ 且 $b=0$	$\boldsymbol{a}^2+\boldsymbol{b}^2=0\Rightarrow\boldsymbol{a}=\mathbf{0}$ 且 $\boldsymbol{b}=\mathbf{0}$
$\lvert a\rvert-\lvert b\rvert\leqslant\lvert a\pm b\rvert\leqslant\lvert a\rvert+\lvert b\rvert$	$\lvert\boldsymbol{a}\rvert-\lvert\boldsymbol{b}\rvert\leqslant\lvert\boldsymbol{a}\pm\boldsymbol{b}\rvert\leqslant\lvert\boldsymbol{a}\rvert+\lvert\boldsymbol{b}\rvert$

② 不同点(表 9.2)

表 9.2

实数的乘积	向量的数量积
满足结合律$(ab)c=a(bc)$	不满足结合律$(\boldsymbol{a}\cdot\boldsymbol{b})\cdot\boldsymbol{c}\neq\boldsymbol{a}\cdot(\boldsymbol{b}\cdot\boldsymbol{c})$
$ab=0\Rightarrow a=0$ 或 $b=0$	$\boldsymbol{a}\cdot\boldsymbol{b}=\boldsymbol{0}\Rightarrow\boldsymbol{a}=\boldsymbol{0}$ 或 $\boldsymbol{b}=\boldsymbol{0}$ 或 $\boldsymbol{a}\perp\boldsymbol{b}$
$\lvert ab\rvert=\lvert a\rvert\lvert b\rvert$	$\lvert\boldsymbol{a}\cdot\boldsymbol{b}\rvert\leqslant\lvert\boldsymbol{a}\rvert\lvert\boldsymbol{b}\rvert$
$(ab)^2=a^2\cdot b^2$	$(\boldsymbol{a}\cdot\boldsymbol{b})^2\leqslant\boldsymbol{a}^2\cdot\boldsymbol{b}^2$
$ab=ac,a\neq0\Rightarrow b=c$	$\boldsymbol{a}\cdot\boldsymbol{b}=\boldsymbol{a}\cdot\boldsymbol{c},\boldsymbol{a}\neq\boldsymbol{0}\Rightarrow\boldsymbol{b}=\boldsymbol{c}$

(2) 等价的代数不等式:

设 $\boldsymbol{a}=(x_1,y_1),\boldsymbol{b}=(x_2,y_2)$,则

$$\lvert\boldsymbol{a}\cdot\boldsymbol{b}\rvert\leqslant\lvert\boldsymbol{a}\rvert\cdot\lvert\boldsymbol{b}\rvert\Leftrightarrow(x_1x_2+y_1y_2)^2\leqslant(x_1^2+y_1^2)(x_2^2+y_2^2)$$

(二)与平面几何知识的联系

(1) 证明三点共线:设 $A(x_1,y_1),B(x_2,y_2),C(x_3,y_3)$.

方法 1:$\overrightarrow{AB}=(x_2-x_1,y_2-y_1),\overrightarrow{AC}=(x_3-x_1,y_3-y_1)$. $\overrightarrow{AB}\mathbin{/\!/}\overrightarrow{AC}\Leftrightarrow A,B,C$ 共线.

方法 2:若存在实数 λ,使 $\overrightarrow{AB}=\lambda\overrightarrow{AC}$,则 A,B,C 共线.

方法 3:若存在实数 α,β,且 $\alpha+\beta=1$,使 $\overrightarrow{OC}=\alpha\overrightarrow{OA}+\beta\overrightarrow{OB}$,则 A,B,C 共线.

方法 4:若 $x_1=\dfrac{x_2+\lambda_1x_3}{1+\lambda_1},y_1=\dfrac{y_2+\lambda_2y_3}{1+\lambda_2}$,且 $\lambda_1=\lambda_2$,则 A,B,C 共线.

方法 5:若 $\lvert\overrightarrow{AB}\rvert=\lvert\overrightarrow{AC}\rvert+\lvert\overrightarrow{BC}\rvert$,则 A,B,C 共线.

(2) 求向量 $\overrightarrow{AB}$ 的长度:$\lvert\overrightarrow{AB}\rvert=\sqrt{(x_2-x_1)^2+(y_2-y_1)^2}$.

(3) 求向量 $\boldsymbol{a}$ 与 $\boldsymbol{b}$ 的夹角 θ:$\cos\theta=\dfrac{\boldsymbol{a}\cdot\boldsymbol{b}}{\lvert\boldsymbol{a}\rvert\lvert\boldsymbol{b}\rvert}$.

(4) 关于 $\triangle ABC$ 的特殊点:

(ⅰ) $\overrightarrow{OA}^2=\overrightarrow{OB}^2=\overrightarrow{OC}^2\Rightarrow O$ 是 $\triangle ABC$ 的外心.

(ⅱ) $\overrightarrow{AB}+\overrightarrow{AC}$ 通过 $\triangle ABC$ 的重心.

(ⅲ) $\overrightarrow{OA}+\overrightarrow{OB}+\overrightarrow{OC}=\boldsymbol{0}\Rightarrow O$ 是 $\triangle ABC$ 的重心.

(ⅳ) $\overrightarrow{OA}\cdot\overrightarrow{OB}=\overrightarrow{OB}\cdot\overrightarrow{OC}=\overrightarrow{OC}\cdot\overrightarrow{OA}\Rightarrow O$ 是 $\triangle ABC$ 的垂心.

(ⅴ) $\lambda\left(\dfrac{\overrightarrow{AB}}{\lvert\overrightarrow{AB}\rvert}+\dfrac{\overrightarrow{AC}}{\lvert\overrightarrow{AC}\rvert}\right)(\lambda\geqslant0)$ 通过 $\triangle ABC$ 的内心.

(ⅵ) $\lvert\overrightarrow{BC}\rvert\cdot\overrightarrow{OA}+\lvert\overrightarrow{CA}\rvert\cdot\overrightarrow{OB}+\lvert\overrightarrow{AB}\rvert\cdot\overrightarrow{OC}=\boldsymbol{0}$,则 O 是 $\triangle ABC$ 的内心.

(5)$\triangle ABC$ 的面积 S：$S=\frac{1}{2}\sqrt{\overrightarrow{AB}^2\cdot\overrightarrow{AC}^2-(\overrightarrow{AB}\cdot\overrightarrow{AC})^2}$.

(6) 在 $\square ABCD$ 中，若 $|\overrightarrow{AB}|=|\overrightarrow{AD}|$，则 $(\overrightarrow{AB}+\overrightarrow{AD})\cdot|\overrightarrow{AB}-\overrightarrow{AD}|=0$，即菱形模型.

(三) 与解析几何知识联系

(1) 定比分点公式：设 P 是 $\overrightarrow{AB}$ 的定比分点，λ 为定比，即 $\overrightarrow{AP}=\lambda\overrightarrow{PB}$，则 $\overrightarrow{OP}=\frac{\overrightarrow{OA}+\lambda\overrightarrow{OB}}{1+\lambda}$.

(2) 点向式直线方程：经过点 $P(x_0,y_0)$，且以 (u,v) 为方向向量的直线方程是 $(x-x_0)v=(y-y_0)u$.

(3) 平移公式：若点 $P_0(x,y)$ 按向量 $\boldsymbol{a}=(h,k)$ 平移到点 $P(x',y')$，则 $\begin{cases}x'=x+h\\y'=y+k\end{cases}$.

三、平面向量与代数、几何的综合题

【例 1】 已知 $\boldsymbol{a}=(1,3)$，$\boldsymbol{b}=(1,1)$，$\boldsymbol{c}=\boldsymbol{a}+\lambda\boldsymbol{b}$，是否存在实数 λ，使 $\boldsymbol{a}$ 与 $\boldsymbol{c}$ 的夹角为锐角，若存在，求出 λ 的取值范围，若不存在，说明理由.

【分析及解】 这是一个存在性问题，可以先假设 λ 存在，再根据已知条件进行推理.

假设存在实数 λ，使 $\boldsymbol{a}$ 与 $\boldsymbol{c}$ 的夹角 θ 为锐角，则 $\cos\theta>0$，且 $\cos\theta\neq1$，即

$$0<\cos\theta<1$$

$$\boldsymbol{c}=\boldsymbol{a}+\lambda\boldsymbol{b}=(1+\lambda,3+\lambda)$$

$$\boldsymbol{a}\cdot\boldsymbol{c}=(1,3)\cdot(1+\lambda,3+\lambda)=10+4\lambda>0$$

得

$$\lambda>-\frac{5}{2}$$

且 $\boldsymbol{a}$ 与 $\boldsymbol{c}$ 不共线，即 $3+\lambda\neq3(1+\lambda)$，$\lambda\neq0$，于是

$$\lambda\in\left(-\frac{5}{2},0\right)\cup(0,+\infty)$$

即存在实数 $\lambda\in\left(-\frac{5}{2},0\right)\cup(0,+\infty)$，使 $\boldsymbol{a}$ 与 $\boldsymbol{c}$ 的夹角为锐角.

【例 2】 设 $\boldsymbol{a}_0$ 与 $\boldsymbol{b}_0$ 是两个互相垂直的单位向量，是否存在整数 k，使得向量 $\boldsymbol{m}=k\boldsymbol{a}_0+\boldsymbol{b}_0$ 与向量 $\boldsymbol{n}=\boldsymbol{a}_0+k\boldsymbol{b}_0$ 的夹角等于 $60°$，证明你的结论.

【分析及解】 和例 1 相同，也是一个存在性问题.

假设存在 $k\in\mathbf{Z}$,使得 $\boldsymbol{m}$ 与 $\boldsymbol{n}$ 的夹角为 60°,则

$$\boldsymbol{m}\cdot\boldsymbol{n}=|\boldsymbol{m}|\cdot|\boldsymbol{n}|\cos 60^\circ=\frac{1}{2}|\boldsymbol{m}||\boldsymbol{n}| \quad ①$$

由

$$\boldsymbol{m}\cdot\boldsymbol{n}=(k\boldsymbol{a}_0+\boldsymbol{b}_0)(\boldsymbol{a}_0+k\boldsymbol{b}_0)=k\boldsymbol{a}_0^2+k\boldsymbol{b}_0^2+(k^2+1)\boldsymbol{a}_0\cdot\boldsymbol{b}_0$$

以及 $|\boldsymbol{a}_0|=1$,$|\boldsymbol{b}_0|=1$,$\boldsymbol{a}_0\cdot\boldsymbol{b}_0=0$ 可得

$$\boldsymbol{m}\cdot\boldsymbol{n}=2k \quad ②$$

$$|\boldsymbol{m}|=|\boldsymbol{n}|=\sqrt{1+k^2} \quad ③$$

于是由式 ①,②,③ 得

$$2k=\frac{1}{2}(1+k^2)$$

$$k^2-4k+1=0$$

$$k=2\pm\sqrt{3}\notin\mathbf{Z}$$

与 k 是整数相矛盾.

所以,不存在使 $\boldsymbol{m}$ 与 $\boldsymbol{n}$ 夹角为 60° 的整数 k.

【例 3】 求证:点 P 是 $\triangle ABC$ 内心的充要条件是 $a\overrightarrow{PA}+b\overrightarrow{PB}+c\overrightarrow{PC}=\mathbf{0}$,其中 a,b,c 为 $\triangle ABC$ 中 A,B,C 的对边.

【分析及解】 本题是前面所讲的"向量与平面几何知识的联系"中,"关于三角形的特殊点"的(ⅵ)(图 9.2),假设 I 是 $\triangle ABC$ 的内心,则

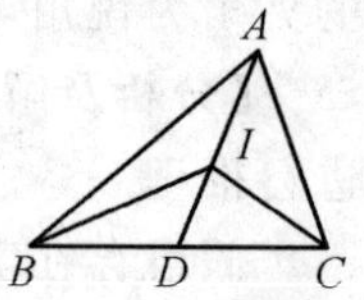

图 9.2

$$\frac{AI}{ID}=\frac{AB}{BD}=\frac{AC}{CD}=\frac{AB+AC}{BD+CD}$$

即

$$\frac{AI}{ID}=\frac{b+c}{a}$$

于是

$$a\overrightarrow{IA}+(b+c)\overrightarrow{ID}=\mathbf{0} \quad ①$$

又因为 D 分 BC 为 $\frac{c}{b}$,则

$$\overrightarrow{ID}=\frac{\overrightarrow{IB}+\frac{c}{b}\overrightarrow{IC}}{1+\frac{c}{b}}=\frac{b\cdot\overrightarrow{IB}+c\cdot\overrightarrow{IC}}{b+c} \quad ②$$

② 代入 ① 得

$$a\overrightarrow{IA}+b\overrightarrow{IB}+c\overrightarrow{IC}=\mathbf{0} \quad ③$$

上面证明了若 I 是内心,则 ③ 成立,即必要性得证,下面证明充分性.

若 P 满足

$$a\overrightarrow{PA}+b\overrightarrow{PB}+c\overrightarrow{PC}=\mathbf{0} \qquad ④$$

③－④可得

$$a(\overrightarrow{IA}-\overrightarrow{PA})+b(\overrightarrow{IB}-\overrightarrow{PB})+c(\overrightarrow{IC}-\overrightarrow{PC})=\mathbf{0}$$

即

$$(a+b+c)\overrightarrow{PI}=\mathbf{0}$$

于是$\overrightarrow{PI}=\mathbf{0}$，$P$ 与 I 重合，所以 P 是 $\triangle ABC$ 的内心.

【例 4】 在坐标平面上有两个向量 $\boldsymbol{a}=(\cos\alpha,\sin\alpha)$，$\boldsymbol{b}=(\cos\beta,\sin\beta)$，其中 $0<\alpha<\beta<\pi$.

（Ⅰ）证明$(\boldsymbol{a}+\boldsymbol{b})\perp(\boldsymbol{a}-\boldsymbol{b})$.

（Ⅱ）若 $|k\boldsymbol{a}+\boldsymbol{b}|=|\boldsymbol{a}-k\boldsymbol{b}|$，求 $\beta-\alpha$ 的值，其中 k 为非零常数.

【分析及解】 （Ⅰ）实际上，由 $|\boldsymbol{a}|=|\boldsymbol{b}|=1$ 可构造一个菱形模型，自然就有对角线 $\boldsymbol{a}+\boldsymbol{b}$ 与 $\boldsymbol{a}-\boldsymbol{b}$ 垂直.

又可以直接用内积计算

$$(\boldsymbol{a}+\boldsymbol{b})\cdot(\boldsymbol{a}-\boldsymbol{b})=\boldsymbol{a}^2-\boldsymbol{b}^2=1-1=0$$

所以$(\boldsymbol{a}+\boldsymbol{b})\perp(\boldsymbol{a}-\boldsymbol{b})$.

（Ⅱ）由 $|k\boldsymbol{a}+\boldsymbol{b}|^2=|\boldsymbol{a}-k\boldsymbol{b}|^2$ 以及

$$\boldsymbol{a}^2=\boldsymbol{b}^2=1$$

$$\boldsymbol{a}\cdot\boldsymbol{b}=\cos\alpha\cdot\cos\beta+\sin\alpha\cdot\sin\beta=\cos(\alpha-\beta)$$

可得

$$k^2\boldsymbol{a}^2+2k\boldsymbol{a}\cdot\boldsymbol{b}+\boldsymbol{b}^2=\boldsymbol{a}^2-2k\boldsymbol{a}\cdot\boldsymbol{b}+k^2\boldsymbol{b}^2$$

$$k^2+2k\cos(\alpha-\beta)+1=1-2k\cos(\alpha-\beta)+k^2$$

即 $4k\cos(\alpha-\beta)=0$，又因为 $k\neq0$，所以 $\cos(\alpha-\beta)=0$，再由 $0<\alpha<\beta<\pi$，可得 $\beta-\alpha=\dfrac{\pi}{2}$.

【例 5】 已知向量 $\boldsymbol{a}=(\cos\dfrac{3}{2}x,\sin\dfrac{3}{2}x)$，$\boldsymbol{b}=(\cos\dfrac{x}{2},-\sin\dfrac{x}{2})$，且 $x\in[0,\dfrac{\pi}{2}]$，记 $f(x)=\boldsymbol{a}\cdot\boldsymbol{b}-2\lambda|\boldsymbol{a}+\boldsymbol{b}|$，若 $f(x)$ 的最小值为 $-\dfrac{3}{2}$，求 λ 的值.

【分析及解】 首先求 $\boldsymbol{a}\cdot\boldsymbol{b}$ 及 $|\boldsymbol{a}+\boldsymbol{b}|$，有

$$\boldsymbol{a}\cdot\boldsymbol{b}=\cos\frac{3}{2}x\cos\frac{1}{2}x-\sin\frac{3}{2}x\sin\frac{1}{2}x=\cos 2x$$

$$|\boldsymbol{a}+\boldsymbol{b}|=\sqrt{(\cos\frac{3}{2}x+\cos\frac{1}{2}x)^2+(\sin\frac{3}{2}x-\sin\frac{1}{2}x)^2}$$

$$=\sqrt{2+2\cos 2x}$$

$=2\mid\cos x\mid$

$=2\cos x$ （因为 $x\in\left[0,\frac{\pi}{2}\right]$）

$$\begin{aligned}f(x)&=\cos 2x-4\lambda\cos x\\&=2\cos^2x-4\lambda\cos x-1\\&=2(\cos x-\lambda)^2-1-2\lambda^2\end{aligned}$$

记 $\cos x=t$，则 $t\in[0,1]$.

$f(x)=\varphi(t)=2(t-\lambda)^2-1-2\lambda^2,t\in[0,1]$.

(1) 当 $\lambda<0$ 时，$\varphi(0)$ 最小，$\varphi(0)=-1$ 与最小值为 $-\frac{3}{2}$ 矛盾.

(2) 当 $0\leqslant\lambda\leqslant1$ 时，$\varphi(\lambda)$ 最小，此时有 $\varphi(\lambda)=-1-2\lambda^2=-\frac{3}{2},\lambda=\frac{1}{2}$.

(3) 当 $\lambda>1$ 时，$\varphi(1)$ 最小，此时有 $\varphi(1)=1-4\lambda=-\frac{3}{2},\lambda=\frac{5}{8}$ 与 $\lambda>1$ 矛盾.

综合(1)，(2)，(3)，$\lambda=\frac{1}{2}$.

【例 6】 设 G 为 $\triangle ABC$ 的重心，过 G 的直线 l 分别交 AB，AC 于 P，Q，已知 $\overrightarrow{AP}=\lambda\overrightarrow{AB}$，$\overrightarrow{AQ}=\mu\overrightarrow{AC}$，$\triangle ABC$ 和 $\triangle APQ$ 的面积分别为 S，T.

(Ⅰ) 求证：$\frac{1}{\lambda}+\frac{1}{\mu}=3$；

(Ⅱ) 求 $\frac{T}{S}$ 的取值范围.

【分析及解】 本题是利用平面向量的知识解决的一个平面几何题：过三角形重心的直线截原三角形所得的三角形与原三角形的面积比的问题，而第(Ⅰ)问则反映了过三角形重心的直线分三角形两边之比的一个等量关系.

(Ⅰ) 为证明题设的等式，我们要充分利用重心及共线等已知关系，为此设 $\overrightarrow{AB}=\boldsymbol{b}$，$\overrightarrow{AC}=\boldsymbol{c}$，并连 AG 延长 AG 交 BC 于 M，此时 M 是 BC 的中点(图 9.3).

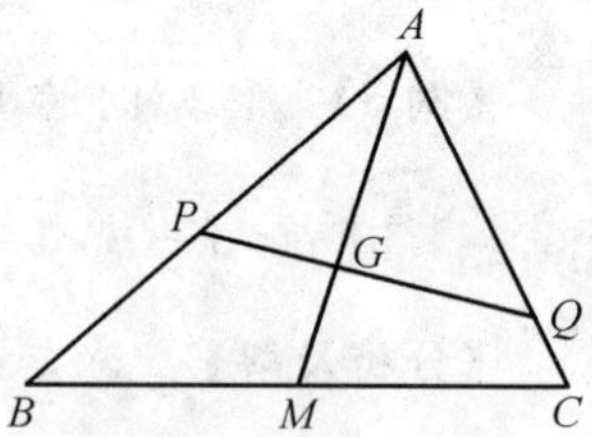

图 9.3

于是

$$\begin{aligned}\overrightarrow{AM}&=\frac{1}{2}(\overrightarrow{AB}+\overrightarrow{AC})\\&=\frac{1}{2}(\boldsymbol{b}+\boldsymbol{c})\end{aligned}$$

$$AG=\frac{1}{3}(\boldsymbol{b}+\boldsymbol{c})$$

又由已知

$$\overrightarrow{AP}=\lambda\overrightarrow{AB}=\lambda\boldsymbol{b}$$
$$\overrightarrow{AQ}=\mu\overrightarrow{AC}=\mu\boldsymbol{c}$$

由此可得

$$\overrightarrow{PQ}=\overrightarrow{AQ}-\overrightarrow{AP}=\mu\boldsymbol{c}-\lambda\boldsymbol{b}$$

$$\overrightarrow{PG}=\overrightarrow{AG}-\overrightarrow{AP}=\frac{1}{3}(\boldsymbol{b}+\boldsymbol{c})-\lambda\boldsymbol{b}=(\frac{1}{3}-\lambda)\boldsymbol{b}+\frac{1}{3}\boldsymbol{c}$$

因为 P,G,Q 三点共线，则存在实数 t，满足$\overrightarrow{PG}=t\overrightarrow{PQ}$，所以

$$(\frac{1}{3}-\lambda)\boldsymbol{b}+\frac{1}{3}\boldsymbol{c}=t\mu\boldsymbol{c}-t\lambda\boldsymbol{b}$$

由向量相等的条件可得

$$\begin{cases}\frac{1}{3}-\lambda=-t\lambda\\ \frac{1}{3}=t\mu\end{cases}$$

从中消去参数 t 可得，$\frac{\frac{1}{3}-\lambda}{\frac{1}{3}}=-\frac{\lambda}{\mu}$，即$\frac{1}{\lambda}+\frac{1}{\mu}=3$.

（Ⅱ）由于$\triangle APQ$ 与$\triangle ABC$ 有公共夹角，则$\frac{T}{S}=\frac{|\overrightarrow{AP}|\cdot|\overrightarrow{AQ}|}{|\overrightarrow{AB}|\cdot|\overrightarrow{AC}|}=\lambda\mu$.

下面利用（Ⅰ）的结果计算 $\lambda\mu$ 的范围.

由题设有 $0<\lambda\leqslant 1,0<\mu\leqslant 1$，于是$\frac{1}{\lambda}\geqslant 1,\frac{1}{\mu}\geqslant 1,\frac{1}{\lambda}=3-\frac{1}{\mu}\leqslant 2$，即 $1\leqslant\frac{1}{\lambda}\leqslant 2$，把$\frac{T}{S}$ 化为$\frac{1}{\lambda}$ 的函数

$$\frac{T}{S}=\lambda\mu=\frac{\lambda^2}{3\lambda-1}=\frac{1}{-\frac{1}{\lambda^2}+3\frac{1}{\lambda}}=\frac{1}{-\left(\frac{1}{\lambda}-\frac{3}{2}\right)^2+\frac{9}{4}}$$

由于 $1\leqslant\frac{1}{\lambda}\leqslant 2$，则$\frac{1}{\lambda}=\frac{3}{2}$ 时，$-\left(\frac{1}{\lambda}-\frac{3}{2}\right)^2+\frac{9}{4}$ 有最大值$\frac{9}{4}$，$\lambda=1$ 或 2 时，$-\left(\frac{1}{\lambda}-\frac{3}{2}\right)^2+\frac{9}{4}$ 有最小值 2. 于是$\frac{T}{S}\in\left[\frac{4}{9},\frac{1}{2}\right]$.

【例 7】 （2002 年，新课程卷）

已知 $M(-1,0)$，$N(1,0)$，且点 P 使$\overrightarrow{MP}\cdot\overrightarrow{MN}$，$\overrightarrow{PM}\cdot\overrightarrow{PN}$，$\overrightarrow{NM}\cdot\overrightarrow{NP}$ 成公差小于 0 的等差数列.

（Ⅰ）点 P 的轨迹是什么曲线；

(Ⅱ)若点 P 的坐标为(x_0,y_0),记 θ 为$\overrightarrow{PM},\overrightarrow{PN}$ 的夹角,求 $\tan\theta$.

【分析及解】 (Ⅰ)关键在于计算题目中的三个数量积.

设 $P(x,y)$,则

$$\overrightarrow{MP}=(x+1,y),\overrightarrow{MN}=(2,0),\overrightarrow{PM}=(-x-1,-y)$$
$$\overrightarrow{PN}=(1-x,-y),\overrightarrow{NM}=(-2,0),\overrightarrow{NP}=(x-1,y)$$
$$\overrightarrow{MP}\cdot\overrightarrow{MN}=(x+1,y)\cdot(2,0)=2x+2$$
$$\overrightarrow{PM}\cdot\overrightarrow{PN}=(-x-1,-y)\cdot(1-x,-y)=x^2+y^2-1$$
$$\overrightarrow{NM}\cdot\overrightarrow{NP}=(-2,0)\cdot(x-1,y)=2-2x$$

因为$\overrightarrow{MP}\cdot\overrightarrow{MN},\overrightarrow{PM}\cdot\overrightarrow{PN},\overrightarrow{NM}\cdot\overrightarrow{NP}$ 成公差小于 0 的等差数列,则

$$\begin{cases}2(x^2+y^2-1)=(2x+2)+(2-2x)\\ 2-2x-(2x+2)<0\end{cases}$$

即 $x^2+y^2=3,x>0$.

点 P 的轨迹是圆 $x^2+y^2=3$ 的右半部分.

(Ⅱ)可得

$$|\overrightarrow{PM}|=\sqrt{(x_0+1)^2+y_0^2}=\sqrt{x_0^2+y_0^2+1+2x_0}=\sqrt{4+2x_0}$$
$$|\overrightarrow{PN}|=\sqrt{(1-x_0)^2+y_0^2}=\sqrt{x_0^2+y_0^2+1-2x_0}=\sqrt{4-2x_0}$$
$$\cos\theta=\frac{\overrightarrow{PM}\cdot\overrightarrow{PN}}{|\overrightarrow{PM}||\overrightarrow{PN}|}=\frac{x_0^2+y_0^2-1}{\sqrt{16-4x_0^2}}=\frac{3-1}{2\sqrt{4-x_0^2}}=\frac{1}{\sqrt{4-x_0^2}}$$
$$\sin\theta=\frac{\sqrt{3-x_0^2}}{\sqrt{4-x_0^2}}=\frac{|y_0|}{\sqrt{4-x_0^2}}$$

于是 $\tan\theta=|y_0|$.

【例 8】 (2003 年,新课程卷)

已知常数 $a>0$,向量 $\boldsymbol{c}=(0,a),\boldsymbol{i}=(1,0)$,经过原点 O 以 $\boldsymbol{c}+\lambda\boldsymbol{i}$ 为方向向量的直线与经过定点 $A(0,a)$ 以 $\boldsymbol{i}-2\lambda\boldsymbol{c}$ 为方向向量的直线相交于点 P,其中 $\lambda\in\mathbf{R}$,试问是否存在两个定点 E,F,使得 $|PE|+|PF|$ 为定值,若存在,求出 E,F 的坐标,若不存在,说明理由.

【分析及解】 由已知,$\boldsymbol{c}+\lambda\boldsymbol{i}=(\lambda,a),\boldsymbol{i}-2\lambda\boldsymbol{c}=(1,-2\lambda a)$.

由已知点及方向向量,则可求得直线方程.

直线 OP

$$(x-0)a=\lambda(y-0),\lambda y=ax \quad ①$$

直线 AP

$$(x-a)(-2\lambda a)=y-a,y-a=-2\lambda ax \quad ②$$

由 ①,② 消去 λ 得

$$y(y-a)=-2a^2x^2 \quad ③$$

由于题目的目标是是否存在两个定点 E,F，使 $|PE|+|PF|$ 为定值，使我们联想到 ③ 应为一个椭圆方程，E,F 应为椭圆的焦点，③ 化为

$$\frac{x^2}{\frac{1}{8}}+\frac{\left(y-\frac{a}{2}\right)^2}{\left(\frac{a}{2}\right)^2}=1 \quad ④$$

对 ④ 分类讨论.

(1) 当 $\frac{1}{8}=\left(\frac{a}{2}\right)^2$，即 $a=\frac{\sqrt{2}}{2}$ 时，式 ④ 表示圆，此时不存在满足要求的点 E,F；

(2) $\frac{1}{8}>\left(\frac{a}{2}\right)^2$，即 $0<a<\frac{\sqrt{2}}{2}$ 时，式 ④ 表示焦点在平行于 x 轴的直线上的椭圆，此时焦点为 $E\left(\frac{1}{2}\sqrt{\frac{1}{2}-a^2},\frac{a}{2}\right)$，$F\left(-\frac{1}{2}\sqrt{\frac{1}{2}-a^2},\frac{a}{2}\right)$.

(3) 当 $\frac{1}{8}<\left(\frac{a}{2}\right)^2$，即 $a>\frac{\sqrt{2}}{2}$ 时，式 ④ 表示焦点在 y 轴上的椭圆，此时焦点为 $E\left(0,\frac{a}{2}+\frac{1}{2}\sqrt{a^2-\frac{1}{2}}\right)$，$F\left(0,\frac{a}{2}-\frac{1}{2}\sqrt{a^2-\frac{1}{2}}\right)$.

(2) 和(3) 中的 E,F 即为所求的符合题目要求的点.

【例 9】 (2003 年，上海卷)

在以 O 为原点的直角坐标系中，点 $A(4,-3)$ 为 $\triangle OAB$ 的直角顶点，已知 $|AB|=2|OA|$，且点 B 的纵坐标大于零.

(Ⅰ) 求向量 $\overrightarrow{AB}$ 的坐标；

(Ⅱ) 求圆 $x^2-6x+y^2+2y=0$ 关于直线 OB 对称的圆的方程；

(Ⅲ) 是否存在实数 a，使抛物线 $y=ax^2-1$ 上总有关于直线 OB 对称的两个点？若不存在，说明理由；若存在，求 a 的取值范围.

【分析及解】 (Ⅰ)**【解法 1】** 设 $\overrightarrow{AB}=(u,v)$，由题意，有

$$\begin{cases}|\overrightarrow{AB}|=2|\overrightarrow{OA}|\\ \overrightarrow{AB}\cdot\overrightarrow{OA}=0\end{cases}$$

即

$$\begin{cases}\sqrt{u^2+v^2}=2\sqrt{4^2+(-3)^2}\\ 4u-3v=0\end{cases}$$

解得 $\begin{cases}u=6\\ v=8\end{cases}$ 或 $\begin{cases}u=-6\\ v=-8\end{cases}$.

由于$\overrightarrow{OB}=\overrightarrow{OA}+\overrightarrow{AB}=(u+4,v-3)$，且点 B 的纵坐标大于零，则 $v-3>0$，$v>3$.

于是，只有解 $u=6$，$v=8$，即$\overrightarrow{AB}=(6,8)$.

【解法 2】 不是设向量$\overrightarrow{AB}$，而是设 B 的坐标为(x,y)，则

$$\begin{cases}AB\perp OA\\ |AB|=2|OA|\end{cases}$$

即

$$\begin{cases}\dfrac{y+3}{x-4}\cdot\dfrac{-3}{4}=-1\\ (x-4)^2+(y+3)^2=4[4^2+(-3)^2]\end{cases}$$

解得$\begin{cases}x=10\\ y=5\end{cases}$或$\begin{cases}x=-2\\ y=-11\end{cases}$舍去.

所以 $B(10,5)$，$\overrightarrow{AB}=(10-4,5-(-3))=(6,8)$.

【解法 3】 如图 9.4，由题意

$$\tan\alpha=\frac{3}{4}$$

$$\tan\beta=\frac{1}{2}$$

$$\tan(\alpha+\beta)=\frac{\frac{3}{4}+\frac{1}{2}}{1-\frac{3}{4}\cdot\frac{1}{2}}=2$$

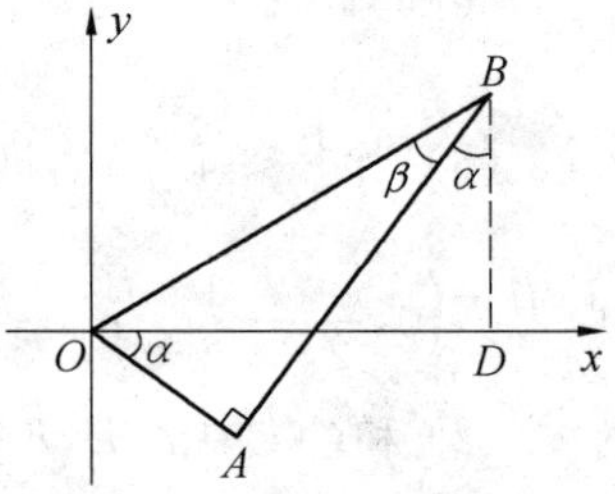

图 9.4

于是

$$\angle OBD=\angle AOB$$

$$\triangle OBD\cong\triangle BOA$$

$$BD=OA=5,OD=AB=10$$

即 $B(10,5)$，$\overrightarrow{AB}=(6,8)$.

（Ⅱ）由 $B(10,5)$，则直线 $l_{OB}:y=\frac{1}{2}x$.

已知圆的方程为$(x-3)^2+(y+1)^2=10$，圆心为$(3,-1)$，半径为$\sqrt{10}$.

设$(3,-1)$关于 $y=\frac{1}{2}x$ 的对称点为(x,y)，则

$$\begin{cases}\dfrac{x+3}{2}-2\cdot\dfrac{y-1}{2}=0\\ \dfrac{y+1}{x-3}\cdot\dfrac{1}{2}=-1\end{cases}$$

解得 $x=1, y=3$.

于是，所求圆的方程为 $(x-1)^2+(y-3)^2=10$.

（Ⅲ）**【解法 1】** 设 $P(x_1,y_1)$，$Q(x_2,y_2)$ 是抛物线上关于 OB 的对称点，PQ 的中点为 $M(x_0,y_0)$，则有

$$\begin{cases} y_1=ax_1^2-1 \\ y_2=ax_2^2-1 \end{cases}$$

两式相减得

$$\frac{y_1-y_2}{x_1-x_2}=a(x_1+x_2)=2ax_0$$

又

$$\frac{y_1-y_2}{x_1-x_2}\cdot\frac{1}{2}=-1$$

得

$$2ax_0=-2$$

$$x_0=-\frac{1}{a}$$

又

$$y_0=\frac{1}{2}x_0=-\frac{1}{2a}$$

当 $a>0$ 时，M 在抛物线内部，应有 $\frac{1}{2a}>a(-\frac{1}{a})^2-1$，$a>\frac{3}{2}$.

当 $a<0$ 时，M 在抛物线内部，应有 $-\frac{1}{2a}<a(-\frac{1}{a})^2$，$a>\frac{3}{2}$ 与 $a<0$ 矛盾，所以 $a>\frac{3}{2}$.

【解法 2】 由解法 1，$M(-\frac{1}{a},-\frac{1}{2a})$，可得直线 AB 的方程

$$y+\frac{1}{2a}=-2(x+\frac{1}{a})$$

由 $\begin{cases} y+\frac{1}{2a}=-2(x+\frac{1}{a}) \\ y=ax^2-1 \end{cases}$，消去 y 得

$$ax^2+2x+\frac{5-2a}{2a}=0$$

因为直线必与抛物线相交，所以方程必有实根，即

$$\Delta=4-4a\cdot\frac{5-2a}{2a}>0$$

解得 $a > \frac{3}{2}$.

【例 10】 已知 $\triangle OFQ$ 的面积为 S,且 $\overrightarrow{OF} \cdot \overrightarrow{FQ} = 1$.

(Ⅰ)若 $\frac{1}{2} < S < 2$,求向量 $\overrightarrow{OF}$ 与 $\overrightarrow{FQ}$ 的夹角 θ 的取值范围;

(Ⅱ)记 $|\overrightarrow{OF}| = c(c \geqslant 2)$,$S = \frac{3}{4}c$,若以 O 为中心,F 为焦点的椭圆经过点 Q,当 $|\overrightarrow{OQ}|$ 取得最小值时,求此椭圆方程.

【分析及解】 (Ⅰ)由已知有

$$S = \frac{1}{2}|\overrightarrow{OF}||\overrightarrow{FQ}|\sin\theta$$

$$\overrightarrow{OF} \cdot \overrightarrow{FQ} = 1 = |\overrightarrow{OF}| \cdot |\overrightarrow{FQ}| \cdot \cos\theta$$

于是两式相除得 $\tan\theta = 2S$,又 $\frac{1}{2} < S < 2$,得 $1 < 2S < 4$,即 $1 < \tan\theta < 4$,得 $\frac{\pi}{4} < \theta < \arctan 4$.

(Ⅱ)以 O 为坐标原点,$\overrightarrow{OF}$ 所在直线为 x 轴建立平面直角坐标系(图 9.5).

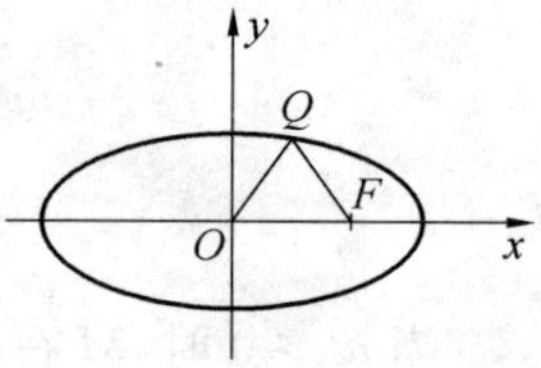

图 9.5

设所求椭圆方程为 $\frac{x^2}{a^2} + \frac{y^2}{b^2} = 1(a > b > 0)$.

点 $Q(x_0, y_0)$ 在椭圆上,$\overrightarrow{FQ} = (x_0 - c, y_0)$,又

$$S = \frac{3}{4}c = \frac{1}{2}|\overrightarrow{OF}||y_0| = \frac{1}{2}c|y_0|$$

不妨设 $y_0 > 0$,则 $y_0 = \frac{3}{2}$,又

$$1 = \overrightarrow{OF} \cdot \overrightarrow{FQ} = (c, 0) \cdot (x_0 - c, \frac{3}{2}) = 1$$

即

$$cx_0 - c^2 = 1$$

$$x_0 = c + \frac{1}{c} \quad (c \geqslant 2)$$

$$|\overrightarrow{OQ}| = \sqrt{x_0^2 + y_0^2} = \sqrt{(c + \frac{1}{c})^2 + \frac{9}{4}} \quad (c \geqslant 2)$$

因为函数 $c + \frac{1}{c}$ 在 $c \geqslant 2$ 时是增函数,所以当且仅当 $c = 2$ 时,$|\overrightarrow{OQ}|$ 最小,最小值为 $\frac{\sqrt{34}}{2}$.

此时 $x_0=\dfrac{5}{2}$，$y_0=\dfrac{3}{2}$，即 $Q\left(\dfrac{5}{2},\dfrac{3}{2}\right)$.

又因为 Q 在椭圆上，则 $\begin{cases}\dfrac{\left(\frac{5}{2}\right)^2}{a^2}+\dfrac{\left(\frac{3}{2}\right)^2}{b^2}=1.\\ a^2-b^2=2^2\end{cases}$

解得 $a^2=10$，$b^2=6$，所求椭圆方程为 $\dfrac{x^2}{10}+\dfrac{y^2}{6}=1$.

【例 11】 已知 $\overrightarrow{OA}=(2,1)$，$\overrightarrow{OB}=(1,7)$，$\overrightarrow{OC}=(5,1)$，$\overrightarrow{OD}=x\,\overrightarrow{OA}$，$y=\overrightarrow{DB}\cdot\overrightarrow{DC}$，$x,y\in\mathbf{R}$.

（Ⅰ）求 $y=f(x)$ 的解析式；

（Ⅱ）若点 $P(x,y)$ 在曲线 $y=f(x)$ 上运动，求 $\dfrac{y}{x}$ 在 $1\leqslant x\leqslant 2$ 时的最小值；

（Ⅲ）把 $y=f(x)$ 的图像按向量 $\boldsymbol{a}=(-2,8)$ 平移得到曲线 C_1，过坐标原点 O 作 OM，ON 交 C_1 于 M，N 两点，直线 MN 交 y 轴于点 $Q(0,y_0)$，当 $\angle MON$ 为锐角时，求 y_0 的取值范围.

【分析及解】（Ⅰ）可得

$$\overrightarrow{OD}=x\,\overrightarrow{OA}=(2x,x)$$
$$\overrightarrow{DB}=\overrightarrow{OB}-\overrightarrow{OD}=(1-2x,7-x)$$
$$\overrightarrow{DC}=\overrightarrow{OC}-\overrightarrow{OD}=(5-2x,1-x)$$
$$\begin{aligned}y=\overrightarrow{DB}\cdot\overrightarrow{DC}&=(1-2x)(5-2x)+(7-x)(1-x)\\&=5x^2-20x+12\quad(x\in\mathbf{R})\end{aligned}$$

（Ⅱ）因为 $1\leqslant x\leqslant 2$，则

$$\frac{y}{x}=5x+\frac{12}{x}-20\geqslant 2\sqrt{5x\cdot\frac{12}{x}}-20=4\sqrt{15}-20$$

当且仅当 $5x=\dfrac{12}{x}$，$x=\sqrt{\dfrac{12}{5}}\in[1,2]$ 时，$\dfrac{y}{x}$ 有最小值 $4\sqrt{15}-20$.

（Ⅲ）由 $\boldsymbol{a}=(-2,8)$ 得

$$y-8=5(x+2)^2-20(x+2)+12$$

即 $y=5x^2$.

设 $M(x_1,y_1)$，$N(x_2,y_2)$（图 9.6，9.7）.

因为 M，Q，N 共线，则 $k_{MQ}=k_{MN}$，即

$$\frac{y_1-y_0}{x_1-0}=\frac{y_2-y_1}{x_2-x_1}$$

$$\frac{5x_1^2-y_0}{x_1}=\frac{5x_2^2-5x_1^2}{x_2-x_1}$$

$$\frac{5x_1^2-y_0}{x_1}=5(x_2+x_1)$$

解得 $y_0=-5x_1x_2$.

又$\overrightarrow{OM}=(x_1,y_1)$，$\overrightarrow{ON}=(x_2,y_2)$，因为$\overrightarrow{OM}$，$\overrightarrow{ON}$ 不共线，且$\angle MON$ 为锐角，则$\overrightarrow{OM}\cdot\overrightarrow{ON}>0$，即

$$x_1x_2+y_1y_2>0$$

$$x_1x_2+25x_1^2x_2^2>0$$

$$-\frac{y_0}{5}+25\cdot\frac{y_0^2}{25}>0$$

$$5y_0^2-y_0>0$$

解得 $y_0<0$ 或 $y_0>\frac{1}{5}$.

即 $y_0\in(-\infty,0)\cup(\frac{1}{5}+\infty)$.

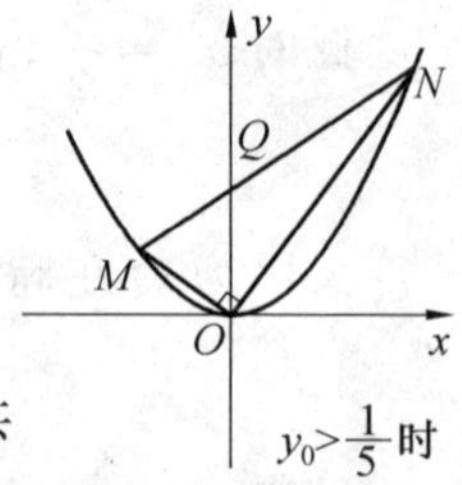

图 9.6

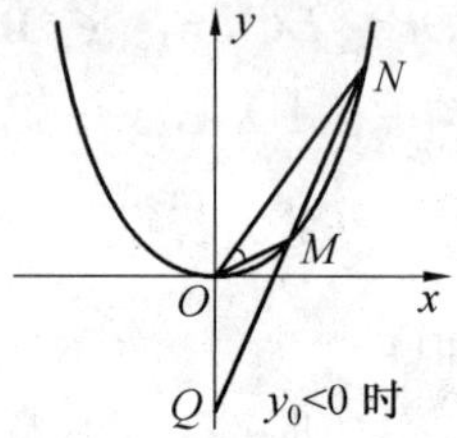

图 9.7

【例 12】 有一条水流速度为 $4\sqrt{3}$ km/h，宽为 1 km 的大河，今有一船速不超 $8\sqrt{3}$ km/h 的船，你能否设计一个航行方案，使该船在 5 min 内到达对岸？

【分析及解】 设水速向量为 $\boldsymbol{v}_0=(4\sqrt{3},0)$，船速向量为 $\boldsymbol{v}=(a,b)$.

实际航行向量(速度向量) 为 $\boldsymbol{v}'$，则

$$\boldsymbol{v}'=\boldsymbol{v}+\boldsymbol{v}_0=(a+4\sqrt{3},b)$$

要使船 5 min 内到达对岸，即$\frac{5b}{60}\geqslant 1$，得

$$b\geqslant 12$$

$$|\boldsymbol{v}|=\sqrt{a^2+b^2}\leqslant 8\sqrt{3}$$

$$a^2+b^2\leqslant 64\times 3=192$$

$$a^2\leqslant 192-b^2\leqslant 192-144=48$$

$$|a|\leqslant 4\sqrt{3}$$

此时 $\boldsymbol{v}=(-4\sqrt{3},12)$，$\boldsymbol{v}$ 与 y 轴夹角为 30°. 所以当船速方向与垂直河岸方向夹角$\leqslant$30°时，可 5 min 到达(图 9.8).

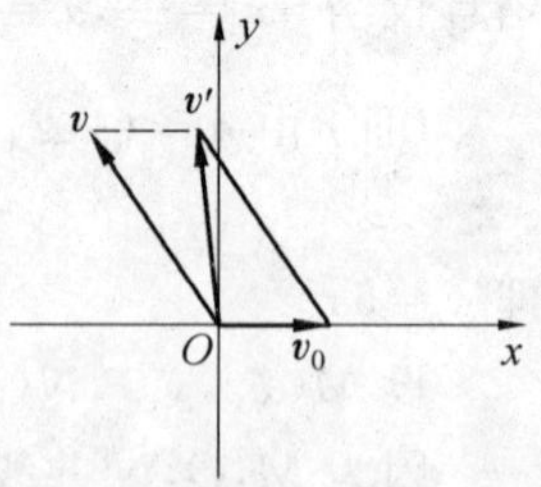

图 9.8

【例 13】 设 $x,y\in\mathbf{R}$，$\boldsymbol{i},\boldsymbol{j}$ 为直角坐标平面内 x，

y 轴正方向上的单位向量，若向量 $\boldsymbol{a}=x\boldsymbol{i}+(y+2)\boldsymbol{j}$，$\boldsymbol{b}=x\boldsymbol{i}+(y-2)\boldsymbol{j}$，且 $|\boldsymbol{a}|+|\boldsymbol{b}|=8$.

（Ⅰ）求点 $M(x,y)$ 的轨迹 C 的方程；

（Ⅱ）过点 $(0,3)$ 作直线 l 与曲线 C 交于 A，B 两点，设 $\overrightarrow{OP}=\overrightarrow{OA}+\overrightarrow{OB}$，是否存在这样的直线 l，使得四边形 $OAPB$ 是矩形？若存在，求出直线 l 的方程，若不存在，试说明理由.

【分析及解】 解答本题的突破口在于根据向量的模的几何意义，把题设条件转化成几何图形.

（Ⅰ）由 $\boldsymbol{a}=x\boldsymbol{i}+(y+2)\boldsymbol{j}$，$\boldsymbol{b}=x\boldsymbol{i}+(y-2)\boldsymbol{j}$，得

$$|\boldsymbol{a}|+|\boldsymbol{b}|=\sqrt{x^2+(y+2)^2}+\sqrt{x^2+(y-2)^2}=8$$

这个等式表明：点 $M(x,y)$ 到点 $F_1(0,-2)$，$F_2(0,2)$ 的距离之和等于 8，又 $|F_1F_2|=4$，$8>4$，即点 M 到两个定点 F_1，F_2 的距离之和为定值 8，因此，点 M 的轨迹是以 F_1，F_2 为焦点，焦点在 y 轴，且长轴的长为 8 的椭圆，其方程是 $\dfrac{x^2}{12}+\dfrac{y^2}{16}=1$.（由 $a=4$，$c=2$，得 $b^2=12$）

（Ⅱ）若过点 $(0,3)$ 的直线 l 的斜率不存在，则直线 l 即是 y 轴，此时 A，B 两点是椭圆的两个顶点，有 $\overrightarrow{OP}=\overrightarrow{OA}+\overrightarrow{OB}=\mathbf{0}$，即 O 与 P 重合，O，A，P，B 四点不能构成四边形的顶点，所以直线 l 的斜率存在，设为 k，则

$$l: y=kx+3$$

又设点 $A(x_1,y_1)$，$B(x_2,y_2)$.

由 $\begin{cases} y=kx+3 \\ \dfrac{x^2}{12}+\dfrac{y^2}{16}=1 \end{cases}$ 消去 y，可得

$$(4+3k^2)x^2+18kx-21=0$$

此时，$\Delta=(18k)^2+4\times 21(4+3k^2)>0$.

所以直线 l 必与椭圆 C 相交，且

$$x_1+x_2=-\frac{18k}{4+3k^2}$$

$$x_1x_2=-\frac{21}{4+3k^2}$$

由已知 $\overrightarrow{OP}=\overrightarrow{OA}+\overrightarrow{OB}$，则四边形 $OAPB$ 为平行四边形.

如果存在直线 l，使 $\square OAPB$ 为矩形，则应有 $OA\perp OB$，即

$$\overrightarrow{OA}\cdot\overrightarrow{OB}=0$$

由 $\overrightarrow{OA}=(x_1,y_1)$，$\overrightarrow{OB}=(x_2,y_2)$，有

$$\overrightarrow{OA}\cdot\overrightarrow{OB}=x_1x_2+y_1y_2=0$$

又

$$y_1y_2=(kx_1+3)(kx_2+3)$$
$$=k^2x_1x_2+3k(x_1+x_2)+9$$

所以

$$x_1x_2+y_1y_2=(1+k^2)x_1x_2+3k(x_1+x_2)+9=0$$

即

$$(1+k^2)\cdot\left(-\frac{21}{4+3k^2}\right)+3k\cdot\left(-\frac{18k}{4+3k^2}\right)+9=0$$
$$-21-21k^2-54k^2+36+27k^2=0$$
$$16k^2=5$$
$$k=\pm\frac{\sqrt{5}}{4}$$

于是存在直线 $l:y=\pm\frac{\sqrt{5}}{4}x+3$,使得四边形 $OAPB$ 是矩形.

本题从作为几何形式的平面向量入手,通过平面向量的模的几何意义、坐标运算,平面向量的数量积等解决解析几何的有关问题.

【例 14】 设平面向量 $\boldsymbol{a}=\left(\frac{\sqrt{3}}{2},-\frac{1}{2}\right)$,$\boldsymbol{b}=\left(\frac{1}{2},\frac{\sqrt{3}}{2}\right)$,若存在不同时为 0 的两个实数 s,t 及实数 $k>0$,使 $\boldsymbol{x}=\boldsymbol{a}+(t^2-k)\boldsymbol{b}$,$\boldsymbol{y}=-s\boldsymbol{a}+t\boldsymbol{b}$,且 $\boldsymbol{x}\perp\boldsymbol{y}$,

(Ⅰ) 求函数关系式 $s=f(t)$.

(Ⅱ) 若函数 $s=f(t)$ 在 $[1,+\infty)$ 是单调函数.

(1) 求证:$0<k\leqslant 3$.

(2) 设 $x_0\geqslant 1$,$f(x_0)\geqslant 1$,且满足 $f[f(x_0)]=x_0$,求证:$f(x_0)=x_0$.

【分析及解】 (Ⅰ) 由已知条件可得 $\boldsymbol{a}\perp\boldsymbol{b}$,利用平面向量的数量积,及 $\boldsymbol{x}\perp\boldsymbol{y}$ 得 $\boldsymbol{x}\cdot\boldsymbol{y}=0$,进而可计算出关于 s,t 的关系式.

由 $\boldsymbol{a}=\left(\frac{\sqrt{3}}{2},-\frac{1}{2}\right)$,$\boldsymbol{b}=\left(\frac{1}{2},\frac{\sqrt{3}}{2}\right)$ 得 $|\boldsymbol{a}|=1$,$|\boldsymbol{b}|=1$,且

$$\boldsymbol{a}\cdot\boldsymbol{b}=\frac{\sqrt{3}}{4}-\frac{\sqrt{3}}{4}=0$$

则 $\boldsymbol{a}\perp\boldsymbol{b}$. 又由 $\boldsymbol{x}\perp\boldsymbol{y}$ 得 $\boldsymbol{x}\cdot\boldsymbol{y}=0$,即

$$[\boldsymbol{a}+(t^2-k)\boldsymbol{b}]\cdot[-s\boldsymbol{a}+t\boldsymbol{b}]=0$$
$$-s\boldsymbol{a}^2+(t^2-k)t\boldsymbol{b}^2+(t-st^2+sk)\boldsymbol{a}\cdot\boldsymbol{b}=0$$

即

$$-s+(t^2-k)t=0$$

$$s=t^3-kt$$

则

$$s=f(t)=t^3-kt$$

(Ⅱ)(1) 为研究函数 $s=f(t)$ 的单调性,对 $s=f(t)$ 求导

$$f'(t)=3t^2-k$$

若 $s=f(t)$ 在 $t\in[1,+\infty)$ 上单调递增,则

$$f'(t)=3t^2-k\geqslant 0 \quad t\in[1,+\infty)$$

$$0<k\leqslant 3t^2$$

把 $3t^2$ 看作函数,$3t^2$ 在$[1,+\infty)$ 上的最小值为 3,于是 $0<k\leqslant 3$.

若 $s=f(t)$ 在 $t\in[1,+\infty)$ 上单调递减,则 $f'(t)=3t^2-k\leqslant 0$.

即恒有 $3t^2\leqslant k$.

对于 $t\in[1,+\infty)$ 这是不可能的,即不存在满足上面不等式的 k.

于是 $0<k\leqslant 3$.

(2) 我们设 $f(x_0)=m$,设法证明 $x_0=m$.

由 $f[f(x_0)]=x_0$,得 $f(m)=x_0$,即有

$$\begin{cases}x_0^3-kx_0=m\\m^3-km=x_0\end{cases}$$

两式相减得

$$(x_0^3-kx_0)-(m^3-km)=m-x_0$$

整理得

$$(x_0-m)(x_0^2+mx_0+m^2+1-k)=0$$

由题设 $x_0\geqslant 1$,$f(x_0)=m\geqslant 1$,于是 $x_0^2+mx_0+m^2\geqslant 3$,又 $0<k\leqslant 3$,则 $x_0^2+mx_0+m^2+1-k>0$.

于是 $x_0-m=0$,$x_0=m$.

即 $f(x_0)=x_0$.

本题对于作为代数形式的平面向量,通过平面向量的数量积的运算转化为函数问题,进而解决恒成立的不等式的参数范围问题及不动点的证明问题.

第十讲　用空间向量解立体几何问题

传统的立体几何问题主要是用立体几何的公理和定理通过从“形”到“形”的逻辑推理，解决线与线，线与面，面与面的位置关系以及几何体的有关问题，而空间向量具有几何形式与代数形式的双重身份，它本身就是数与形结合的产物. 因此，用空间向量解立体几何问题则体现了“数”与“形”的结合，从而通过向量的代数计算解决问题，在用空间向量解题的过程中，演绎推理，空间想象，运算求解等理性思维能力得以结合与体现，也得以培养与提高.

用空间向量解立体几何问题，其基本思路是选择向量的基底或建立空间直角坐标系，分析已知向量和需要求解向量的差异，运用向量代数的运算或坐标运算，依据有关的定理或法则，从已知向求解转化.

用空间向量解决的立体几何问题主要有：

平行或共面问题；

垂直问题；

空间角问题；

空间距离问题.

一、平行或共面问题

用空间向量解平行或共面问题主要是解决直线与直线平行，若干点共直线，若干点共面，若干直线共面，直线与平面平行等问题，常用的定理有以下几个：

1. 共线向量定理：非零向量 $\boldsymbol{b}$ 与向量 $\boldsymbol{a}$ 共线的充要条件是存在唯一确定的实数 λ，使 $\boldsymbol{a}=\lambda\boldsymbol{b}$.

2. 共面向量定理：不共线的向量 $\boldsymbol{a}$ 和 $\boldsymbol{b}$ 与向量 $\boldsymbol{\gamma}$ 共面的充要条件是存在唯一确定的实数 α 和 β，使 $\boldsymbol{\gamma}=\alpha\boldsymbol{a}+\beta\boldsymbol{b}$.

3. 向量基本定理：已知不共面的向量 $\boldsymbol{a},\boldsymbol{b},\boldsymbol{c}$，则空间任一向量 $\boldsymbol{\gamma}$ 可以表示为不共面向量 $\boldsymbol{a},\boldsymbol{b},\boldsymbol{c}$ 的线性组合，即存在一组唯一确定的实数 α,β 和 γ，使 $\boldsymbol{\gamma}=\alpha\boldsymbol{a}+\beta\boldsymbol{b}+\gamma\boldsymbol{c}$.

4. 三点共线定理：设 M_1,M_2,M_3 为三个不同的点，点 O 是异于 M_1,M_2，

M_3 且不在它们任何两点连线上的点，则 M_1, M_2, M_3 共线的充要条件是存在三个不全为零的实数 α, β, γ，使 $\alpha \overrightarrow{OM_1} + \beta \overrightarrow{OM_2} + \gamma \overrightarrow{OM_3} = \mathbf{0}$，且 $\alpha + \beta + \gamma = 0$.

推论：三点 M_1, M_2, M_3 共线的充要条件是存在实数 α, β 使

$$\overrightarrow{OM_3} = \alpha \overrightarrow{OM_1} + \beta \overrightarrow{OM_2}$$

且

$$\alpha + \beta = 1$$

5. 四点共面定理：四个不同的点 M_1, M_2, M_3, M_4，O 是异于它们且不与它们任何三点共面的点，则 M_1, M_2, M_3, M_4 共面的充要条件是存在四个不全为零的实数 $\alpha, \beta, \gamma, \delta$，使得 $\alpha \overrightarrow{OM_1} + \beta \overrightarrow{OM_2} + \gamma \overrightarrow{OM_3} + \delta \overrightarrow{OM_4} = \mathbf{0}$，且 $\alpha + \beta + \gamma = 0$.

推论：四点 M_1, M_2, M_3, M_4 共面的充要条件是存在实数 α, β, γ 使

$$\overrightarrow{OM_4} = \alpha \overrightarrow{OM_1} + \beta \overrightarrow{OM_2} + \gamma \overrightarrow{OM_3}$$

且

$$\alpha + \beta + \gamma = 1$$

6. 若 $\overrightarrow{AP} = \alpha \overrightarrow{AB} + \beta \overrightarrow{AC}$，则点 P 在 $\triangle ABC$ 内部的充要条件是 $\begin{cases} \alpha > 0 \\ \beta > 0 \\ \alpha + \beta < 1 \end{cases}$.

7. 若 $\overrightarrow{AP} = \alpha \overrightarrow{AB} + \beta \overrightarrow{AC} + \gamma \overrightarrow{AD}$，则点 P 在四面体 $ABCD$ 内部的充要条件是 $\begin{cases} \alpha > 0 \\ \beta > 0 \\ \gamma > 0 \\ \alpha + \beta + \gamma < 1 \end{cases}$.

点 P 在四面体 $ABCD$ 内部或表面的充要条件是 $\begin{cases} \alpha \geqslant 0 \\ \beta \geqslant 0 \\ \gamma \geqslant 0 \\ \alpha + \beta + \gamma \leqslant 1 \end{cases}$.

【例 1】 证明三点共线定理.

【分析及解】 (1) 首先证明必要性，即证明：若三点 M_1, M_2, M_3 共线，则存在三个不全为零的实数 α, β, γ，使

$$\alpha \overrightarrow{OM_1} + \beta \overrightarrow{OM_2} + \gamma \overrightarrow{OM_3} = \mathbf{0}$$

且 $\alpha + \beta + \gamma = 0$.

如果 M_1, M_2, M_3 都是直线 l 上的点，O 不在直线 l 上，由向量减法得

$$\overrightarrow{M_1M_2}=\overrightarrow{OM_2}-\overrightarrow{OM_1}$$
$$\overrightarrow{M_1M_3}=\overrightarrow{OM_3}-\overrightarrow{OM_1}$$

由 M_1,M_2,M_3,共线得$\overrightarrow{M_1M_2}=\lambda\overrightarrow{M_1M_3}(\lambda\neq1)$,即

$$\overrightarrow{OM_2}-\overrightarrow{OM_1}=\lambda\overrightarrow{OM_3}-\lambda\overrightarrow{OM_1}$$
$$(\lambda-1)\overrightarrow{OM_1}+\overrightarrow{OM_2}-\lambda\overrightarrow{OM_3}=\mathbf{0}$$

取 $\alpha=\lambda-1,\beta=1,\gamma=-\lambda$,则 α,β,γ 不全为零,且

$$\alpha+\beta+\gamma=(\lambda-1)+1+(-\lambda)=0$$

于是

$$\alpha\overrightarrow{OM_1}+\beta\overrightarrow{OM_2}+\gamma\overrightarrow{OM_3}=\mathbf{0}$$

由此必要性得证.

(2) 再证充分性,即证明当

$$\alpha\overrightarrow{OM_1}+\beta\overrightarrow{OM_2}+\gamma\overrightarrow{OM_3}=\mathbf{0}$$
$$\alpha+\beta+\gamma=0(\alpha,\beta,\gamma\text{不全为零})$$

时,M_1,M_2,M_3 共线.

设 γ 为确定的不等于零的常数,则由

$$\alpha+\beta+\gamma=0,\alpha=-(\beta+\gamma)$$

所以

$$-(\beta+\gamma)\overrightarrow{OM_1}+\beta\overrightarrow{OM_2}+\gamma\overrightarrow{OM_3}=\mathbf{0}$$
$$\gamma(\overrightarrow{OM_3}-\overrightarrow{OM_1})=\beta(\overrightarrow{OM_1}-\overrightarrow{OM_2})$$
$$\gamma\overrightarrow{M_1M_3}=\beta\overrightarrow{M_2M_1}$$

因为 $\gamma\neq0$,则有$\overrightarrow{M_1M_3}=\dfrac{\beta}{\gamma}\overrightarrow{M_2M_1}$,所以 M_1,M_2,M_3 共线,充分性得证.

【例 2】 证明四点共面定理.

【分析及解】 首先证明必要性,如图 10.1.设点 M_1,M_2,M_3,M_4 在同一个平面 π 上的不同 4 点,O 在平面 π 外

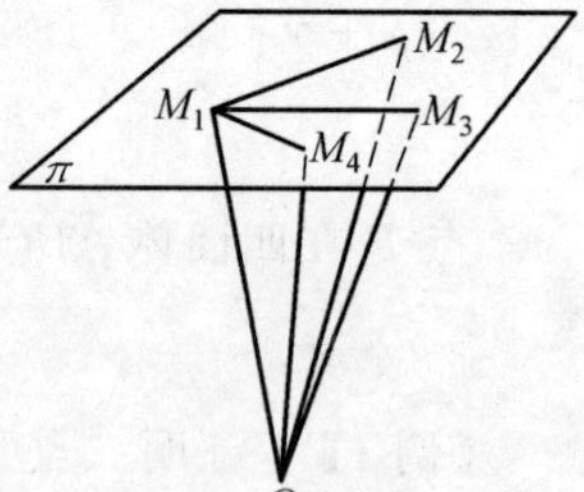

图 10.1

$$\overrightarrow{M_1M_2}=\overrightarrow{OM_2}-\overrightarrow{OM_1}$$
$$\overrightarrow{M_1M_3}=\overrightarrow{OM_3}-\overrightarrow{OM_1}$$
$$\overrightarrow{M_1M_4}=\overrightarrow{OM_4}-\overrightarrow{OM_1}$$

由已知$\overrightarrow{M_1M_2},\overrightarrow{M_1M_3},\overrightarrow{M_1M_4}$ 是共面向量.如果$\overrightarrow{M_1M_2},\overrightarrow{M_1M_3},\overrightarrow{M_1M_4}$ 共线,则$\overrightarrow{M_1M_2}$ 与$(\overrightarrow{M_1M_3}+\overrightarrow{M_1M_4})$也共线,于是存在$\lambda\in\mathbf{R}$,有

$$\overrightarrow{M_1M_2}=\lambda(\overrightarrow{M_1M_3}+\overrightarrow{M_1M_4})$$

即

$$\overrightarrow{OM_2}-\overrightarrow{OM_1}=\lambda\overrightarrow{OM_3}-\lambda\overrightarrow{OM_1}+\lambda\overrightarrow{OM_4}-\lambda\overrightarrow{OM_1}$$

$$(2\lambda-1)\overrightarrow{OM_1}+\overrightarrow{OM_2}-\lambda\overrightarrow{OM_3}-\lambda\overrightarrow{OM_4}=\mathbf{0}$$

取 $\alpha=2\lambda-1,\beta=1,\gamma=-\lambda,\delta=-\lambda$.

则 $\alpha,\beta,\gamma,\delta$ 不全为零,且 $\alpha+\beta+\gamma+\delta=2\lambda-1+1-\lambda-\lambda=0$.

如果$\overrightarrow{M_1M_2},\overrightarrow{M_1M_3},\overrightarrow{M_1M_4}$ 不全共线,我们设$\overrightarrow{M_1M_2}$ 与$\overrightarrow{M_1M_3}$ 不共线,由共面充要条件得$\overrightarrow{M_1M_4}=\lambda\overrightarrow{M_1M_2}+\mu\overrightarrow{M_1M_3}$,即

$$\overrightarrow{OM_4}-\overrightarrow{OM_1}=\lambda\overrightarrow{OM_2}-\lambda\overrightarrow{OM_1}+\mu\overrightarrow{OM_3}-\mu\overrightarrow{OM_1}$$

$$(\lambda+\mu-1)\overrightarrow{OM_1}-\lambda\overrightarrow{OM_2}-\mu\overrightarrow{OM_3}+\overrightarrow{OM_4}=\mathbf{0}$$

取 $\alpha=\lambda+\mu-1,\beta=-\lambda,\gamma=-\mu,\delta=1$,则 $\alpha,\beta,\gamma,\delta$ 不全为零,且$\alpha+\beta+\gamma+\delta=\lambda+\mu-1-\lambda-\mu+1=0$.

由此,必要性得证.

再证明充分性,即证明当 $\alpha\overrightarrow{OM_1}+\beta\overrightarrow{OM_2}+\gamma\overrightarrow{OM_3}+\delta\overrightarrow{OM_4}=\mathbf{0}$,其中$\alpha+\beta+\gamma+\delta=0$($\alpha,\beta,\gamma,\delta$ 不全为零),则 M_1,M_2,M_3,M_4 共面.

由 $\alpha+\beta+\gamma+\delta=0$,得 $\alpha=-(\beta+\gamma+\delta)$,即有

$$-(\beta+\gamma+\delta)\overrightarrow{OM_1}+\beta\overrightarrow{OM_2}+\gamma\overrightarrow{OM_3}+\delta\overrightarrow{OM_4}=\mathbf{0}$$

$$\beta(\overrightarrow{OM_2}+\overrightarrow{OM_1})+\delta(\overrightarrow{OM_4}-\overrightarrow{OM_1})+\gamma(\overrightarrow{OM_3}-\overrightarrow{OM_1})=\mathbf{0}$$

$$\beta\overrightarrow{M_1M_2}+\delta\overrightarrow{M_1M_4}+\gamma\overrightarrow{M_1M_3}=\mathbf{0}$$

设 $\delta\neq0$,则

$$\overrightarrow{M_1M_4}=\frac{\beta}{\delta}\overrightarrow{M_2M_1}+\frac{\gamma}{\delta}\overrightarrow{M_3M_1}$$

所以$\overrightarrow{M_1M_4}$ 与$\overrightarrow{M_2M_1},\overrightarrow{M_3M_1}$ 共面.

所以 M_1,M_2,M_3,M_4 共面.

充分性得证.

【例 3】 已知四边形 $ABCD$ 的四个内角都是直角,求证:四边形 $ABCD$ 是矩形.

【分析及解】 要证明四边形 $ABCD$ 是矩形,关键在于证明 A,B,C,D 四点共面.

作 $AE\perp AB,AE\perp AD$(图 10.2),又 $\angle BAD=90^\circ$.

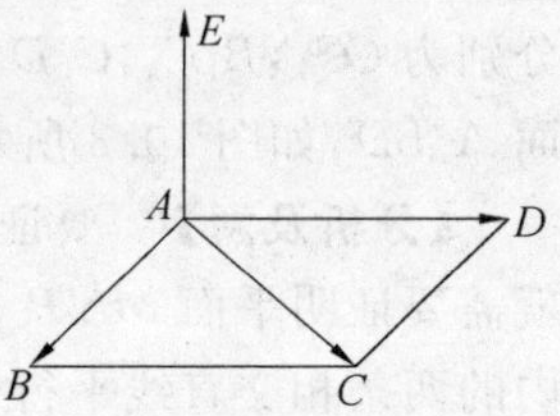

图 10.2

因此可以以$\{\overrightarrow{AB},\overrightarrow{AD},\overrightarrow{AE}\}$ 为基底.

由平面向量基本定理,存在实数 x,y,z,有

$$\overrightarrow{AC}=x\overrightarrow{AB}+y\overrightarrow{AD}+z\overrightarrow{AE} \quad ①$$

由$\overrightarrow{BC}\perp\overrightarrow{AB}$，可知$\overrightarrow{BC}\cdot\overrightarrow{AB}=0$，即

$$(\overrightarrow{AC}-\overrightarrow{AB})\cdot\overrightarrow{AB}=0$$

再由 ① 有

$$[(x-1)\overrightarrow{AB}+y\overrightarrow{AD}+z\overrightarrow{AE}]\cdot\overrightarrow{AB}=0 \quad ②$$

注意到

$$\overrightarrow{AB}\cdot\overrightarrow{AD}=0,\overrightarrow{AB}\cdot\overrightarrow{AE}=0$$

代入 ② 可得

$$(x-1)\overrightarrow{AB}^2=0$$

于是 $x=1$.

同理，由$\overrightarrow{AD}\perp\overrightarrow{CD}$ 可得

$$\overrightarrow{AD}\cdot(\overrightarrow{AD}-\overrightarrow{AC})=0$$

代入 ① 又可推得

$$y=1$$

这时式 ① 化为

$$\overrightarrow{AC}=\overrightarrow{AB}+\overrightarrow{AD}+z\overrightarrow{AE} \quad ③$$

再由$\overrightarrow{BC}\perp\overrightarrow{DC}$ 可知$\overrightarrow{BC}\cdot\overrightarrow{DC}=0$，即

$$(\overrightarrow{AC}-\overrightarrow{AB})\cdot(\overrightarrow{AC}-\overrightarrow{AD})=0$$

由 ③ 可得

$$(\overrightarrow{AD}+z\overrightarrow{AE})\cdot(\overrightarrow{AB}+z\overrightarrow{AE})=0$$

$$\overrightarrow{AD}\cdot\overrightarrow{AB}+z\overrightarrow{AE}\cdot\overrightarrow{AB}+\overrightarrow{AD}\cdot z\overrightarrow{AE}+z^2\overrightarrow{AE}=0$$

即

$$z^2\cdot\overrightarrow{AE}=0,z=0$$

再由式 ③ 可得$\overrightarrow{AC}=\overrightarrow{AB}+\overrightarrow{AD}$，因此 AB，AC，AD 共面，所以 $ABCD$ 为一矩形.

【例 4】 在正方形 $ABCD-A_1B_1C_1D_1$ 中，M，N，P 分别为 CC_1，B_1C_1，C_1D_1 的中点，求证：平面 MNP // 平面 A_1BD，如图 10.3 所示.

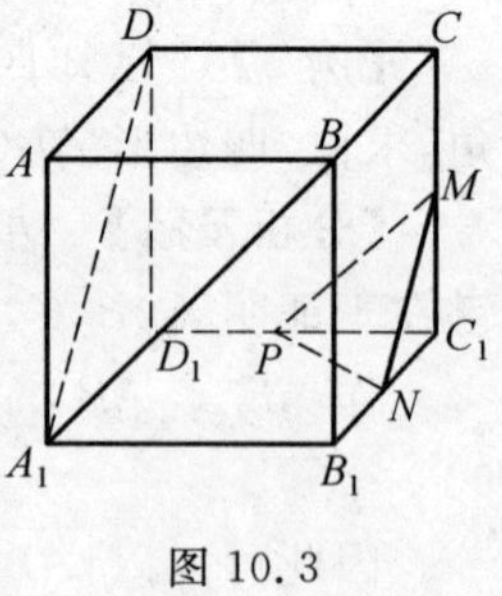

图 10.3

【分析及解】 要证明两个平面 MNP，A_1BD 平行，就需要证明平面 MNP 内的两条相交直线与平面 A_1BD 内的两条相交直线平行，而证明两直线平行，可以证明相应的向量平行，例如$\overrightarrow{A_1B}$ // $\overrightarrow{PM}$，$\overrightarrow{A_1D}$ // $\overrightarrow{NM}$，而证明向量平行，则可以由共线定理证明$\overrightarrow{A_1B}=\lambda\overrightarrow{PM}$ 和$\overrightarrow{A_1D}=$

$\mu\overrightarrow{NM}$，而要实现这两个等式可以通过向量运算，也可以通过坐标运算，为此可以获得两个解法.

【解法 1】 由于$\overrightarrow{PM}=\overrightarrow{PC_1}+\overrightarrow{C_1M}$，设法把$\overrightarrow{PC_1}$和$\overrightarrow{C_1M}$与$\overrightarrow{A_1B}$建立联系，由于$\overrightarrow{PC_1}=\frac{1}{2}\overrightarrow{D_1C_1}=\frac{1}{2}\overrightarrow{A_1B_1}$，$\overrightarrow{C_1M}=\frac{1}{2}\overrightarrow{C_1C}=\frac{1}{2}\overrightarrow{A_1A}$，从而可以进行下面的转化

$$\begin{aligned}\overrightarrow{PM}&=\overrightarrow{PC_1}+\overrightarrow{C_1M}\\&=\frac{1}{2}\overrightarrow{D_1C_1}+\frac{1}{2}\overrightarrow{C_1C}\\&=\frac{1}{2}(\overrightarrow{A_1B_1}+\overrightarrow{B_1B})\\&=\frac{1}{2}A_1B\end{aligned}$$

于是$\overrightarrow{A_1B}\parallel\overrightarrow{PM}$.

同理

$$\begin{aligned}\overrightarrow{NM}&=\overrightarrow{NC_1}+\overrightarrow{C_1M}\\&=\frac{1}{2}\overrightarrow{B_1C_1}+\frac{1}{2}\overrightarrow{C_1C}\\&=\frac{1}{2}(\overrightarrow{A_1D_1}+\overrightarrow{D_1D})\\&=\frac{1}{2}A_1D\end{aligned}$$

于是$\overrightarrow{A_1D}\parallel\overrightarrow{NM}$.

由于$\overrightarrow{A_1B}$与$\overrightarrow{A_1D}$相交，$\overrightarrow{PM}$与$\overrightarrow{NM}$相交. 所以平面 $MNP\parallel A_1BD$.

【解法 2】 以 D_1 为坐标原点，D_1A，D_1C，D_1D 所在直线为 x，y，z 轴建立空间直角坐标系(图 10.4)，设正方体边长为 1，则

$$A_1(1,0,0),B(1,1,1),D(0,0,1)$$

$$B_1(1,1,0),C_1(0,1,0),N(\frac{1}{2},1,0)$$

$$M(0,1,\frac{1}{2}),D_1(0,0,0),C_1(0,1,0),P(0,\frac{1}{2},0)$$

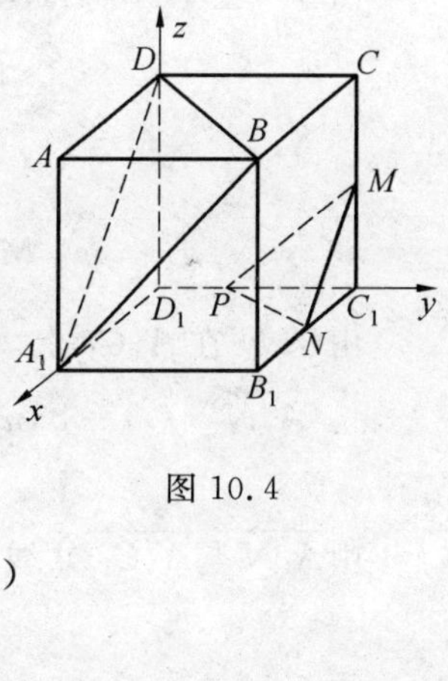

图 10.4

于是

$$\overrightarrow{A_1B}=(0,1,1),\overrightarrow{A_1D}=(-1,0,1),\overrightarrow{NM}=(-\frac{1}{2},0,\frac{1}{2})$$

$$\overrightarrow{PM}=(0,\frac{1}{2},\frac{1}{2})$$

显然有$\overrightarrow{NM}=\frac{1}{2}\overrightarrow{A_1D}$，$\overrightarrow{PM}=\frac{1}{2}\overrightarrow{A_1B}$，所以$\overrightarrow{NM}\parallel\overrightarrow{A_1D}$，$\overrightarrow{PM}\parallel\overrightarrow{A_1B}$. 因此，平面 $A_1BD\parallel$ 平面 MNP.

【例 5】 已知 $ABCD-A_1B_1C_1D_1$ 是一个长方体，从点 A 到直线 A_1B，A_1C，A_1D 的垂线分别交直线 A_1B，A_1C 和 A_1D 于点 M，N，P，垂足分别为 E，G，F.

（Ⅰ）求证：M，N，P 三点共线.

（Ⅱ）求证：PE，MF，AN 三条直线共点.

【分析及解】 首先建立如图 10.5 的坐标系，我们通过计算点的坐标及向量的坐标表示，利用三点共线定理解决.

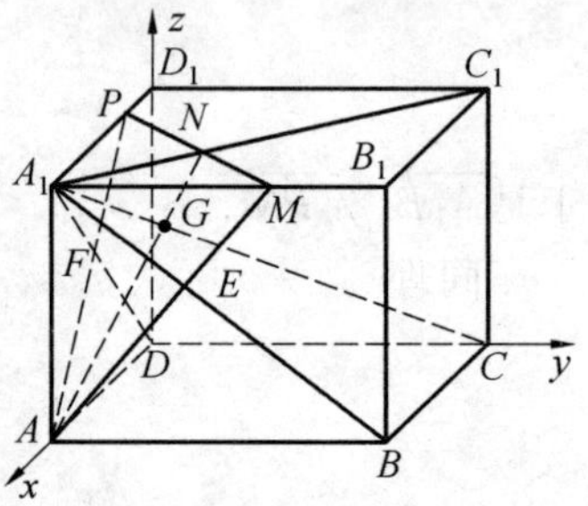

图 10.5

设 $AD=a$，$AB=b$，$AA_1=c$，则 $A(a,0,0)$，$B(a,b,0)$，$C(0,b,0)$，$D(0,0,0)$，$A_1(a,0,c)$，$B_1(a,b,c)$，$C_1(0,b,0)$，$D_1(0,0,c)$.

（Ⅰ）为证明 M，N，P 共线，我们还需要利用题设中的垂直条件求出 M，N，P 的坐标，并选择一点，例如点 A，计算向量$\overrightarrow{AM}$，$\overrightarrow{AN}$，$\overrightarrow{AP}$，再研究它们之间的关系.

由于 M 在 A_1B_1 上，所以可以设 $M(a,y,c)$，只需确定 y.

$\overrightarrow{A_1B}=(0,b,-c)$，$\overrightarrow{AM}=(0,y,c)$.

由$\overrightarrow{AM}\perp\overrightarrow{A_1B}$，有$\overrightarrow{AM}\cdot\overrightarrow{A_1B}=0$，即

$$by-c^2=0,y=\frac{c^2}{b}$$

于是

$$M(a,\frac{c^2}{b},c),\overrightarrow{AM}=(0,-\frac{c^2}{b},c)$$

由于 N 在 A_1C_1 上，所以设 $N(m,n,c)$，则

$$\overrightarrow{A_1N}=(m-a,n,0),\overrightarrow{A_1C_1}=(-a,b,0),\overrightarrow{A_1C}=(-a,b,-c)$$

$$\overrightarrow{AN}=(m-a,n,c)$$

由$\overrightarrow{A_1N}$与$\overrightarrow{A_1C_1}$共线及$\overrightarrow{AN}\perp\overrightarrow{A_1C}$可得

$$\begin{cases}(m-a)b=-an\\-a(m-a)+bn-c^2=0\end{cases}$$

解得 $m-a=-\frac{ac^2}{a^2+b^2}$，$n=\frac{bc^2}{a^2+b^2}$，于是

$$\overrightarrow{AN}=\left(-\frac{ac^2}{a^2+b^2},\frac{bc^2}{a^2+b^2},c\right)$$

再设 $P(p,0,c)$，则 $\overrightarrow{AP}=(p-a,0,c)$，$\overrightarrow{A_1D}=(-a,0,-c)$.

再由 $\overrightarrow{AP}\perp\overrightarrow{A_1D}$ 得

$$\overrightarrow{AP}\cdot\overrightarrow{A_1D}=-a(p-a)-c^2=0$$

$$p=a-\frac{c^2}{a}$$

从而有 $\overrightarrow{AP}=(-\frac{c^2}{a},0,c)$. 由

$$\overrightarrow{AN}=\left(-\frac{ac^2}{a^2+b^2},\frac{bc^2}{a^2+b^2},c\right),\overrightarrow{AM}=(0,\frac{c^2}{b},c),\overrightarrow{AP}=(-\frac{c^2}{a},0,c)$$

可得

$$\overrightarrow{AN}=\frac{a^2}{a^2+b^2}\overrightarrow{AP}+\frac{b^2}{a^2+b^2}\overrightarrow{AM}$$

而 $\frac{a^2}{a^2+b^2}+\frac{b^2}{a^2+b^2}=1$，所以 M,N,P 三点共线.

（Ⅱ）为证明 PE,MF,AN 三条直线交于一点，可以先设其中两条直线交于一点，再证明这一点在第三条直线上.

设直线 PE 和 MF 交于点 K，下面证明点 K 在直线 AN 上，我们仍然用三点共线的充要条件解决.

由 P,K,E 三点共线可知，存在实数 λ，使得

$$\overrightarrow{AK}=\lambda\overrightarrow{AE}+(1-\lambda)\overrightarrow{AP}=\frac{b^2\lambda}{b^2+c^2}\overrightarrow{AM}+(1-\lambda)\overrightarrow{AP} \quad ①$$

由 M,K,F 三点共线可知，存在实数 μ，使得

$$\overrightarrow{AK}=\mu\overrightarrow{AF}+(1-\mu)\overrightarrow{AM}=(1-\mu)\overrightarrow{AM}+\frac{a^2\mu}{a^2+c^2}\overrightarrow{AP} \quad ②$$

由 ①，② 可得 $\begin{cases}\frac{b^2\lambda}{b^2+c^2}=1-\mu\\ \frac{a^2\mu}{a^2+c^2}=1-\lambda\end{cases}$.

解得 $\begin{cases}\lambda=\frac{b^2+c^2}{a^2+b^2+c^2}\\ \mu=\frac{a^2+c^2}{a^2+b^2+c^2}\end{cases}$.

代入式①可得

$$\begin{aligned}\overrightarrow{AK}&=\frac{b^2}{a^2+b^2+c^2}\overrightarrow{AM}+\frac{a^2}{a^2+b^2+c^2}\overrightarrow{AP}\\&=\frac{b^2}{a^2+b^2+c^2}(0,\frac{c^2}{b},c)+\frac{a^2}{a^2+b^2+c^2}(-\frac{c^2}{a},0,c)\\&=\frac{1}{a^2+b^2+c^2}(-ac^2,bc^2,(a^2+b^2)c)\\&=\frac{a^2+b^2}{a^2+b^2+c^2}\left(-\frac{ac^2}{a^2+b^2},\frac{bc^2}{a^2+b^2},c\right)\\&=\frac{a^2b^2}{a^2+b^2+c^2}\overrightarrow{AN}\end{aligned}$$

所以$\overrightarrow{AK}\ /\!/\ \overrightarrow{AN}$，且$\overrightarrow{AK}$与$\overrightarrow{AN}$有相同的起点，于是$A,K,N$共线.

由以上可证，PE,MF,AN三线共点.

二、垂直问题

空间图形的垂直问题包括直线与直线，直线与平面，平面与平面垂直的问题，垂直问题是解决空间角的问题和空间距离问题的基础，而用空间向量解决垂直问题的关键是直线与直线的垂直，所采用的主要方法是利用空间非零向量的数量积，常用的定理有以下几个：

1. 直线$AB\perp CD$的充要条件是$\overrightarrow{AB}\cdot\overrightarrow{CD}=0$.

2. 直线$AB\perp$平面α的充要条件是在平面α内存在两条不平行的向量$\boldsymbol{m}$和向量$\boldsymbol{n}$满足，$\overrightarrow{AB}\cdot\boldsymbol{m}=0$且$\overrightarrow{AB}\cdot\boldsymbol{n}=0$.

3. 直线$AB\perp$平面α的充要条件是平面α的法向量$\boldsymbol{n}$满足，存在实数λ，使$\overrightarrow{AB}=\lambda\boldsymbol{n}$.

其中法向量的求法是：设不共线向量$\overrightarrow{OM}=(x_1,y_1,z_1)$，$\overrightarrow{OT}=(x_2,y_2,z_2)$，则平面$OMT$的一个法向量是$(y_1z_1-y_2z_1,z_1x_2-z_2x_1,z_1y_2-x_2y_1)$.

4. 平面$\alpha\perp$平面β的充要条件是平面α内的一个向量$\overrightarrow{AB}$垂直于平面α.

5. 平面$\alpha\perp$平面β的充要条件是平面α内有平面β的法向量$\boldsymbol{a}$或平面α的法向量$\boldsymbol{a}$与平面β的法向量$\boldsymbol{b}$满足$\boldsymbol{a}\cdot\boldsymbol{b}=0$.

【例1】 证明直线与平面垂直的判定定理：一条直线与平面内的两条相交直线垂直，则这条直线与这个平面垂直.

【分析及解】 本题用符号表示为：

如图10.6，直线$m\subset$平面α，直线$n\subset$平面α，m与n相交，且直线$l\perp m$，$l\perp n$.求证：$l\perp\alpha$.

要证明 $l \perp \alpha$，由直线和平面垂直的定义可知，只需证明在平面 α 内异于 m,n 的任一直线 g 与 l 垂直(图10.6)。

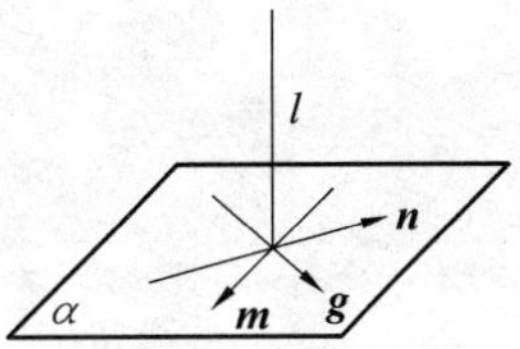

图 10.6

在直线 l,m,n,g 上取非零向量 $\boldsymbol{l},\boldsymbol{m},\boldsymbol{n},\boldsymbol{g}$.

由于向量 $\boldsymbol{m},\boldsymbol{n},\boldsymbol{g}$ 共面，则存在实数 x,y 满足 $\boldsymbol{g}=x\boldsymbol{m}+y\boldsymbol{n}$.

又由 $l \perp m, l \perp n$ 可知 $\boldsymbol{l}\cdot\boldsymbol{m}=0,\boldsymbol{l}\cdot\boldsymbol{n}=0$.

要证 $l \perp g$，只需证明 $\boldsymbol{l}\cdot\boldsymbol{g}=0$，即

$$\begin{aligned}\boldsymbol{l}\cdot\boldsymbol{g}&=\boldsymbol{l}\cdot(x\boldsymbol{m}+y\boldsymbol{n})\\&=x\cdot\boldsymbol{l}\cdot\boldsymbol{m}+y\cdot\boldsymbol{l}\cdot\boldsymbol{n}\\&=0\end{aligned}$$

所以 $\boldsymbol{l}\perp\boldsymbol{g}$.

由于 g 是平面 α 内的任一直线，所以 $l \perp \alpha$.

【例 2】 在四面体 $ABCD$ 中，E,F 分别是 AD,BC 的中点，求证：EF 是 AD 和 BC 的公垂线的充要条件是 $AB=CD$ 且 $BD=AC$.

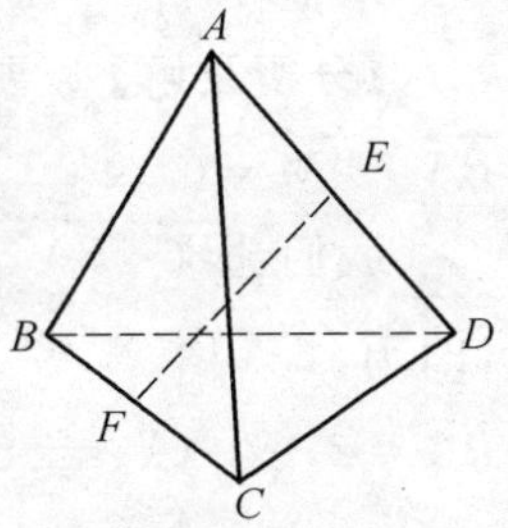

图 10.7

【分析及解】 由 $EF \perp AD, EF \perp BC$，可以用直线垂直的充要条件进行推算(图 10.7)，有

$$\begin{aligned}\overrightarrow{EF}&=\overrightarrow{AF}-\overrightarrow{AE}\\&=\frac{1}{2}(\overrightarrow{AB}+\overrightarrow{AC}-\overrightarrow{AD})\end{aligned}$$

EF 是 AD 和 BC 的公垂线等价于

$$\begin{cases}\overrightarrow{EF}\cdot\overrightarrow{AD}=0\\\overrightarrow{EF}\cdot\overrightarrow{BC}=0\end{cases}$$

由 $\overrightarrow{EF}\cdot\overrightarrow{AD}=0$，得

$$\frac{1}{2}(\overrightarrow{AB}+\overrightarrow{AC}-\overrightarrow{AD})\cdot\overrightarrow{AD}=0$$

$$2\overrightarrow{AB}\cdot\overrightarrow{AD}+2\overrightarrow{AC}\cdot\overrightarrow{AD}-2\overrightarrow{AD}^2=0$$

$$(\overrightarrow{AB}-\overrightarrow{AD})^2+(\overrightarrow{AC}-\overrightarrow{AD})^2=\overrightarrow{AB}^2+\overrightarrow{AC}^2$$

又

$$\overrightarrow{DB}^2+\overrightarrow{DC}^2=\overrightarrow{AB}^2+\overrightarrow{AC}^2 \quad ①$$

$$\begin{aligned}\overrightarrow{EF}&=\overrightarrow{BF}-\overrightarrow{BE}\\&=\frac{1}{2}\overrightarrow{BC}-\frac{1}{2}(\overrightarrow{BA}+\overrightarrow{BD})\end{aligned}$$

由$\overrightarrow{EF}\cdot\overrightarrow{BC}=0$,得

$$\frac{1}{2}(\overrightarrow{BC}-\overrightarrow{BA}-\overrightarrow{BD})\cdot\overrightarrow{BC}=0$$

$$2\overrightarrow{BC}^2-2\overrightarrow{BA}\cdot\overrightarrow{BC}-2\overrightarrow{BD}\cdot\overrightarrow{BC}=0$$

$$(\overrightarrow{BA}-\overrightarrow{BC})^2+(\overrightarrow{BD}-\overrightarrow{BC})^2=\overrightarrow{BA}^2+\overrightarrow{BD}^2$$

$$\overrightarrow{CA}^2+\overrightarrow{CD}^2=\overrightarrow{BA}^2+\overrightarrow{BD}^2$$

由 ① − ② 可得

$$\overrightarrow{DB}^2-\overrightarrow{CA}^2=\overrightarrow{AC}^2-\overrightarrow{BD}^2$$

即$\overrightarrow{AC}^2=\overrightarrow{BD}^2$,再代入 ① 得

$$\overrightarrow{AB}^2=\overrightarrow{CD}^2$$

于是 $AB=CD$ 且 $AC=BD$.

【例 3】 在直三棱柱 $ABC-A_1B_1C_1$ 中,$\angle BCA=90°$,$BC=1$,$CA=\sqrt{3}$,$AA_1=\sqrt{6}$,M 是 CC_1 的中点.

求证:$BA_1\perp AM$.

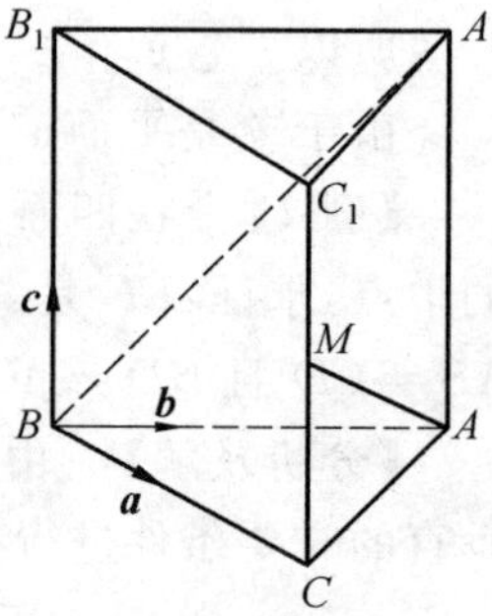

图 10.8

【分析及解】 要证明 $BA_1\perp AM$,只要证明向量$\overrightarrow{BA}\cdot\overrightarrow{AM}=0$.

我们选$\overrightarrow{BC}$,$\overrightarrow{BA}$,$\overrightarrow{BB_1}$ 上的单位向量 $\boldsymbol{a},\boldsymbol{b},\boldsymbol{c}$ 为基底(图 10.8),由 $BC=1$,$CD=\sqrt{3}$,及 $\angle BCA=90°$,知 $BA=2$,又 $AA_1=\sqrt{6}$,于是有

$$\overrightarrow{BC}=\boldsymbol{a},\overrightarrow{BA}=2\boldsymbol{b},\overrightarrow{BB_1}=\sqrt{6}\boldsymbol{c}$$

$$\overrightarrow{BA_1}=\overrightarrow{BA}+\overrightarrow{AA_1}=2\boldsymbol{b}+\sqrt{6}\boldsymbol{c}$$

$$\overrightarrow{AM}=\overrightarrow{CM}-\overrightarrow{CA}=\frac{\sqrt{6}}{2}\boldsymbol{c}-(\overrightarrow{BA}-\overrightarrow{BC})=\frac{\sqrt{6}}{2}\boldsymbol{c}-2\boldsymbol{b}+\boldsymbol{a}$$

$$\overrightarrow{BA_1}\cdot\overrightarrow{AM}=(2\boldsymbol{b}+\sqrt{6}\boldsymbol{c})(\frac{\sqrt{6}}{2}\boldsymbol{c}-2\boldsymbol{b}+\boldsymbol{a})$$

$$=\sqrt{6}\boldsymbol{a}\cdot\boldsymbol{c}+3\boldsymbol{c}^2-4\boldsymbol{b}^2-2\sqrt{6}\boldsymbol{b}\cdot\boldsymbol{c}+2\boldsymbol{a}\cdot\boldsymbol{b}-\sqrt{6}\boldsymbol{a}\cdot\boldsymbol{c}$$

由于 $AB\perp BB_1$,则 $\boldsymbol{b}\cdot\boldsymbol{c}=0$,$BC\perp BB_1$,则 $\boldsymbol{a}\cdot\boldsymbol{c}=0$,又 $\angle ABC=60°$,则

$$\boldsymbol{a}\cdot\boldsymbol{b}=|\boldsymbol{a}|\cdot|\boldsymbol{b}|\cos 60°=\frac{1}{2}\cos 60°=\frac{1}{2}$$

又

$$\boldsymbol{c}^2=|\boldsymbol{c}|^2=1,\boldsymbol{b}^2=|\boldsymbol{b}|^2=1$$

于是

$$\overrightarrow{BA_1}\cdot\overrightarrow{AM}=3-4+1=0$$

即

$$\overrightarrow{BA_1} \perp \overrightarrow{AM}, BA_1 \perp AM$$

本题还可以利用空间直角坐标系，通过向量数量积的坐标运算求解，如图 10.9.

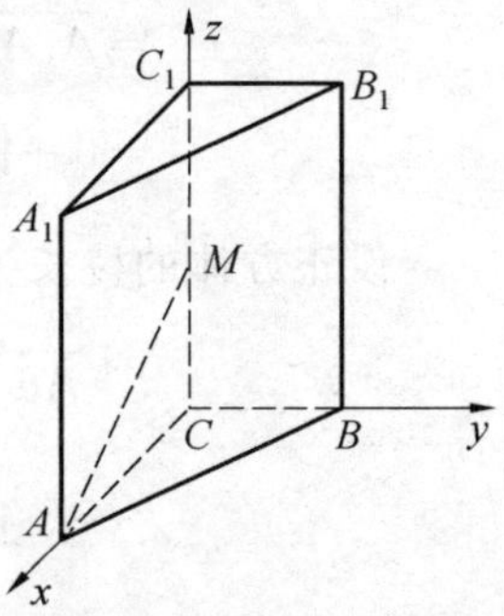

图 10.9

由于 CA，CB，CC_1 两两垂直，可以以 C 为坐标原点，CA，CB，CC_1 所在直线为 x 轴，y 轴，z 轴建立空间直角坐标系.

由已知条件可得点的坐标：$A(\sqrt{3},0,0)$，$C_1(0,0,\sqrt{6})$，$M(0,0,\frac{\sqrt{6}}{2})$，$A_1(\sqrt{3},0,\sqrt{6})$，$B(0,1,0)$，则

$$\overrightarrow{BA_1}=(\sqrt{3},-1,\sqrt{6})$$

$$\overrightarrow{AM}=(-\sqrt{3},0,\frac{\sqrt{6}}{2})$$

$$\begin{aligned}\overrightarrow{BA_1}\cdot\overrightarrow{AM}&=(\sqrt{3},-1,\sqrt{6})\cdot(-\sqrt{3},0,\frac{\sqrt{6}}{2})\\&=\sqrt{3}(-\sqrt{3})+(-1)\cdot 0+\sqrt{6}\cdot\frac{\sqrt{6}}{2}\\&=0\end{aligned}$$

所以 $\overrightarrow{BA_1} \perp \overrightarrow{AM}$，即 $BA_1 \perp AM$.

【例 4】 如图 10.10 所示，在正方体 $ABCD-A_1B_1C_1D_1$ 中，E 为正方形 $ABCD$ 对角线 AC，BD 的交点，M 为 CC_1 的中点，求证：$A_1E \perp$ 平面 MBD.

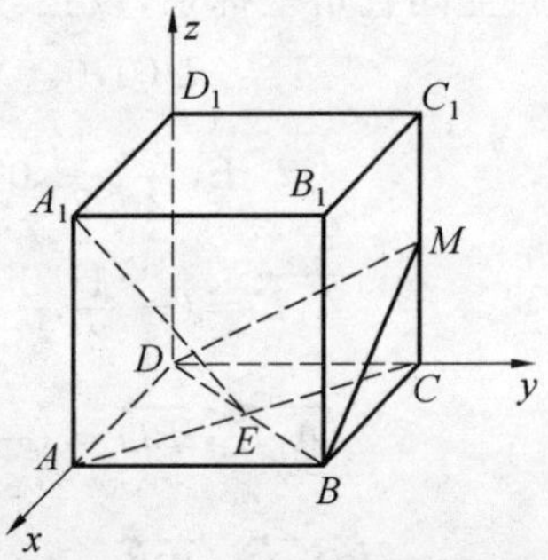

图 10.10

【分析及解】 要证明 $A_1E \perp$ 平面 MBD，就需要证明 $A_1E \perp BD$ 和 $A_1E \perp BM$，下面用向量方法和坐标方法分别进行证明.

首先用向量方法

$$\begin{aligned}\overrightarrow{A_1E}\cdot\overrightarrow{BD}&=(\overrightarrow{A_1A}+\overrightarrow{AE})\cdot(\overrightarrow{AD}-\overrightarrow{AB})\\&=\overrightarrow{A_1A}\cdot\overrightarrow{AD}-\overrightarrow{AA_1}\cdot\overrightarrow{AB}+\overrightarrow{AE}\cdot\overrightarrow{AD}-\overrightarrow{AE}\cdot\overrightarrow{AB}\\&=0-0+\overrightarrow{AE}\cdot(\overrightarrow{AD}-\overrightarrow{AB})\\&=\overrightarrow{AE}\cdot\overrightarrow{BD}\\&=0\end{aligned} \quad ①$$

这里运用了 $A_1A \perp AD$，$A_1A \perp AB$，$AE \perp AB$，$AE \perp BD$，使

$$\overrightarrow{A_1A}\cdot\overrightarrow{AD}=0,\overrightarrow{A_1A}\cdot\overrightarrow{AB}=0,\overrightarrow{AE}\cdot\overrightarrow{BD}=0$$

$$\begin{aligned}\overrightarrow{A_1E}\cdot\overrightarrow{BM}&=(\overrightarrow{A_1A}+\overrightarrow{AE})\cdot(\overrightarrow{BC}+\overrightarrow{CM})\\&=\overrightarrow{A_1A}\cdot\overrightarrow{BC}+\overrightarrow{AE}\cdot\overrightarrow{BC}+\overrightarrow{A_1A}\cdot\overrightarrow{CM}+\overrightarrow{AE}\cdot\overrightarrow{CM}\\&=0+|\overrightarrow{AE}|\cdot|\overrightarrow{BC}|\cos\frac{3\pi}{4}+|\overrightarrow{A_1A}|\cdot|\overrightarrow{CM}|\cdot\cos 0+0\end{aligned}$$

设正方体的棱长为1,则

$$|\overrightarrow{AE}||\overrightarrow{BC}|\cos\frac{3\pi}{4}=\frac{\sqrt{2}}{2}\cdot(-\frac{\sqrt{2}}{2})=-\frac{1}{2}$$

$$|\overrightarrow{A_1A}||\overrightarrow{CM}|\cos 0=1\cdot\frac{1}{2}=\frac{1}{2}$$

于是

$$\overrightarrow{A_1E}\cdot\overrightarrow{BM}=0-\frac{1}{2}+\frac{1}{2}+0=0 \qquad ②$$

由 ①,② 可得

$$A_1E\perp BD,A_1E\perp BM$$

于是,$A_1E\perp$ 平面 MBD.

下面用坐标方法:

如图10.10,以 D 为坐标原点,DA,DC,DD_1 所在直线为 x 轴,y 轴,z 轴建立空间直角坐标系,设正方体的棱长为1,则

$$D(0,0,0),A_1(1,0,1),A(1,0,0),C(0,1,0)$$

$$E(\frac{1}{2},\frac{1}{2},0),C_1(0,1,1),M(0,1,\frac{1}{2}),B(1,1,0)$$

$$\overrightarrow{A_1E}=(-\frac{1}{2},\frac{1}{2},-1),\overrightarrow{BD}=(1,1,0),\overrightarrow{BM}=(-1,0,\frac{1}{2})$$

$$\overrightarrow{A_1E}\cdot\overrightarrow{BD}=(-\frac{1}{2},\frac{1}{2},-1)\cdot(1,1,0)=-\frac{1}{2}+\frac{1}{2}=0$$

$$\overrightarrow{A_1E}\cdot\overrightarrow{BM}=(-\frac{1}{2},\frac{1}{2},-1)\cdot(-1,0,\frac{1}{2})=\frac{1}{2}-\frac{1}{2}=0$$

于是 $A_1E\perp BD$,$A_1E\perp BM$.

所以 $A_1E\perp$ 平面 MBD.

三、空间角问题

空间角的问题主要是异面直线所成的角,直线与平面所成的角,平面与平面所成的二面角. 对于这类问题一般都是化为向量的夹角问题,而向量的夹角

可以依靠向量的数量积求解.

(一) 异面直线所成的角

在异面直线 a,b 上取向量 $\boldsymbol{a}$,$\boldsymbol{b}$,则异面直线 a 和 b 所成的角转化为向量 $\boldsymbol{a}$,$\boldsymbol{b}$ 所成的角 $\langle\boldsymbol{a},\boldsymbol{b}\rangle$,可以利用公式 $\cos\langle\boldsymbol{a},\boldsymbol{b}\rangle=\dfrac{\boldsymbol{a}\cdot\boldsymbol{b}}{|\boldsymbol{a}||\boldsymbol{b}|}$.

如果已知 $\boldsymbol{a}$,$\boldsymbol{b}$ 的坐标表示:$\boldsymbol{a}=(x_1,y_1,z_1)$,$\boldsymbol{b}=(x_2,y_2,z_2)$,则

$$\cos\langle\boldsymbol{a},\boldsymbol{b}\rangle=\frac{x_1x_2+y_1y_2+z_1z_2}{\sqrt{x_1^2+y_1^2+z_1^2}\cdot\sqrt{x_2^2+y_2^2+z_2^2}}$$

(二) 直线和平面所成的角

一种方法是在直线上取向量 $\boldsymbol{a}$ 及它在平面 α 上的射影上取向量 $\boldsymbol{b}$,则直线与平面所成的角转化为 $\boldsymbol{a}$ 与 $\boldsymbol{b}$ 所成的角.

另一种方法是在直线 a 上取向量 $\boldsymbol{a}$ 及平面 α 的法向量 $\boldsymbol{n}$,设 $\boldsymbol{a}$ 与 $\boldsymbol{n}$ 的夹角为 θ,则直线 a 与平面 α 所成的角转化为 $\boldsymbol{a}$ 与 $\boldsymbol{n}$ 所成的角的问题. 当 θ 为锐角时,直线 a 与平面 α 所成的角为 $\dfrac{\pi}{2}-\theta$,当 θ 为钝角时,直线 a 与平面 α 所成的角为 $\theta-\dfrac{\pi}{2}$.

(三) 二面角

设二面角为 $\alpha-l-\beta$,平面 α 的法向量为 $\boldsymbol{n}_1$,平面 β 的法向量为 $\boldsymbol{n}_2$,设 $\boldsymbol{n}_1$,$\boldsymbol{n}_2$ 的夹角为 θ,则二面角 $\alpha-l-\beta$ 为 θ 或 $\pi-\theta$,一般地,如果两个法向量都指向平面,或都背离平面,则二面角 $\alpha-l-\beta$ 为 $\pi-\theta$,否则为 θ.

【例 1】 (2002 年,新课程卷)

如图 10.11,正三棱柱 $ABC-A_1B_1C_1$ 的底面边长为 a,侧棱长为 $\sqrt{2}a$,求 AC_1 与侧面 ABB_1A_1 所成的角.

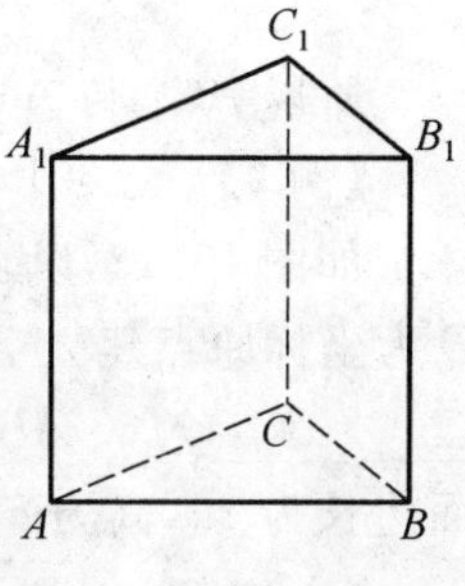

图 10.11

【分析及解】 由于给出正三棱柱,垂直关系比较多,我们可以通过建立适当的空间直角坐标系,建立有关向量的坐标表示,进而求直线与平面所成的角.

如图 10.12,以点 A 为坐标原点,以 AB,AA_1 所在的直线分别为 y 轴,z 轴,以过 A 且与平面 ABB_1A_1 垂直的直线为 x 轴,建立空间直角坐标系,则 $A(0,0,0)$,$B(0,a,0)$,$A_1(0,0,\sqrt{2}a)$,$C_1(-\dfrac{\sqrt{3}}{2}a,\dfrac{a}{2},\sqrt{2}a)$,取 A_1B_1 的中点 M,有

$$M(0,\frac{a}{2},\sqrt{2}a)$$

$$\overrightarrow{MC_1}=(-\frac{\sqrt{3}}{2}a,0,0),\overrightarrow{AB}=(0,a,0)$$

$$\overrightarrow{AA_1}=(0,0,\sqrt{2}a)$$

由于

$$\overrightarrow{MC_1}\cdot\overrightarrow{AB}=0,\overrightarrow{MC_1}\cdot\overrightarrow{AA_1}=0$$

则

$$MC_1\perp AB,MC_1\perp AA_1$$

于是

$$MC_1\perp 平面\ ABB_1A_1$$

于是 AC_1 在平面 ABB_1A_1 上的射影为 AM.

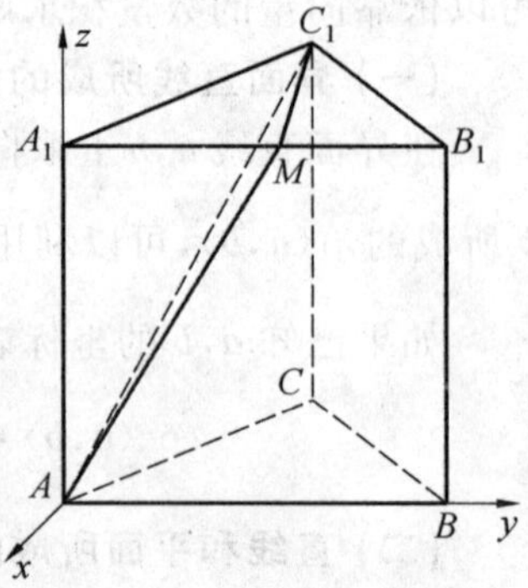

图 10.12

AC_1 与 AM 所成的角就是 AC_1 与平面 ABB_1A_1 所成的角

$$\overrightarrow{AC_1}=(-\frac{\sqrt{3}}{2}a,\frac{a}{2},\sqrt{2}a),\overrightarrow{AM}=(0,\frac{a}{2},\sqrt{2}a)$$

$$\overrightarrow{AC_1}\cdot\overrightarrow{AM}=\frac{a^2}{4}+2a^2=\frac{9}{4}a^2,|\overrightarrow{AC_1}|=\sqrt{\frac{3}{4}a^2+\frac{1}{4}a^2+2a^2}=\sqrt{3}a$$

$$|\overrightarrow{AM}|=\sqrt{0+\frac{1}{4}a^2+2a^2}=\frac{3}{2}a$$

$$\cos\langle\overrightarrow{AC_1},\overrightarrow{AM}\rangle=\frac{\overrightarrow{AC_1}\cdot\overrightarrow{AM}}{|\overrightarrow{AC_1}||\overrightarrow{AM}|}=\frac{\frac{9}{4}a^2}{\sqrt{3}a\cdot\frac{3}{2}a}=\frac{\sqrt{3}}{2}$$

所以 AC_1 与 AM 所成的角即 AC_1 与平面 ABB_1A_1 所成的角为 30°.

【例 2】 (2001 年,新课程卷)

如图 10.13,以正四棱锥 $V-ABCD$ 底面中心 O 为坐标原点建立空间直角坐标系 $O-xyz$,其中 $Ox\parallel BC$,$Oy\parallel AB$,E 为 VC 的中点,正四棱锥底面边长为 $2a$,高为 h.

(Ⅰ)求 $\cos\langle\overrightarrow{BE},\overrightarrow{DE}\rangle$.

(Ⅱ)记面 BCV 为 α,面 DCV 为 β,若 $\angle BED$ 是二面角 $\alpha-VC-\beta$ 的平面角,求 $\angle BED$.

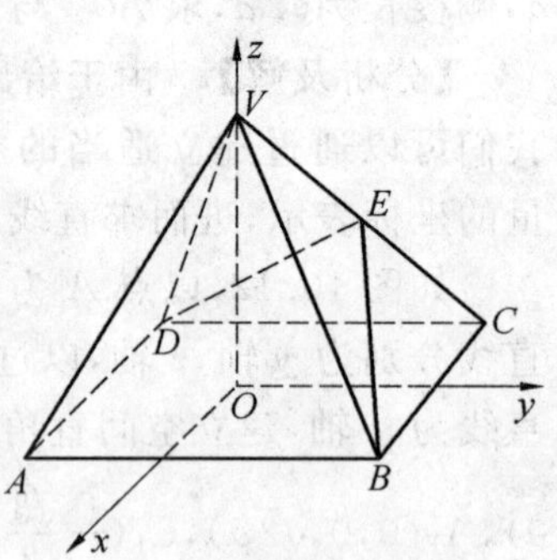

图 10.13

【分析及解】 第(Ⅰ)问是向量 $\overrightarrow{BE}$ 与 $\overrightarrow{DE}$ 的夹角问题,为此只要求出 B,E,D 的空间坐标,问题就能解决

$$B(a,a,0),C(-a,a,0),V(0,0,h)$$

$$E\left(-\frac{a}{2},\frac{a}{2},\frac{h}{2}\right),D(-a,-a,0)$$

$$\overrightarrow{BE}=\left(-\frac{3a}{2},-\frac{a}{2},\frac{h}{2}\right)$$

$$\overrightarrow{DE}=\left(\frac{1}{2}a,\frac{3}{2}a,\frac{h}{2}\right)$$

$$\overrightarrow{BE}\cdot\overrightarrow{DE}=-\frac{3}{4}a^2-\frac{3}{4}a^2+\frac{1}{2}h^2=-\frac{3}{2}a^2+\frac{1}{4}h^2$$

$$|\overrightarrow{BE}|=|\overrightarrow{DE}|=\sqrt{\left(-\frac{3}{2}a\right)^2+(-\frac{1}{2}a)+(\frac{h}{2})^2}=\frac{1}{2}\sqrt{10a^2+h^2}$$

$$\cos\langle\overrightarrow{BE},\overrightarrow{DE}\rangle=\frac{\overrightarrow{BE}\cdot\overrightarrow{DE}}{|\overrightarrow{BE}||\overrightarrow{DE}|}=\frac{-\frac{3}{2}a^2+\frac{1}{4}h^2}{\frac{1}{4}(10a^2+h^2)}=\frac{-6a^2+h^2}{10a^2+h^2}$$

第(Ⅱ)问由于已知$\angle BED$是二面角$\alpha-VC-\beta$的平面角,则有$BE\perp VC,DE\perp VC$,从而可以求出a与h的关系,再进一步计算$\angle BED$.

因为$\angle BED$是二面角$\alpha-VC-\beta$的平面角,则$BE\perp VC,\overrightarrow{BE}\cdot\overrightarrow{VC}=0$.

由(Ⅰ)知$\overrightarrow{BE}=\left(-\frac{3}{2}a,-\frac{a}{2},\frac{h}{2}\right)$.

又由$V(0,0,h),C(-a,a,0)$得

$$\overrightarrow{VC}=(-a,a,-h)$$

$$0=\overrightarrow{BE}\cdot\overrightarrow{VC}=\frac{3}{2}a^2-\frac{1}{2}a^2-\frac{1}{2}h^2$$

即$h=\sqrt{2}a$,把$h=\sqrt{2}a$代入$\cos\langle\overrightarrow{BE},\overrightarrow{DE}\rangle$的表达式,有

$$\begin{aligned}\cos\langle\overrightarrow{BE},\overrightarrow{DE}\rangle&=\frac{-6a^2+h^2}{10a^2+h^2}\\&=\frac{-6a^2+2a^2}{10a^2+2a^2}\\&=-\frac{1}{3}\end{aligned}$$

即$\angle BED=\pi-\arccos\frac{1}{3}$.

【例 3】 (1990 年,全国卷)

在四面体$S-ABC$中,$SA\perp$底面ABC,$AB\perp BC$,DE垂直平分SC,且分别交AC,SC于D,E,又$SA=AB,SB=BC$,求以BD为棱,以BDE与BDC为面的二面角的度数.

【分析及解】 为求二面角 $E-BD-C$,可以寻找平面 BDE 与平面 BDC 的法向量.

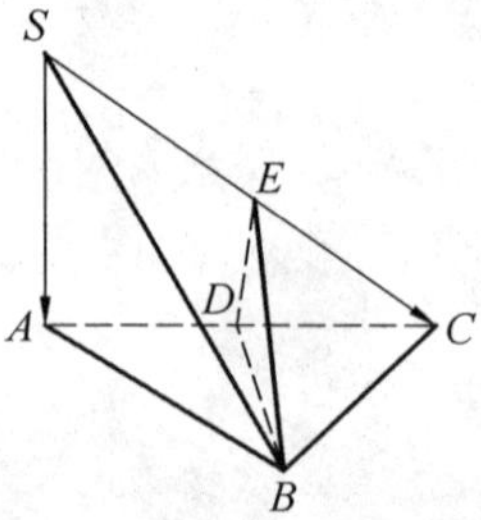

图 10.14

由 E 是 SC 的中点,$DE \perp SC$,$SB=BC$,则 $BE \perp SC$,于是有 $SC \perp$ 平面 BDE.

所以$\overrightarrow{SC}$是平面 BDE 的法向量.

又由 $SA \perp$ 平面 BDC 可知,$\overrightarrow{SA}$是平面 BCD 的法向量(图 10.14),设$|\overrightarrow{SA}|=a$.

又因为$\overrightarrow{SA}$,$\overrightarrow{SC}$都指向平面,则$\langle\overrightarrow{SC},\overrightarrow{SA}\rangle$的补角即为所求二面角的平面角

$$\begin{aligned}\overrightarrow{SA}\cdot\overrightarrow{CS}&=\overrightarrow{SA}\cdot(\overrightarrow{CB}+\overrightarrow{BA}+\overrightarrow{AS})\\&=\overrightarrow{SA}\cdot\overrightarrow{CB}+\overrightarrow{SA}\cdot\overrightarrow{BA}+\overrightarrow{SA}\cdot\overrightarrow{AS}\\&=-\overrightarrow{SA}^2\\&=-a^2\end{aligned}$$

这里由$\overrightarrow{SA}\perp\overrightarrow{CB}$,$\overrightarrow{SA}\perp\overrightarrow{BA}$,有

$$\overrightarrow{SA}\cdot\overrightarrow{CB}=\overrightarrow{SA}\cdot\overrightarrow{BA}=0$$

$$\begin{aligned}|\overrightarrow{CS}|^2&=(\overrightarrow{CB}+\overrightarrow{BA}+\overrightarrow{AS})^2\\&=|\overrightarrow{CB}|^2+|\overrightarrow{BA}|^2+|\overrightarrow{AS}|^2+2\overrightarrow{CB}\cdot\overrightarrow{BA}+2\overrightarrow{CB}\cdot\overrightarrow{AS}+\\&\quad 2\overrightarrow{BA}\cdot\overrightarrow{AS}\end{aligned}$$

由于$|\overrightarrow{CB}|=\sqrt{2}a$,$|\overrightarrow{AB}|=a$,$|\overrightarrow{AS}|=a$,$\overrightarrow{CB}\cdot\overrightarrow{BA}=0$,$\overrightarrow{CB}\cdot\overrightarrow{AS}=0$,$\overrightarrow{BA}\cdot\overrightarrow{AS}=0$,则

$$|\overrightarrow{CS}|^2=2a^2+a^2+a^2=4a^2,\ |\overrightarrow{CS}|=2a$$

$$\cos\langle\overrightarrow{SA},\overrightarrow{CA}\rangle=\frac{\overrightarrow{SA}\cdot\overrightarrow{CS}}{|\overrightarrow{SA}||\overrightarrow{CS}|}=\frac{-a^2}{2a^2}=-\frac{1}{2}$$

$$\langle\overrightarrow{SA},\overrightarrow{CS}\rangle=120°$$

因此,所求二面角为 60°.

本题还可以通过建立空间直角坐标系,求出$\overrightarrow{SA}$,$\overrightarrow{CS}$及$|\overrightarrow{SA}|$,$|\overrightarrow{CS}|$.

以$\overrightarrow{BC}$为 x 轴的正方向,$\overrightarrow{BA}$为 y 轴的正方向,过 B 作与$\overrightarrow{AS}$平行的射线,且与$\overrightarrow{AB}$同方向为 z 轴的正方向,建立空间直角坐标系(图 10.15),则

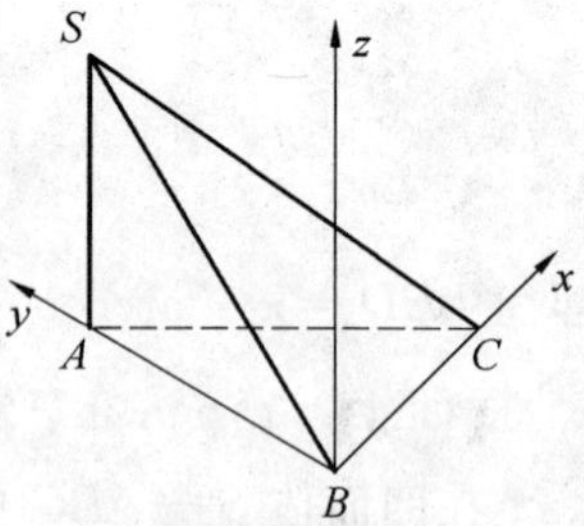

图 10.15

$$B(0,0,0),C(\sqrt{2}a,0,0),A(0,a,0),S(0,a,a)$$

$$\overrightarrow{SA}=(0,0,-a),\overrightarrow{CS}=(-\sqrt{2}a,a,a)$$

$$\overrightarrow{SA}\cdot\overrightarrow{CS}=(0,0,-a)\cdot(-\sqrt{2}a,a,a)=-a^2$$

$$|\overrightarrow{SA}|=a,\ |\overrightarrow{CS}|=2a$$

$$\cos(\overrightarrow{SA},\overrightarrow{CS})=\frac{\overrightarrow{SA}\cdot\overrightarrow{CS}}{|\overrightarrow{SA}||\overrightarrow{CS}|}=\frac{-a^2}{2a^2}=-\frac{1}{2}$$

$$\langle\overrightarrow{SA},\overrightarrow{CS}\rangle=120^\circ$$

因此,所求二面角为 60°.

【例 4】 在四面体 $ABCD$ 中,$\angle DAC=\angle BAC=\angle BAD=60^\circ$,$AC=AD$,$AC:AB=2:3$,求二面角 $A-CD-B$ 的大小.

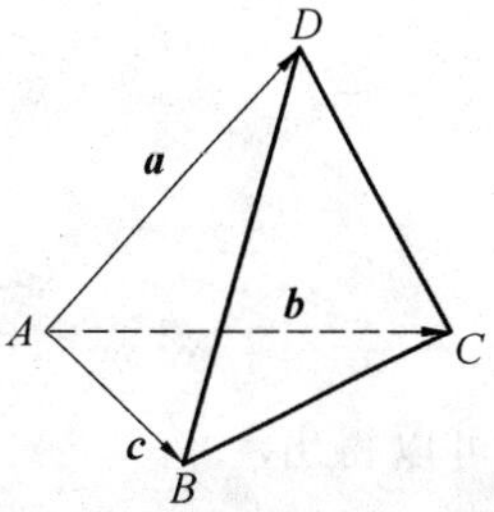

图 10.16

【分析及解】 如图 10.16,设 $\overrightarrow{AD}=\boldsymbol{a}$,$\overrightarrow{AC}=\boldsymbol{b}$,$\overrightarrow{AB}=\boldsymbol{c}$,并设 $\{\boldsymbol{a},\boldsymbol{b},\boldsymbol{c}\}$ 为基底.

由已知,可设

$$|\boldsymbol{a}|=|\boldsymbol{b}|=1,\ |\boldsymbol{c}|=\frac{3}{2}$$

$$\begin{aligned}\boldsymbol{a}\cdot\boldsymbol{b}&=|\boldsymbol{a}|\cdot|\boldsymbol{b}|\cos\angle DAC\\&=|\boldsymbol{a}|\cdot|\boldsymbol{b}|\cos 60^\circ=\frac{1}{2}\end{aligned}$$

$$\begin{aligned}\boldsymbol{b}\cdot\boldsymbol{c}&=|\boldsymbol{b}|\cdot|\boldsymbol{c}|\cos\angle BAC\\&=|\boldsymbol{b}|\cdot|\boldsymbol{c}|\cos 60^\circ=\frac{3}{4}\end{aligned}$$

$$\begin{aligned}\boldsymbol{a}\cdot\boldsymbol{c}&=|\boldsymbol{a}|\cdot|\boldsymbol{c}|\cos\angle BAD\\&=|\boldsymbol{a}|\cdot|\boldsymbol{c}|\cos 60^\circ=\frac{3}{4}\end{aligned}$$

为求二面角 $A-CD-B$ 的大小,我们先求平面 ACD 和平面 BCD 的法向量,由于不能明显地看出平面 ACD 与平面 BCD 的垂线,因此不能直接得出它们的法向量,这样就需要通过计算的方法求出法向量.

设 $\boldsymbol{n}_1$ 为平面 ACD 的法向量,且设

$$\boldsymbol{n}_1=x_1\boldsymbol{a}+y_1\boldsymbol{b}+z_1\boldsymbol{c}$$

则有

$$\boldsymbol{n}_1\cdot\boldsymbol{a}=0,\boldsymbol{n}_1\cdot\boldsymbol{b}=0$$

$$\begin{aligned}\boldsymbol{n}_1\cdot\boldsymbol{a}&=(x_1\boldsymbol{a}+y_1\boldsymbol{b}+z_1\boldsymbol{c})\cdot\boldsymbol{a}\\&=x_1\boldsymbol{a}^2+y_1\boldsymbol{a}\cdot\boldsymbol{b}+z_1\cdot\boldsymbol{c}\cdot\boldsymbol{a}\\&=x_1+\frac{1}{2}y_1+\frac{3}{4}z_1=0\end{aligned}\qquad①$$

$$\begin{aligned}\boldsymbol{n}_1\cdot\boldsymbol{b}&=(x_1\boldsymbol{a}+y_1\boldsymbol{b}+z_1\boldsymbol{c})\cdot\boldsymbol{b}\\&=x_1\boldsymbol{a}\cdot\boldsymbol{b}+y_1\boldsymbol{b}^2+z_1\boldsymbol{b}\cdot\boldsymbol{c}\end{aligned}$$

$$=\frac{1}{2}x_1+y_1+\frac{3}{4}z_1=0 \quad ②$$

由 ①,②,设 $x_1=1$,可解得 $y_1=1,z_1=-2$.

所以 $\boldsymbol{n}_1=\boldsymbol{a}+\boldsymbol{b}-2\boldsymbol{c}$.

再设 $\boldsymbol{n}_2=x_2\boldsymbol{a}+y_2\boldsymbol{b}+z_2\boldsymbol{c}$ 是平面 BCD 的法向量,则有

$$\boldsymbol{n}_2\cdot\overrightarrow{DC}=0,\boldsymbol{n}_2\cdot\overrightarrow{DB}=0$$

又

$$\overrightarrow{DC}=\boldsymbol{b}-\boldsymbol{a},\overrightarrow{DB}=\boldsymbol{c}-\boldsymbol{a}$$

$$\boldsymbol{n}_2\cdot\overrightarrow{DC}=(x_2\boldsymbol{a}+y_2\boldsymbol{b}+z_2\boldsymbol{c})(\boldsymbol{b}-\boldsymbol{a})=0$$

$$\boldsymbol{n}_2\cdot\overrightarrow{DB}=(x_2\boldsymbol{a}+y_2\boldsymbol{b}+z_2\boldsymbol{c})(\boldsymbol{c}-\boldsymbol{a})=0$$

可以得出

$$\begin{cases}-\frac{1}{2}x_2+\frac{1}{2}y_2=0 & ③\\ -\frac{1}{4}x_2+\frac{1}{4}y_2+\frac{1}{4}z_2=0 & ④\end{cases}$$

由 ③,④ 设 $x_2=1$,可解得 $y_2=1,z_2=0$,所以

$$\boldsymbol{n}_2=\boldsymbol{a}+\boldsymbol{b}$$

$$\begin{aligned}\boldsymbol{n}_1\cdot\boldsymbol{n}_2&=(\boldsymbol{a}+\boldsymbol{b}-2\boldsymbol{c})\cdot(\boldsymbol{a}+\boldsymbol{b})\\&=\boldsymbol{a}^2+\boldsymbol{a}\cdot\boldsymbol{b}-2\boldsymbol{a}\cdot\boldsymbol{c}+\boldsymbol{a}\cdot\boldsymbol{b}+\boldsymbol{b}^2-2\boldsymbol{b}\cdot\boldsymbol{c}\\&=1+\frac{1}{2}-\frac{3}{2}+\frac{1}{2}+1-\frac{3}{2}\\&=0\end{aligned}$$

于是 $\boldsymbol{n}_1\perp\boldsymbol{n}_2$,即二面角 $A-CD-B$ 的大小为 $90°$.

四、空间距离问题

空间距离问题包括两点间的距离,点到直线的距离,异面直线的距离,点到平面的距离,直线与平面的距离,平面与平面的距离等. 由于直线到平面的距离以及平面与平面的距离可以转化为点到平面的距离,所以重点研究的是两点间的距离,点到直线的距离及点到平面的距离,异面直线的距离.

(一) 两点间的距离

(1) 若已知两点的坐标 $A(x_1,y_1,z_1)$,$B(x_2,y_2,z_2)$,A,B 间的距离为

$$|AB|=|\overrightarrow{AB}|=\sqrt{(x_1-x_2)^2+(y_1-y_2)^2-(z_1-z_2)^2}$$

(2) 若除 A,B 之外,有其他点与 A,B 组成封闭图形的顶点,可以借助于

$\boldsymbol{a}^2=\boldsymbol{a}\cdot\boldsymbol{a}$，求出距离，例如

$$|\overrightarrow{AB}|^2=|\overrightarrow{AC}+\overrightarrow{CB}|^2=\overrightarrow{AC}^2+\overrightarrow{CB}^2+2\overrightarrow{AC}\cdot\overrightarrow{CB}$$

通过$\overrightarrow{AC}^2$，$\overrightarrow{CB}^2$ 及$\overrightarrow{AC}$，$\overrightarrow{CB}$，求出$|\overrightarrow{AB}|$.

(3) 若 CD 是异面直线 AC 和 BD 的公垂线，已知 AC，CD，BD 的长，有

$$|\overrightarrow{AB}|^2=(\overrightarrow{AC}+\overrightarrow{CD}+\overrightarrow{DB})^2=\overrightarrow{AC}^2+\overrightarrow{CD}^2+\overrightarrow{DB}^2-2\overrightarrow{CA}\cdot\overrightarrow{DB}$$

$$|AB|=\sqrt{\overrightarrow{AC}^2+\overrightarrow{CD}^2+\overrightarrow{DB}^2-2\overrightarrow{CA}\cdot\overrightarrow{DB}}$$

(二) 异面直线的距离

(1) 设 CD 是异面直线 a，b 的公垂线段，利用$\overrightarrow{CD}\cdot\boldsymbol{a}=0$，$\overrightarrow{CD}\cdot\boldsymbol{b}=0$ 及垂足在直线上，可以求出$|\overrightarrow{CD}|$.

(2) 若$\overrightarrow{CD}$是异面直线 a，b 的公垂线段，A，B 分别是 a，b 上的任意两点，令 $\boldsymbol{n}\parallel\overrightarrow{CD}$，则异面直线 a，b 的距离：$d=|\overrightarrow{CD}|=\dfrac{|\overrightarrow{AB}\cdot\boldsymbol{n}|}{|\boldsymbol{n}|}$.

(三) 点到平面的距离

设点 $A\notin$ 平面 α，$\boldsymbol{n}$ 为平面 α 的法向量，B 为平面 α 上任一点，点 A 到平面 α 的距离为 d，则 $d=\dfrac{|\overrightarrow{AB}\cdot\boldsymbol{n}|}{|\boldsymbol{n}|}$.

(四) 直线到平面的距离

若 $\boldsymbol{n}$ 为平面 α 的法向量，直线 $a\parallel$ 平面 α，$A\in\boldsymbol{A}$，$B\in\boldsymbol{\alpha}$，直线 a 到平面 α 的距离为 d，则 $d=\dfrac{|\overrightarrow{AB}\cdot\boldsymbol{n}|}{|\boldsymbol{n}|}$.

(五) 平行平面间的距离

设 d 为平行平面 α，β 的距离，$\boldsymbol{n}$ 为平面 α 的法向量，$A\in\alpha$，$B\in\beta$，则

$$d=\frac{|\overrightarrow{AB}\cdot\boldsymbol{n}|}{|\boldsymbol{n}|}$$

由以上，公式 $d=\dfrac{|\overrightarrow{AB}\cdot\boldsymbol{n}|}{|\boldsymbol{n}|}$ 是求距离问题的一个统一公式.

【例 1】 设点 $A\notin$ 平面 α，$\boldsymbol{n}$ 为平面 α 的法向量，B 为 α 上任一点，A 到平面 α 的距离为 d，求证：$d=\dfrac{|\overrightarrow{AB}\cdot\boldsymbol{n}|}{|\boldsymbol{n}|}$.

【分析及解】 过点 A 作 $AC\perp$ 平面 α 于 C，则 $d=|\overrightarrow{AC}|$.（图 10.17）

要证明 $d=|\overrightarrow{AC}|=\dfrac{|\overrightarrow{AB}\cdot\boldsymbol{n}|}{|\boldsymbol{n}|}$ 可以证明$\overrightarrow{AC}\cdot\boldsymbol{n}=\overrightarrow{AB}\cdot\boldsymbol{n}$.

由于 $\boldsymbol{n}\parallel\overrightarrow{AC}$，$\boldsymbol{n}\perp\overrightarrow{CB}$，则

$$\begin{aligned}\overrightarrow{AB}\cdot\boldsymbol{n}&=(\overrightarrow{AC}+\overrightarrow{CB})\cdot\boldsymbol{n}\\&=\overrightarrow{AC}\cdot\boldsymbol{n}+\overrightarrow{CB}\cdot\boldsymbol{n}\end{aligned}$$

$$=\overrightarrow{AC}\cdot\boldsymbol{n}$$
$$=|\overrightarrow{AC}|\cdot|\boldsymbol{n}|\cos 0$$
$$=|\overrightarrow{AC}|\cdot|\boldsymbol{n}|$$

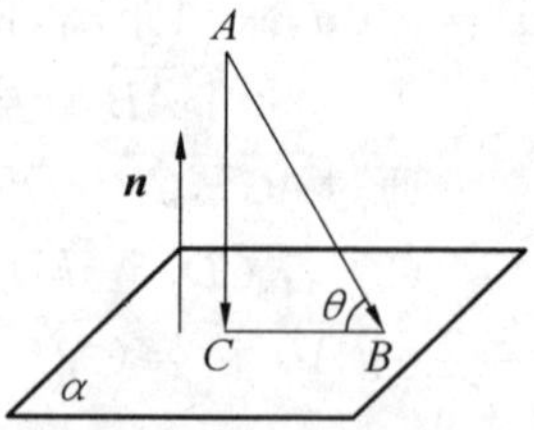

图 10.17

即
$$|\overrightarrow{AB}|\cdot|\boldsymbol{n}|=|\overrightarrow{AC}|\cdot|\boldsymbol{n}|$$
于是
$$d=|\overrightarrow{AC}|=\frac{|\overrightarrow{AB}\cdot\boldsymbol{n}|}{|\boldsymbol{n}|}$$

另一种证明思路是直接计算$\overrightarrow{AB}$与$\boldsymbol{n}$的数量积，设$\angle ABC=\theta$，则
$$|\overrightarrow{AB}\cdot\boldsymbol{n}|=|\overrightarrow{AB}|\cdot|\boldsymbol{n}||\cos(\overrightarrow{AB},\boldsymbol{n})|$$
$$=|\overrightarrow{AB}|\cdot|\boldsymbol{n}||\cos(90^\circ+\theta)|$$
$$=|\overrightarrow{AB}|\cdot|\boldsymbol{n}|\sin\theta$$
$$=|\overrightarrow{AC}|\cdot|\boldsymbol{n}|$$
即
$$d=|\overrightarrow{AC}|=\frac{|\overrightarrow{AB}\cdot\boldsymbol{n}|}{|\boldsymbol{n}|}$$

【例 2】 已知直线AB与平面α所成的角为30°，直线AC与平面α所成的角为60°，$AB=6(\text{cm})$，$AC=8(\text{cm})$，且斜线段AB和AC在平面α内的射影AB'和AC'互相垂直，求BC的长.

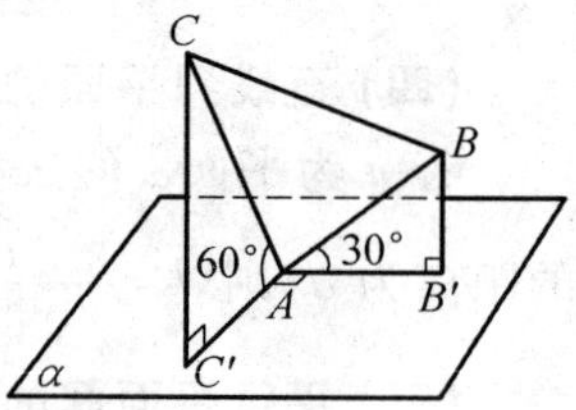

图 10.18

【分析及解】 首先用向量的方法求解，即把$\overrightarrow{BC}$看作是一个封闭曲线，再利用已知条件计算（图 10.18）
$$\overrightarrow{BC}=\overrightarrow{BB'}+\overrightarrow{B'A}+\overrightarrow{AC'}+\overrightarrow{C'C}$$
$$|\overrightarrow{BC}|^2=(\overrightarrow{BB'}+\overrightarrow{B'A}+\overrightarrow{AC'}+\overrightarrow{C'C})^2$$
$$=|BB'|^2+|B'A|^2+|AC'|^2+|C'C|^2+2\overrightarrow{BB'}\cdot\overrightarrow{B'A}+2\overrightarrow{BB'}\cdot\overrightarrow{AC'}+2\overrightarrow{BB'}\cdot\overrightarrow{C'C}+2\overrightarrow{B'A}\cdot\overrightarrow{AC}+2\overrightarrow{BA'}\cdot\overrightarrow{C'C}+2\overrightarrow{AC}\cdot\overrightarrow{C'C}\qquad①$$

由$AB=6$，$\angle BAB'=30^\circ$，得$BB'=3$，$AB'=3\sqrt{3}$.

由$AC=8$，$\angle CC'A=60^\circ$，得$AC'=4$，$CC'=4\sqrt{3}$.

又由$BB'\perp B'A$，$BB'\perp AC'$，$B'A\perp AC'$，$CC'\perp B'A$，$CC'\perp AC'$可得
$$\overrightarrow{BB'}\cdot\overrightarrow{B'A}=0,\overrightarrow{BB'}\cdot\overrightarrow{AC'}=0,\overrightarrow{B'A}\cdot\overrightarrow{AC'}=0$$
$$\overrightarrow{CC'}\cdot\overrightarrow{B'A}=0,\overrightarrow{CC'}\cdot\overrightarrow{AC'}=0$$

$$BB' \cdot CC' = |BB'| \cdot |C'C| \cos 180^\circ = -12\sqrt{3}$$

将以上数据代入式 ① 得

$$|\overrightarrow{BC}|^2 = 3^2 + (3\sqrt{3})^2 + 4^2 + (4\sqrt{3})^2 - 24\sqrt{3} = 100 - 24\sqrt{3}$$

$$|\overrightarrow{BC}| = \sqrt{100 - 24\sqrt{3}}$$

本题还可以用坐标方法求解.

如图 10.19 建立空间直角坐标系,则

$A(0,0,0)$,$B(0,3\sqrt{3},3)$,$C(4,0,4\sqrt{3})$

$$|\overrightarrow{BC}| = \sqrt{(4-0)^2 + (0-3\sqrt{3})^2 + (4\sqrt{3}-3)^2} = \sqrt{16+27+48+9-24\sqrt{3}} = \sqrt{100-24\sqrt{3}}$$

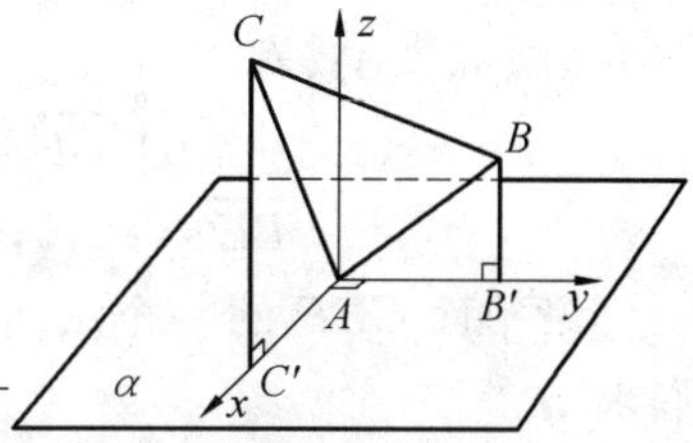

图 10.19

【例 3】 已知 $ABCD$ 为棱长为 1 的正四面体,P 在 AB 上运动,Q 在 CD 上运动,求 PQ 的最小值.

【分析及解】 本题实际上是求正四面体对棱的公垂线段的长,而对棱公垂线用传统的方法很容易求出,即当 P,Q 分别为 AB,CD 的中点时,PQ 就是 AB,CD 的公垂线,下面用向量方法验证这一结论.

如图 10.20 所示,记 $\overrightarrow{AP} = x\overrightarrow{AB}$,$\overrightarrow{CQ} = y\overrightarrow{CD}$,则

$$\overrightarrow{AP} = x,\ |CQ| = y$$

$$|\overrightarrow{PB}| = 1 - x$$

$$\begin{aligned}|\overrightarrow{PQ}|^2 &= (\overrightarrow{PB} + \overrightarrow{BC} + \overrightarrow{CQ})^2 \\ &= |\overrightarrow{PB}|^2 + |\overrightarrow{BC}|^2 + |\overrightarrow{CQ}|^2 + 2\overrightarrow{PB} \cdot \overrightarrow{BC} + \\ &\quad 2\overrightarrow{PB} \cdot \overrightarrow{CQ} + 2\overrightarrow{BC} \cdot \overrightarrow{CQ} \\ &= (1-x)^2 + 1 + y^2 + 2 \cdot (1-x) \cdot 1 \cdot \cos 120^\circ + \\ &\quad 2(1-x) \cdot y\cos 90^\circ + 2 \cdot 1 \cdot y\cos 120^\circ \\ &= x^2 + y^2 - 2x + 2 - 1 + x - y \\ &= x^2 - x + y^2 - y + 1 \\ &= \left(x - \frac{1}{2}\right)^2 + \left(y - \frac{1}{2}\right)^2 + \frac{1}{2}\end{aligned}$$

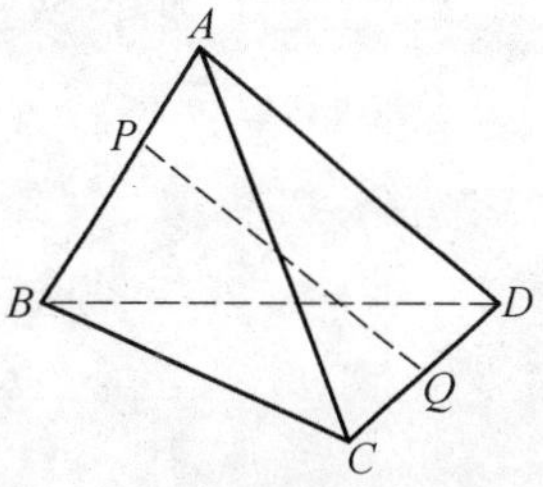

图 10.20

当且仅当 $x = \frac{1}{2}$ 且 $y = \frac{1}{2}$,即 P,Q 分别为 AB,CD 的中点时,$|\overrightarrow{PQ}|$ 最小,最小值为 $\frac{\sqrt{2}}{2}$.

【例 4】 (1991 年,全国卷)

已知正方形 $ABCD$ 的边长为 4,$CG\perp$ 平面 $ABCD$,$CG=2$,E,F 分别是 AB,AD 的中点,求点 B 到平面 GEF 的距离.

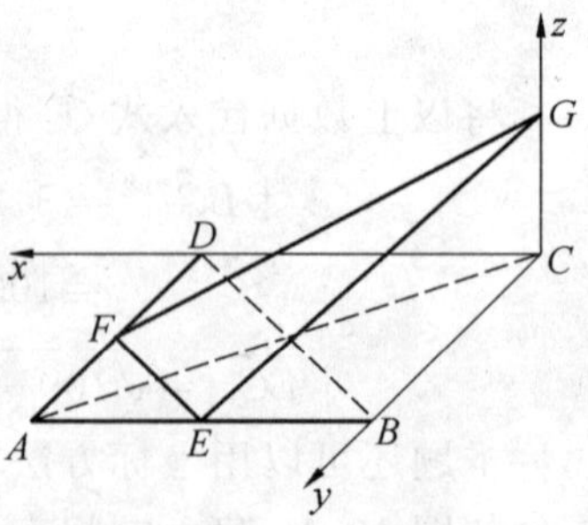

图 10.21

【分析及解】 如图 10.21,建立空间直角坐标系,则 $C(0,0,0)$,$G(0,0,2)$,$B(0,4,0)$,$E(2,4,0)$,$F(4,2,0)$,有

$$\overrightarrow{EF}=(2,-2,0),\overrightarrow{GE}=(2,4,-2)$$

$$\overrightarrow{BE}=(2,0,0)$$

设平面 GEF 的一个法向量 $\boldsymbol{\eta}=(p,q,r)$,我们求 $\boldsymbol{\eta}$.

由于 $\boldsymbol{\eta}\perp$ 平面 GEF,则 $\boldsymbol{\eta}\perp\overrightarrow{EF}$,$\boldsymbol{\eta}\perp\overrightarrow{GE}$.即

$$\boldsymbol{\eta}\cdot\overrightarrow{EF}=2p-2q=0$$

$$\boldsymbol{\eta}\cdot\overrightarrow{GE}=2p+4q-2r=0$$

则 $q=1$,则 $p=1$,$r=3$.

于是 $\boldsymbol{\eta}=(1,1,3)$.

由点到平面 GEF 的距离公式可得 B 到平面 GEF 的距离为

$$d=\frac{|\boldsymbol{\eta}\cdot\overrightarrow{BE}|}{|\boldsymbol{\eta}|}=\frac{|(2,0,0)\cdot(1,1,3)|}{\sqrt{1+1+3^2}}=\frac{2\sqrt{11}}{11}$$

第十一讲　高考中解析几何的热点问题

解析几何是高中数学的主干知识之一，是高考重点考查的内容. 解析几何研究的主要内容是曲线和方程的问题，研究的核心是几何问题如何用代数方法求解，用代数求解的过程又是如何反映几何性质的这样两个问题，其研究内容主要包括如何求曲线方程，如何通过曲线方程研究曲线的性质，比如变量和参数的取值范围，对称性，曲线中有关图形的周长与面积，点与曲线的位置关系，直线与曲线的位置关系，曲线与曲线的位置关系，以及围绕这些位置关系出现的距离问题，弦长问题，最值问题，特殊性质问题等等.

由于解析几何是通过代数运算研究曲线问题，这就必然形成了解析几何研究内容的多元联系，用点的坐标形式或向量形式可以表示解析几何的有关元素，而曲线的方程又离不开函数，不等式，三角变换，数列等内容，因此解析几何的试题充分体现了知识点的交汇，可以考查综合运用数学知识分析问题，探究问题和解决问题的能力，考查函数和方程、数形结合、分类讨论和转化归结等数学思想方法以及演绎证明，运算求解等理性思维能力.

近几年，解析几何考查的热点主要有以下几个：

求曲线方程或点的轨迹；

求参数的取值范围；

求值域或最值；

直线与圆锥曲线的位置关系.

以上几个问题往往是相互交叉的，例如求轨迹方程时就要考虑参数的范围，而参数范围问题或者最值问题，又要结合直线与圆锥曲线的位置关系来进行.

下面仅以近几年的高考试题或一些模拟试题为例，研究解析几何的这些热点问题的思考方法.

一、求曲线方程或求点的轨迹

求曲线方程或求点的轨迹是解析几何的基本问题，也是解析几何基本思想的主要应用，一般地，如果给出曲线的形状是已知的并且标准的，则可以用待定系数的方法或者坐标代入的方法求出需要待定的系数和曲线方程，如果给出的曲线是未知的，则需要把动点坐标的位置关系转化为数量关系、坐标关系，从而得到需要研究的轨迹方程.

【例 1】 (1998 年，全国卷)

如图 11.1，直线 l_1 和 l_2 相交于点 M，$l_1 \perp l_2$，点 $N \in l_1$，以 A，B 为端点的曲线段 C 上的任一点到 l_2 的距离与到点 N 的距离相等，若 $\triangle AMN$ 为锐角三角形，$|AM|=\sqrt{17}$，$|AN|=3$，且 $|BN|=6$，建立适当的坐标系，求曲线 C 的方程.

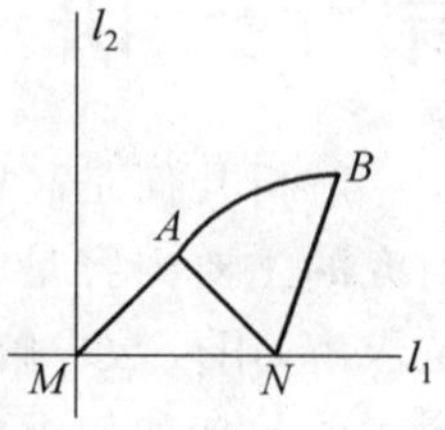

图 11.1

【分析及解】 本题考查根据所给条件选择适当的坐标系，求曲线方程的解析几何的基本思路，考查抛物线的概念和性质，曲线和方程的关系，以及综合运用知识的能力.

【解法 1】 以 l_1 为 x 轴，MN 的中垂线为 y 轴建立平面直角坐标系(图 11.2).

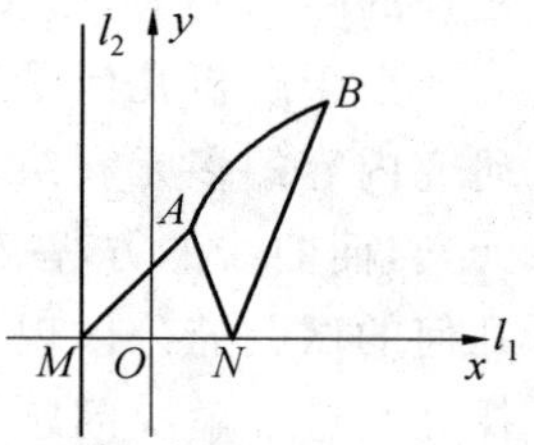

图 11.2

由题意，曲线 C 是以 N 为焦点，l_2 为准线的抛物线上的一段，其中 A，B 为曲线 C 的端点.

设曲线 C 的方程为 $y^2=2px(x_A \leqslant x \leqslant x_B)$.

解题的关键在于求出 $p=|MN|$ 的值 $M(-\frac{p}{2},0)$，$N(\frac{p}{2},0)$，则由

$$|AM|=\sqrt{17},\ |AN|=3$$

得

$$\begin{cases} |AM|^2=(x_A+\frac{p}{2})^2+2px_A=17 & \text{①} \\ |AN|^2=(x_A-\frac{p}{2})^2+2px_A=9 & \text{②} \end{cases}$$

式 ① − ② 得

$$x_A=\frac{4}{p}$$

代入 ① 得

$$\left(\frac{4}{p}+\frac{p}{2}\right)^2+2p\cdot\frac{4}{p}=17$$

解得

$$\begin{cases}p=4\\x_A=1\end{cases}\text{或}\begin{cases}p=2\\x_A=2\end{cases}$$

由$\triangle AMN$是锐角三角形，得$\frac{p}{2}>x_A$，故舍去$p=2,x_A=2$.

于是$p=4,x_A=1$. 又

$$x_B=|BN|-\frac{p}{2}=6-2=4$$

所以所求曲线C的方程为$y^2=8x(1\leqslant x\leqslant 4,y>0)$.

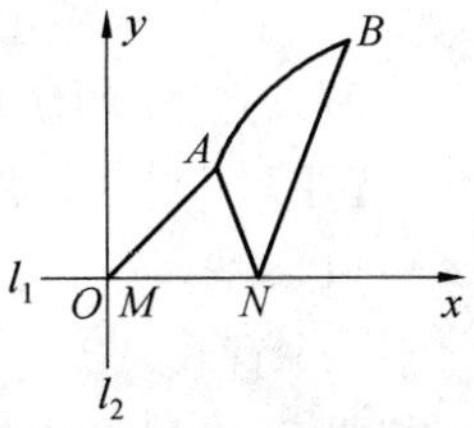

图 11.3

【解法 2】 若以l_1,l_2为坐标轴建立坐标系(图11.3)，则可得

$$y^2=8(x-2)\quad(3\leqslant x\leqslant 6,y>0)$$

本题是用直接法求轨迹方程.

【例 2】 (2000 年，京皖春季高考)

设点A和B为抛物线$y^2=4px(p>0)$上原点以外的两个动点，已知$OA\perp OB$，$OM\perp AB$，M为垂足，求点M的轨迹方程，并说明它表示什么曲线.

【分析及解】 本题主要考查直线、抛物线的基础知识，考查由动点求轨迹方程的基本方法以及方程化简的基本技能.

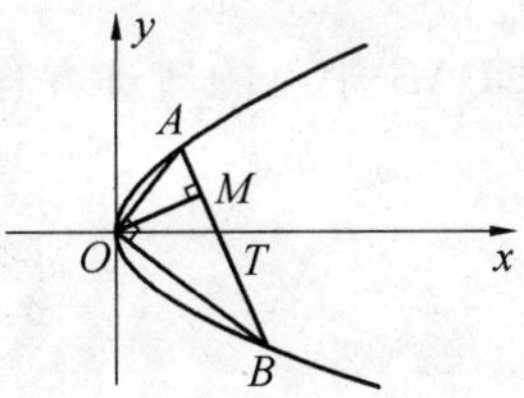

图 11.4

如图11.4，设$A(x_1,y_1)$，$B(x_2,y_2)$，则

$$\begin{cases}y_1^2=4px_1\\y_2^2=4px_2\end{cases}\Rightarrow y_1^2-y_2^2=4p(x_1-x_2)$$

$$k_{AB}=\frac{y_1-y_2}{x_1-x_2}=\frac{4p}{y_1+y_2}$$

所以

$$l_{AB}:y-y_1=\frac{4p}{y_1+y_2}(x-x_1)$$

$$(y_1+y_2)y-y_1^2-y_1y_2=4px-4px_1$$

$$(y_1+y_2)y=4px+y_1y_2$$

又由$OA\perp OB$，得

$$x_1x_2+y_1y_2=0$$

$$\frac{y_1^2}{4p}\cdot\frac{y_2^2}{4p}+y_1y_2=0$$

$$y_1y_2=-16p^2$$

$$l_{AB}:(y_1+y_2)y=4px-16p^2\qquad①$$

又

$$l_{OM}: y=-\frac{y_1+y_2}{4p}x \qquad ②$$

由 ①,② 消去 y_1+y_2,得

$$x^2+y^2-4px=0 \quad (x\neq 0)$$

所以点 M 的轨迹是以 $(2p,0)$ 为圆心,以 $2p$ 为半径的圆,去掉点 $(0,0)$.

【注】 对于本题的条件 $y^2=4px$, $OA\perp OB$ 可得到更多的结论:

(1) x_1x_2, y_1y_2 为定值, $x_1x_2=16p^2$, $y_1y_2=-16p^2$.

(2) 直线 AB 过定点 $T(4p,0)$,可由 $(y_1+y_2)y=4px-16p^2$ 得到,由此可直接得到点 M 的轨迹是以 OT 为直径的圆.

(3) 设 P 为 AB 的中点,由 $k_{AB}=\frac{4p}{y_1+y_2}$,设 $p(x_0,y_0)$,则 $k_{AB}=\frac{2p}{y_0}$.

又 $k_{PT}=\frac{y_0-0}{x_0-4p}$,而 A,P,T,B 共线,则

$$k_{AB}=k_{PT}$$

$$\frac{2p}{y_0}=\frac{y_0}{x_0-4p}, y_0^2=2p(x_0-4p)$$

即 AB 中点的轨迹方程为 $y^2=2p(x-4p)$.

(4) 可得

$$\begin{aligned}S_{\triangle OAB}&=\frac{1}{2}|OM||y_1-y_2|=\frac{1}{2}\cdot 4p(|y_1|+|y_2|)\\&=2p(|y_1|+|y_2|)\geqslant 2p\cdot 2\sqrt{|y_1||y_2|}\\&=4p\sqrt{16p^2}=16p^2\end{aligned}$$

此时 AB 与 x 轴垂直, $\triangle OAB$ 为等腰直角三角形.

本题是用参数法(y_1+y_2 为参数)或几何法(以 OT 为直径的圆)求解.

【例 3】 (1995 年,全国卷)

已知椭圆(图 11.5) $\frac{x^2}{24}+\frac{y^2}{16}=1$,直线 l: $\frac{x}{12}+\frac{y}{8}=1$, P 是 l 上一点,射线 OP 交椭圆于点 R,又点 Q 在 OP 上且满足

$$|OQ|\cdot|OP|=|OR|^2$$

当点 P 在 l 上移动时,求点 Q 的轨迹方程,并说明轨迹是什么曲线.

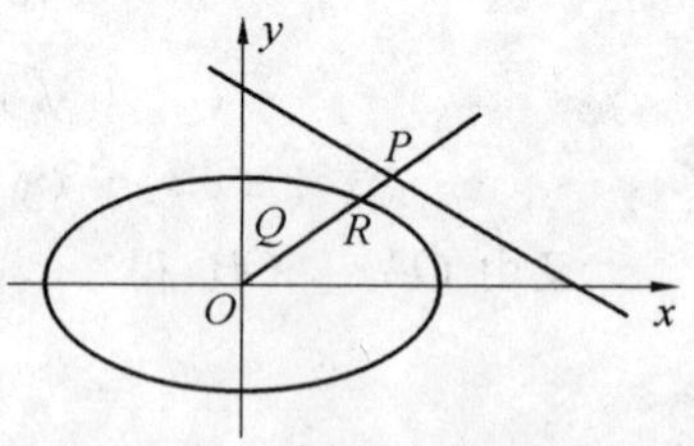

图 11.5

【分析及解】 本题主要考查直线、椭圆的方程和性质,曲线与方程的关

系,轨迹的概念和求法,利用方程判定曲线的性质等,解析几何的基本思想和综合运用知识的能力.

【解法1】 设 $P(x_P,y_P)$,$R(x_R,y_R)$,$Q(x,y)$,由 $P\in l$,$R\in\{椭圆\}$ 及已知条件可得

$$\frac{x_R^2}{24}+\frac{y_R^2}{16}=1 \quad ①$$

$$\frac{y_R}{x_R}=\frac{y}{x} \quad ②$$

$$\frac{x_p}{12}+\frac{y_p}{8}=1 \quad ③$$

$$\frac{y_p}{x_p}=\frac{y}{x} \quad ④$$

$$\sqrt{x^2+y^2}\cdot\sqrt{x_p^2+y_p^2}=x_R^2+y_R^2 \quad ⑤$$

这里有四个参数:x_p,y_p,x_R,y_R 需要消去.

由 ①,② 得

$$\begin{cases}x_R^2=\dfrac{48x^2}{2x^2+3y^2}\\ y_R^2=\dfrac{48y^2}{2x^2+3y^2}\end{cases} \quad ⑥$$

由 ③,④ 得

$$\begin{cases}x_p=\dfrac{24x}{2x+3y}\\ y_p=\dfrac{24y}{2x+3y}\end{cases} \quad ⑦$$

将 ⑥,⑦ 代入 ⑤,并且由 x_p 与 x 同号可得

$$2x+3y>0$$

$$\sqrt{\frac{(x^2+y^2)\cdot 24^2(x^2+y^2)}{(2x+3y)^2}}=\frac{48(x^2+y^2)}{2x^2+3y^2}$$

$$\frac{24(x^2+y^2)}{2x+3y}=\frac{48(x^2+y^2)}{2x^2+3y^2}$$

由 $|OQ|\neq 0$,得 $x^2+y^2\neq 0$,于是 $2x^2+3y^2=4x+6y$,即

$$\frac{(x-1)^2}{\frac{5}{2}}+\frac{(y-1)^2}{\frac{5}{3}}=1 \quad (x^2+y^2\neq 0)$$

所以点 Q 的轨迹是以 $(1,1)$ 为中心,长、短轴分别为 $\sqrt{\frac{5}{2}}$,$\sqrt{\frac{5}{3}}$,且长轴与

x 轴平行的椭圆,去掉点(0,0).

【解法 2】 由 P,Q,R 共线得

$$\frac{x_R^2}{x}=\frac{|OP|}{|OQ|}=t,\frac{y_p}{y}=\frac{|OP|}{|OQ|}=t$$

$$\frac{x_R^2}{x^2}=\frac{|OR|^2}{|OQ|^2}=\frac{|OP|\cdot|OQ|}{|OQ|^2}=\frac{|OP|}{|OQ|}=t=\frac{y_R^2}{y^2}$$

又

$$\frac{x_p}{12}+\frac{y_p}{8}=1,\frac{x_R^2}{24}+\frac{y_R^2}{16}=1$$

将 $x_p=tx,y_p=ty,x_R^2=tx^2,y_R^2=ty^2$ 代入上面二式得

$$t\left(\frac{x}{12}+\frac{y}{8}\right)=1$$

$$t\left(\frac{x^2}{24}+\frac{y^2}{16}\right)=1$$

于是

$$\frac{x^2}{24}+\frac{y^2}{16}=\frac{x}{12}+\frac{y}{8}$$

$$2x^2+3y^2=4x+6y$$

以下同解法 1.

【解法 3】 考虑直线 OP 在 x 轴上的射影,则由 $|OQ|\cdot|OP|=|OR|^2$,得

$$x\cdot x_p=x_R^2$$

由$\begin{cases}y=kx\\ \dfrac{x^2}{24}+\dfrac{y^2}{16}=1\end{cases}$,得 $x_p=\dfrac{24}{2+3k}$.

又由 $k=\dfrac{y}{x}$ 可得

$$x\cdot\frac{24}{2+3k}=\frac{48}{2+3k^2}$$

$$\frac{x}{2+\frac{3y}{x}}=\frac{2}{2+\frac{3y^2}{x^2}}$$

所以 $2x^2+3y^2=4x+6y$.

以下同解法 1.

【例 4】 (1997 年,全国卷)

如图 11.6,给出定点 $A(a,0)(a>0)$ 和直线 $l:x=-1$,B 是直线 l 上的动点,$\angle BOA$ 的角平分线交 AB 于 C,求点 C 的轨迹方程,并讨论方程表示的曲

线类型与 a 值的关系(文科增加 $a\neq 1$).

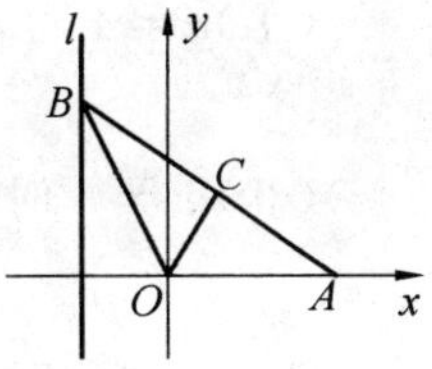

图 11.6

【分析及解】 本题主要考查曲线与方程,直线和圆锥曲线等基础知识以及求动点轨迹的基本技能和综合运用数学知识解决问题的能力.

【解法 1】 直接法＋参数法.

依题意,记 $B(-1,b)$,$b\in\mathbf{R}$,则直线 OA,OB 的方程为 $y=0$,$y=-bx$.

设 $C(x,y)$,则 $0\leqslant x\leqslant a$,由 OC 平分 $\angle AOB$ 知,C 到 OA,OB 等距离,即

$$|y|=\frac{|y+bx|}{\sqrt{1+b^2}} \qquad ①$$

设法消去 b,由 A,C,B 共线得 $k_{AC}=k_{AB}$,即

$$\frac{y-0}{x-a}=\frac{b-0}{-1-a}$$
$$b=\frac{(a+1)y}{a-x} \qquad ②$$

将 ② 代入 ①,得

$$|y|=\frac{\left|y+\dfrac{(a+1)xy}{a-x}\right|}{\sqrt{1+\dfrac{(a+1)^2y^2}{(a-x)^2}}}$$
$$|y|=\frac{|(a-x)y+axy+xy|}{\sqrt{(a-x)^2+(ay+y)^2}}$$

当 $y\neq 0$ 时

$$1=\frac{|a-x+ax+x|}{\sqrt{(a-x)^2+(ay+y)^2}}$$
$$=\frac{|a+ax|}{\sqrt{(a-x)^2+(ay+y)^2}} \qquad ③$$

当 $y=0$ 时,$C(0,0)$.

由 ③ 得

$$a^2-2ax+x^2+a^2y^2+2ay^2+y^2=a^2+2a^2x+a^2x^2$$
$$(1-a^2)x^2-2a(1+a)x+(a+1)^2y^2=0$$

由 $a>0$,约去 $1+a\neq 0$,有

$$(1-a)x^2-2ax+(1+a)y^2=0 \qquad ④$$

$y=0$ 时,$C(0,0)$ 适合式 ④.

（Ⅰ）$a=1$ 时，$y^2=x(0\leqslant x<1)$，为抛物线的一段.

（Ⅱ）$a\neq 1$ 时，$\dfrac{\left(x-\dfrac{a}{1-a}\right)^2}{\left(\dfrac{a}{1-a}\right)^2}+\dfrac{y^2}{\dfrac{a^2}{1-a^2}}=1(0\leqslant x<a)$；

$0<a<1$ 时，为椭圆的一段弧；

$a>1$ 时，为双曲线一支的一段弧.

【解法 2】 直接法＋平面几何法(图 11.7).

设 $D(-1,0)$，$C(x,y)$，$E(x,0)$

(1) 当 $|BD|\neq 0$ 时

$$\frac{|BD|}{|CE|}=\frac{|DA|}{|AE|}$$

$$|BD|=\frac{|y|(a+1)}{a-x}$$

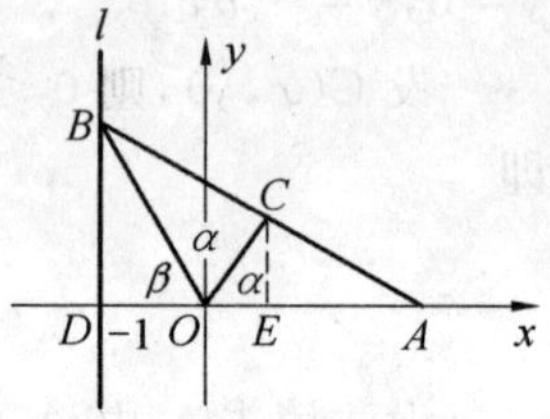

图 11.7

设 $\angle BOD=\beta$，$\angle BOC=\angle COA=\alpha$，则

$$2\alpha=\pi-\beta$$

$$\tan 2\alpha=-\tan\beta$$

$$\frac{2\tan\alpha}{1-\tan^2\alpha}=-\tan\beta \qquad ①$$

又

$$\tan\alpha=\frac{|y|}{x},\tan\beta=\frac{|BD|}{|OD|}=\frac{|y|(a+1)}{a-x}$$

代入式 ①

$$\frac{2\cdot\dfrac{|y|}{x}}{1-\dfrac{y^2}{x^2}}=-\frac{|y|(a+1)}{a-x}$$

因为 $|BD|\neq 0$，所以 $|y|\neq 0$，则有

$$\frac{2x}{x^2-y^2}=\frac{a+1}{x-a}$$

$$(1-a)x^2-2ax+(1+a)y^2=0\quad(0<x<a) \qquad ②$$

(2) 当 $|BD|=0$ 时，$C(0,0)$ 适合式 ②，于是

$$(1-a)x^2-2ax+(1+a)y^2=0\quad(0\leqslant x<a)$$

以下同解法 1.

【解法 3】 向量法.

如图 11.8，设 $C(x,y)$，$B(-1,b)$，$\angle COA=\angle COB=\alpha$，则

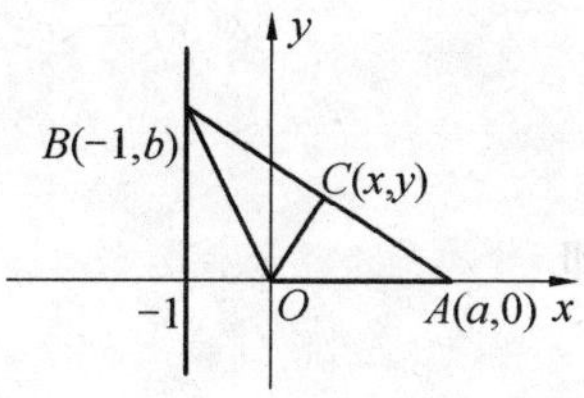

图 11.8

$$\overrightarrow{OA}=(a,0)$$

$$\overrightarrow{OB}=(-1,b),\overrightarrow{OC}=(x,y)$$

$$\overrightarrow{OA}\cdot\overrightarrow{OC}=ax+0y=a\sqrt{x^2+y^2}\cos\alpha$$

$$\overrightarrow{OC}\cdot\overrightarrow{OB}=-x+by=\sqrt{x^2+y^2}\sqrt{1+b^2}\cos\alpha$$

二式相除，当 $\cos\alpha\neq0$，即 $\alpha\neq90^\circ$ 时，有

$$\frac{ax}{-x+by}=\frac{a}{\sqrt{1+b^2}}$$

$$b^2x^2+x^2=x^2-2bxy+b^2y^2$$

由 $\alpha\neq90^\circ$，得 $b\neq0$，于是有

$$bx^2+2xy-by^2=0 \qquad ①$$

又 $\alpha=90^\circ$，即 $b=0$ 时，有 $C(0,0)$，也适合上式.

从 ① 中消去 b 由 $k_{AC}=k_{AB}$，得 $b=\dfrac{(a+1)y}{a-x}$，代入 ①，以下同解法 1.

二、参数范围问题

在解析几何的问题中，常常用参数来刻画点和曲线的运动和变化，对于参变量范围的讨论，则需要用到变与不变的相互转化，需要用函数和变量去思考，因此需要用函数和方程的思想作指导，利用已知变量的取值范围以及方程的根的状况求出参数的取值范围.

【例 1】 (1986 年，广东卷)

已知椭圆 $C:\dfrac{x^2}{4}+\dfrac{y^2}{3}=1$，试确定 m 的范围，使得对于直线 $l:y=4x+m$，椭圆上有不同的两点关于直线 l 对称.

【分析及解】 本题主要考查直线与椭圆的位置关系，直线与直线的位置关系，以及运用所学知识分析问题和解决问题的能力.

【解法 1】 弦中点法.

设 $P_1(x_1,y_1)$，$P_2(x_2,y_2)$ 是椭圆上关于直线 l 的对称点，则

$$k_{P_1P_2}=-\frac{1}{4}$$

又 $P_1,P_2\in C$，$P(x_0,y_0)$ 为 P_1,P_2 的中点，则

$$3x_1^2+4y_1^2=12$$

$$3x_2^2+4y_2^2=12$$

二式相减得

$$3(x_1-x_2)(x_1+x_2)=-4(y_1-y_2)(y_1+y_2)$$

$$\frac{y_1-y_2}{x_1-x_2}\cdot\frac{y_1+y_2}{x_1+x_2}=-\frac{3}{4}$$

即

$$k_{P_1P_2}\cdot k_{OP}=-\frac{3}{4}$$

$$-\frac{1}{4}\cdot k_{OP}=-\frac{3}{4}$$

于是 $k_{OP}=3$. 解

$$l_{OP}: y=3x$$

$$l: y=4x+m$$

得 $P(-m,-3m)$.

由于 P 在椭圆内部是椭圆上存在关于 l 对称两点的充要条件,则

$$\frac{(-m)^2}{4}+\frac{(-3m)^2}{3}<1,-\frac{2\sqrt{13}}{13}<m<\frac{2\sqrt{13}}{13}$$

【解法 2】 设圆法.

设 $P_1(x_1,y_1)$, $P_2(x_2,y_2)$ 是椭圆上关于直线 l 的对称点.

$P(x_0,y_0)$ 为 P_1, P_2 的中点.

于是 P_1, P_2 在以 $(0,m)$ 为圆心的圆上,又在椭圆 C 上. 即 P_1, P_2 满足

$$\begin{cases}x^2+(y-m)^2=r^2\\3x^2+4y^2=12\end{cases}$$

消去 x,得

$$y^2+6my+3r^2-3m^2-12=0$$

$$2y_0=y_1+y_2=-6m$$

$$y_0=-3m$$

$$4x_0=y_0-m=-4m$$

$$x_0=-m$$

由于 $P(-m,-3m)$ 在椭圆内,则

$$\frac{(-m)^2}{4}+\frac{(-3m)^2}{3}<1$$

$$-\frac{2\sqrt{13}}{13}<m<\frac{2\sqrt{13}}{13}$$

【例 2】 (1992 年,全国卷)

已知椭圆 $\frac{x^2}{a^2}+\frac{y^2}{b^2}=1(a>b>0)$, A, B 是椭圆上的两点,线段 AB 的垂直

平分线与 x 轴相交于点 $P(x_0,0)$.

证明：$-\dfrac{a^2-b^2}{a}<x_0<\dfrac{a^2-b^2}{a}$.

【分析及解】 本题主要考查椭圆的性质，直线方程等知识，以及综合分析能力.

我们以弦的中点为媒介来求 x_0 的范围.

设 $A(x_1,y_1)$，$B(x_2,y_2)$，AB 中点 $M(x_M,y_M)$，AB 的斜率为 k(假设 k 存在)，则容易得出

$$k\cdot k_{OM}=-\frac{b^2}{a^2}$$

$$k\cdot\frac{y_M}{x_M}=-\frac{b^2}{a^2}$$

$$k=-\frac{b^2x_M}{a^2y_M}$$

直线 AB 的垂直平分线方程为

$$y-y_M=-\frac{1}{k}(x-x_M)$$

$$y-y_M=\frac{a^2y_M}{b^2x_M}(x-x_M)$$

令 $y=0$，则

$$-y_M=\frac{a^2y_M}{b^2x_M}(x_0-x_M)$$

因 k 存在，则 AB 与 x 轴不垂直，此时

$$y_M\neq 0$$

$$-b^2x_M=a^2x_0-a^2x_M$$

得 $x_M=\dfrac{a^2x_0}{a^2-b^2}$.

由于 M 在椭圆内部，则 $-a<x_M<a$，即

$$-a<\frac{a^2x_0}{a^2-b^2}<a$$

$$-\frac{a^2-b^2}{a}<x_0<\frac{a^2-b^2}{a}$$

当 AB 斜率 k 不存在时，AB 与 x 轴垂直，此时 AB 的垂直平分线与 x 轴不相交，因此 k 必然存在.

【例 3】 (2002 年，全国卷)

设点 P 到点 $M(-1,0)$，$N(1,0)$ 距离之差为 $2m$，到 x 轴，y 轴距离之比为

2,求 m 的取值范围.

【分析及解】 本题主要考查直线,双曲线等基础知识,考查基本运算和逻辑推理能力.

设 $P(x,y)$,依题设有 $\dfrac{|y|}{|x|}=2$. 即 $y=\pm 2x, x\neq 0$,于是,点 $P(x,y)$,$M(-1,0)$,$N(1,0)$ 三点不共线

$$2|m|=||PM|-|PN||<|MN|=2$$

$$0<|m|<1$$

因此,点 P 在以 M,N 为焦点,实轴长为 $2|m|$ 的双曲线上,即

$$\frac{x^2}{m^2}-\frac{y^2}{1-m^2}=1$$

解

$$\begin{cases} y=\pm 2x, x\neq 0 \\ \dfrac{x^2}{m^2}-\dfrac{y^2}{1-m^2}=1 \end{cases}$$

得 $x^2=\dfrac{m^2(1-m^2)}{1-5m^2}>0$,由上式及 $1-m^2>0, m\neq 0$,得 $1-5m^2>0$.

于是有 $m\in(-\dfrac{\sqrt{5}}{5},0)\cup(0,\dfrac{\sqrt{5}}{5})$.

【例 4】 (1996 年,全国卷)

已知 l_1,l_2 是过点 $P(-\sqrt{2},0)$ 的两条互相垂直的直线,且 l_1,l_2 与双曲线 $y^2-x^2=1$ 各有两个交点,分别为 A_1,B_1 和 A_2,B_2.

(Ⅰ)求 l_1 的斜率 k_1 的取值范围.

(Ⅱ)若 $|A_1B_1|=\sqrt{5}|A_2B_2|$,求 l_1,l_2 的方程.

【分析及解】 本题主要考查直线与双曲线的性质,解析几何的基本思想以及综合运用知识的能力.

(Ⅰ)由题设,$|k_1|\neq 1$,l_2 的斜率为 $-\dfrac{1}{k_1}$(由题意,显然 $k_1\neq 0$).

于是 $l_1: y=k_1(x+\sqrt{2})$,$l_2: y=-\dfrac{1}{k_1}(x+\sqrt{2})$.

由$\begin{cases} y=k_1(x+\sqrt{2}) \\ y^2-x^2=1 \end{cases}$,得

$$(k_1^2-1)x^2+2\sqrt{2}k_1^2x+2k_1^2-1=0 \quad ①$$

若 l_1 与双曲线有两个交点,则

$$\Delta_1=(2\sqrt{2}k_1^2)^2-4(k_1^2-1)(2k_1^2-1)=4(3k_1^2-1)>0$$

由

$$\begin{cases} y=-\dfrac{1}{k_1}(x+\sqrt{2}) \\ y^2-x^2=1 \end{cases}$$

得

$$(1-k_1^2)x^2+2\sqrt{2}x+(2-k_1^2)=0 \qquad ②$$

$$\Delta_2=4k_1^2(3-k_1^2)>0$$

解

$$\begin{cases} 4(3k_1^2-1)>0 \\ 4k_1^2(3-k_1^2)>0 \\ k_1\neq 0 \\ |k_1|\neq 1 \end{cases}$$

得

$$\begin{cases} \dfrac{1}{3}<k_1^2<3 \\ k_1^2\neq 1 \end{cases}$$

得 $k\in(-\sqrt{3},-1)\cup(-1,-\dfrac{\sqrt{3}}{3})\cup(\dfrac{\sqrt{3}}{3},1)\cup(1,\sqrt{3})$.

(Ⅱ) 设 $A_1(x_1,y_1)$，$B_1(x_2,y_2)$，则

$$x_1+x_2=\frac{-2\sqrt{2}k_1^2}{k_1^2-1}$$

$$x_1x_2=\frac{2k_1^2-1}{k_1^2-1}$$

$$|A_1B_1|^2=(1+k_1^2)(x_1-x_2)^2=\frac{4(1+k_1^2)(3k_1^2-1)}{(k_1^2-1)^2}$$

同理可得

$$|A_2B_2|^2=\frac{4(1+k_1^2)(3-k_1^2)}{(1-k_1^2)^2}$$

由 $|A_1B_1|^2=5|A_2B_2|^2$，得

$$\frac{4(1+k_1^2)(3k_1^2-1)}{(k_1^2-1)^2}=5\cdot\frac{4(1+k_1^2)(3-k_1^2)}{(1-k_1^2)^2}$$

解得 $k_1^2=2$，$k=\pm\sqrt{2}$.

当 $k_1=\sqrt{2}$ 时

$$l_1: y=\sqrt{2}(x+\sqrt{2})$$

$$l_2: y=-\frac{\sqrt{2}}{2}(x+\sqrt{2})$$

当 $k_1=-\sqrt{2}$ 时

$$l_1: y=-\sqrt{2}(x+\sqrt{2})$$

$$l_2: y=\frac{\sqrt{2}}{2}(x+\sqrt{2})$$

三、值域和最值问题

与解析几何有关的函数的值域或弦长，周长，面积等的最大值、最小值问题是解析几何与函数的综合问题，需要以函数为工具来处理. 因此，在解决问题的过程中，常常需要用函数思想作指导，把几何图形的有关问题用数量来表示，并转化为函数来求解.

【例 1】 (1999 年，上海卷)

设椭圆 C_1 的方程为 $\frac{x^2}{a^2}+\frac{y^2}{b^2}=1(a>b>0)$，曲线 C_2 的方程为 $y=\frac{1}{x}$，且 C_1 与 C_2 在第一象限内只有一个公共点 P.

(Ⅰ) 试用 a 表示点 P 的坐标；

(Ⅱ) 设 A, B 是椭圆 C_1 的两个焦点，求 $\triangle ABP$ 的面积函数 $s(a)$ 的值域；

(Ⅲ) 设 $\min\{y_1, y_2, \cdots, y_n\}$ 为 $y_1, y_2, \cdots, y_n$ 中最小的一个，设 $g(a)$ 是以椭圆 C_1 的半焦距作为边长的正方形的面积，求函数 $f(a)=\min\{g(a), s(a)\}$ 的表达式.

【分析及解】 本题主要考查椭圆方程的性质，曲线与方程的概念，函数的性质，以及综合运用数学知识的能力.

(Ⅰ) 将 $y=\frac{1}{x}$ 代入椭圆方程，得 $\frac{x^2}{a^2}+\frac{1}{b^2x^2}=1, b^2x^4-a^2b^2x^2+a^2=0$.

由只有一个公共点的条件，有 $\Delta=a^4b^4-4a^2b^2=0, ab=2$.

代入原方程有 $\frac{4}{a^2}x^4-4x^2+a^2=0$.

因 $P(x, y)$ 在第一象限，所以 $x=\frac{a}{\sqrt{2}}, y=\frac{\sqrt{2}}{a}$，即 $P\left(\frac{a}{\sqrt{2}}, \frac{\sqrt{2}}{a}\right)$.

(Ⅱ) 在 $\triangle ABP$ 中，$|AB|=2\sqrt{a^2-b^2}$，高 $y_P=\frac{\sqrt{2}}{a}$，因此

$$s(a)=\frac{1}{2}\cdot 2\sqrt{a^2-b^2}\cdot\frac{\sqrt{2}}{a}=\sqrt{2(1-\frac{4}{a^4})}$$

下面求 $s(a)$ 的定义域.

因为 $a>b>0, b=\frac{2}{a}$，所以 $a>\frac{2}{a}$，即 $a>\sqrt{2}$，所以 $0<\frac{4}{a^4}<1$，于是 $0<s(a)<\sqrt{2}$.

（Ⅲ）可得

$$g(a)=c^2=a^2-b^2=a^2-\frac{4}{a^2}$$

$$\begin{aligned}g^2(a)-s^2(a)&=(a^2-\frac{4}{a^2})^2-2\cdot\frac{a^4-4}{a^4}\\&=\frac{(a^4-4)(a^4-6)}{a^4}\\&=\frac{(a^2+2)(a^2+6)(a^2-2)(a^2-6)}{a^4}\\&=\frac{(a^2+2)(a^2+6)(a+\sqrt{2})(a+\sqrt{6})(a-\sqrt{2})(a-\sqrt{6})}{a^4}\end{aligned}$$

所以

$$f(a)=\min\{g(a),s(a)\}=\begin{cases}g(a)=a^2-\frac{4}{a^2}, & \sqrt{2}<a\leqslant\sqrt{6}\\ s(a)=\sqrt{2(1-\frac{4}{a^4})}, & a>\sqrt{6}\end{cases}$$

【例 2】（2000 年，上海春季卷）

如图 11.9，A,F 分别是椭圆

$$\frac{(y+1)^2}{16}+\frac{(x-1)^2}{12}=1$$

的一个顶点与一个焦点，位于 x 轴的正半轴上的动点 $T(t,0)$ 与 F 的连线交射线 OA 于 Q，求：

（Ⅰ）点 A,F 的坐标及直线 TQ 的方程；

（Ⅱ）$\triangle OTQ$ 的面积 S 与 t 的函数关系式 $S=f(t)$ 及其函数的最小值；

（Ⅲ）写出 $S=f(t)$ 的单调递增区间，并证明之.

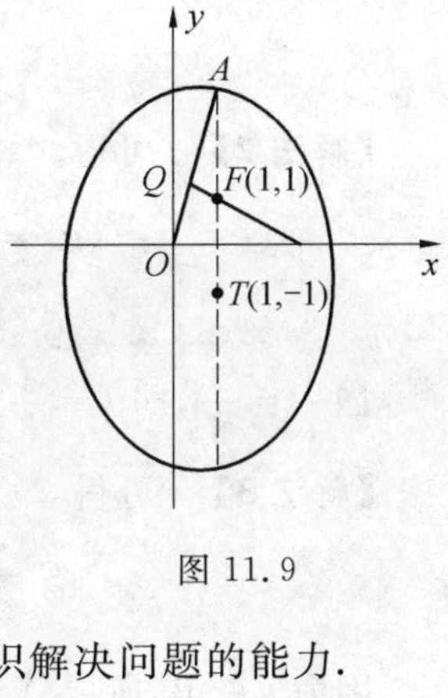

图 11.9

【分析及解】 本题主要考查椭圆方程的性质，坐标平移，直线方程，函数的性质及综合运用所学知识解决问题的能力.

（Ⅰ）中心为 $(1,-1)$，$a=4$，$b=2\sqrt{3}$，$c=2$，焦点

$$F(1,1),A(1,3)$$

$$k_{TQ}=k_{FT}=\frac{1}{1-t}$$

$$l_{TQ}:y=\frac{1}{1-t}(x-t)$$

(Ⅱ)【解法 1】 可得

$$\begin{cases}l_{OA}:y=3x\\ l_{TQ}:y=\dfrac{1}{1-t}(x-t)\end{cases}\Rightarrow x_Q=\frac{t}{3t-2}$$

因为 $x_Q>0$,则 $t>\frac{2}{3}$.有

$$y_Q=3x_Q=\frac{3t}{3t-2}$$

$$S=\frac{1}{2}y_Q\cdot|OT|=\frac{3t^2}{2(3t-2)}\quad\left(t>\frac{2}{3}\right)$$

所以

$$S=f(t)=\frac{3t^2}{2(3t-2)}\quad\left(t>\frac{2}{3}\right)$$

$$S'=f'(t)=\frac{6t\cdot 2(3t-2)-3t^2\cdot 6}{4(3t-2)^2}=\frac{6t(3t-4)}{4(3t-2)}=\frac{3t(3t-4)}{2(3t-2)}$$

$t>\frac{2}{3}$,所以,当$\frac{2}{3}<t<\frac{4}{3}$ 时,$S'<0$,$t>\frac{4}{3}$ 时 $S'>0$,所以 $t=\frac{4}{3}$ 时,S 有最小值

$$f\left(\frac{4}{3}\right)=\frac{3\cdot\dfrac{16}{9}}{2\left(3\cdot\dfrac{4}{3}-2\right)}=\frac{4}{3}$$

【解法 2】 可得

$$f(t)=\frac{3}{2\left(\dfrac{3}{t}-\dfrac{2}{t^2}\right)}=\frac{3}{-4\left(\dfrac{1}{t}-\dfrac{3}{4}\right)^2+\dfrac{9}{4}}$$

当$\frac{1}{t}=\frac{3}{4}$,即 $t=\frac{4}{3}$ 时,$f(t)$ 有最小值$\frac{4}{3}$.

【解法 3】 可得

$$S=\frac{3t^2}{2(3t-2)}\Rightarrow 3t^2-6St+4S=0$$

因为 $t\in\mathbf{R}$,所以 $\Delta=36S^2-48S\geqslant 0$,得 $S\geqslant\frac{4}{3}$.

等号成立时,$t=\frac{4}{3}$ 满足 $t>\frac{2}{3}$.

(Ⅲ) 由(Ⅱ)，$t>\frac{4}{3}$ 时，$S'>0$ 增区间为$[\frac{4}{3},+\infty)$.

【例 3】 (2001 年，京皖春季高考)

已知抛物线 $y^2=2px(p>0)$ 如图 11.10，过动点 $M(a,0)$ 且斜率为 1 的直线 l 与该抛物线交于不同的两点 A,B，$|AB|\leqslant 2p$.

(Ⅰ) 求 a 的取值范围；

(Ⅱ) 若线段 AB 的垂直平分线交 x 轴于点 N，求 $\triangle NAB$ 面积的最大值.

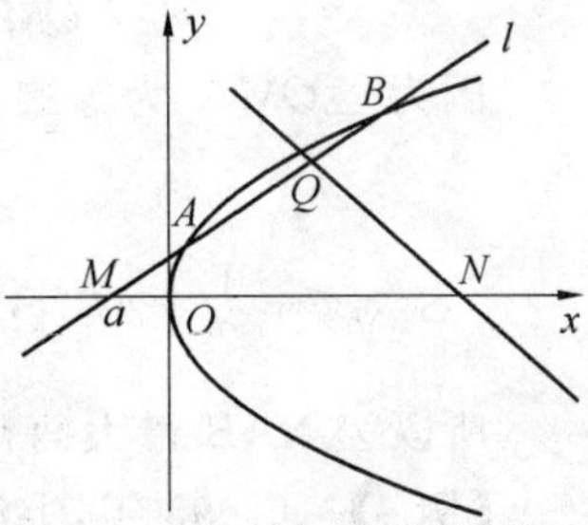

图 11.10

【分析及解】 本题主要考查直线方程和抛物线方程的基本知识以及推理能力和计算能力.

(1) 直线 l 的方程为 $y=x-a$.

由 $\begin{cases}y=x-a\\y^2=2px\end{cases}$，得

$$x^2-2(a+p)x+a^2=0$$

$$\Delta=4(a+p)^2-4a^2>0$$

解得

$$a>-\frac{p}{2} \quad ①$$

设直线 l 与抛物线交于 $A(x_1,y_1),B(x_2,y_2),x_1\neq x_2$，则

$$x_1+x_2=2(a+p)$$

$$x_1x_2=a^2$$

$$\begin{aligned}|AB|^2&=2(x_1-x_2)^2\\&=2[4(a+p)^2-4a^2]\\&=8p^2+16ap\end{aligned}$$

由已知 $|AB|\leqslant 2p$，则

$$8p^2+16ap\leqslant 4p^2$$

$$4p^2+16ap\leqslant 0 \quad ②$$

$$a\leqslant -\frac{p}{4}$$

由 ①，②

$$-\frac{p}{2}<a\leqslant -\frac{p}{4}$$

(2) 设 AB 中点 $Q(x_3,y_3)$，则

$$x_3=\frac{x_1+x_2}{2}=a+p$$

$$y_3=x_3-a=p$$

$$|QM|^2=(a+p-a)^2+p^2=2p^2$$

因为 $\triangle QMN$ 为等腰直角三角形,所以

$$|QN|=|QM|=\sqrt{2}p$$

$$S_{\triangle NAB}=\frac{1}{2}|AB|\cdot|QN|=\frac{\sqrt{2}}{2}p\cdot|AB|\leqslant\frac{\sqrt{2}}{2}\cdot p\cdot 2p=\sqrt{2}p^2$$

所以 $\triangle NAB$ 最大面积为 $\sqrt{2}p^2$.

【例 4】 (1995 年,上海卷)

设椭圆的方程为 $\frac{x^2}{m^2}+\frac{y^2}{n^2}=1(m,n>0)$,过原点且倾角为 θ 和 $\pi-\theta(0<\theta<\frac{\pi}{2})$ 的两条直线分别交椭圆于 A,C 和 B,D 两点.

(Ⅰ)用 θ,m,n 表示四边形 $ABCD$ 的面积 S;

(Ⅱ)若 m,n 为定值,当 θ 在 $(0,\frac{\pi}{4}]$ 上变化时,求 S 的最大值 u;

(Ⅲ)若 $u>mn$,求 $\frac{m}{n}$ 的取值范围.

【分析及解】 本题主要考查椭圆的知识,函数的概念,面积的知识及综合应用知识进行推理计算的能力.

(Ⅰ)如图 11.11 过原点,倾角为 θ 的直线方程为 $y=x\tan\theta$.

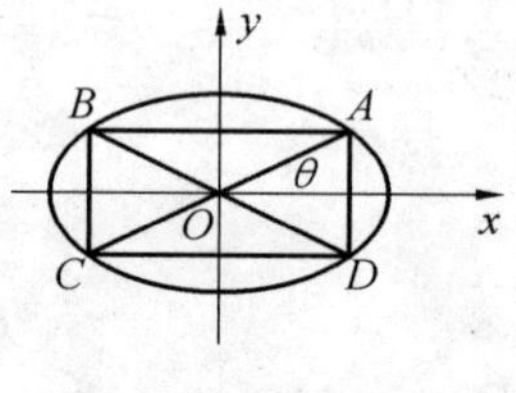

图 11.11

解 $\begin{cases}y=x\tan\theta\\ \frac{x^2}{m^2}+\frac{y^2}{n^2}=1\end{cases}$,得 $\begin{cases}x^2=\frac{m^2n^2}{n^2+m^2\tan^2\theta}\\ y^2=\frac{m^2n^2\tan^2\theta}{n^2+m^2\tan^2\theta}\end{cases}$.

由 $0<\theta<\frac{\pi}{2}$ 及四边形 $ABCD$ 是矩形可得

$$S=4|xy|=\frac{4m^2n^2\tan\theta}{n^2+m^2\tan^2\theta}$$

(Ⅱ)$S=\frac{4m^2n^2}{\frac{n^2}{\tan\theta}+m^2\tan\theta}$,令 $\tan\theta=t$,因为 $\theta\in(0,\frac{\pi}{4}]$,解得 $t\in(0,1]$.

设 $T=\frac{n^2}{t}+m^2t$,则 $T=m^2(t+\frac{\frac{n^2}{m^2}}{t})$,$t\in(0,1]$,其图像如图 11.12 所示.

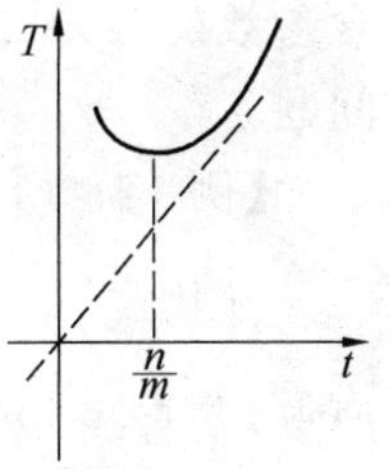

图 11.12

(1) 当$\frac{n}{m}<1$时，由$t\in(0,\frac{n}{m})$时，T为减函数，$t\in(\frac{n}{m},1]$时，T为增函数，所以$t=\frac{n}{m}$时

$$T_{\min}=m^2\left(\frac{n}{m}+\frac{\frac{n^2}{m^2}}{\frac{n}{m}}\right)=2mn$$

所以S有最大值$2mn$.

(2) 当$\frac{n}{m}>1$时，由于$t\in(0,1]$时，T为减函数，所以$t=1$时，T有最小值

$$T_{\min}=m^2(1+\frac{n^2}{m^2})=m^2+n^2$$

此时，S有最大值

$$S_{\max}=\frac{4m^2n^2}{m^2+n^2}$$

$$u=S_{\max}=\begin{cases}2mn,0<n<m\\ \frac{4m^2n^2}{m^2+n^2},0<m<n\end{cases}$$

(Ⅲ)(1) 当$\frac{n}{m}<1$时，$u=2mn>mn$恒成立，此时$\frac{m}{n}>1$.

(2) 当$\frac{n}{m}>1$时，$\frac{4m^2n^2}{m^2+n^2}>mn$，于是

$$m^2-4mn+n^2<0$$

$$\left(\frac{m}{n}\right)^2-4\left(\frac{m}{n}\right)+1<0$$

由$\begin{cases}2-\sqrt{3}<\frac{m}{n}<2+\sqrt{3}\\ \frac{m}{n}<1\end{cases}$，得$2-\sqrt{3}<\frac{m}{n}<1$.

于是由(1)，(2) $\frac{m}{n}$的取值范围$(2-\sqrt{3},1)\cup(1,+\infty)$.

四、直线与圆锥曲线的位置关系问题

直线与圆锥曲线的位置关系问题常常涉及圆和圆锥曲线的性质，直线的基本知识，线段的中点，弦长，垂直问题，对称问题，这时问题常常需要转化为

含参数的一元二次方程，利用根的判别式，韦达定理，实根的范围等帮助解决问题.

【例 1】（1993 年，上海卷）

抛物线 $y=-\frac{x^2}{2}$ 与过点 $M(0,-1)$ 的直线 l 相交于 A,B 两点，O 为坐标原点，若直线 OA 和 OB 的斜率之和为 1，求直线 l 的方程.

【分析及解】 本题主要考查抛物线的标准方程和性质，直线方程的求法和运算能力.

设 $A(x_1,y_1)$，$B(x_2,y_2)$（图 11.13）.

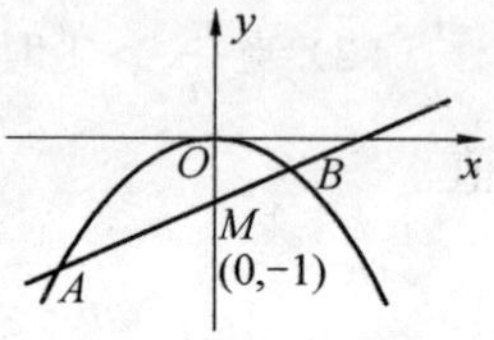

图 11.13

直线 l 的方程为

$$y=kx-1$$

$$k=\frac{y_2-y_1}{x_2-x_1}=\frac{-\frac{x_2^2}{2}+\frac{x_1^2}{2}}{x_2-x_1}=-\frac{x_1+x_2}{2}$$

$$1=k_{OA}+k_{OB}=\frac{y_1}{x_1}+\frac{y_2}{x_2}$$

$$=\frac{-\frac{x_1^2}{2}}{x_1}+\frac{-\frac{x_2^2}{2}}{x_2}$$

$$=-\frac{x_1+x_2}{2}$$

于是 $k=1$，直线 l 的方程为 $y=x-1$.

【例 2】（2002 年，江苏卷）

设 A,B 是双曲线 $x^2-\frac{y^2}{2}=1$ 上的两点，点 $N(1,2)$ 是线段 AB 的中点.

（Ⅰ）求直线 AB 的方程；

（Ⅱ）如果线段 AB 的垂直平分线与双曲线交于 C,D 两点，那么 A,B,C,D 是否共圆，为什么？

【分析及解】 本题主要考察双曲线方程的性质，直线与双曲线方程的关系以及推理能力，运算能力.

（Ⅰ）设 $A(x_1,y_1)$，$B(x_2,y_2)$，则

$$\begin{cases}2x_1^2-y_1^2=2\\2x_2^2-y_2^2=2\end{cases}\Rightarrow 2(x_1-x_2)(x_1+x_2)=(y_1-y_2)(y_1+y_2)$$

$$k_{AB}\cdot k_{ON}=2,k_{AB}\cdot\frac{2}{1}=2,k_{AB}=1$$

$$l_{AB}:y-2=x-1,y=x+1$$

解$\begin{cases}y=x+1\\2x^2-y^2=2\end{cases}$，得 $A(-1,0)$，$B(3,4)$.

(Ⅱ)AB 垂直平分线方程为 $y-2=-(x-1)$，$y=-x+3$，解

$$\begin{cases}y=-x+3\\2x^2-y^2=2\end{cases}$$

得

$$C(-3+2\sqrt{5},6-2\sqrt{5}),D(-3-2\sqrt{5},6+2\sqrt{5})$$

设 CD 中点为 M，则

$$M(-3,6)$$

$$|MA|=\sqrt{(-3+1)^2+6^2}=\sqrt{40}$$

$$|MB|=\sqrt{(-3-3)^2+(6-4)^2}=\sqrt{40}$$

$$|MC|=\sqrt{(2\sqrt{5})^2+(2\sqrt{5})^2}=\sqrt{40}$$

$$|MD|=\sqrt{40}$$

所以 A,B,C,D 四点共圆.

【例 3】 (2002 年，上海卷)

已知点 $A(-\sqrt{3},0)$ 和 $B(\sqrt{3},0)$，动点 C 到 A，B 两点的距离之差的绝对值为 2，点 C 的轨迹与直线 $y=x-2$ 交于 D，E 两点，求线段 DE 的长.

【分析及解】 本题主要考查双曲线的定义及方程，直线与双曲线的关系，线段长的求法及运算能力.

设 $C(x,y)$，则 $||CA|-|CB||=2$.

$a=1$，$c=\sqrt{3}$，$b=\sqrt{2}$.

由双曲线定义可得，点 C 的轨迹方程为

$$x^2-\frac{y^2}{2}=1$$

$$\begin{cases}x^2-\dfrac{y^2}{2}=1\\y=x-2\end{cases}\Rightarrow x^2+4x-6=0$$

因为 $\Delta>0$，所以有二交点 $D(x_1,y_1)$，$E(x_2,y_2)$

$$x_1+x_2=-4,x_1x_2=-6$$

所以 $|DE|=\sqrt{2}\,|x_1-x_2|=4\sqrt{5}$.

【例 4】 (1996 年，上海卷)

已知双曲线 S 的两条渐近线过坐标原点，且与以点 $A(\sqrt{2},0)$ 为圆心，1 为半径的圆相切，双曲线 S 的一个顶点 A' 与 A 关于直线 $y=x$ 对称，设直线 l 过

点 A，斜率为 k.

（Ⅰ）求双曲线 S 的方程；

（Ⅱ）当 $k=1$ 时，在双曲线 S 的上支上求点 B，使其与直线 l 的距离为 $\sqrt{2}$；

（Ⅲ）当 $0\leqslant k<1$ 时，若双曲线 S 的上支上有且只有一个点 B 到直线 l 的距离为 $\sqrt{2}$，求斜率 k 的值及相应的点 B 的坐标.

【分析及解】 本题主要考查圆、双曲线的知识及对称点，点到直线的距离等概念以及综合解题能力.

（Ⅰ）（图 11.14）由已知得双曲线的渐近线方程为 $y=\pm x$，于是双曲线方程为

$$y^2-x^2=\lambda$$

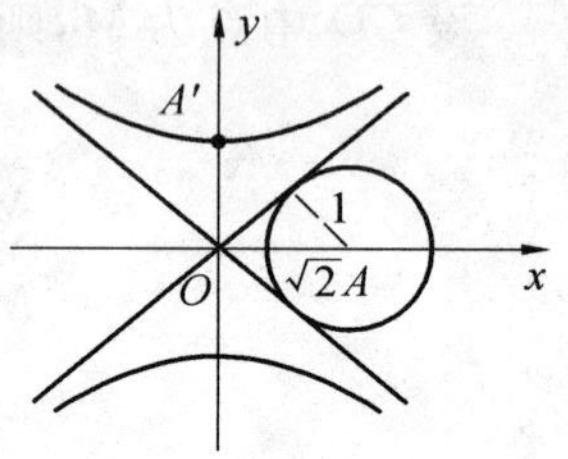

图 11.14

又 $A'(0,\sqrt{2})$，于是 $\lambda=2$.

所以双曲线 S 的方程为 $y^2-x^2=2$.

（Ⅱ）l：$y=x-\sqrt{2}$，设 $B(x,\sqrt{x^2+2})$ 为 S 上支上的点，则 $\frac{|x-\sqrt{x^2+2}-\sqrt{2}|}{\sqrt{2}}=\sqrt{2}$，解得 $x=\sqrt{2}$，$y=2$，点 $B(\sqrt{2},2)$.

（Ⅲ）当 $0\leqslant k<1$ 时，l：$y=k(x-\sqrt{2})$.

因为 S 的上支在 l 的上方，所以 B 在 l 上方.

设直线 l' 与直线 l：$y=k(x-\sqrt{2})$ 平行，且距离为 $\sqrt{2}$.

设 l' 为 $y=kx+m$，则

$$\sqrt{2}=\frac{|\sqrt{2}k+m|}{\sqrt{k^2+1}}$$

$$m=\sqrt{2}(\pm\sqrt{k^2+1}-k)$$

因为 l' 在 l 上方，$m=\sqrt{2}(\sqrt{k^2+1}-k)$.

若 l' 与 S 在 S 上方只有一个公共点，由方程组

$$\begin{cases}y^2+x^2=2\\y=kx+m\end{cases}\Rightarrow(k^2-1)x^2+2mkx+m^2-2=0$$

因为 $k^2\neq1$，所以

$$\Delta=4m^2k^2-4(k^2-1)(m^2-2)=0$$

$$4m^2-8+8k^2=0$$

$$m^2+2k^2-2=0$$

$$2(\sqrt{k^2+1}-k)^2+2k^2-2=0$$

$$(\sqrt{k^2+1}-k)^2+k^2-1=0$$

$$k^2+1+k^2-2k\sqrt{k^2+1}+k^2-1=0$$

$$3k^2-2k\sqrt{k^2+1}=0$$

$$k=0, k=\frac{2\sqrt{5}}{5}$$

当 $k=0$ 时，$m=\sqrt{2}$，$x=0$，$y=\sqrt{2}$，$B(0,\sqrt{2})$.

当 $k=\frac{2\sqrt{5}}{5}$ 时，$m=\frac{\sqrt{10}}{5}$，$x=2\sqrt{2}$，$y=\sqrt{10}$，$B(2\sqrt{2},\sqrt{10})$.

第十二讲　模式识别与概率、统计问题

概率论是一门研究随机现象统计规律的数学学科. 是人们了解“不确定性”数学现象的重要工具,也是高中新课程中的数学必修课,从2000年新课程高考以来,概率与统计都是重要的考核内容,近几年考查的热点一直围绕以下几个方面进行:

等可能事件的概率;

互斥事件有一个发生的概率;

相互独立事件同时发生的概率;

n 次独立重复事件发生了 k 次的概率;

离散型随机变量的分布列.

以上几点也是高考考试大纲中,对考生提出必须“会”的考试要求.

由于在解决一个随机事件时,常常是一个复合事件,因此,必须认真分析所要研究的随机事件,并对该事件进行模式识别,寻找这些事件的概率模型,然后再进一步依据概率模型对问题求解.

一、等可能事件的概率

如果一次试验中可能出现的结果有有限个,且所有的结果出现的可能性都相等,这样的事件是等可能事件.

一般地,如果一次试验中共有 n 种等可能的结果,那么每一个基本事件的概率都是$\frac{1}{n}$,如果某个事件 A 包含有 m 个事件,那么事件 A 的概率 $P(A)=\frac{m}{n}$.

解决等可能事件的第一步是模式识别:

即判断所研究的事件是不是等可能事件,等可能事件的特征是:

(1) 每一次试验中所有可能出现的结果是有限的;

(2) 每一个结果出现的可能性是相等的.

第二步是进行计算:求出两个数,一个是试验中所有可能出现的结果数

n,第二个是事件 A 包含的结果数 m,进而计算 $P(A)=\frac{m}{n}$.

【例 1】 (2000 年,新课程卷)

甲、乙两人参加普法知识竞答,共有 10 个不同的题目,其中选择题 6 个,判断题 4 个,甲、乙二人依次各抽一题.

(Ⅰ)甲抽到选择题,乙抽到判断题的概率是多少?

(Ⅱ)甲、乙二人中至少有一人抽到选择题的概率是多少?

【分析及解】 甲、乙两人依次从 10 个不同的题目中随机地各抽一题可能出现的结果是 $A_{10}^2=90$,即可能的结果是有限的,而且每一种结果出现的可能性是相同的,因此是一个等可能事件的概率问题.

(Ⅰ)甲从 6 道选择题中抽取一道题的可能性是 $C_6^1=6$,乙在甲抽完后在 4 道判断题中抽取一道的可能性是 $C_4^1=4$,根据分步计数原理,甲抽到选择题,乙抽到判断题的可能性为 $6\times 4=24$,于是

$$P=\frac{C_6^1C_4^1}{A_{10}^2}=\frac{6\times 4}{10\times 9}=\frac{4}{15}$$

(Ⅱ)甲、乙两人至少有一人抽到选择题有以下三类:

(1) 甲抽到选择题,乙抽到判断题,可能的结果有 $C_6^1C_4^1$ 种;

(2) 甲抽到选择题,乙抽到判断题,可能的结果有 $C_4^1C_6^1$ 种;

(3) 甲和乙都抽到选择题,可能的结果有 $C_6^1C_5^1$ 种.

根据分类计数原理,甲、乙二人中至少有一人抽到选择题的可能性有

$$C_6^1C_4^1+C_4^1C_6^1+C_6^1C_5^1=78(\text{种})$$

因此,甲、乙二人中至少有一个抽到选择题的概率是

$$P=\frac{78}{90}=\frac{13}{15}$$

对于第(Ⅱ)问还可用排除法考虑,即甲、乙二人中至少有一人抽到选择题的可能性,相当于从总的可能情形中减去甲、乙二人都抽到判断题的情形,即

$$A_{10}^2-C_4^1C_3^1=78(\text{种})$$

这种解法相当于概率模型中的对立事件模型,即先求出甲、乙二人都抽到判断题的概率为 $\bar{P}=\frac{12}{90}=\frac{2}{15}$,因此甲、乙二人至少有一人抽到选择题的概率为 $P=1-\bar{P}=\frac{13}{15}$.

【例 2】 有 10 件产品,其中有 2 件次品,每次抽 1 件检验,共抽 5 次,在以下两种抽样方式下:

(1) 每次抽取后不放回;

(2) 每次抽取后放回.

求 5 次抽取中恰有 1 次抽到次品的概率.

【分析及解】 在两种不同的抽样方式下,基本事件的所有可能结果都是有限的,而且每次的抽样都是等可能的,所以是一个等可能事件的概率问题.

(Ⅰ)由于每次抽取后不放回,所以从 10 件产品抽取 5 次恰有 1 件次品可能看作从 10 件产品中任取 5 件检验恰有 1 件次品的情形.

基本事件的总数 $n=C_{10}^5$,任取 5 件恰有 1 件次品的基本事件个数为 $m=C_8^4C_2^1$,于是,$P(A)=\frac{C_8^4C_2^1}{C_{10}^5}=\frac{140}{252}=\frac{5}{9}$.

(Ⅱ)由于每次抽取后放回,所以抽取5次的基本事件总数为 $n=10^5$,任取 5 件恰有 1 件次品的基本事件个数为 $m=C_5^1\cdot 2\cdot 8^2$,于是

$$P(A)=\frac{C_5^1\cdot 2\cdot 8^4}{10^5}=\frac{8^4}{10^5}=0.409\ 6$$

对于(Ⅱ),也可以看作进行 5 次独立重复试验,次品恰好发生 1 次的概率问题,由于次品率为 $P=\frac{2}{10}=\frac{1}{5}$,则

$$P(A)=P_5(1)=C_5^1\left(\frac{1}{5}\right)^1\left(\frac{1}{5}\right)^4=0.409\ 6$$

【例3】 有6只电器元件,其中有4只正品和2只次品,每次随机抽取1只检验,不放回,直到2只次品都找到为止,试求测试4次可以找到2只次品的概率.

【分析及解】 可以判定这是一个等可能事件的概率问题.

由于测试的结果与抽取元件的顺序有关,所以从 6 只电器按顺序抽取 4 次的基本事件总数为 A_6^4.

而测试 4 次能够找到 2 只次品的事件有两种可能;

第一种可能:前3次找到1只次品,第4次恰为次品,这时基本事件的个数应为 $C_3^1A_4^2C_2^1$ 种.

第二种可能:前4次测试都是正品,由于只有4只正品,则余下2只一定是次品,这时基本事件的个数是 A_4^4 种.

因此,测试 4 次一定能找到 2 只次品的种数为 $C_3^1A_4^2C_2^1+A_4^4$ 种,所求的概率为 $P=\frac{C_3^1A_4^2C_2^1+A_4^4}{A_6^4}=\frac{4}{15}$.

【例 4】 "福特宝俱乐部"与其他 6 支足球队组成足球联赛,它与其余每支球队各赛一场,在6场比赛的任意一场中,"福特宝俱乐部"胜、负、平的可能

性各有$\frac{1}{3}$，求整个赛季结束后，“福特宝俱乐部”胜场多于负场的概率.

【分析及解】 “福特宝俱乐部”的每场比赛都有胜、负、平三种可能，因此，该俱乐部，胜、负、平场的总的可能是 $3^6=729$.

下面计算胜场多于负场的情形数，有下列 12 类情形(表 12.1).

表 12.1

比赛结果	6 胜	5 胜 1 平	5 胜 1 负	4 胜 2 平	4 胜 1 平 1 负	4 胜 2 负
可能情形	1	C_6^5	C_6^5	C_6^4	$C_6^4C_2^1$	C_5^4
比赛结果	3 胜 3 平	3 胜 2 平 1 负	3 胜 1 平 2 负	2 胜 4 平	2 胜 3 平 1 负	1 胜 5 平
可能情形	C_6^3	$C_6^3C_3^2$	$C_6^3C_3^1$	C_5^2	$C_6^2C_4^3$	C_5^1

于是，胜场多于负场的所有情形为

$$1+C_6^5+C_6^5+C_6^4+C_6^4C_2^1+C_6^4+C_6^3+C_6^3C_3^2+C_6^3C_3^1+C_6^2+C_6^2C_4^3+C_6^1=294$$

该俱乐部胜场多于负场的概率为 $P=\frac{294}{729}=\frac{98}{243}$.

本题的另一解题思路是，对“福特宝俱乐部”来说，胜场多于负场的概率与胜场少于负场的概率是相同的. 因此，只要计算出胜场与负场相同的所有可能情形就可以了.

胜场与负场相同的情形有下列 4 种.

表 12.2

比赛结果	1 胜 1 负 4 平	2 胜 2 负 2 平	3 胜 3 负	6 平
可能情形	$C_6^4C_2^1$	$C_6^2C_4^2$	C_6^3	C_6^6

所以胜场与负场相同的所有可能情形为

$$C_6^4C_2^1+C_6^2C_4^2+C_6^3+C_6^6=141$$

因此胜场多于负场的所有可能情形为$\frac{729-141}{2}=294$，即胜场多于负场的概率为 $P=\frac{294}{729}=\frac{98}{243}$.

二、互斥事件有一个发生和相互独立事件同时发生的概率

要能够识别互斥事件和相互独立事件，关键还是要弄清它们所具有的特征：

首先,互斥事件与相互独立事件与等可能事件不同之处在于等可能事件指的是一个事件,而互斥事件与相互独立事件则是研究两个事件之间的关系.

(一)互斥事件的特征

(1) 互斥事件是研究两个事件之间的关系;

(2) 所研究的两个事件是在一次试验中涉及的;

(3) 两个事件互斥是因为试验的结果不可能同时出现.

当A,B两个事件互斥时,$A+B$表示互斥事件A,B至少有一个发生,其概率满足

$$P(A+B)=P(A)+P(B)$$

(二)互斥事件与对立事件的关系

互斥事件与对立事件都是研究两个事件的关系,互斥事件是不可能同时发生的两个事件,而对立事件除要求这两个事件不同时发生之外,还要求二者之一必须有一个发生.因此,对立事件是互斥事件,但互斥事件不一定是对立事件,从集合的角度,事件A的对立事件$\overline{A}$所含结果的集合是全集U中事件A所含结果集合的补集,即$A\cup\overline{A}=U$,$A\cap\overline{A}=\varnothing$.

若A和$\overline{A}$是对立事件,则$P(A)+P(\overline{A})=1$.

(三)相互独立事件的特征

(1) 相互独立事件也是研究两个事件之间的关系;

(2) 所研究的两个事件是在两次试验中出现的;

(3) 两个事件相互独立是从一个事件的发生对另一个事件发生的概率没有影响来确定的.

当A,B两个事件相互独立,$A\cdot B$表示相互独立事件A,B同时发生,其概率满足

$$P(A\cdot B)=P(A)\cdot P(B)$$

【例1】 (2001年,新课程卷)

如图12.1,用A,B,C三类不同的元件联结成两个系统N_1,N_2,当元件A,B,C都正常工作时,系统N_1正常工作,当元件A正常工作,且元件B,C至少有一个正常工作时,系统N_2正常工作,已知元件A,B,C正常工作的概率依次是0.80,0.90,0.90,分别求系统,N_1,N_2正常工作的概率P_1,P_2.

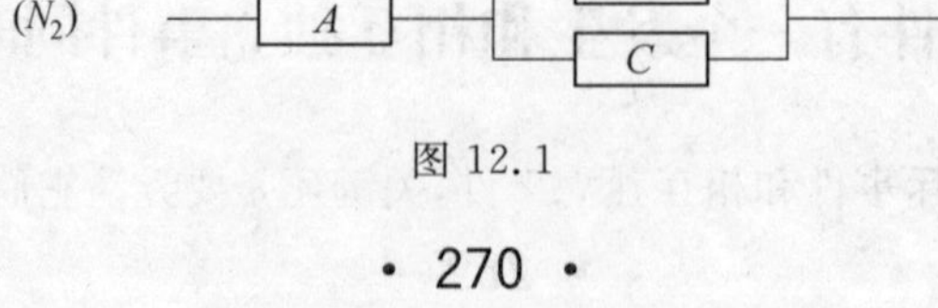

图12.1

【分析及解】 分别设元件 A,B,C 正常工作的事件为 A,B,C，则 $P(A)=0.80,P(B)=0.90,P(C)=0.90$.

（Ⅰ）事件 A,B,C 是相互独立的，若使系统 N_1 正常工作，必须使事件 A,B,C 同时发生，因此有

$$\begin{aligned}P_1&=P(A\cdot B\cdot C)=P(A)\cdot P(B)\cdot P(C)\\&=0.80\times0.90\times0.90\\&=0.648\end{aligned}$$

于是系统 N_1 正常工作的概率是 0.648.

（Ⅱ）事件 B,C 是互斥事件，它们之中只要有一个发生，即有一个正常工作就能使系统正常工作，而事件 A 与事件 $B\cup C$，则是相互独立事件，必须同时发生，所以系统 N_2 是研究相互独立事件同时发生和互斥事件有一个发生的综合问题

$$\begin{aligned}P_2&=P(A)\cdot P(B\cup C)=P(A)[P(\bar{B}\cdot C)+P(B\cdot\bar{C})+P(B\cdot C)]\\&=0.80\cdot[0.10\times0.90+0.90\times0.10+0.90\times0.90]\\&=0.792\end{aligned}$$

运用对立事件，还可以简化上面的运算，这是因为

$$\begin{aligned}P(B\cup C)&=1-P(\bar{B}\cdot\bar{C})=1-P(\bar{B})\cdot P(\bar{C})\\&=1-0.1\times0.1\\&=0.99\end{aligned}$$

所以

$$\begin{aligned}P_2&=P(A)\cdot P(B\cup C)=P(A)\cdot[1-P(\bar{B}\cdot\bar{C})]\\&=0.8\times0.99=0.792\end{aligned}$$

于是系统 N_2 正常工作的概率为 0.792.

【例 2】（2003 年，新课程卷）

有三种产品，合格率分别是 0.90，0.95 和 0.95，各抽取一件进行检验.

（Ⅰ）求恰有一件不合格的概率；

（Ⅱ）求至少有两件不合格的概率.

【分析及解】 设三种产品各抽取一件抽到合格产品的事件分别为 A,B,C.

（Ⅰ）由于 A,B,C 是相互独立的，则恰有一件不合格的事件是 $A,B,\bar{C}$ 同时发生，或者 $A,\bar{B},C$ 同时发生，或者是 $\bar{A},B,C$ 同时发生，而 $AB\bar{C}$ 与 $A\bar{B}C$，与 $\bar{A}BC$ 又是互斥事件，它们中有一个发生. 因此，恰有一件不合格的概率为

$$\begin{aligned}P_1&=P(AB\bar{C})+P(A\bar{B}C)+P(\bar{A}BC)\\&=0.90\times0.95\times0.05+0.90\times0.05\times0.95+0.10\times0.95\times0.95\end{aligned}$$

$=0.176$

于是,恰有一件不合格的概率是 0.176.

(Ⅱ)至少有两件不合格的事件有下列四种情形:$(A,\overline{B},\overline{C})$,$(\overline{A},B,\overline{C})$,$(\overline{A},\overline{B},C)$,$(\overline{A},\overline{B},\overline{C})$,又由于这四种情形是互斥的,而 A,B,C 是相互独立的,因此,至少有 2 件不合格的概率为

$$\begin{aligned}P_2&=P(A\,\overline{BC})+P(\overline{A}B\overline{C})+P(\overline{AB}C)+P(\overline{ABC})\\&=0.90\times0.05\times0.05+0.10\times0.95\times0.05+\\&\quad 0.10\times0.05\times0.95+0.10\times0.05\times0.05\\&=0.012\end{aligned}$$

如果利用(Ⅰ)的结果及对立事件可以简化我们的计算.

这是因为至少有两件不合格的事件的对立事件是三件都合格和恰有一件不合格,而恰有一件不合格的概率已在(Ⅰ)中求出:$P_1=0.176$,所以只要求出三件都合格的概率

$$P(\text{三件都合格})=0.90\times0.95\times0.95=0.812$$

就可以了.所以至少有两件不合格的概率为 $1-0.176-0.812=0.012$.

【例 3】 甲、乙两台车床,甲车床正常工作率为 0.90,乙车床正常工作率为 0.85,求:

(Ⅰ)甲、乙两台车床都正常工作的概率;

(Ⅱ)甲、乙两台车床都不正常工作的概率;

(Ⅲ)恰有一台车床不能正常工作的概率;

(Ⅳ)至少有一台车床不能正常工作的概率.

【分析及解】 设甲车床正常工作为事件 A,乙车床正常工作为事件 B,事件 A 与事件 B 是相互独立事件.

由已知,$P(A)=0.90$,$P(B)=0.85$,$P(\overline{A})=0.10$,$P(\overline{B})=0.15$.

(Ⅰ)甲、乙两台车床都正常工作即为事件 A 与事件 B 同时发生,有

$$P(A\cdot B)=P(A)\cdot P(B)=0.90\times0.85=0.765$$

所以,甲、乙两台车床都正常工作的概率为 0.765.

(Ⅱ)甲、乙两台车床都不能正常工作即为事件 $\overline{A}$ 与事件 $\overline{B}$ 同时发生

$$P(\overline{A}\cdot\overline{B})=P(\overline{A})\cdot P(\overline{B})=0.10\times0.15=0.015$$

所以,甲、乙两台车床都不能正常工作的概率是 0.015.

(Ⅲ)恰有一台车床不能正常工作的事件有两种情形:甲正常工作而乙不正常工作,即 $A\cdot\overline{B}$,乙正常工作,而甲不正常工作,即 $\overline{A}\cdot B$,由于 $A\cdot\overline{B}$ 与 $\overline{A}\cdot B$ 是两个互斥事件,它们中至少有一个发生,又由于 A 和 B 是相互独立的,则 A 与 $\overline{B}$ 以及 $\overline{A}$ 与 B 也是相互独立的,于是恰有一台车床正常工作的概率为

$$\begin{aligned}P(\overline{A}\cdot B+A\cdot\overline{B})&=P(\overline{A}\cdot B)+P(A\cdot\overline{B})\\&=P(\overline{A})\cdot P(B)+P(A)\cdot P(\overline{B})\\&=0.1\times0.85+0.9\times0.15\\&=0.22\end{aligned}$$

所以,恰有一台车床正常工作的概率是 0.22.

(Ⅳ)至少有一台不能正常工作的事件有三种情形:甲正常工作而乙不正常工作,即 $A\cdot\overline{B}$,乙正常工作而甲不正常工作,即 $\overline{A}\cdot B$,甲、乙都不正常工作,即 $\overline{A}\cdot\overline{B}$. 因此,至少有一台不能正常工作的概率相当于(Ⅱ),(Ⅲ)两个结果之和,即

$$\begin{aligned}P(\overline{A}\cdot B+A\overline{B}+\overline{A}\cdot\overline{B})&=P(\overline{A}\cdot B)+P(A\overline{B})+P(\overline{A}\cdot\overline{B})\\&=0.22+0.015\\&=0.235\end{aligned}$$

也可利用对立事件来解决,至少有一台不能正常工作的对立事件是两台都正常工作,即(Ⅰ)的对立事件,因此有

$$P=1-P(A\cdot B)=1-0.765=0.235$$

所以至少有一台不能正常工作的概率为 0.235.

【例 4】 如图 12.2,A,B 两点之间有 6 条网线并联,它们能通过的最大信息量分别为 1,1,2,2,3,4,现在从中任取三条网线且使每天网线通过最大信息量.

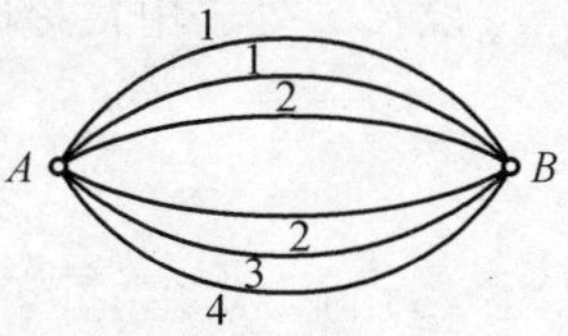

图 12.2

设选取的三条网线由 A 到 B 可通过的信息量为 ξ,当 $\xi\geqslant6$ 时,则保证信息畅通,求线路信息畅通的概率.

【分析及解】 三条网线信息量最大的为 $2+3+4=9$,因此,我们可以分别计算信息量 $\xi=6,7,8,9$ 时的概率,再把这四个互斥事件的概率相加.

因为 $$1+1+4=1+2+3=6$$

所以 $$p(\xi=6)=\frac{1+C_2^1C_2^1}{C_6^3}=\frac{1}{4}$$

因为 $$1+2+4=2+2+3=7$$

所以 $$p(\xi=7)=\frac{C_2^1C_2^1+1}{C_6^3}=\frac{1}{4}$$

因为 $$1+3+4=2+2+4=8$$

所以 $$p(\xi=8)=\frac{C_2^1+1}{C_6^3}=\frac{3}{20}$$

因为 $$2+3+4=9$$

所以 $$p(\xi=9)=\frac{C_2^1}{C_6^3}=\frac{1}{10}$$

所以 $p(\xi\geqslant 6)=\frac{1}{4}+\frac{1}{4}+\frac{3}{20}+\frac{1}{10}=\frac{3}{4}$，即线路信息畅通的概率为$\frac{3}{4}$.

【例 5】 某种项目的射击比赛，开始时在距目标 100 m 处射击，如果命中记 3 分，且停止射击；若第一次射击未命中，可以进行第二次射击，但目标已在 150 m 处，这时命中记 2 分，且停止射击；若第二次仍未命中，还可以进行第三次射击，此时目标已在 200 m 处，若第三次命中则记 1 分，并停止射击；若三次都未命中，则记 0 分. 已知射手甲在 100 m 处击中目标的概率为$\frac{1}{2}$，他的命中率与目标的距离的平方成反比，且各次射击都是独立的.

求这名射手在三次射击中命中目标的概率.

【分析及解】 记第一、二、三次射击命中目标分别为事件 A,B,C 三次都未击中目标为事件 D.

依题意 $P(A)=\frac{1}{2}$.

设在 x 处击中目标的概率为 $P(x)$，则

$$P(x)=\frac{k}{x^2}$$

且$\frac{1}{2}=\frac{k}{100^2}$，所以 $k=5\,000$，即

$$P(x)=\frac{5\,000}{x^2}$$

所以

$$P(B)=\frac{5\,000}{150^2}=\frac{2}{9},P(C)=\frac{5\,000}{200^2}=\frac{1}{8}$$

$$P(D)=\frac{1}{2}\times\frac{7}{9}\times\frac{7}{8}=\frac{49}{144}$$

由于各次射击都是相互独立的，而击中目标的事件又是互斥的，所以该射手在三次射击中击中目标的概率为

$$\begin{aligned}p&=P(A)+P(\overline{A}B)+P(\overline{AB}C)=P(A)+P(\overline{A})P(B)+\\&\quad P(\overline{A})P(\overline{B})P(C)\\&=\frac{1}{2}+(1-\frac{1}{2})\times\frac{2}{9}+(1-\frac{1}{2})(1-\frac{2}{9})\times\frac{1}{8}=\frac{95}{144}\end{aligned}$$

P 值也可以由 $P=1-P(D)=1-\frac{49}{144}=\frac{95}{144}$ 得出.

【例 6】 两个工人，每人分别负责 3 台机床，如果在 1 h 内这些机床不需要人去照顾的概率如表 12.3 所示.

表 12.3

机床编号	1	2	3	4	5	6
概　率	0.79	0.82	0.93	0.61	0.54	0.77

试问如何分配给两个工人的机床，相对较为合理?

【分析及解】 我们仅从概率的角度来分析较为合理的分配方案.

可以分别计算分配给每个工人的三台机床都不需要人去照顾的概率，如果差距最小，则分配相对合理.

记第 i 台不需要人去照顾的概率为 $P_i(i=1,2,3,4,5,6)$.

把6台机床平均分成两组，每组三台的分法总数为$\frac{C_6^3C_3^3}{2!}=10$(种)，具体分法如表 12.4 所示.

表 12.4

分法	①	②	③	④	⑤
分组	1,2,3	1,2,4	1,2,5	1,2,6	1,3,4
	4,5,6	3,5,6	3,4,6	3,4,5	2,5,6
分法	⑥	⑦	⑧	⑨	⑩
分组	1,3,5	1,3,6	1,4,5	1,4,6	1,5,6
	2,4,6	2,4,5	2,3,6	2,3,5	2,3,4

由于每台机床不要人照顾是相互独立的，所以三台机床都不需要人照顾的概率应为三台机床不要人照顾的概率的乘积，本题相当于寻找 $|P_xP_yP_z-P_mP_nP_q|$ 的最小值，其中 $x,y,z,m,n,q\in\{1,2,3,4,5,6\}$ 且互不相等.

容易观察分法 ①，⑤，⑦，⑧，⑩ 不符合要求.

下面具体计算分法 ②，③，④，⑥，⑨.

对于 ②

$$|P_1P_2P_4-P_3P_5P_6|=|0.79\times0.82\times0.61-0.93\times0.54\times0.77|=0.008\,464$$

对于 ③

$$|P_1P_2P_5-P_3P_4P_6|=|0.79\times0.82\times0.54-0.93\times0.61\times0.77|=0.087\,009$$

对于 ④

$$|P_1P_2P_6-P_3P_4P_5|=|0.79\times0.82\times0.77-0.93\times0.61\times0.54|=0.192\ 464$$

对于 ⑥

$$|P_1P_3P_5-P_2P_4P_6|=|0.79\times0.93\times0.54-0.82\times0.61\times0.77|=0.011\ 684$$

对于 ⑨

$$|P_1P_4P_6-P_2P_3P_5|=|0.79\times0.61\times0.77-0.82\times0.93\times0.54|=0.040\ 741$$

观察以上结果，显然把机床分成二组 1,2,4 和 3,5,6，即分法 ②，分给两个工人相对较为合理.

【例 7】 设人的某一特征(如眼睛大小)是由他的一对基因所决定的，以 d 表示显性基因，r 表示隐性基因，则具有 dd 基因的人为纯显性，具有 rr 基因的人为纯隐性，具有 rd 基因的人为混合性，纯显性与混合性的人都显露显性基因决定的某一特性，孩子从父母身上各得到一个基因，假定父母都是混合性的，问：

(Ⅰ)1 个孩子有显性决定特征的概率是多少?

(Ⅱ)2 个孩子中至少有 1 个有显性决定特征的概率是多少?

【分析及解】 一对基因有下列 4 种情形：dd，rr，rd，dr，即每一种情形占 $\frac{1}{4}$.

由此，纯显性特征的概率为 $\frac{1}{4}$，纯隐性特征的概率为 $\frac{1}{4}$，混合性特征的概率为 $\frac{1}{2}$.

(Ⅰ)纯显性特征与混合性特征是互斥事件，而由题意，纯显性与混合性的人都有显性决定特征，因此 1 个孩子有显性特征的概率为 $\frac{1}{2}+\frac{1}{4}=\frac{3}{4}$.

(Ⅱ)2 个孩子的基因特征是相互独立事件，由于 2 个孩子中至少有一个有显性基因决定特征的对立事件是这 2 个孩子都没有显性决定特征，这也是相互独立事件，其概率为 $\frac{1}{4}\cdot\frac{1}{4}=\frac{1}{16}$. 因此，2 个孩子中至少有一个有显性决定特征的概率是 $1-\frac{1}{16}=\frac{15}{16}$.

或采用直接求法，由一个孩子有显性决定特征的概率为 $\frac{3}{4}$ 可得

$$P=\frac{3}{4}\cdot\frac{3}{4}+\frac{3}{4}\cdot\frac{1}{4}+\frac{3}{4}\cdot\frac{1}{4}=\frac{15}{16}$$

【例 8】 若甲、乙二人分别随意写出一个三位正整数，试求甲写出一个数的各位数字分别要比乙所写出的数中各位相同位数上的数字大的概率.

【分析及解】 首先考虑百位，对于百位数字，甲比乙大的概率是下面 9 个互斥事件的概率.

若乙写 k，$k\in\{1,2,3,4,5,6,7,8,9\}$，则甲写大于 k 且不大于 9 的数字，这时，甲、乙所写数字的事件是相互独立事件，乙写 k 的概率为 $\frac{1}{9}$，甲写大于 k 且不大于 9 的概率为 $\frac{9-k}{9}$. 因此，乙写 k，甲写大于 k 且不大于 9 的数字的概率为 $\frac{1}{9}\cdot\frac{9-k}{9}$.

对百位数字，甲比乙大的概率是以上 9 个互斥事件的和

$$P(\text{百位})=\sum_{k=1}^{9}\frac{1}{9}\cdot\frac{9-k}{9}=\frac{1}{9}\cdot\left(\frac{8}{9}+\frac{7}{9}+\cdots+\frac{1}{9}+\frac{0}{9}\right)=\frac{4}{9}$$

下面考虑十位数字.

若乙写 k，则 $k\in\{0,1,2,3,4,5,6,7,8,9\}$，甲写大于 k 且不大于 9 的数字，这时乙写 k 的概率为 $\frac{1}{10}$，甲写大于 k 且不大于 9 的概率为 $\frac{9-k}{10}$. 因此，乙写 k，甲写大于 k 且不大于 9 的数字的概率为 $\frac{1}{10}\cdot\frac{9-k}{10}$.

对十位数字，甲比乙大的概率是以上 10 个互斥事件的和

$$P(\text{十位})=\sum_{k=0}^{9}\frac{1}{10}\cdot\frac{9-k}{10}=\frac{9}{20}$$

个位数字的情形与十位数字相同，即

$$P(\text{个位})=\sum_{k=0}^{9}\frac{1}{10}\cdot\frac{9-k}{10}=\frac{9}{20}$$

由于，甲、乙写百位，十位，个位都是相互独立的，所以写一个三位正整数，对于每一位数字甲总比乙大的概率是

$$\begin{aligned}P&=P(\text{百位})\cdot P(\text{十位})\cdot P(\text{个位})\\&=\frac{4}{9}\cdot\frac{9}{20}\cdot\frac{9}{20}\\&=\frac{9}{100}\end{aligned}$$

【例 9】 设 A 以 B，C 两人轮流为对手进行三次某种游戏，A 胜 B 的概率

是 p，A 胜 C 的概率是 q，对 A 来说，假设 B 比 C 强（$p < q$），在三次游戏中，A 若连胜两次，则获优胜，问以 B,C,B 顺序进行与以 C,B,C 顺序进行，哪一种方式对 A 有利？

【分析及解】 由题意，A 只需第一，二次胜，或第一次负，第二，三次胜，即可获优胜.

下面分别讨论.

若以 B,C,B 顺序进行，由于 A 对 B 与 A 对 C 是相互独立的，则第一，二次胜的概率为 $p \cdot q$，第一次负，第二，三次胜的概率为 $(1-p)qp$，这两种情形是互斥的，只要有一个发生就可以，于是

$$P(B,C,B) = pq + (1-p)qp = pq(2-p)$$

若以 C,B,C 顺序进行，同理有

$$P(C,B,C) = pq + (1-q)qp = pq(2-q)$$

因为（$p < q$），则 $2-p > 2-q$，于是

$$P(B,C,B) > P(C,B,C)$$

即 A 对 B,C,B 获优胜的概率较大.

通过以上九个例题可以看出，解题的关键在于弄清楚题目中给出的随机事件是什么事件，即进行模式识别.

三、n 次独立重复事件发生了 k 次的概率

n 次独立重复试验的特征是：

(1) 试验的次数不止一次，而是多次，即次数 $n \geqslant 2$；

(2) 每次试验的条件是一样的，即是概率相同的重复性试验；

(3) 每次试验的结果只有事件 A 可能发生或不发生两种结果；

(4) 每次试验是相对独立的，试验的结果互不影响，同一试验的结果可以发生 k 次.

这类问题的典型实例是：反复抛掷一枚均匀的硬币，已知产品合格率的抽样，已知射手命中率的射击，有放回的抽样等等.

在 n 次独立重复试验中，事件 A 恰好发生 k 次的概率通常用符号 $P_n(k)$ 表示，其公式为

$$P_n(k) = C_n^k P^h (1-P)^{n-k} \quad (k \leqslant n, n, k \in \mathbf{N})$$

【例 1】 （2002 年，新课程卷）

某单位 6 个员工借助互联网开展工作，每个员工上网的概率都是 0.5（相互独立）.

（Ⅰ）求至少 3 人同时上网的概率；

（Ⅱ）至少几人同时上网的概率小于 0.3?

【分析及解】 由于 6 个员工上网的概率相同，都等于 0.5，所以，这是一个 n 次独立重复试验问题，所以本题主要考查相互独立事件同时发生或互斥事件有一个发生的概率以及 n 次独立重复试验恰好发生 k 次的概率的计算方法，考查运用概率知识解决实际问题的能力.

（Ⅰ）至少 3 人同时上网是 k 人（$k=3,4,5,6$）上网这 4 个互斥事件的和，而 k 人上网则是 6 次独立重复试验恰好发生 k 次的事件，因此

$$P(\text{至少 3 人同时上网})$$
$$=C_6^3\left(\frac{1}{2}\right)^3\left(\frac{1}{2}\right)^3+C_6^4\left(\frac{1}{2}\right)^4\left(\frac{1}{2}\right)^2+C_6^5\left(\frac{1}{2}\right)^5\left(\frac{1}{2}\right)+C_6^6\left(\frac{1}{2}\right)^6$$
$$=\frac{21}{32}$$

另一种思考方法是，至少 3 人同时上网的对立事件是至多 2 人（即 0 人，1 人，2 人）同时上网

$$P(\text{至多 2 人同时上网})$$
$$=(C_6^0+C_6^1+C_6^2)\left(\frac{1}{2}\right)^6$$
$$=\frac{21}{32}$$

$P(\text{至少 3 人同时上网})=1-P(\text{至多 2 人同时上网})=\frac{21}{32}$.

（Ⅱ）从（Ⅰ）已经看出，至少 3 人同时上网的概率大于 $\frac{1}{3}$，所以只要计算至少 4 人，至少 5 人，至少 6 人同时上网的概率就可以了

$$P(\text{至少 4 人同时上网})$$
$$=(C_6^4+C_6^5+C_6^6)\left(\frac{1}{2}\right)^6=\frac{11}{32}>0.3$$
$$P(\text{至少 5 人同时上网})$$
$$=(C_6^5+C_6^6)\left(\frac{1}{2}\right)^6=\frac{7}{64}<0.3$$

因此，至少 5 人同时上网的概率小于 0.3.

另一种思考问题方法是建立不等式，通过解决不等式求出结果.

设至少 n 人同时上网的概率小于 0.3.

又设 $S_n=C_6^0+C_6^1+C_6^2+\cdots+C_6^{n-1}$，则

$$S_1=1,S_2=1+6=7,S_3=1+6+15=22$$

$$S_4=1+6+15+20=42$$
$$S_5=1+6+15+20+15=57$$
$$S_6=57+6=63$$

于是，至多 $n-1$ 人同时上网的概率为 $S_n\left(\frac{1}{2}\right)^6$.

由题意，有不等式

$$1-S_n\left(\frac{1}{2}\right)^6<0.3$$

$$S_n>0.7\times64=\frac{448}{10}$$

由于 $S_4=42, S_5=57$，所以 $S_4<S_n<S_5$.

于是至少 5 人同时上网的概率小于 0.3.

【例 2】 粒子 A 位于数轴 $x=0$ 处，粒子 B 位于数轴 $x=2$ 处，这两颗粒子每秒钟向左或向右移动 1 个单位，向右移的概率为 $\frac{2}{3}$，向左移的概率为 $\frac{1}{3}$，求：

（Ⅰ）3 s 后粒子 A 在 $x=1$ 处的概率；

（Ⅱ）2 s 后粒子 A,B 同时在 $x=2$ 处的概率.

【分析及解】（Ⅰ）如图 12.3 研究粒子 A 的运动，A 经 3 s 到达 $x=1$ 处，只有一种可能，两次向右移动，一次向左移动，相当于进行了 3 次独立重复试验，向右发生了两次，即

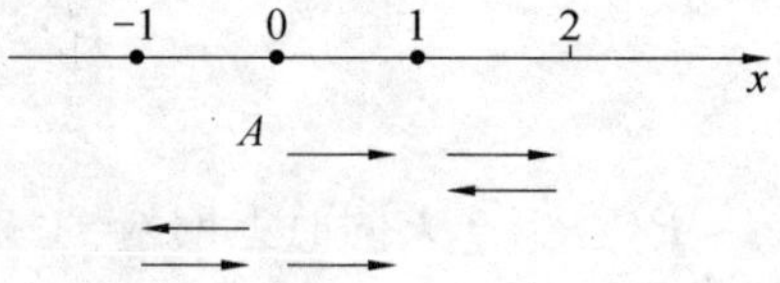

图 12.3

$$P(A\text{ 在 }x=1\text{ 处})=C_3^2\left(\frac{2}{3}\right)^2\cdot\frac{1}{3}=\frac{4}{9}$$

（Ⅱ）如图 12.4 粒子 A 经 2 s 到达 $x=2$ 处，只有一种移动的可能：向右移动两次，而粒子 B 也只有一种可能，即向左移动一次，向右移动一次，所以 2 秒后，粒子 A,B 同时到 $x=2$ 处的概率是

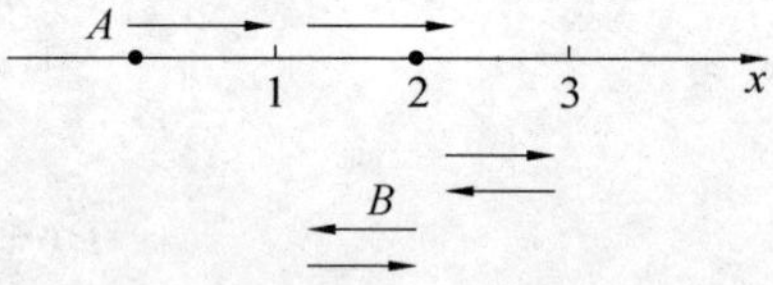

图 12.4

$$P(A,B\text{ 同时在 }x=2\text{ 处})=C_2^2\left(\frac{2}{3}\right)^2\cdot C_2^1\left(\frac{2}{3}\right)\cdot\left(\frac{1}{3}\right)=\frac{16}{81}$$

【例 3】 在抽样调查中，调查某种项目占全体的比例为 P，当 $P<0.10$ 时，称为该项目为稀少项目，稀少项目的调查常采用一种称之为逆抽样的调查，即事先规定一个正整数 m，随机抽样，当抽得的样本有 m 个稀少项目时，抽

样停止，问这时正好抽取了 n 次的概率是多少？

【分析及解】 设事件 A 为抽得 m 个稀少项目的 n 次抽样.

由题意，最后一次一定抽出的是稀少项目，因此前 $n-1$ 次抽样中，有 $m-1$ 次抽到稀少项目，对于前 $n-1$ 次抽样是 $n-1$ 次重复试验，恰好重复 $m-1$ 次，因此为 $C_{n-1}^{m-1}P^{m-1}(1-P)^{n-m}$.

而第 n 次一定是抽到稀少项目的概率是 P.

前 $n-1$ 次与第 n 次是相互独立的.

因此有

$$P(A)=C_{n-1}^{m-1}P^{m-1}(1-P)^{n-m}\cdot P$$
$$=C_{n-1}^{m-1}P^{m}(1-P)^{n-m}$$

【例 4】 有一批食品出厂前，要进行五项指标抽检，如果有两项指标不合格，则这批食品就不能出厂，已知每项指标抽检是相互独立的，且每项指标抽检出现不合格的概率都是 0.2.

(Ⅰ) 求这批食品不能出厂的概率(保留三位有效数字)；

(Ⅱ) 求直到五项指标全部检查完毕，才能确定该批食品是否出厂的概率(保留三位有效数字).

【分析及解】 (Ⅰ) 这批食品不能出厂的对立事件是能够出厂，而能够出厂的标准是抽检的五项指标全部合格，或者抽检的指标只有一项不合格.

由于每项指标抽检合格的概率是 $1-0.2=0.8$，则

$$P(\text{食品能出厂})=C_5^0 0.2^0\times 0.8^5+C_5^1 0.2^1\times 0.8^4\approx 0.737$$

$$P(\text{食品不能出厂})=1-0.737\approx 0.263$$

(Ⅱ) 直至五项指标全部检查完毕，才能确定该批食品是否出厂包括两种情形：

(1)5 项指标全部检查完毕，才能确定该批食品一定能够出厂，这相当于前 4 项指标抽检中有一项不合格，而第 5 项指标一定合格，这种情况的概率是

$$P_1=C_4^1 0.2\times 0.8^3\times 0.8$$

(2)5 项批标全部检查完毕，才能确定该批食品一定不能出厂，这相当于前 4 项指标抽检中有一项不合格，而第 5 项指标也一定不合格，这种情况的概率是

$$P_2=C_4^1 0.2\times 0.8^3\times 0.2$$

由于(1)，(2) 两个事件是互斥事件，所以 5 项指标全部检验完毕，才能确定该批食品能否出厂的概率是

$$P=P_1+P_2=C_4^1 0.2\times 0.8^3\times 0.8+C_4^1 0.2\times 0.8^3\times 0.2$$
$$=C_4^1 0.2\times 0.8^3\times 1$$

$=0.409\,6$

≈ 0.410

（Ⅱ）的第二个思考方法是如果前 4 项指标抽检中都合格，根据规定一定能够出厂，这时就不再需要进行第 5 项指标抽检. 如果前 4 次指标抽检中有 2 项或 2 项以上不合格，这时也不需要进行第 5 项指标抽检，就能决定该批食品不能出厂. 因此只有第 4 项抽检中，恰有一项不合格时才必须进行第 5 次抽检来决定能否出厂，因此其概率为

$$P=C_4^1 0.2\times 0.8^3\approx 0.410$$

【例 5】 某产品检验员检查每一件产品时，将正品错误地鉴定为次品的概率为 0.1，将次品错误地鉴定为正品的概率为 0.2，如果这位检验员鉴定了 4 件产品，求他将 3 件正品，1 件次品鉴定为 2 件正品，2 件次品的概率.

【分析及解】 首先分析将 3 件正品，1 件次品鉴定为 2 件正品，2 件次品的情况有几种可能：

第一种可能：将原来的 1 件次品鉴定为次品，而将原来的 3 件正品中的 1 件也鉴定为次品，设这种可能为事件 A.

第二种可能：将原来的 1 件次品鉴定为正品，而将原来的 3 件正品中的 2 件鉴定为次品，设这种可能为事件 B.

下面计算 $P(A)$，$P(B)$，得

$$P(A)=0.8\times C_3^1\times 0.1\times 0.9^2=0.194\,4$$

$$P(B)=0.2\times C_3^2\times 0.1^2\times 0.9=0.005\,4$$

由于事件 A 和 B 是互斥事件，则所求概率为

$$P=P(A)+P(B)=0.194\,4+0.005\,4=0.199\,8$$

【例 6】 假设每一架飞机的引擎在飞机中发生故障的概率为 P，且各个引擎是否产生故障相互独立，每架飞机至少有 50% 的引擎正常工作，则飞机就可正常飞行，要使 4 个引擎的飞机比 2 个引擎的飞机更安全，P 的值应为多少？

【分析及解】 两个引擎的飞机安全飞行的条件是有 1 个或 2 个引擎正常工作，其概率 P_1 为

$$P_1=C_2^1 P(1-P)+C_2^2 P^0(1-P)^2$$
$$=2P(1-P)+(1-P)^2$$

四个引擎的飞机安全飞行的条件是有 2 个，3 个或 4 个引擎正常工作，其概率 P_2 为

$$P_2=C_4^2 P^2(1-P)^2+C_4^3 P(1-P)^3+C_4^4(1-P)^4$$

由题意，4 个引擎的飞机比 2 个引擎的飞机更安全，需满足 $P_2\geqslant P_1$，即

$$C_4^2P^2(1-P)^2+C_4^3P(1-P)^3+C_4^4(1-P)^4\geqslant 2P(1-P)+(1-P)^2$$
$$6P^2(1-P)+4P(1-P)^2+(1-P)^3\geqslant 2P+1-P$$
$$6P^2-6P^3+4P-8P^2+4P^3+1-3P+3P^2-P^3\geqslant 1+P$$
$$-3P^3+P^2\geqslant 0$$
$$0\leqslant P\leqslant \frac{1}{3}$$

四、离散型随机变量的分布列

离散型随机变量的分布列的作用是：

(1) 可以了解随机变量的所有可能取值；

(2) 可以了解随机变量的所有取值的概率；

(3) 可以计算随机变量在某一范围内取值的概率.

离散型随机变量的分布列从整体上全面描述了随机变量的统计规律.

离散型随机变量的数学期望刻画的是离散型随机变量所取的平均值，是描述随机变量集中趋势的一个特征数.

离散型随机变量的方差表示了离散型随机变量所取的值相对于数学期望的集中与分散程度.

【例 1】 (2003 年，新课程卷)

A，B 两个代表队进行乒乓球对抗赛，每队三名队员，A 队队员是 A_1，A_2，A_3，B 队队员是 B_1，B_2，B_3，按以往多次比赛的统计，对阵队员之间胜负概率如表 12.5 所示.

表 12.5

对阵队员	A 队队员胜的概率	B 队队员胜的概率
A_1 对 B_1	$\frac{2}{3}$	$\frac{1}{3}$
A_2 对 B_2	$\frac{2}{5}$	$\frac{3}{5}$
A_3 对 B_3	$\frac{2}{5}$	$\frac{3}{5}$

现按表中对阵方式出场，每场胜队得 1 分，负队是 0 分，设 A 队，B 队最后所得总分分别为 ξ，η.

(Ⅰ) 求 ξ，η 的概率分布；

(Ⅱ) 求 $E\xi$，$E\eta$.

【分析及解】 本题以A,B队最后所得总分为离散变量ξ,η.显然$\xi=0,1,2,3$,而$\eta=3-\xi=3,2,1,0$.

(Ⅰ)首先计算A队的ξ的概率分布

$$P(\xi=3)=\frac{2}{3}\times\frac{2}{5}\times\frac{2}{5}=\frac{8}{75}$$

$$P(\xi=2)=\frac{2}{3}\times\frac{2}{5}\times\frac{3}{5}+\frac{1}{3}\times\frac{2}{5}\times\frac{2}{5}+\frac{2}{3}\times\frac{3}{5}\times\frac{2}{5}=\frac{28}{75}$$

$$P(\xi=1)=\frac{2}{3}\times\frac{3}{5}\times\frac{3}{5}+\frac{1}{3}\times\frac{2}{5}\times\frac{3}{5}+\frac{1}{3}\times\frac{3}{5}\times\frac{2}{5}=\frac{2}{5}$$

$$P(\xi=0)=\frac{1}{3}\times\frac{3}{5}\times\frac{3}{5}=\frac{3}{25}$$

由于$\xi+\eta=3$,则B队的η的概率分布为

$$P(\eta=0)=P(\xi=3)=\frac{8}{75}$$

$$P(\eta=1)=P(\xi=2)=\frac{28}{75}$$

$$P(\eta=2)=P(\xi=1)=\frac{2}{5}$$

$$P(\eta=3)=P(\xi=0)=\frac{3}{25}$$

(Ⅱ)$E\xi=3\times\frac{8}{75}+2\times\frac{28}{75}+1\times\frac{2}{5}+0\times\frac{3}{25}=\frac{22}{15}$,$E\eta=3-E\xi=\frac{23}{15}$.

【例2】 一部机器一天内发生故障的概率是0.2,机器发生故障则全天停止工作,如果一周5个工作日均无故障,工厂可获利润10万元,发生一次故障可获得5万元,发生两次故障,则不获利也不亏损,而要发生三次或三次以上故障则要亏损2万元,求这个工厂每周的期望利润.

【分析及解】 本题涉及两个随机变量,一个是一周内机器出故障的天数,设为ξ,一个是工厂的利润,设为η.

ξ的取值为0,1,2,3,4,5,η是ξ的函数

$$\eta=g(\xi)=\begin{cases}10, & \xi=0\\ 5, & \xi=1\\ 0, & \xi=2\\ -2, & \xi\geqslant 3\end{cases}$$

机器出故障的概率分布是二项分布(表12.6)

$$P(\xi=k)=C_5^k 0.2^k 0.8^{5-k}\quad k=0,1,2,3,4,5$$

表 12.6

ξ	0	1	2	$\geqslant 3$
η	10	5	0	-2
P	0.327 7	0.409 6	0.204 8	0.057 9

$$E\eta = 10\times 0.327\,7 + 5\times 0.409\,6 + 0\times 0.204\,8 - 2\times 0.057\,9 = 5.209\,2(\text{万元})$$

即每周期望利润约为 5.209 2 万元.

【例 3】 甲、乙二人进行射击比赛，每人射击 4 次，规定这 4 次全不中得 0 分，中 1 次得 15 分，中 2 次得 30 分，中 3 次得 55 分，中 4 次得 100 分，若每次射击命中率，甲为$\frac{3}{5}$，乙为$\frac{1}{2}$，求甲、乙二人各自得分的数学期望.

【分析及解】 与例 2 类似，这里也有两个随机变量，一个是射击次数 k，$k=0,1,2,3,4$，另一个是所得分数 ξ，$\xi=0,15,30,55,100$，甲、乙二人射击服从二项分布，即 $P(\xi_{甲}=k)=C_4^k\left(\frac{3}{5}\right)^k\left(\frac{2}{5}\right)^{4-k}$，$P(\xi_{乙}=k)=C_4^k\left(\frac{1}{2}\right)^k$.

甲、乙二人射击分布如表 12.7.

表 12.7

k	0	1	2	3	4
ξ	0	15	30	55	100
P(甲)	$\frac{16}{625}$	$\frac{96}{625}$	$\frac{216}{625}$	$\frac{216}{625}$	$\frac{81}{625}$
P(乙)	$\frac{1}{16}$	$\frac{4}{16}$	$\frac{6}{16}$	$\frac{4}{16}$	$\frac{1}{16}$

$$E\xi_{甲}=0\times\frac{16}{625}+15\times\frac{96}{625}+30\times\frac{216}{625}+55\times\frac{216}{625}+100\times\frac{81}{625}=\frac{27\,900}{625}=44.64$$

$$E\xi_{乙}=0\times\frac{1}{16}+15\times\frac{4}{16}+30\times\frac{6}{16}+55\times\frac{4}{16}+100\times\frac{1}{16}=\frac{560}{16}=35$$

【例 4】 某沿江城市遭特大洪水袭击，江面已开始超出江堤的警戒水位，如果持续一天不退就可能导致堤毁城亡，后果不堪设想，如果紧急使用泄洪区，则几十平方千米范围内的居民撤离，庄稼、房屋遭淹，损失也很大，所以必须马上对是否启用泄洪区做出决策，如果一天内水位下降小于 3 cm，就必须丢卒保车，引洪水入泄洪区.

影响水位的因素很复杂，主要有上游流域的降雨量，下游流域的降雨与排涝，情况分别如表 12.8，12.9.

表 12.8

上游降雨量(ξ_1)	概率(P_1)	使水位升高 /cm
增大	0.25	3
不变	0.45	0.5
减小	0.30	−3

表 12.9

下游降雨量(ξ_2)	概率(P_2)	使水位升高 /cm
增大	0.35	2
不变	0.40	−1
减小	0.25	−3.5

另外，流域的几个大型水库全部开闸吸洪，也能使水位下降 2.5 cm，请帮助决策.

【分析及解】 决策的关键在于计算上游使水位升高的期望与下游使水位升高的期望.

上游使水位升高的期望为

$$E\xi_1=0.25\times3+0.45\times0.5+0.3\times(-3)=0.075$$

下游使水位升高的期望为

$$E\xi_2=0.35\times2+0.4\times(-1)+0.25\times(-3.5)=-0.575$$

因此使水位升高的期望为 $0.075-0.575=-0.5$，即水位下降的期望是 0.5 m.

又因为几个大型水库吸洪使水位下降 2.5 cm.

即水位可下降 $2.5+0.5=3$(cm).

由于一天内能使水位下降 3 cm，所以可暂不使用泄洪区.

【例 5】 在一个人数很多的单位中普查某种疾病，N 个人去验血，可以用两种方法进行：

(1) 每个人的血分别化验,这需要 N 次;

(2) 按 k 个人一组进行分组,把 k 个人的血混在一起化验,如果结果是阴性的,那么这 k 个人只作一次化验就够了,如果结果是阳性的,那么就必须对这 k 个人逐一化验,即对这 k 个人进行 $k+1$ 次化验,假定对所有人来说,化验是阳性反应的概率都是 P,且这些人的化验是相互独立的,说明当 P 较小时,适当的选 k,按第二种方案可以减少化验次数,并说明 k 取什么值时,最适宜.

【分析及解】 本题研究的核心是每一个人的血需要化验的次数以及平均化验次数.显然,这些都与 k 有关.

如果按 k 个人一组化验,若混合血呈阴性,则一个人的血化验 $\frac{1}{k}$ 次,若混合血呈阳性,则一个人的血化验 $\frac{k+1}{k}$ 次.

又 k 个人的混合血化验是阴性的概率是 $(1-P)^k$,呈阳性的概率是 $1-(1-P)^k$.

于是有分布列.(表 12.10)

表 12.10

ξ	$\frac{1}{k}$	$\frac{k+1}{k}$
P	$(1-P)^k$	$1-(1-P)^k$

平均化验次数即为 ξ 的数学期望

$$E\xi=\frac{1}{k}(1-P)^k+\frac{k+1}{k}[1-(1-P)^k]$$
$$=1+\frac{1}{k}-(1-P)^k$$

N 个人平均需要化验的次数为 $N[1+\frac{1}{k}-(1-P)^k]$.

为使第二个方案优于第一个方案,就要选取 k,使

$$N[1+\frac{1}{k}-(1-P)^k]<N$$

即

$$f(k)=\frac{1}{k}-(1-P)^k<0$$

并且使 $f(k)$ 取得最小值.

求 k 使 $f(k)$ 取得最小值,可以借助于用导数求最值来实现.

即令 $f'(k)=-\frac{1}{k^2}-(1-P)^k\ln(1-P)=0$,从而求出 k 值来.

如 $P=0.1$，则 $f'(3)=-0.034\,27<0$，$f'(4)=0.065\,3>0$，$f'(5)=0.062\,5>0$，所以取 $k=4$.

如果 $N=1\,000$，即有 1 000 人，按 4 人一组分组，则按第二方案需做

$$1\,000[1-0.9^4+\frac{1}{4}]=594(\text{次})$$

比做 1 000 次化验，可减少 40% 工作量.

【例 6】 对某一目标进行射击，直到击中为止，如果每次射击的命中率为 p，求：

（Ⅰ）射击次数 ξ 的分布列；

（Ⅱ）射击次数 ξ 的期望；

（Ⅲ）射击次数 ξ 的方差.

【分析及解】（Ⅰ）由题意可以知道，射击次数 ξ 的取值范围可以从 1，2，一直取到无穷，因此

$$p(\xi=1)=p$$
$$p(\xi=2)=(1-p)p$$
$$p(\xi=3)=(1-p)^2p$$
$$\vdots$$
$$p(\xi=n)=(1-p)^{n-1}p$$
$$\vdots$$

（Ⅱ）射击次数的期望 $E\xi$ 是一个无穷数列求和，为方便计，设 $1-p=q$，则

$$\begin{aligned}E\xi&=p+2(1-p)p+3(1-p)^2p+\cdots+n(1-p)^{n-1}p+\cdots\\&=p(1+2q+3q^2+\cdots+nq^{n-1}+\cdots)\end{aligned}$$

设

$$S=1+2q+3q^2+\cdots+nq^{n-1}+\cdots$$

则

$$qS=q+2q^2+\cdots+(n-1)q^{n-1}+nq^n+\cdots$$

对以上两个式子作差得

$$(1-q)S=1+q+q^2+\cdots+q^{n-1}+\cdots=\frac{1}{1-q}$$

$$S=\frac{1}{(1-q)^2}$$

故 $$E\xi=\frac{p}{(1-q)^2}=\frac{p}{p^2}=\frac{1}{p}$$

在求和式 S 时，如果利用导数可以避免错位相减，方法是这样的

$$S=1+2q+3q^2+\cdots+(n-1)q^{n-2}+nq^{n-1}+\cdots$$

$$=(q+q^2+q^3+\cdots+q^n+\cdots)'$$
$$=\left(\frac{q}{1-q}\right)'$$
$$=\left(-1+\frac{q}{1-q}\right)'$$
$$=\frac{1}{(1-q)^2}$$

（Ⅲ）我们利用公式 $D\xi=E\xi^2-(E\xi)^2$ 来求方差 $D\xi$

$$E\xi^2=1^2\cdot p+2^2\cdot pq+3^2\cdot pq^2+\cdots+n^2pq^{n-1}+\cdots$$
$$=p(1^2+2^2q+3^2q^2+\cdots+n^2q^{n-1}+\cdots)$$

令 $$T=1^2+2^2q+3^2q^2+\cdots+n^2q^{n-1}+\cdots$$

则 $$qT=q+2^2q^2+\cdots+(n-1)^2q^{n-1}+\cdots$$

二式相减得

$$(1-q)T=1+3q+5q^2+\cdots+(2n-1)q^{n-1}+\cdots$$
$$q(1-q)T=q+3q^2+\cdots+(2n-3)q^{n-1}+\cdots$$

再作差

$$(1-q)T-q(1-q)T=1+2q+2q^2+\cdots+2q^{n-1}+\cdots$$
$$=1+\frac{2q}{1-q}$$
$$=\frac{1+q}{1-q}$$
$$(1-q)^2T=\frac{1+q}{1-q}$$
$$T=\frac{1+q}{(1-q)^3}=\frac{2-p}{p^3}$$

于是 $E\xi^2=PT=\frac{2-p}{p^2}$，又 $(E\xi)^2=\frac{1}{p^2}$. 于是

$$D\xi=E\xi^2-(E\xi)^2=\frac{1-p}{p^2}$$

对于 T 的求和我们仍可用导数作工具解决

$$T=1^2+2^2q+3^2q^2+\cdots+n^2q^{n-1}+\cdots$$
$$=(1\cdot q+2\cdot q^2+3\cdot q^3+\cdots+nq^n+\cdots)'$$
$$=[q(1+2q+3q^2+\cdots+nq^{n-1}+\cdots)]'$$
$$=[q(q+q^2+q^3+\cdots+q^n+\cdots)']'$$
$$=[q\cdot(\frac{q}{1-q})']'$$

$$=\left(\frac{q}{1-q^2}\right)'$$

$$=\frac{1+q}{(1-q)^3}$$

$$=\frac{2-p}{p^3}$$

故 $E\xi^2=\frac{2-p}{p^2}$.

本题是把概率、数列求和等综合在一起，而在数列求和中运用了导数作为工具又简化了求和运算.

第十三讲　导数——研究函数的工具

导数及应用是新课程中增加的一个重要内容，在中学数学中，增加了导数的内容，就增添了更多的变量数学，拓展了学习和研究数学的领域，导数作为研究函数的一个工具，对于研究函数的变化率，解决函数的单调性，求函数的极值和最值以及画出函数的图像等方面提供了有效途径，也有利于加深对函数的理解与直观认识.

一、高考对导数的考查要求

从 2000 年在全国高考新课程试卷中，都把导数作为考试内容，并且这几年对导数的考查力度逐年增大.

2000 ~ 2003 年，这四年对导数的考查情况如下：

2000 年 —— 导数应用题，求极值，另有一道解不等式及判断单调性的问题，用传统方法及求导方法都可以求解.

2001 年 —— 已知函数的极值求参数，另有一道函数单调性问题，用传统方法及求导方法都可以求解.

2002 年 —— 用导数求切线的斜率与代数不等式的综合.

2003 年 —— 用导数求切线与一元二次方程的综合(文史类)，导数与解含参数的不等式，求单调区间的综合和导数与二次函数，三角函数的综合(理工类)，求证导数公式及导数不等式(江苏卷).

从以上试题可以看出，导数的概念，导数的几何意义，用导数求单调区间，求极值和最值等都考查到了，并且还注意到与其他数学知识，如二次函数，二次方程，二次不等式，代数不等式的证明等的综合.

从这几年的考题及命题趋势可以看出，对导数部分的考查有三个层次：

第一层次是主要考查导数的概念，求导公式和法则；

第二层次是考查导数的简单应用，包括求函数的极值，求函数的单调区间，证明函数的增减性等；

第三层次是综合考查，包括解决应用问题，将导数内容和传统内容中有关不等式，方程的解，以及函数的单调性等有机地结合在一起，设计综合试题.

这几年的命题趋势表明：导数已经由前两年只是在解决问题中的辅助地位上升为分析问题和解决问题时必不可少的工具，并且通过将导数与传统内容的结合，加强能力的考查力度，加强试题的综合性，使试题具有比较广泛的实践意义，体现了导数作为研究函数的工具作用.

从 2000 年起，在全国高考新课程卷中与导数有关的试题如下：

△(2000— 文(5)，理(5))

函数 $y=-x\cos x$ 的部分图像是(　　)

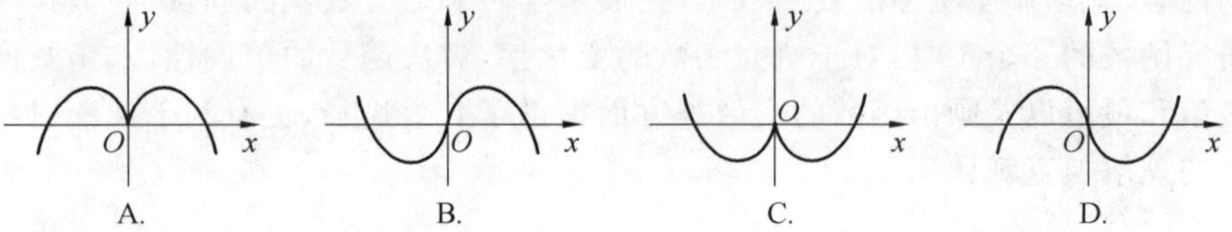

△(2000— 文(20)，理(19))

设函数 $f(x)=\sqrt{x^2+1}-ax$，其中 $a>0$.

(Ⅰ) 解不等式 $f(x)\leqslant 1$；

(Ⅱ) 求 a 的取值范围，使函数 $f(x)$ 在区间$[0,+\infty)$ 上是单调函数.

(文史类第(Ⅱ)问：证明：当 $a\geqslant 1$ 时，函数 $f(x)$ 在区间$[0,+\infty)$ 上是单调函数)

△(2002— 文(21)，理(20))

用总长 14.8 m 的钢条作一个长方体容器的框架，如果所制作的容器的底面的一边比另一边长 0.5 m，那么高为多少时，容器的容积最大？并求出它的最大容积.

△(2001— 理(8))

函数 $y=1+3x+x^3$ 有(　　)

A. 极小值 -1，极大值 1　　B. 极小值 -2，极大值 3

C. 极小值 -2，极大值 2　　D. 极小值 -1，极大值 3

△(2001— 文(21))

已知函数 $f(x)=x^3-3ax^2+2bx$ 在点 $x=1$ 处有极小值 -1，试确定 a，b 的值，并求出 $f(x)$ 的单调区间.

△(2001— 理(19))

设 $a>0$，$f(x)=\dfrac{e^x}{a}+\dfrac{a}{e^x}$ 是 $\mathbf{R}$ 上的偶函数.

(Ⅰ) 求 a 的值；

(Ⅱ) 证明 $f(x)$ 在$(0,+\infty)$ 上是增函数.

△(2002—文(21))

已知 $a>0$,函数 $f(x)=x^3-a,x\in[0,+\infty)$. 设 $x_1>0$,记曲线 $y=f(x)$ 在点 $M(x_1,f(x_1))$ 处的切线为 l.

(Ⅰ)求 l 的方程;

(Ⅱ)设 l 与 x 轴的交点为 $(x_2,0)$,证明:

①$x_2\geqslant a^{\frac{1}{3}}$;

② 若 $x_1>a^{\frac{1}{3}}$,则 $a^{\frac{1}{3}}<x_2<x_1$.

△(2002—理(20))

已知 $a>0$,函数 $f(x)=\frac{1-ax}{x},x\in(0,+\infty)$,设 $0<x_1<\frac{2}{a}$,记曲线 $y=f(x)$ 在点 $M(x_1,f(x_1))$ 处的切线为 l.

(Ⅰ)求 l 的方程;

(Ⅱ)设 l 与 x 轴的交点为 $(x_2,0)$,证明:

①$0<x_2\leqslant\frac{1}{a}$;

② 若 $x_1<\frac{1}{a}$,则 $x_1<x_2<\frac{1}{a}$.

△(2003—理(7))

设 $a>0,f(x)=ax^2+bx+c$,曲线 $y=f(x)$ 在点 $P(x_0,f(x_0))$ 处切线的倾斜角的取值范围为 $[0,\frac{\pi}{4}]$,则 P 到曲线 $y=f(x)$ 对称轴距离的取值范围为(　　)

A. $[0,\frac{1}{a}]$　　B. $[0,\frac{1}{2a}]$　　C. $[0,|\frac{b}{2a}|]$　　D. $[0,|\frac{b-1}{2a}|]$

△(2003—文(18))

已知抛物线 $C_1:y=x^2+2x$ 和 $C_2:y=-x^2+a$,如果直线 l 同时是 C_1 和 C_2 的切线,称 l 是 C_1 和 C_2 的公切线,公切线上两个切点之间的线段称为公切线段.

(Ⅰ)a 取什么值时,C_1 和 C_2 有且仅有一条公切线?写出此公切线的方程;

(Ⅱ)若 C_1 和 C_2 有两条公切线,证明相应的两条公切线段互相平分.

△(2003—理(19))

设 $a>0$,求函数 $f(x)=\sqrt{x}-\ln(x+a)(x\in(0,+\infty))$ 的单调区间.

△(2003—江苏卷(21))

已知 $a>0$,n 为正整数.

(Ⅰ)设 $y=(x-a)^n$,证明 $y'=n(x-a)^{n-1}$;

(Ⅱ)设 $f_n(x)=x^n-(x-a)^n$,对任意 $n\geqslant a$,证明 $f'_{n+1}(n+1)>(n+1)f'_n(n)$.

二、导数在研究函数中显示了优越性

导数的应用为研究和解决函数问题提供了有力工具,在研究函数时,与传统方法相比显示出它的优越性,下面就从近几年的高考试题中选出几例,看一看用传统方法与用导数方法求解,它们的优劣.

【例 1】 (2001 年,新课程卷,理工类)

设 $a>0$,$f(x)=\dfrac{e^x}{a}+\dfrac{a}{e^x}$ 是 $\mathbf{R}$ 上的偶函数.

(Ⅰ)求 a 的值;

(Ⅱ)证明 $f(x)$ 在 $(0,+\infty)$ 上是增函数.

【解】 (Ⅰ)由题设,$f(x)$ 在 $\mathbf{R}$ 上的偶函数,则对一切 $x\in\mathbf{R}$,有

$$f(x)=f(-x)$$

即

$$\frac{e^x}{a}+\frac{a}{e^x}=\frac{1}{ae^x}+ae^x$$

$$(a-\frac{1}{a})(e^x-\frac{1}{e^x})=0$$

由此可得

$$a-\frac{1}{a}=0,a^2=1$$

再由 $a>0$ 得 $a=1$.

(Ⅱ)**【证法 1,定义法】** 已知函数化为 $f(x)=e^x+e^{-x}$.

用函数单调性的定义证明.

设 $0<x_1<x_2$,则

$$\begin{aligned}f(x_1)-f(x_2)&=e^{x_1}-e^{x_2}+\frac{1}{e^{x_1}}-\frac{1}{e^{x_2}}\\&=(e^{x_2}-e^{x_1})(\frac{1}{e^{x_1+x_2}}-1)\\&=e^{x_1}(e^{x_2-x_1}-1)\cdot\frac{1-e^{x_1+x_2}}{e^{x_1+x_2}}\end{aligned}$$

由 $x_1>0,x_2>0$,得 $x_2-x_1>0,x_1+x_2>0$,又 $e>1$,则

$$e^{x_2-x_1}>0,1-e^{x_1+x_2}<0$$

于是

$$e^{x_1}(e^{x_2-x_1}-1)\cdot\frac{1-e^{x_1+x_2}}{e^{x_1+x_2}}<0$$

$$f(x_1)-f(x_2)<0$$

$$f(x_1)<f(x_2)$$

即 $f(x)$ 在$(0,+\infty)$上是增函数.

【证法 2,导数法】 对 $f(x)=e^x+\frac{1}{e^x}$ 求导得

$$f'(x)=e^x-e^{-x}=e^{-x}(e^{2x}-1)$$

由 $x>0$,得 $e^{-x}>0$,$e^{2x}>1$,则 $f'(x)>0$.

于是 $f(a)$ 在$(0,+\infty)$上是增函数.

比较证法 1,2 可以看出,要证明一个函数 $f(x)$ 是增函数,只要证明它的导函数 $f'(x)>0$ 即可,而避免了对 $f(x_1)-f(x_2)$ 的运算.

【例 2】 (2000 年,新课程卷,理工类,文史类)

设函数 $f(x)=\sqrt{x^2+1}-ax$,其中 $a>0$.

(Ⅰ)解不等式 $f(x)\leqslant 1$.

(Ⅱ)求 a 的取值范围,使函数 $f(x)$ 在区间$[0,+\infty)$上是单调函数.

【解法 1】 (Ⅰ)不等式 $f(x)\leqslant 1$ 化为$\sqrt{x^2+1}\leqslant ax+1$,由

$$1\leqslant\sqrt{x^2+1}\leqslant ax+1$$

可得 $ax\geqslant 0$,又 $a>0$,则 $x\geqslant 0$.

所以,原不等式等价于

$$\begin{cases}x^2+1\leqslant(1+ax)^2\\x\geqslant 0\end{cases}$$

即

$$\begin{cases}(a^2-1)x+2a\geqslant 0\\x\geqslant 0\end{cases}$$

因此,当$0<a<1$时,不等式的解集为$\{x\mid 0\leqslant x\leqslant\frac{2a}{1-a^2}\}$;当$a>1$时,不等式的解集为$\{x\mid x\geqslant 0\}$.

(Ⅱ)任取 x_1,x_2 满足 $0\leqslant x_1<x_2$,有

$$f(x_1)-f(x_2)=\sqrt{x_1^2+1}-\sqrt{x_2^2+1}-a(x_1-x_2)$$

$$=\frac{x_1^2-x_2^2}{\sqrt{x_1^2+1}+\sqrt{x_2^2+1}}-a(x_1-x_2)$$

$$=(x_1-x_2)\left(\frac{x_1+x_2}{\sqrt{x_1^2+1}+\sqrt{x_2^2+1}}-a\right)$$

(ⅰ)当 $a\geqslant 1$ 时,由 $x_1>0,x_2>0$,有

$$\frac{x_1+x_2}{\sqrt{x_1^2+1}+\sqrt{x_2^2+1}}<\frac{x_1+x_2}{x_1+x_2}=1\leqslant a$$

所以,$\frac{x_1+x_2}{\sqrt{x_1^2+1}+\sqrt{x_2^2+1}}-a<0$,又 $x_1-x_2<0$,于是

$$f(x_1)-f(x_2)>0,f(x_1)>f(x_2)$$

因此,当 $a\geqslant 1$ 时,函数 $f(x)$ 在区间$[0,+\infty)$上是单调递减函数.

(ⅱ)当 $0<a<1$ 时,由(Ⅰ)可知,当 $x_1=0,x_2=\frac{2a}{1-a^2}$ 时,$f(x_1)=f(x_2)=1$,所以函数 $f(x)$ 在区间$[0,+\infty)$上不是单调函数.

综合(ⅰ),(ⅱ),当且仅当 $a\geqslant 1$ 时,函数 $f(x)$ 为区间$[0,+\infty)$上的单调函数.

上面的解法 1,解不等式与研究函数的单调性是分别进行的,在研究 $f(x)$ 的单调性时,是使用函数单调性的定义进行论证的,下面我们采用求导的方法对(Ⅰ),(Ⅱ)问一并解决.

【解法 2】 对 $f(x)=\sqrt{x^2+1}-ax$,求导得 $f'(x)=\frac{x}{\sqrt{x^2+1}}-a$.

(ⅰ)当 $a\geqslant 1$ 时,$\frac{x}{\sqrt{x^2+1}}<\frac{x}{x}=1\leqslant a$,此时

$$f'(x)=\frac{x}{\sqrt{x^2+1}}-a<0$$

于是 $f(x)$ 在$(-\infty,+\infty)$上是减函数.

又 $f(0)=1$,即当 $x\geqslant 0$ 时,$f(x)\leqslant f(0)=1$.

因此 $f(x)\leqslant 1$ 的解集为$[0,+\infty)$.

(ⅱ)当 $0<a<1$ 时,解不等式 $f'(x)<0$,即$\frac{x}{\sqrt{x^2+1}}-a<0$,解得 $x<\frac{a}{\sqrt{1-a^2}}$.

所以,$f(x)$ 在$\left(-\infty,\frac{a}{\sqrt{1-a^2}}\right)$上是单调递减函数.

解不等式 $f'(x)>0$,即$\frac{x}{\sqrt{x^2+1}}-a>0$,解得 $x>\frac{a}{\sqrt{1-a^2}}$,所以,$f(x)$

在$\left(\dfrac{a}{\sqrt{1-a^2}},+\infty\right)$上是单调递增函数.

由于$\dfrac{a}{\sqrt{1-a^2}}>0$,则$f(x)$在区间$(-\infty,+\infty)$上不具有单调性.

另外,解$f(x)=1$得$x=0$或$x=\dfrac{2a}{1-a^2}$,因为$0<\dfrac{a}{\sqrt{1-a^2}}<\dfrac{2a}{1-a^2}$,所以,在$[0,+\infty)$上$f(x)$不是单调函数,并且由于$f(x)$在$(0,\dfrac{a}{\sqrt{1-a^2}})$上单调递减,在$(\dfrac{a}{\sqrt{1-a^2}},+\infty)$上单调递增,所以当$0\leqslant x\leqslant\dfrac{2a}{1-a^2}$时,$f(x)\leqslant 1$.

由以上的讨论,我们可以得出本题的结果:

(Ⅰ)当$a\geqslant 1$时,$f(x)\leqslant 1$的解集为$\{x\mid x\geqslant 0\}$;当$0<a<1$时,$f(x)\leqslant 1$的解集为$\{0\leqslant x\leqslant\dfrac{2a}{1-a^2}\}$.

(Ⅱ)当且仅当$a\geqslant 1$时,$f(x)$在$[0,+\infty)$上是单调函数.

【例 3】 (2002年,全国卷)

已知i,m,n是正整数,且$1<i\leqslant m<n$.

(Ⅰ)证明:$n^i\mathrm{P}_m^i<m^i\mathrm{P}_n^i$.

(Ⅱ)证明:$(1+m)^n>(1+n)^m$.

【分析及解】 这里的P_m^i是排列数符号,在新课程教材中已改为A_m^i.

第(Ⅰ)问比较容易,可以利用公式:当$0<m<n$时,$\dfrac{m}{n}>\dfrac{m-k}{n-k}$,即

$$\frac{n-k}{n}>\frac{m-k}{m}$$

(Ⅰ)只要证明$\dfrac{\mathrm{P}_m^i}{m^i}<\dfrac{\mathrm{P}_n^i}{n^i}$.

$\dfrac{\mathrm{P}_m^i}{m^i}=\dfrac{m}{m}\cdot\dfrac{m-1}{m}\cdot\cdots\cdot\dfrac{m-i+1}{m}$.

$\dfrac{\mathrm{P}_n^i}{n^i}=\dfrac{n}{n}\cdot\dfrac{n-1}{n}\cdot\cdots\cdot\dfrac{n-i+1}{n}$.

由$m<n$时,$\dfrac{m-k}{m}<\dfrac{n-k}{n}$,对$k$取$1,2,\cdots,i-1$可得$\dfrac{\mathrm{P}_m^i}{m^i}<\dfrac{\mathrm{P}_n^i}{n^i}$,即

$$n^i\mathrm{P}_m^i<m^i\mathrm{P}_n^i$$

对第(Ⅱ)问我们采取两种方法证明,一种是利用二项式定理展开进行证明,一种是通过构造函数求导数进行证明.

(Ⅱ)**【证法 1】** 由二项式定理有

$$(1+m)^n=\sum_{i=0}^{n}m^i\mathrm{C}_n^i$$

$$(1+n)^m=\sum_{i=0}^{m}n^i\mathrm{C}_m^i$$

由(Ⅰ)知

$$m^i\mathrm{P}_m^i>n^i\mathrm{P}_m^i\quad(1<i\leqslant m<n)$$

又 $\mathrm{C}_m^i=\dfrac{\mathrm{P}_m^i}{i\,!}$,$\mathrm{C}_n^i=\dfrac{\mathrm{P}_n^i}{i\,!}$,则 $m^i\mathrm{C}_n^i>n^i\mathrm{C}_m^i(1<i\leqslant m<n)$.

对 i 取 $2,3,\cdots,m$,有 $\sum\limits_{i=2}^{m}m^i\mathrm{C}_n^i>\sum\limits_{i=2}^{m}n^i\mathrm{C}_m^i$.

又

$$m^0\mathrm{C}_n^0=n^0\mathrm{C}_m^0=1,m\mathrm{C}_n^1=n\mathrm{C}_m^1=mn,m^i\mathrm{C}_n^i>0\quad(m<i\leqslant n)$$

所以

$$\sum_{i=0}^{n}m^i\mathrm{C}_n^i>\sum_{i=0}^{m}n^i\mathrm{C}_m^i$$

即

$$(1+m)^n>(1+n)^m$$

【证法2】 要证明 $(1+m)^n>(1+n)^m$,只要证明

$$\ln(1+m)^n>\ln(1+n)^m$$

即

$$n\ln(1+m)>m\ln(1+n)$$

$$\frac{\ln(1+m)}{m}>\frac{\ln(1+n)}{n}\qquad①$$

由于要证明的不等式两边的结构相同,可构造函数

$$f(x)=\frac{\ln(1+x)}{x}\quad(x\geqslant 2)$$

只要证明 $f(x)$ 在 $[2,+\infty)$ 上是减函数即可,这就可由 $m<n$ 证得 $f(m)>f(n)$,即式 ① 成立.

为此,对 $f(x)$ 求导

$$f'(x)=\frac{\dfrac{x}{1+x}-\ln(1+x)}{x^2}=\frac{x-x\ln(1+x)-\ln(1+x)}{x^2(1+x)}$$

由 $x\geqslant 2$ 知 $1+x\geqslant 3$,$\ln(1+x)>1$,即 $x-x\ln(1+x)<0$.

于是 $f'(x)<0$.

所以 $f(x)$ 在 $[2,+\infty)$ 上是减函数.

又因为 $2\leqslant m<n$,则 $f(m)>f(n)$,即

$$\frac{\ln(1+m)}{m} > \frac{\ln(1+n)}{n}$$

因而$(1+m)^n > (1+n)^m$.

比较(Ⅱ)的证法1和证法2可知,证法1要依赖于(Ⅰ)的结果,并且对于二项式定理要能灵活运用,而证法2,只要构造一个函数,证明所构造的函数是$[2,+\infty)$上的减函数就可以了.

三、与导数有关的综合题

导数作为研究函数的一个工具,在求函数的变化率,运用它的几何意义求切线的斜率,证明函数的单调性或求单调区间,求函数的极值或最值,或利用极值,最值求参数的范围以及画函数的图像等方面,都有着广泛的应用.

(一) 求切线的斜率

【例 1】 (2003年,新课程卷)

设$a>0$,$f(x)=ax^2+bx+c$,曲线$y=f(x)$在点$P(x_0,f(x_0))$处切线的倾斜角的取值范围为$[0,\frac{\pi}{4}]$,则P到曲线$y=f(x)$对称轴距离的取值范围为(　　)

A. $[0,\frac{1}{a}]$　　B. $[0,\frac{1}{2a}]$　　C. $[0,|\frac{b}{2a}|]$　　D. $[0,|\frac{b-1}{2a}|]$

【解】 设切线的倾斜角为α,则由$\alpha\in[0,\frac{\pi}{4}]$,得$0\leqslant\tan\alpha\leqslant1$,又

$$0\leqslant\tan\alpha=y'\Big|_{x=x_0}=2ax_0+b\leqslant1$$

$y=f(x)$图像的对称轴为

$$x=-\frac{b}{2a}$$

则P到对称轴的距离为$d=|x_0+\frac{b}{2a}|=\frac{|2ax_0+b|}{2a}\leqslant\frac{1}{2a}$,又$d\geqslant0$,于是$d\in[0,\frac{1}{2a}]$.

【答案】 B.

【例 2】 已知抛物线$y=-x^2$与直线$3x-y=4$交于点M,N,P为抛物线上的弧$\overset{\frown}{MN}$上的任意一点,求使$\triangle PMN$的面积最大时,点P的坐标.

【分析】 在解析几何中,这个题目的一般解法是用代数方法求$\triangle PMN$的最大值,进而求点P的坐标.

【解法 1】 由

$$\begin{cases} y=-x^2 \\ 3x-y-4=0 \end{cases}$$

解得点 $M(-4,-16)$，$N(1,-1)$，有

$$|MN|=\sqrt{(1+4)^2+(-1+16)^2}=5\sqrt{10}$$

设 $P(x_0,y_0)$，则 $-4\leqslant x_0\leqslant 1$.

设 P 到 $|MN|$ 的距离为 h，即 $\triangle PMN$ 的高，则

$$h=\frac{|3x_0-y_0-4|}{\sqrt{10}}=\frac{|x_0^2+3x_0-4|}{\sqrt{10}}=\frac{\left|(x_0+\frac{3}{2})^2-\frac{25}{4}\right|}{\sqrt{10}}$$

由 $-\frac{5}{2}\leqslant x_0+\frac{3}{2}\leqslant\frac{5}{2}$，则

$$(x_0+\frac{3}{2})^2<\frac{25}{4},h=\frac{-(x_0+\frac{3}{2})^2+\frac{25}{4}}{\sqrt{10}}$$

$$S_{\triangle PMN}=\frac{1}{2}\cdot 5\sqrt{10}\cdot\frac{-(x_0+\frac{3}{2})^2+\frac{25}{4}}{\sqrt{10}}=\frac{1}{2}\cdot 5\left[-(x_0+\frac{3}{2})^2+\frac{25}{4}\right]$$

于是 $x_0=-\frac{3}{2}$ 时，$S_{\triangle PMN}$ 有最大值$\frac{125}{8}$，此时点 P 坐标为$(-\frac{3}{2},-\frac{9}{4})$.

如果画出抛物线和直线的图像后(图 13.1)，可以发现，当过点 P 的切线与直线 MN 平行时，P 到 MN 的距离最大，又 $|MN|$ 为定值，则面积最大，则启发我们用导数法求解.

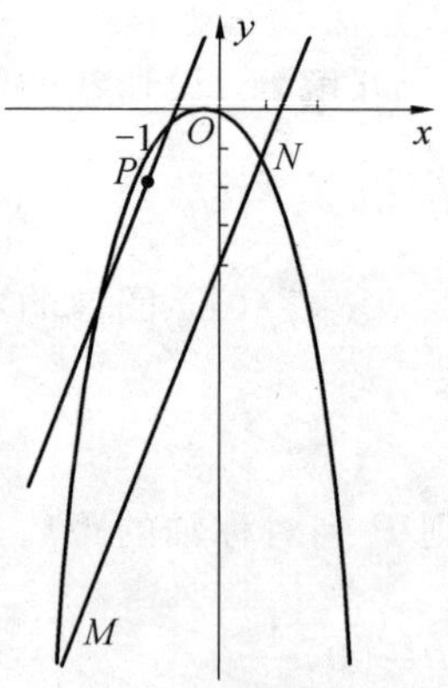

图 13.1

【解法 2】 设 $P(x_0,y_0)$ 是抛物线 $y=-x^2$ 上弧 $\overset{\frown}{MN}$ 上的一点，由于

$$y'|_{x=x_0}=-2x_0$$

当过 P 的切线平行于 MN 时，P 到 MN 的距离最大，MN 的斜率为 $k=3$，则 $-2x_0=3$，$x_0=-\frac{3}{2}$，于是 $P\left(-\frac{3}{2},-\frac{9}{4}\right)$.

【例 3】 (2002 年，新课程卷，理工类)

已知 $a>0$，函数 $f(x)=\frac{1-ax}{x}$，$x\in(0,+\infty)$，设 $0<x_1<\frac{2}{a}$，设曲线 $y=f(x)$ 在点 $M(x_1,f(x_1))$ 处的切线为 l.

(Ⅰ)求 l 的方程;

(Ⅱ)设 l 与 x 轴的交点为 $(x_2,0)$,证明:

①$0 < x_2 \leqslant \frac{1}{a}$;

② 若 $x_1 < \frac{1}{a}$,则 $x_1 < x_2 < \frac{1}{a}$.

【解】 (Ⅰ)$f(x)=\frac{1}{x}-a, f'(x)=-\frac{1}{x^2}, f'(x)\Big|_{x=x_1}=-\frac{1}{x_1^2}$.

曲线 $y=f(x)$ 在点 $M(x_1,f(x_1))$ 处的切线 l 为

$$l: y-\frac{1-ax_1}{x_1}=-\frac{1}{x_1^2}(x-x_1)$$

(Ⅱ)对直线 l,令 $y=0$,有

$$-\frac{1-ax_1}{x_1}=-\frac{1}{x_1^2}(x_2-x_1)$$

$$x_2=x_1(1-ax_1)+x_1=x_1(2-ax_1)$$

① 由已知 $0 < x_1 < \frac{2}{a}$,则

$$2-ax_1>0, x_2=x_1(2-ax_1)>0$$

又

$$x_2=-ax_1^2+2x_1=-a(x_1-\frac{1}{a})^2+\frac{1}{a} \leqslant \frac{1}{a}$$

所以

$$0 < x_2 \leqslant \frac{1}{a}$$

对于 $x_2 \leqslant \frac{1}{a}$,还可用均值不等式证明

$$x_2=\frac{ax_1(2-ax_1)}{a} \leqslant \frac{\left(\frac{ax_1+2-ax_1}{2}\right)^2}{a}=\frac{1}{a}$$

② 由 ① 的结果可知,当且仅当 $x_1=\frac{1}{a}$ 时,$x_2=\frac{1}{a}$.

由于 $x_1 < \frac{1}{a}$,则 $x_2 < \frac{1}{a}$.

下面证明 $x_2 > x_1$.因为

$$x_2-x_1=2x_1-ax_1^2-x_1=x_1-ax_1^2=x_1(1-ax_1)>0$$

所以,$x_2 > x_1$.

于是 $x_1 < x_2 < \frac{1}{a}$.

【例 4】 (2003 年,新课程卷,文史类)

已知抛物线 $C_1: y=x^2+2x$ 和 $C_2: y=-x^2+a$,如果直线 l 同时是 C_1 和 C_2 的切线,称 l 是 C_1 和 C_2 的公切线,公切线上两个切点之间的线段称为公切线段.

(Ⅰ)a 取什么值时,C_1 和 C_2 有且仅有一条公切线?写出此公切线的方程;

(Ⅱ)若 C_1 和 C_2 有两条公切线,证明相应的两条公切线互相平分.

本题在"数学高考与理性思维"一讲中已对解法有详细介绍,这里只介绍导数法.

【解】 (Ⅰ)首先,分别求出曲线 C_1,C_2 的切线.

由 $y=x^2+2x$,得 $y'=2x+2$.

设切线 l 在 C_1 上的切点为 $(x_1, -x_1^2+2x_1)$,则

$$l: y-(x_1^2+2x_1)=(2x_1+2)(x-x_1) \qquad ①$$

$$y=(2x_1+2)x-x_1^2$$

由 $y=-x^2+a$,得 $y'=-2x$,设切线 l 在 C_2 上的切点为 $(x_2, -x_2^2+a)$,则

$$l: y-(-x_2^2+a)=-2x_2(x-x_2) \qquad ②$$

$$y=-2x_2x+x_2^2+a$$

由于 l 是 C_1,C_2 的公切线,则 ①,② 表示同一条直线的方程.所以有

$$\begin{cases}2x_1+2=-2x_2\\ -x_1^2=x_2^2+a\end{cases}$$

即

$$\begin{cases}x_1+x_2=-1\\ x_1^2+x_2^2=-a\end{cases}$$

从中消去 x_2,得

$$2x_1^2+2x_1+1+a=0$$

从中消去 x_1,得

$$2x_2^2+2x_2+1+a=0$$

因此,x_1,x_2 是方程

$$2x^2+2x+1+a=0 \qquad ③$$

的两个根.

(Ⅰ)$\Delta=4-8(1+a)=0$,$a=-\dfrac{1}{2}$,此时,$x_1=-\dfrac{1}{2}$,$x_2=-\dfrac{1}{2}$,则

$$-2x_2=1, x_2^2+a=-\frac{1}{4}$$

C_1,C_2 仅有一条公切线,为 $y=x-\frac{1}{4}$.

实际上,不需要计算 $\Delta=0$,而由

$$\begin{cases}x_1+x_2=-1\\x_1^2+x_2^2=-a\end{cases}$$

令 $x_1=x_2$,就可得出 $x_1=x_2=a=-\frac{1}{2}$.

(Ⅱ)$\Delta=4-8(1+a)>0$,即 $a<-\frac{1}{2}$.

此时,C_1,C_2 有两条公切线,设 C_1 的切点为 $P(x_1,y_1)$,C_2 的切点为 $Q(x_2,y_2)$,则由方程 ③ 得

$$x_1+x_2=-1$$

$$\begin{aligned}y_1+y_2&=x_1^2+2x_1-x_2^2+a=(x_1-x_2)(x_1+x_2)+2x_1+a\\&=-(x_1-x_2)+2x_1+a=x_1+x_2+a=-1+a\end{aligned}$$

于是 PQ 的中点为 $\left(\frac{1}{2},\frac{-1+a}{2}\right)$.

由以上,PQ 的中点与两条公切线的斜率,截距无关,所以两条公切线段为 $\left(-\frac{1}{2},\frac{-1+a}{2}\right)$ 处互相平分.

例 3,例 4 是两道高考试题,这两道试题都与导数的几何意义有关,例 3 是导数与代数不等式的综合,例 4 是导数与二次方程的综合.

【例 5】 已知两条曲线 $y=\mathrm{e}^x$,$y=\ln x$,回答下列问题:

(Ⅰ)求过曲线 $y=\mathrm{e}^x$ 上的点 (a,e^a) 的切线方程;

(Ⅱ)由(Ⅰ)求出的切线与曲线 $y=\ln x$ 相切,求 a 满足的关系式;

(Ⅲ)在(Ⅱ)的条件下,求 a 的取值范围.

【解】 (Ⅰ)由 $y=\mathrm{e}^x$,得 $y'=\mathrm{e}^x$,$y'|_{x=a}=\mathrm{e}^a$,所以,过曲线 $y=\mathrm{e}^x$ 上的点 (a,e^a) 的切线方程为

$$y-\mathrm{e}^a=\mathrm{e}^a(x-a)$$

$$y=\mathrm{e}^a x+\mathrm{e}^a(1-a) \quad ①$$

(Ⅱ)由 $y=\ln x$ 得 $y'=\frac{1}{x}$,设切点为 $(b,\ln b)$,则 $y'|_{x=b}=\frac{1}{b}$.

所求切线方程为

$$y=\frac{1}{b}(x-b)+\ln b$$

$$y=\frac{1}{b}x+\ln b-1 \qquad ②$$

由 ①,② 表示的直线是两条曲线 $y=e^x$,$y=\ln x$ 的公切线,则有

$$\begin{cases} e^x=\dfrac{1}{b} & ③ \\ e^a(1-a)=\ln b-1 & ④ \end{cases}$$

从 ③,④ 中消去 b 得

$$e^a(1-a)=-a-1$$

显然 $a\neq 1$,则

$$e^a=\frac{a+1}{a-1} \qquad ⑤$$

即

$$(1-a)e^a+a+1=0 \qquad ⑥$$

(Ⅲ) 由式 ⑤

$$e^a=\frac{a+1}{a-1}>0$$

可得 $a<-1$ 或 $a>1$.

(1) 当 $a<-1$ 时,$e^a<e^{-1}=\frac{1}{e}$,即$\frac{a+1}{a-1}<\frac{1}{e}$,$a>-\frac{e+1}{e-1}$,于是

$$-\frac{e+1}{e-1}<a<-1$$

(2) 当 $a>1$ 时,$e^a>e$,即$\frac{a+1}{a-1}>e$,$a<\frac{e+1}{e-1}$,于是

$$1<a<\frac{e+1}{e-1}$$

所以,a 的取值范围是 $-\frac{e+1}{e-1}<a<-1$ 或 $1<a<\frac{e+1}{e-1}$.

需要说明的是,本题是由日本 2000 年的一道高考试题变化来的,原题的第(Ⅲ) 问是:

在(Ⅱ) 的条件下,证明 a 可以在 $-2<a<-1$ 与 $1<a<2$ 范围内取值.

事实上,由(Ⅲ) 的结果 $-\frac{e+1}{e-1}<a<-1$ 或 $1<a<\frac{e+1}{e-1}$,有

$$-2>-\frac{e+1}{e-1}=-1-\frac{2}{e-1}$$

$$\frac{e+1}{e-1}=1+\frac{2}{e+1}>2$$

于是

$$(-2,-1)\subseteq\left(-\frac{e+1}{e-1},-1\right)$$

$$(1,2)\subseteq\left(1,\frac{e+1}{e-1}\right)$$

关于证明 $-2<a<-1$ 与 $1<a<2$ 还可采取下面的方法.

记

$$f(a)=(1-a)e^{a}+a+1$$

则 a 是 $f(a)=0$ 的根,即式 ⑥

$$f(-2)=3e^{-2}-1<0$$

$$f(-1)=2e^{-1}>0$$

$$f(1)=2>0$$

$$f(2)=-e^{2}+3<0$$

于是 $-2<a<-1$ 或 $1<a<2$.

【例 6】 (1998 年,上海卷)

若 A_n 和 B_n 分别表示数列$\{a_n\}$和$\{b_n\}$的前 n 项的和,对任意正整数 n

$$a_n=-\frac{2n+3}{2},4B_n-12A_n=13n$$

(Ⅰ)求数列$\{b_n\}$的通项公式;

(Ⅱ)设有抛物线列 $C_1,C_2,\cdots,C_n,\cdots$,抛物线 $C_n(n\in\mathbf{N}^*)$ 的对称轴平行于 y 轴,顶点为(a_n,b_n)且通过点 $D_n(0,n^2+1)$,过 D_n 且与抛物线 C_n 相切的直线的斜率为 k_n,求极限

$$\lim_{n\to\infty}\frac{k_1+k_2+\cdots+k_n}{a_nb_n}$$

(Ⅲ)设集合 $X=\{x\mid x=2a_n,n\in\mathbf{N}^*\}$,$Y=\{y\mid y=4b_n,n\in\mathbf{N}^*\}$,若等差数列 $c_n\in X\cap Y$,c_1 是 $X\cap Y$ 的最大数,且 $-265<c_{10}<-125$,求$\{c_n\}$的通项公式.

【解】 (Ⅰ)由题设 $n\in\mathbf{N},n\geqslant 2$ 时

$$4B_n-12A_n=13n$$

$$4B_{n-1}-12A_{n-1}=13(n-1)$$

二式相减得

$$4b_n-12a_n=13$$

$$4b_n=12a_n+13=-6(2n+3)+13=-12n-5$$

$$b_n=-\frac{12n+5}{4}\quad(n\geqslant 2)$$

又

$$a_1=-\frac{2+3}{2}=-\frac{5}{2}$$

$$4b_1-12a_1=13$$

$$b_1=-\frac{17}{4}$$

于是 $b_n=\frac{12n+5}{4}(n\geqslant 1)$.

(Ⅱ)因为抛物线顶点为(a_n,b_n),所以抛物线方程为

$$C_n:y=a(x-a_n)^2+b_n=a(x+\frac{2n+3}{2})^2-\frac{12n+5}{4}$$

又因为 $D_n(0,n^2+1)$ 在抛物线上,则

$$n^2+1=a\left(\frac{2n+3}{2}\right)^2-\frac{12n+5}{4}$$

解得 $a=1$,于是

$$y=\left(x+\frac{2n+3}{2}\right)^2-\frac{12n+5}{4}$$

$$y'=2x+(2n+3)$$

由 $D_n(0,n^2+1)$ 是切点,则

$$y'|_{x=0}=2n+3=k_n$$

所以

$$\lim_{n\to\infty}\frac{k_1+k_2+\cdots+k_n}{a_nb_n}=\lim_{n\to\infty}\frac{2(1+2+\cdots+n)+3n}{\left(-\frac{2n+3}{2}\right)\cdot\left(-\frac{12n+5}{4}\right)}$$

$$=\lim_{n\to\infty}\frac{8n^2+4n}{(2n+3)(12n+5)}=\frac{1}{3}$$

(Ⅲ)$x=2a_n=-2n-3,y=4b_n=-12n-5=-2(6n+1)-3$,所以

$$Y\subseteq X,c_n\in X\cap Y=Y$$

$$c_1=-17,c_{10}=-17+9d$$

由题设

$$-265<c_{10}<-125$$

即

$$-265<-17+9d<-125$$

$$-27\frac{5}{9}<d<-12$$

又$\{4b_n\}$的公差为-12,$c_n\in Y$,则 d 是 12 的倍数,于是由 $-27\frac{5}{9}<d<-12$,可得 $d=-24,c_n=-17+(n-1)(-24)=-24n+7$.

本题是导数与数列的综合题，在求抛物线系 $C_1, C_2, C_3, \cdots, C_n \cdots$ 的切线时，导数起了作用.

(二) 研究函数的单调性

【例 7】 已知函数 $f(x) = 2a\sqrt{x} - \frac{1}{x}, x \in (0,1]$.

(Ⅰ) 若 $f(x)$ 在 $(0,1]$ 上是增函数，求实数 a 的取值范围.

(Ⅱ) 求 $f(x)$ 在 $x \in (0,1]$ 上的最大值.

【解】 (Ⅰ) 对 $f(x)$ 求导得

$$f'(x) = a \cdot \frac{1}{\sqrt{x}} + \frac{1}{x^2} = \frac{ax\sqrt{x} + 1}{x^2}$$

若 $f(x)$ 在 $(0,1]$ 上是增函数，则 $f'(x)$ 在 $(0,1]$ 上满足 $f'(x) > 0$.

即 $\frac{ax\sqrt{x} + 1}{x^2} > 0, a > -\frac{1}{x\sqrt{x}}$.

记 $g(x) = -\frac{1}{x\sqrt{x}}$，则 $g(x)$ 在 $(0,1]$ 上是增函数.

于是 $g(x)$ 在 $x = 1$ 时取得最大值 $g(1) = -1$.

又 $a > g(x)$.

对 $x \in [0,1]$ 恒成立，只需 $a > [g(x)]_{\max}$，即 $a > -1$.

(Ⅱ)(1) $a > -1$ 时，由(Ⅰ)的结果可知，$f(x)$ 在 $(0,1]$ 上是增函数，于是

$$f_{\max}(x) = f(1) = 2a - 1$$

(2) 当 $a \leqslant -1$ 时，令

$$f'(x) = \frac{ax\sqrt{x} + 1}{x^2} = 0$$

解得 $x^{\frac{3}{2}} = -\frac{1}{a}, x = \frac{1}{\sqrt[3]{a^2}}$，当 $x < \frac{1}{\sqrt[3]{a^2}}$ 时，$f'(x) > 0$，$x > \frac{1}{\sqrt[3]{a^2}}$ 时，$f'(x) < 0$.

所以当 $x = \frac{1}{\sqrt[3]{a^2}}$ 时，$f(x)$ 最大，最大值为 $f\left(\frac{1}{\sqrt[3]{a^2}}\right) = -3\sqrt[3]{a^2}$.

【例 8】 若函数 $f(x) = ax^3 + bx^2 + cx + d(a \neq 0)$ 满足条件：

(1) $f(0) = f(x_1) = f(x_2) = 0(0 < x_1 < x_2)$；

(2) 在 $[x_2, +\infty)$ 上 $f(x)$ 单调递增.

求实数 b 的取值范围.

【解】 由 $f(0) = 0$，得 $d = 0$.

又因为 $f(x_1) = f(x_2) = 0$，则函数 $f(x)$ 可表示为

$$f(x)=ax(x-x_1)(x-x_2)=ax^3-a(x_1+x_2)x^2+ax_1x_2x$$

于是

$$b=-a(x_1+x_2)$$

$$f'(x)=3ax^2-2a(x_1+x_2)x+ax_1x_2$$

由题设，$f(x)$ 在$[x_2,+\infty)$ 上单调递增，则

$$f'(x_2)=3ax_2^2-2a(x_1+x_2)x_2+ax_1x_2\geqslant 0$$

即

$$ax_2^2(x_2-x_1)\geqslant 0$$

由于 $x_2-x_1>0$，$x_2^2>0$，则 $a\geqslant 0$，又 $a\neq 0$，则 $a>0$.

又因为 $x_1+x_2>0$，则 $b=-a(x_1+x_2)<0$，即实数 b 的取值范围是$(-\infty,0)$.

例 7 和例 8 都是由已知函数的单调性，求参数的取值范围，由于当一个函数在某一区间内为增函数时，则其导数在这一区间大于 0，因此研究参数范围的问题，实际上是研究含参数的不等式的问题. 下面的例 9，例 10 则是已知函数的单调性，求参数的值.

【例 9】 已知 $f(x)=x^2+1$，$g(x)=x^4+2x^2+2$，且 $F(x)=g(x)-\lambda f(x)$，试问：是否存在实数 λ，使 $F(x)$ 在$(-\infty,-1)$ 上是减函数，且在$(-1,0)$ 上是增函数.

【解】 这是一个存在性问题，可以假设存在实数 λ 满足题设要求

$$F(x)=g(x)-\lambda f(x)=x^4+2x^2+2-\lambda x^2-\lambda$$

$$=x^4-(\lambda-2)x^2+(2-\lambda)$$

$$F'(x)=4x^3-2(\lambda-2)x=2x[2x^2-(\lambda-2)]$$

由于 $F(x)$ 在$(-\infty,-1)$ 上是减函数，则在$(-\infty,-1)$ 上

$$F'(x)=2x[2x^2-(\lambda-2)]<0$$

又 $x<0$，则 $2x^2-\lambda+2>0$，$\lambda<2x^2+2$，$x\in(-\infty,-1)$.

设 $h(x)=2x^2+2$，则 $\lambda<h(x)$ 等价于 $\lambda\leqslant h(x)$ 的最小值.

又 $h(x)=2x^2+2$ 在$(-\infty,-1)$ 上是减函数，则

$$\lambda\leqslant h(-1)=4$$

又由于 $F(x)$ 在$(-1,0)$ 上是增函数，则在$(-1,0)$ 上

$$F'(x)=2x[2x^2-(\lambda-2)]>0$$

又 $x<0$，则

$$2x^2-\lambda+2<0,\lambda>2x^2+2=h(x)$$

即

$$\lambda\geqslant h(-1)=4$$

由 $\lambda \leqslant 4$，且 $\lambda \geqslant 4$ 可得 $\lambda = 4$.

因此，存在满足题设条件的实数 $\lambda = 4$.

此外，$\lambda = 4$ 还可以由 $F'(-1) = 0$ 直接得到.

【例 10】 （2003 年，新课程卷，理工类）

设 $a > 0$，求函数 $f(x) = \sqrt{x} - \ln(x + a)\,(x \in (0, +\infty))$ 的单调区间.

【解】 $f'(x) = \dfrac{1}{2\sqrt{x}} - \dfrac{1}{x + a}\,(a > 0, x > 0)$.

若 $f(x)$ 为增函数，则满足 $f'(x) > 0$，即 $\dfrac{1}{2\sqrt{x}} - \dfrac{1}{x + a} > 0$，整理得

$$x^2 + (2a - 4)x + a^2 > 0 \qquad ①$$

这是一个含参数 a 的一个二元不等式，需对 a 分类讨论，为此计算判别式，$\Delta = (2a - 4)^2 - 4a^2 = 16(1 - a)$.

(1)$\Delta < 0$，即 $a > 1$ 时，对所有实数 x，不等式 ① 成立，因此，函数 $f(x)$ 的增区间为$(0, +\infty)$；

(2)$\Delta = 0$，即 $a = 1$ 时，不等式 ① 化为 $x^2 - 2x + 1 > 0$，因而对 $x \neq 1$，必有 $x^2 - 2x + 1 = (x - 1)^2 > 0$，所以函数 $f(x)$ 的增区间为$(0,1)$ 和$(1, +\infty)$.

(3)$\Delta > 0$，即 $0 < a < 1$ 时，解不等式 ① 得

$$x < 2 - a - 2\sqrt{1 - a}, x > 2 - a + 2\sqrt{1 - a}$$

由于 $0 < a < 1$ 时

$$(2 - a)^2 - (2\sqrt{1 - a})^2 = a^2 > 0$$

所以 $2 - a - 2\sqrt{1 - a} > 0$.

因此，函数 $f(x)$ 的增区间为$(0, 2 - a - 2\sqrt{1 - a})$ 及$(2 - a + 2\sqrt{1 - a}, +\infty)$.

若 $f(x)$ 为减函数，则满足 $f'(x) < 0$，即 $\dfrac{1}{2\sqrt{x}} - \dfrac{1}{x + a} < 0$，整理得

$$x^2 + (2a - 4)x + a^2 < 0 \qquad ②$$

显然，当 $a \geqslant 1$ 时，有 $\Delta = 16(1 - a) < 0$，式 ② 不成立.

若 $0 < a < 1$ 时，解不等式 ② 得

$$2 - a - 2\sqrt{1 - a} < x < 2 - a + 2\sqrt{1 - a}$$

因此，函数 $f(x)$ 的减区间为$(2 - a - 2\sqrt{1 - a}, 2 - a + 2\sqrt{1 - a})$.

综合以上，可得下面的结论：

$a > 1$ 时，$f(x)$ 有增区间$(0, +\infty)$；

$a = 1$ 时，$f(x)$ 有增区间$(0,1)$ 和$(1, +\infty)$；

$0<a<1$时，$f(x)$有增区间$(0,2-a-2\sqrt{1-a})$和$(2-a+2\sqrt{1-a},+\infty)$，有减区间$(2-a-2\sqrt{1-a},2-a+2\sqrt{1-a})$.

例10是导数与解含参数不等式的综合题，用分类讨论思想指导，可以使解题的步骤清晰，有条理.

(三)函数的极值和最值

【例11】 (2000年，新课程卷)

用总长14.8 m的钢条制作一个长方体容器的框架，如果所制作的容器的底面的一边比另一边长0.5 m，那么高为多少时，容器的容积最大？并求出它的最大容积.

【解】 设容器底面短边边长为x m，则另一边长为$x+0.5$ m，高为$\dfrac{14.8-4x-4(x+0.5)}{4}=3.2-2x$(m).

由
$$\begin{cases}x>0\\3.2-2x>0\\x+0.5>0\end{cases}$$

可得$0<x<1.6$.

设容积为y，则

$$y=x(x+0.5)(3.2-2x)\quad(0<x<1.6)$$

即

$$y=-2x^3+2.2x^2+1.6x$$
$$y'=-6x^2+4.4x+1.6$$

令$y'=0$，则

$$-6x^2+4.4x+1.6=0$$

即

$$15x^2-11x+4=0$$

$$x=1,x=-\frac{4}{15}(\text{由于}x<0,\text{舍去})$$

因此，$x=1$时y有最大值，y的最大值为1.8 m^3，此时容器的高为1.2 m.

【例12】 (2001年，新课程卷，文史类)

已知函数$f(x)=x^3-3ax^2+2bx$在点$x=1$处有极小值-1，试确定a，b的值，并求出$f(x)$的单调区间.

【解】 函数$f(x)$在点$x=1$处有极小值，则$f(x)$在$x=1$处的导数为0，在$x=1$处的函数值为-1，即

$$f'(x)=3x^2-6ax+2b$$

$$\begin{cases} f'(1)=3-6a+2b=0 \\ f(1)=1-3a+2b=-1 \end{cases}$$

解得

$$\begin{cases} a=\dfrac{1}{3} \\ b=-\dfrac{1}{2} \end{cases}$$

此时函数化为

$$f(x)=x^3-x^2-x$$

$$f'(x)=3x^2-2x-1=(3x+1)(x-1)$$

$$f'(x)>0\text{ 时},x<-\frac{1}{3}\text{ 或 }x>1$$

$$f'(x)<0\text{ 时},-\frac{1}{3}<x<1$$

即 $f(x)$ 的增区间为$(-\infty,-\frac{1}{3})$ 和$(1,+\infty)$,减区间为$(-\frac{1}{3},1)$.

解这个题目时,已知函数在某一点处的极值,就相当于知道函数在这一点的函数值,以及在这一点的导数为 0 这两个条件,这是解题的关键.

【例 13】 函数 $f(x)=x^3+3ax^2+b$ 有极值,又在其曲线上,极大值和极小值的点分别为 A,B,若线段 AB(不含端点)与曲线交于点$(1,0)$.

(Ⅰ)求 $a\cdot b$ 的值;

(Ⅱ)求$\overrightarrow{OA}\cdot\overrightarrow{OB}$ 的值.

【解】 (Ⅰ)$f'(x)=3x^2+6ax=3x(x+2a)$.

令 $f'(x)=0$,则 $x=0$ 或 $x=-2a$.

因为 A,B 为极大值,极小值点,且 AB 过$(1,0)$,则 $0<1<-2a$,于是 $a<-\frac{1}{2}$.

这时 $A(0,b)$,$B(-2a,4a^3+b)$,有

$$l_{AB}:\frac{y-b}{4a^3+b-b}=\frac{x-0}{-2a-0}$$

由$(1,0)$ 在 AB 上,代入上式得

$$\frac{-b}{4a^3}=\frac{1}{-2a} \quad ①$$

$$b=2a^2 \quad ②$$

又

$$f(1)=1+3a+b=0$$

解方程 ①,② 得

$$\begin{cases}a=-1\\b=2\end{cases}\qquad a=-\frac{1}{2}(不符合\ a<-\frac{1}{2},舍去)$$

于是 $a=-1,b=2$.

(Ⅱ) 由 a,b 的值可得 $A(0,2),B(2,-2)$,有

$$\overrightarrow{OA}=(0,2),\overrightarrow{OB}=(2,-2),\overrightarrow{OA}\cdot\overrightarrow{OB}=-4$$

【例 14】 已知两个函数 $f(x)=8x^2+16x-k,g(x)=2x^3+5x^2+4x$,其中 k 为实数.

(Ⅰ) 对任意的 $x\in[-3,3]$ 都有 $f(x)\leqslant g(x)$ 成立,求 k 的取值范围;

(Ⅱ) 对任意的 $x_1\in[-3,3],x_2\in[-3,3]$ 都有 $f(x_1)\leqslant g(x_2)$,求 k 的取值范围.

【解】 (Ⅰ) 设

$$h(x)=g(x)-f(x)$$

则对任意的 $x\in[-3,3]$ 都有 $f(x)\leqslant g(x)$ 成立等价于 $x\in[-3,3]$ 时,$h(x)$ 的最小值 $\geqslant 0$ 成立

$$h(x)=2x^3-3x^2-12x+k$$
$$h'(x)=6x^2-6x-12=6(x+1)(x-2)$$

令 $h'(x)=0$,得 $x=-1,x=2$.

由表 13.1 可知

$$h_{\min}=-45+k$$

解 $-45+k\geqslant 0$,得 $k\geqslant 45$.

表 13.1

x	-3	$(-3,-1)$	-1	$(-1,2)$	2	$(2,3)$	3
$h'(x)$		$+$	0	$-$	0	$+$	
$h(x)$	$-45+k$	增	$7+k$	减	$-20+k$	增	$-9+k$

(Ⅱ) 对任意的 $x_1\in[-3,3],x_2\in[-3,3]$ 都有 $f(x_1)\leqslant g(x_2)$ 成立,等价于 $f(x)$ 的最大值 $\leqslant g(x)$ 的最小值,$x\in[-3,3]$.

首先求 $g(x)$ 的最小值

$$g'(x)=6x^2+10x+4=2(3x+2)(x+1)$$

令 $g'(x)=0$,得 $x=-\frac{2}{3},x=-1$.

由表 13.2 可知，$g_{\min}(x)=-21$.

表 13.2

x	-3	$(-3,-1)$	-1	$(-1,-\frac{2}{3})$	$-\frac{2}{3}$	$(-\frac{2}{3},3)$	3
$g'(x)$		$+$	0	$-$	0	$+$	
$g(x)$	-21	增	-1	减	$-\frac{28}{27}$	增	111

再求 $f(x)$ 的最大值

$$f(x)=8x^2+16x-k=8(x+1)^2-8-k \quad x\in[-3,3]$$

则 $x=3$ 时，$f(x)$ 取得最大值

$$f_{\max}(x)=f(3)=120-k$$

于是 $120-k\leqslant-21$，$k\geqslant 141$.

对于本题，理解题意，弄清(Ⅰ)，(Ⅱ)的区别，并从函数思想来思考是很重要的.

【例 15】 (2000 年，日本宫城教育大学入学试题)

点 P 在以原点 O 为中心，半径为 1 的圆周上，点 Q 在线段 OP 的延长线上，又知两点 $A(-2,0)$，$B(2,0)$，动点 X 从点 A 出发在线段 AP 上以速度 v 向点 P 前进，然后又从点 P 出发，在线段 PB 上以速度 $2v$ 向点 B 前进，试回答以下问题：

(Ⅰ)动点 X 从点 A 出发经过点 P 到达点 B 所需的时间最大时，求点 P 的坐标；

(Ⅱ)设 $\angle APO=\alpha$，$\angle BPQ=\beta$，点 P 在(Ⅰ)所求的位置时，求 $\frac{\sin\beta}{\sin\alpha}$ 的值.

【解】 (Ⅰ)由于点 P 在单位圆上如图 13.2，可设

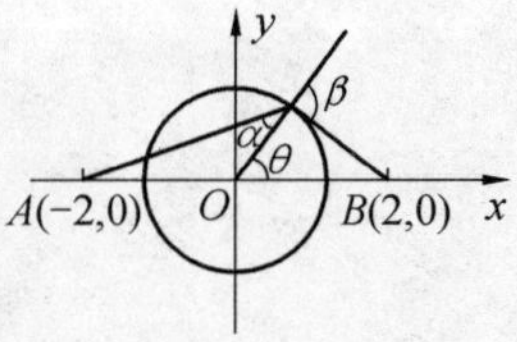

图 13.2

$$P(\cos\theta,\sin\theta) \quad 0\leqslant\theta<2\pi$$

$$|AP|=\sqrt{(\cos\theta+2)^2+\sin^2\theta}=\sqrt{5+4\cos\theta}$$

$$|BP|=\sqrt{(\cos\theta-2)^2+\sin^2\theta}=\sqrt{5-4\cos\theta}$$

动点 X 从 $A\to P\to B$ 的时间 T 为

$$T(\theta)=\frac{|AP|}{v}+\frac{|BP|}{2v}$$

$$=\frac{1}{v}\left(\sqrt{5+4\cos\theta}+\frac{1}{2}\sqrt{5-4\cos\theta}\right)$$

$$T'(\theta)=\frac{1}{v}\left(\frac{-2\sin\theta}{\sqrt{5+4\cos\theta}}+\frac{\sin\theta}{\sqrt{5-4\cos\theta}}\right)$$

$T'(\theta)=0$,则

$$\frac{-2\sin\theta}{\sqrt{5+4\cos\theta}}+\frac{\sin\theta}{\sqrt{5-4\cos\theta}}=0$$

解得

$$\sin\theta=0\text{ 或 }2\sqrt{5-4\cos\theta}=\sqrt{5+4\cos\theta}$$

即

$$\sin\theta=0\text{ 或 }\cos\theta=\frac{3}{4}$$

$$\theta_1=0,\theta_2=\arccos\frac{3}{4},\theta_3=\pi,\theta_4=2\pi-\arccos\frac{3}{4}$$

所以由表 13.3 可知,$\theta=\theta_2,\theta_4$ 时,$T(\theta)$ 有最大值,此时 $\cos\theta=\frac{3}{4}$,$\sin\theta=\pm\frac{\sqrt{7}}{4}$,$P\left(\frac{3}{4},\pm\frac{\sqrt{7}}{4}\right)$.

表 13.3

θ	0	$(0,\theta_2)$	θ_2	(θ_2,π)	π	(π,θ_4)	θ_4	$(\theta_4,2\pi)$
$T'(\theta)$	0	+	0	−	0	+	0	−
$T(\theta)$	$\frac{7}{2v}$	增	$\frac{5\sqrt{2}}{2v}$	减	$\frac{5}{2v}$	增	$\frac{5\sqrt{2}}{2v}$	减

(Ⅱ)由(Ⅰ),$T(\theta)$ 最大时,$\cos\theta=\frac{3}{4}$,则

$$|AP|=\sqrt{5+4\cdot\frac{3}{4}}=2\sqrt{2}$$

$$|BP|=\sqrt{5-4\cdot\frac{3}{4}}=\sqrt{2}$$

在 $\triangle OAP$ 和 $\triangle OBP$ 中,由正弦定理有

$$\frac{|OA|}{\sin\alpha}=\frac{|AP|}{\sin\angle AOP},\frac{|OB|}{\sin(180^\circ-\beta)}=\frac{|BP|}{\sin\angle BOP}$$

由

$$\sin\angle AOP=\sin\angle BOP$$
$$|OA|=|OB|=2$$

所以

$$|AP|\sin\alpha=|BP|\sin\beta$$

$$\frac{\sin\beta}{\sin\alpha}=\frac{|AP|}{|BP|}=\frac{2\sqrt{2}}{\sqrt{2}}=2$$

本题的第(Ⅰ)问是求函数 $T(\theta)=\frac{1}{v}\sqrt{5+4\cos\theta}+\frac{1}{2}\sqrt{5-4\cos\theta}$ 的最大值,这类题目用初等方法比较困难,而导数成为必不可少的工具.

(四)其他方面的应用

导数作为研究函数的一个工具,除了在求函数的变化率,求切线的斜率,研究函数的单调性,求函数的极值和最小值之外,在对函数状态的整体研究,对方程的根的研究,证明不等式方面都能发挥很大作用,如本文第二部分,证明2001年高考试题的一个不等式 $(1+m)^n>(1+n)^m(1<m<n,m,n\in\mathbf{N}^*)$ 就是用导数,并利用导数推证的单调性完成的,下面再看几个例题.

【例 16】 已知平面向量 $\boldsymbol{a}=(\sqrt{3},-1),\boldsymbol{b}=\left(\frac{1}{2},\frac{\sqrt{3}}{2}\right)$.

(Ⅰ)证明:$\boldsymbol{a}\perp\boldsymbol{b}$;

(Ⅱ)若存在不同时为零的实数 k 和 t,使 $\boldsymbol{x}=\boldsymbol{a}+(t^3-3)\boldsymbol{b},\boldsymbol{y}=-k\boldsymbol{a}+t\boldsymbol{b}$,且 $\boldsymbol{x}\perp\boldsymbol{y}$,试求函数关系式 $k=f(t)$;

(Ⅲ)据(Ⅱ)的结论,讨论关于 t 的方程 $f(t)-k=0$ 的解的情况.

【解】 (Ⅰ)由 $\boldsymbol{a}=(\sqrt{3},-1),\boldsymbol{b}=\left(\frac{1}{2},\frac{\sqrt{3}}{2}\right)$,可得

$$\boldsymbol{a}\cdot\boldsymbol{b}=\sqrt{3}\times\frac{1}{2}+(-1)\times\frac{\sqrt{3}}{2}=0$$

所以 $\boldsymbol{a}\perp\boldsymbol{b}$.

(Ⅱ)由 $\boldsymbol{x}\perp\boldsymbol{y}$,得 $\boldsymbol{x}\cdot\boldsymbol{y}=0$,又 $\boldsymbol{a}\cdot\boldsymbol{b}=0$,则

$$[\boldsymbol{a}+(t^2-3)\boldsymbol{b}]\cdot(-k\boldsymbol{a}+t\boldsymbol{b})=0$$

即

$$-k\boldsymbol{a}^2+t(t^2-3)\boldsymbol{b}^2=0$$

又 $\boldsymbol{a}^2=4,\boldsymbol{b}^2=1$,则 $-4k+t^3-3t=0$,由题设 k,t 不同时为0,则 $t\neq0$.

$k=\frac{1}{4}(t^3-3t),t\in\mathbf{R},t\neq0$.

(Ⅲ)$f(t)=\frac{1}{4}(t^3-3t)$.

讨论关于 t 的方程 $f(t)-k=0$ 的解的情况,等价于曲线 $f(t)=\frac{1}{4}(t^3-3t)$

与直线 $y=k$ 的交点的个数的情况.

为此,研究函数

$$f(t)=\frac{1}{4}(t^3-3t)$$

$$f'(t)=\frac{1}{4}(3t^3-3)=\frac{3}{4}(t-1)(t+1)$$

令 $f'(t)=0$,则 $t=1$ 或 -1(表 13.4).

表 13.4

t	$(-\infty,-1)$	-1	$(-1,1)$	1	$(1,+\infty)$
$f'(x)$	$+$	0	$-$	0	$+$
$f(t)$	增	$\frac{1}{2}$	减	$-\frac{1}{2}$	增

又 $f(x)$ 为奇函数,且 $f(t)=0$ 时,$t=0,\pm\sqrt{3}$($t=0$ 舍去).

由以上,可以画出 $y=f(t)$ 的图像大致如图 13.3.

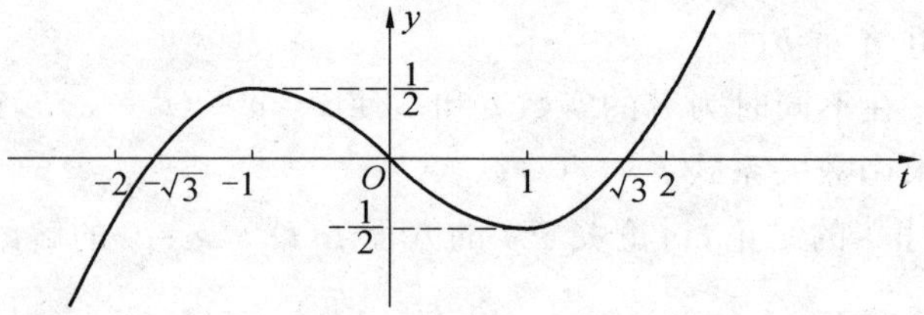

图 13.3

于是 $f(t)-k=0$ 的解的情况如下:

(1)$k>\frac{1}{2}$ 或 $k<-\frac{1}{2}$ 时,$y=f(t)$ 与 $y=k$ 的图像只有一个交点,即方程只有一个解;

(2)$k=\frac{1}{2}$ 或 $k=-\frac{1}{2}$ 时,$y=f(t)$ 与 $y=k$ 的图像有二个交点,即方程有二解;

(3)$k=0$ 时,$y=f(t)$ 与 $y=0$ 的图像有二个交点,即方程有二解;

(4)$-\frac{1}{2}<k<0$ 或 $0<k<\frac{1}{2}$ 时,$y=f(t)$ 与 $y=k$ 的图像有三个交点,即方程有三解.

本题是导数与向量的综合题,重点在于利用导数研究函数的性质,并利用这些性质,画出 $y=f(t)$ 的图像,再利用数形结合思想对方程的解进行讨论.

【例 17】 研究三次方程 $f(x)=ax^3+bx^2+cx+d$ 有且只有一个实根

的条件是什么？

【解】 $f(x)=0$ 有且只有一个实根，有下列两种情况：

第一种情况：函数 $f(x)$ 在 $x\in\mathbf{R}$ 上是单调的，即或者是单调递增，或者是单调递减，这相当于 $f(x)$ 的导函数

$$f'(x)=3ax^2+2bx+c$$

或者恒大于零，或者恒小于零，因而其判别式 Δ，满足 $\Delta=4b^2-12ac<0$，即 $b^2<3ac$.

第二种情况：函数 $f(x)$ 不是单调的，这时为使 $f(x)=0$ 有且只有一个实根，必须保证使 $f'(x)=0$ 的两个驻点 x_1,x_2 对应的函数值 $f(x_1),f(x_2)$ 或者都大于零，或者都小于零(图 13.4,13.5). 否则，若 $f(x_1)$ 与 $f(x_2)$ 一个大于零，一个小于零，则至少有两个实根.

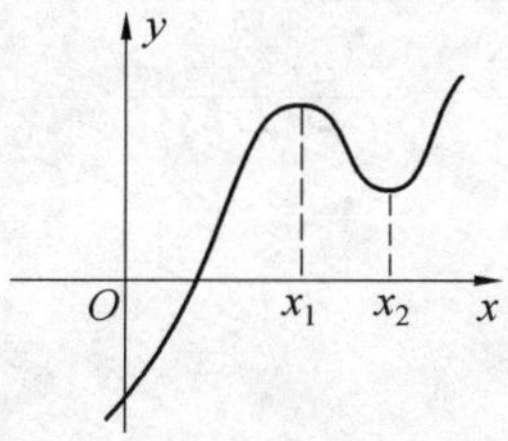

图 13.4

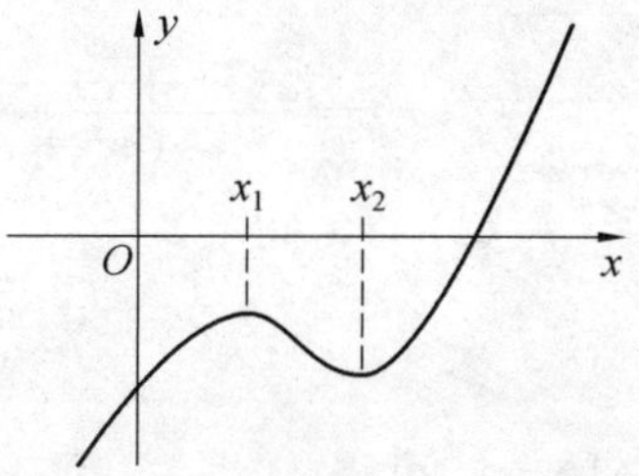

图 13.5

此时应有

$$\begin{cases}\Delta=4b^2-12ac\geqslant 0\\ f(x_1)\cdot f(x_2)>0\end{cases}$$

即

$$\begin{cases}b^2\geqslant 3ac\\ f(x_1)\cdot f(x_2)>0\end{cases}$$

其中，x_1,x_2 是 $f'(x)=0$ 的两个实根.

因此，三次方程 $f(x)=ax^3+bx^2+cx+d=0$，有且只有一个实根的条件是

$$b^2<3ac\ 或\begin{cases}b^2\geqslant 3ac\\ f(x_1)\cdot f(x_2)>0\end{cases}$$

【例 18】 已知函数 $f(x)=\dfrac{ax+b}{x^2+c}$ 的图像如图 13.6 所示.

试比较 a,b,c 的大小.

【解】 如图可知，$f(x)$ 为奇函数，于是

$$f(0)=0$$

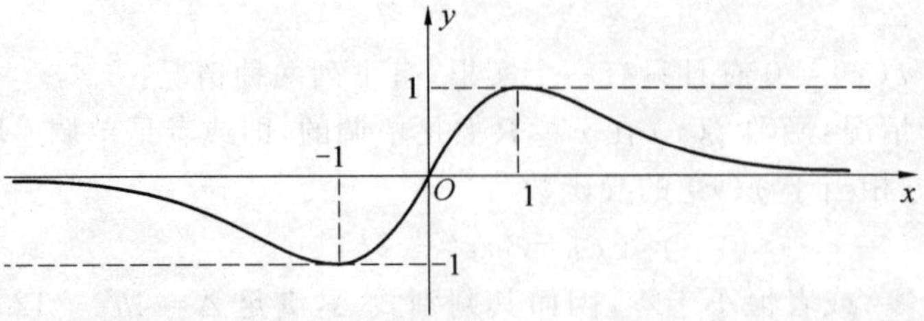

图 13.6

$$\frac{a\cdot 0+b}{0^2+c}=0$$

此时

$$b=0,f(x)=\frac{ax}{x^2+c}$$

$$f'(x)=\frac{a(x^2+c)-ax(2x)}{(x^2+c)^2}=\frac{-ax^2+ac}{(x^2+c)^2}$$

由 $f'(-1)=f'(1)=0$,得

$$-a+ac=0$$

$$c=1$$

又由 $f(1)=1$,可得

$$f(1)=\frac{a\cdot 1}{1+1}=1$$

$$a=2$$

于是 $a=2,c=1,b=0$,即 $a>c>b$.

【例 19】 设 $x\geqslant 0$,比较 $A=x\mathrm{e}^{-x}$,$B=\lg(1+x)$,$C=\frac{x}{\sqrt{1+x}}$ 的大小.

【分析及解】 令 $f(x)=C-B=\frac{x}{\sqrt{1+x}}-\lg(1+x)$,则

$$f'(x)=\frac{(\sqrt{1+x}-1)^2}{2(1+x)\sqrt{1+x}}>0$$

$f(x)$ 为$[0,+\infty)$ 上的增函数,$f(x)\geqslant f(0)=0$,因而 $C\geqslant B$.

令 $g(x)=B-A=\lg(1+x)-x\mathrm{e}^{-x}$,则当 $x\geqslant 0$ 时

$$g'(x)=\frac{1-\mathrm{e}^{-x}(1-x^2)}{1+x}\geqslant 0$$

$g(x)$ 为$[0,+\infty)$ 上的增函数,$g(x)\geqslant g(0)=0$,因而 $B\geqslant A$.

因此,$C\geqslant B\geqslant A$($x=0$ 时等号成立).

第十四讲　高考中的研究性问题

在近几年的高考数学试题中,出现了一种新的试题 —— 研究性试题,例如 2002 年全国现行课程卷文史类第(22) 题,即把三角形剪 拼成三棱锥和三棱柱问题,2003 年全国现行的课程卷理工类第(22) 题,一个三角形数的规律性问题,在上海卷中以及新课程卷中也有些类似的问题. 这类试题以开放型,探究型为主要特征,命题者立足于数学学科的整体高度,体现数学学科整体的特点,体现数学应用的现实性和时代性,创设考查数学探究能力和实践能力的新颖情境,要求学生以研究性学习的思维模式,进行分析、试验、归纳、猜想、探究,去把握数学规律的内在本质,以较大的自由度和思维空间去自主学习,主动探究. 这类试题对于培养考生的创新意识和实践能力,发现他们后继学习的潜能,训练他们在信息时代面对纷繁复杂的各种信息进行收集、筛选、处理、整合和调控的能力都有一定的重要意义.

从已经出现的研究性试题或者类似于研究性学习的试题来看,大约有这样几种:对问题的规律性进行研究的试题,对命题的条件进行研究的试题,对解决问题的策略进行研究的试题,对问题进行拓展性研究或深入性研究的试题,下面分别举例研究.

一、对问题的规律性进行研究

【例 1】 (2003 年,全国卷理工类)

(Ⅰ) 设 $\{a_n\}$ 是集合 $\{2^t+2^s \mid 0 \leqslant s < t, 且\ s,t \in \mathbf{Z}\}$ 中所有的数从小到大排列成数列,即 $a_1=3, a_2=5, a_3=6, a_4=9, a_5=10, a_6=12, \cdots$

将数列 $\{a_n\}$ 各项按照上小下大,左小右大的原则写成如下的三角形数

$$\begin{array}{ccc} & 3 & \\ 5 & & 6 \\ 9 & 10 & 12 \\ & \vdots & \end{array}$$

① 写出这个三角形数表的第四行、第五行各数;

② 求 a_{100}.

（Ⅱ）（本小题为附加题）设$\{b_n\}$是集合$\{2^t+2^s+2^r \mid 0\leqslant r<s<t$，且$r,s,t\in \mathbf{Z}\}$中所有的数从小到大排列成数列，已知$b_k=1\ 160$，求$k$.

【分析及解】 在《全日制普通高级中学数学教学大纲》中，把“杨辉三角”作为研究性学习课程的一个参考课题. 杨辉三角是反映组合数C_n^k的规律用三角形数的形式表示的一个数表，这个数表使组合数的规律的呈现更加形象化，明确化和直观化. 本题可以看作是“杨辉三角”问题的一种拓展，主要考查数列，排列，不等式，组合计数等知识和观察、归纳、分析、推理能力，要求考生细致地对数学对象进行观察，寻找数组的规律，形成直觉，产生由特殊到一般的猜想，并最终抓住问题的特征.

（Ⅰ）（ⅰ）对已知三角形数表的构成进行研究，并逐行写成2的幂的和的形式，就可以完成第四行，第五行各数的填写.

第一行：$3=2^0+2^1$；

第二行：$5=2^0+2^2$，$6=2^1+2^2$；

第三行：$9=2^0+2^3$，$10=2^1+2^3$，$12=2^2+2^3$；

第四行：$2^0+2^4=17$，$2^1+2^4=18$，$2^2+2^4=20$，$2^3+2^4=24$；

第五行：$2^0+2^5=33$，$2^1+2^5=34$，$2^2+2^5=36$，$2^3+2^5=40$，$2^4+2^5=48$.

（ⅱ）为求a_{100}，就要研究三角形表中的第100个数位于第几行，第几个. 然后就可以根据数表的构成求出这个数来.

首先，研究三角形数表中每一行元素的个数；第一行有1个数，第二行有2个数，第三行有3个数，第四行有4个数.

于是前$n-1$行共有$1+2+\cdots+(n-1)=\dfrac{n(n-1)}{2}$（个）数.

前n行共有$1+2+\cdots+n=\dfrac{n(n+1)}{2}$（个）数.

设a_{100}在第n行，则有不等式

$$\frac{n(n-1)}{2}+1\leqslant 100\leqslant \frac{n(n+1)}{2}$$

由n是正整数，解得$n=14$.

又由于前13行共有$1+2+\cdots+13=\dfrac{13\times 14}{2}=91$（个）数，则$a_{100}$应位于第14行第9个数.

再考查每行数的组成规律：由上面可以看出，第k行，2的最高次幂为k，即2^t+2^k. 并且t取$0,1,2,\cdots$，因此第14行为2^t+2^{14}，$t=0,1,2,\cdots$，则第14行第9个数为$a_{100}=2^8+2^{14}=16\ 640$.

（Ⅱ）以对（Ⅰ）探究为基础，可以先写出前几行，以研究每行数出现的规

律.

我们只写出各行各数的指数

(2,1,0)

(3,1,0)　(3,2,0)　(3,2,1)

(4,1,0)　(4,2,0)　(4,2,1)　(4,3,0)　(4,3,1)　(4,3,2)

(5,1,0)　(5,2,0)　(5,2,1)　(5,3,0),…,(5,4,2)　(5,4,3)

由上面可以看出,第 k 行有 $1+2+\cdots+k=\frac{k(k+1)}{2}$(个)元素,并且 2 的最高次幂为第 k 行是 2^{k+1} 次幂.

把 1 160 写成 2 的幂的形式 $1\ 160=2^{10}+2^{7}+2^{3}$,因此 1 160 在第 9 行.

而前 8 行共有 $\sum\limits_{k=1}^{8}\frac{k(k+1)}{2}=120$(个)元素,第 9 行的排列是(10,1,0),(10,2,0)(10,2,1)(10,3,1),…,(10,6,5)(10,7,0),…,(10,7,3).

所以 1 160 应在第 10 行的第 $1+2+3+4+5+6+4=25$ 的位置.

所以 $k=120+25=145$.

对于(Ⅱ)的另一个思路是,$2^{r}+2^{s}+2^{t}$ 中,r,s,t 都不相等,而且取非负整数值,对于前 9 行,r,s,t 在$\{0,1,2,\cdots,9\}$中取值,且取不同的值,所以前 9 行所有元素的个数,相当于从$\{0,1,2,\cdots,9\}$这 10 个数中任取 3 个不同的数的所有组合数,即 $C_{10}^{3}=120$(个).

而 b_k 所在的第 9 行又满足 $s\leqslant 7,r\leqslant 2$ 之后的一个数,即第 $8\times 3+1=25$(个).

所以 b_k 位于第 $120+8\times 3+1=145$(个),$k=145$.

本题所设的三问是对这一类三角形数问题研究的三个步骤:

第一问是问题的初步探究,这一步是由题目给出的第一行,第二行,第三行的规律,类比出第四行,第五行的规律,并计算出第四行,第五行各数,从而完成初步试验和归纳.

第二问是问题的深入探究,从第一问的初步探究中可以发现一些规律性:第 k 行有 k 个元素,由此可以研究任意项在三角形数表中的具体位置和具体数值.从命题的角度是给出一个具体的项 a_{100},研究三角形数表的第 100 个数所在的位置,再计算 a_{100} 的值,实际上不一定拘泥于 a_{100},可以研究任意的 a_m,因为由上面的探究可以知道,m 应满足不等式

$$\frac{n(n-1)}{2}+1\leqslant m\leqslant\frac{n(n+1)}{2}$$

从而确定 a_m 在第 n 行,且由 $m-\frac{n(n-1)}{2}=t$,可知 a_m 在第 n 行第 t 个,

于是 $a_m = 2^n + 2^{t-1}$.

第一问是对考生探究能力的考察，要求在归纳的基础上，学会抽象才能解决问题.

第三问是问题的拓展，首先是对已知条件的拓展，由 $2^t + 2^s$ 拓展为 $2^t + 2^s + 2^r$，其次是研究方法的拓展，得到 t, s, r 是从 $\{0, 1, \cdots, n-1\}$ 这 n 个数中取三个数的所有组合数，就是前 n 行的所有数.

这个问题作为试题已经解决了，但是作为研究性学习的课题还可以再深入研究.

我们仍然看由 $2^t + 2^s$ 组成的三角形数表，还可以得到更多的结论：

1. 从第二行起，每一行的前两个数是相继自然数，例如第三行是 9，10，第 4 行是 17，18，第 5 行是 33，34，等等；

2. 从左上到右下的第 m 条斜线上的数构成以 $2^m + 1$ 为首项，以 2 为公比的等比数列，如：

3，6，12，24，48，…

5，10，20，40，80，…

9，18，36，72，144，…

17，34，68，…

3. 第 n 行第 m 个数的值为 $2^n + 2^{m-1}$.

能否再举出一些结论呢？请读者思考.

如果从条件进行拓展研究，还可以研究诸如 $\{3^t + 3^s \mid 0 \leqslant t < s, s, t \in \mathbf{Z}\}$ 或 $\{a^t + a^s \mid 0 \leqslant t < s, s, t \in \mathbf{Z}, a \in \mathbf{N}^*\}$ 的数表，或者研究 $\{2^{a_1} + 2^{a_2} + \cdots + 2^{a_k} \mid 0 \leqslant a_1 < a_2 < \cdots < a_k, a_1, a_2, \cdots, a_k \in \mathbf{Z}\}$ 的数表.

请看下面的题目：

递增数列 1，3，4，9，10，12，13，…，由一些正整数组成，它们的每一项是若干个不同的 3 的幂之和，则此数列的第 100 项是多少？

这个题目与上面解过的高考题不同，它不是只由两个 3 的幂的和或只有三个 3 的幂的和组成，而是由若干个不同的 3 的幂的和，即可能是一个 3 的幂，也可能是二个 3 的幂的和，也可能是三个或三个以上 3 的幂的和等等.

我们研究这个题目的解.

给定数列的各项是形如

$$k_0 \cdot 3^0 + k_1 \cdot 3^1 + k_2 \cdot 3^2 + \cdots + k_m \cdot 3^m \quad k_i \in \{0, 1\}$$

这样的数有 $2^{m+1} - 1$ 个，这是因为每一个 k_i 都有 0，1 两种取法，所以对于 $m+1$ 个 k_i 有 2^{m+1} 个取法. 由于 k_i 都取 0 的数不合要求，所以共有 $2^{m+1} - 1$ 个.

当 $m=5$ 时，由 $3^0, 3^1, 3^2, \cdots, 3^5$ 可组成 $2^6 - 1 = 63$(个) 不同的项，这是数

列的前63项.

第64项是$3^6=729$.

第65项开始从小到大,不含3^5的项,即除3^6之外,由$3^0,3^1,3^2,3^3,3^4$组成的数有$2^5-1=31$(个).

这时共有$64+31=95$(个).

从第96项起,又添加了$3^5=243$的项,依次为

$$a_{96}=3^6+3^5=972, a_{97}=3^6+3^5+3^0, a_{98}=3^6+3^5+3^1$$

$$a_{99}=3^6+3^5+3^1+3^0, a_{100}=3^6+3^5+3^2=729+243+9=981$$

所以第100项为981.

【例2】 (2001年上海卷)

用水清洗一堆蔬菜上残留的农药,对用一定量的水清洗一次的效果作如下假定:用一个单位量的水可洗掉蔬菜上残留量的$\frac{1}{2}$,用水越多,洗掉的农药量也越多,但总还有农药残留在蔬菜上,设用x单位量的水清洗一次以后,蔬菜上残留的农药量与本次清洗前残留的农药量之比为$f(x)$.

(1) 试规定$f(0)$的值,并解释其实际意义.

(2) 试根据假定写出函数$f(x)$应该满足的条件和具有的性质.

(3) 设$f(x)=\frac{1}{1+x^2}$,现有$a(a>0)$单位量的水可以清洗一次,也可以把水平均分成2份后清洗两次,试问哪种方案清洗后蔬菜上残留的农药量比较少?

【分析及解】 这是一道以清洗蔬菜上残留的农药为背景的研究性问题.这个问题与其他题目不同的是,题目只是给出清洗蔬菜的若干假定,而没有直接给出函数的解析式,要求考生根据这些假定所提供的信息来研究规律,即函数$f(x)$的性质,而一般题目都是给出函数的解析式,或者能够建立函数的解析式,再根据函数的解析式研究函数的性质,所以本题的第一个研究任务就是如何根据题目的假定探究函数的性质.

第二个研究任务则是采取什么样的方法清洗蔬菜效果更好,题目给出了两个清洗方案,要求考生对这两个方案进行分析比较.

因此解决本题可以考查考生对函数基本概念和性质理解和掌握的程度,考查考生对问题解决的探究能力.

首先研究函数$f(x)$的性质.

(1) $f(0)=1$,这表明没有用水清洗,蔬菜上残留的农药量没有改变;

(2) $f(1)=\frac{1}{2}$,这是由假定,用一个单位量的水($x=1$)可洗掉蔬菜上农药

残留量的$\frac{1}{2}$；

(3)$f(x)$的定义域为$[0,+\infty)$，这是因为对清洗蔬菜的用水没有什么限制；

(4)$f(x)\neq 0$，这是由假设，无论怎样清洗，总还有农药残留在蔬菜上，由此可得出$f(x)$的值域为$(0,1]$；

(5)再由用水越多，洗掉的农药也越多的假定可以知道$f(x)$在$[0,+\infty)$上是减函数.

以上，是我们根据清洗蔬菜的假定总结的关于$f(x)$的性质，这包括：

① 定义域：$x\in[0,+\infty)$；

② 值域：$y\in(0,1]$；

③ 单调性：$f(x)$在$[0,+\infty)$上是减函数；

④ 最值：$f(x)$在$x=0$时有最大值1；

⑤ 特殊点：$f(1)=\frac{1}{2}$.

第(3)问是关于清洗蔬菜方案的研究.

这一问，由于关于$f(x)$的解析式已经给出，即$f(x)=\frac{1}{1+x^2}$，所以讨论问题就可以具体一些了.

用a单位量的水清洗一次，蔬菜上的残留农药量为$f_1(a)=\frac{1}{1+a^2}$，把a单位量的水平均分成2份后清洗两次，蔬菜上的残留农药量为

$$f_2(a)=\frac{1}{1+\left(\frac{a}{2}\right)^2}\cdot\frac{1}{1+\left(\frac{a}{2}\right)^2}=\frac{16}{(4+a^2)^2}$$

$$f_1(a)-f_2(a)=\frac{1}{1+a^2}-\frac{16}{(4+a^2)^2}=\frac{16+8a^2+a^4-16-16a^2}{(1+a^2)(4+a^2)^2}$$

$$=\frac{a^2(a^2-8)}{(1+a^2)(4+a^2)^2}=\frac{a^2(a+2\sqrt{2})(a-2\sqrt{2})}{(1+a^2)(4+a^2)^2}$$

于是有下面的结论：

$a>2\sqrt{2}$时，$f_1(a)>f_2(a)$，清洗两次较好；

$a=2\sqrt{2}$时，$f_1(a)=f_2(a)$，清洗一次与清洗两次效果相同；

$0<a<2\sqrt{2}$时，$f_1(a)=f_2(a)$，清洗一次较好.

这是一道结论开放型的研究题，涉及对函数概念、函数性质以及不等式的计算，其中不仅要对蔬菜中农药残留量$f(x)$的性质进行研究，还要对清洗蔬

菜方案进行研究.

【例 3】 有一位同学写了一个不等式$\dfrac{x^2+1+c}{\sqrt{x^2+c}}\geqslant\dfrac{1+c}{\sqrt{c}}(x\in\mathbf{R})$.

（Ⅰ）这位同学发现当$c=1,2,3$时，不等式都成立，试问：不等式是否对任意的正数c都成立？

（Ⅱ）对于已知的正数c这位同学还发现，把不等式右边的"$\dfrac{1+c}{\sqrt{c}}$"改成某些值，如$-c$，0等，不等式总是成立的，试求出所有这些值的集合M.

【分析及解】 这是一个探讨不等式成立条件的研究性试题，试题引导解题者进行数学试验，通过试验探讨不等式成立的条件.

首先研究（Ⅰ），我们首先按照题目给出的数据进行试验.

当$c=1$时，不等式相当于

$$\frac{x^2+2}{\sqrt{x^2+1}}\geqslant 2\quad(x\in\mathbf{R})$$

这个不等式显然成立，这是因为

$$\frac{x^2+2}{\sqrt{x^2+1}}=\sqrt{x^2+1}+\frac{1}{\sqrt{x^2+1}}\geqslant 2$$

当$c=2$时，不等式相当于

$$\frac{x^2+3}{\sqrt{x^2+2}}\geqslant\frac{3}{\sqrt{2}}$$

证明这个不等式可用比较法

$$\begin{aligned}\frac{x^2+3}{\sqrt{x^2+2}}-\frac{3}{\sqrt{2}}&=\frac{x^2+2+1}{\sqrt{x^2+2}}-\frac{2+1}{\sqrt{2}}\\&=\sqrt{x^2+2}+\frac{1}{\sqrt{x^2+2}}-\sqrt{2}-\frac{1}{\sqrt{2}}\\&=(\sqrt{x^2+2}-\sqrt{2})\cdot\frac{\sqrt{2}\sqrt{x^2+2}-1}{\sqrt{2}\cdot\sqrt{x^2+2}}\end{aligned}$$

由$\sqrt{x^2+2}\geqslant\sqrt{2}$，可得$\sqrt{x^2+2}-\sqrt{2}\geqslant 0$，$\sqrt{2}\sqrt{x^2+2}-1\geqslant 0$，于是$\dfrac{x^2+3}{\sqrt{x^2+2}}\geqslant\dfrac{3}{\sqrt{2}}$.

当$c=3$时，不等式相当于$\dfrac{x^2+3+1}{\sqrt{x^2+3}}\geqslant\dfrac{1+3}{\sqrt{3}}$，仍然使用比较法证明

$$\frac{x^2+3+1}{\sqrt{x^2+3}}-\frac{1+3}{\sqrt{3}}=(\sqrt{x^2+3}-\sqrt{3})+\left(\frac{1}{\sqrt{x^2+3}}-\frac{1}{\sqrt{3}}\right)$$

$$=(\sqrt{x^2+3}-\sqrt{3})\cdot\frac{\sqrt{3}\sqrt{x^2+3}-1}{\sqrt{3}\cdot\sqrt{x^2+3}}$$

由$\sqrt{x^2+3}\geqslant\sqrt{3}$及$\sqrt{3}\sqrt{x^2+3}-1>0$,可知$\frac{x^2+3+1}{\sqrt{x^2+3}}\geqslant\frac{1+3}{\sqrt{3}}$.

由以上试验可知,题设的不等式对$c=1,2,3$都成立.

不等式是否对任意正c都成立呢?

再进行试验,取$c=\frac{1}{2}$,这时

$$\frac{x^2+1+c}{\sqrt{x^2+c}}=\frac{x^2+1+\frac{1}{2}}{\sqrt{x^2+\frac{1}{2}}}$$

$$\frac{1+c}{\sqrt{c}}=\frac{1+\frac{1}{2}}{\sqrt{\frac{1}{2}}}=\frac{3}{\sqrt{2}}$$

是否对所有$x\in\mathbf{R}$都有

$$\frac{x^2+1+\frac{1}{2}}{\sqrt{x^2+\frac{1}{2}}}\geqslant\frac{3}{\sqrt{2}}$$

我们取$x^2=\frac{1}{2}$,这时不等式的左边为2,右边为$\frac{3}{\sqrt{2}}$,显然$2<\frac{3}{\sqrt{2}}$,此时不等式不成立.

由以上结论,我们可以猜想$c\geqslant1$时,题设的不等式成立.

下面证明这一猜想

$$\frac{x^2+1+c}{\sqrt{x^2+c}}-\frac{1+c}{\sqrt{c}}=\sqrt{x^2+c}-\sqrt{c}+\frac{1}{\sqrt{x^2+c}}-\frac{1}{\sqrt{c}}$$

$$=(\sqrt{x^2+c}-\sqrt{c})\cdot\frac{\sqrt{c}\sqrt{x^2+c}-1}{\sqrt{c}\cdot\sqrt{x^2+c}}$$

由于$x^2\geqslant0,x^2+c\geqslant c,\sqrt{x^2+c}\geqslant\sqrt{c}$,显然有

$$\sqrt{x^2+c}-\sqrt{c}\geqslant0,\sqrt{c}\sqrt{x^2+c}>0$$

当$c\geqslant1$时,$\sqrt{c}\sqrt{x^2+c}\geqslant c\geqslant1$,即

$$\sqrt{c}\sqrt{x^2+c}-1\geqslant0$$

于是

$$\frac{x^2+1+c}{\sqrt{x^2+c}} \geqslant \frac{1+c}{\sqrt{c}}$$

因此,不等式对 $c \geqslant 1$ 成立.

关于这一问题有没有更一般的解法呢? 我们用函数思想来思考.

设$\sqrt{x^2+c}=t$,则 $t \geqslant \sqrt{c}$,于是

$$f(x)=\frac{x^2+1+c}{\sqrt{x^2+c}}=\frac{t^2+1}{t}=\varphi(t)$$

即 $\varphi(t)=t+\frac{1}{t}$.

我们首先研究 $\varphi(t)=t+\frac{1}{t}$ 的变化状况,对 $\varphi(t)$ 求导得 $\varphi'(t)=1-\frac{1}{t^2}$,令 $\varphi'(t)=0$,解得 $t=\pm 1$.

由于 $t<-1$ 时,$\varphi'(t)>0$;$-1<t<0$ 时,$\varphi'(t)<0$;又 $0<t<1$ 时,$\varphi'(t)<0$;$t>1$ 时,$\varphi'(t)>0$.

因此,函数 $\varphi(t)$ 在$(-\infty,-1)$ 及$(1,+\infty)$ 上是增函数,在$(-1,0)$ 及$(0,1)$ 上是减函数.

当 $c \geqslant 1$ 时,对函数 $f(x)=\varphi(t)$,$t \geqslant \sqrt{c}$,于是 $\varphi(t)$ 为增函数,从而有

$$\varphi(t) \geqslant \varphi(\sqrt{c})$$

即

$$\frac{t^2+1}{t} \geqslant \frac{1+c}{\sqrt{c}}, \frac{x^2+1+c}{\sqrt{x^2+c}} \geqslant \frac{1+c}{\sqrt{c}}$$

有了这个结果,对于问题(Ⅱ)研究就方便了.

事实上,若正数 c 满足 $0<c<1$,则由 $\varphi(t)$ 在$(0,1)$ 上是减函数,在$(1,+\infty)$ 上是增函数以及 $t \geqslant \sqrt{c}$ 可知 $\varphi(t) \geqslant \varphi(1)$,即

$$f(x) \geqslant \varphi(1)=2$$

这时,使不等式成立的值 m 的集合为 M,满足 $M=\{m \mid m \leqslant 2\}$.

若正数 c 满足 $c \geqslant 1$,则由 $t \in (1,+\infty)$ 上是增函数及 $t \geqslant \sqrt{c}$,则使不等式成立的值 m 的集合 M 满足 $M=\left\{m \mid m \leqslant \frac{1+c}{c}\right\}$.

这个题目是一道通过试验进行探求使不等式成立的条件的问题,在研究中,发现 $c \geqslant 1$ 与 $c<1$ 时,函数 $f(x)=\frac{x^2+1+c}{\sqrt{x^2+c}}$ 的最小值不同. $c \geqslant 1$,$f(x)$ 的最小值是 $\varphi(\sqrt{c})=f(0)=\frac{1+c}{\sqrt{c}}$;$0<c<1$ 时,$f(x)$ 的最小值是 $\varphi(1)=2$,

从而获得问题的整体解决.

二、对解决问题的策略进行研究

有一些研究性课程,给出了问题的条件和结论,但是如何实现从条件到结论的转化并没有固定的章法可循,需要对解决问题采取什么策略进行探究.

【例 1】 (2002 年,全国卷,文史类)

(Ⅰ)给出两块相同的正三角形纸片(图 14.1,14.2)要求用其中一块剪拼成一个正三棱锥模型,另一块剪拼成一个正三棱柱模型,使它们的全面积都与原三角形的面积相等,请设计一种剪拼方法,分别用虚线标示在图14.1,14.2 中,并作简要说明.

(Ⅱ)试比较你剪拼的正三棱锥与正三棱柱的体积的大小.

(Ⅲ)如果给出的一块任意三角形的纸片(图 14.3),要求剪拼成一个直三棱柱模型,使它的全面积与给出的三角形的面积相等,请设计一种剪拼方法,用虚线标示在图 14.3 中,并作简要说明.

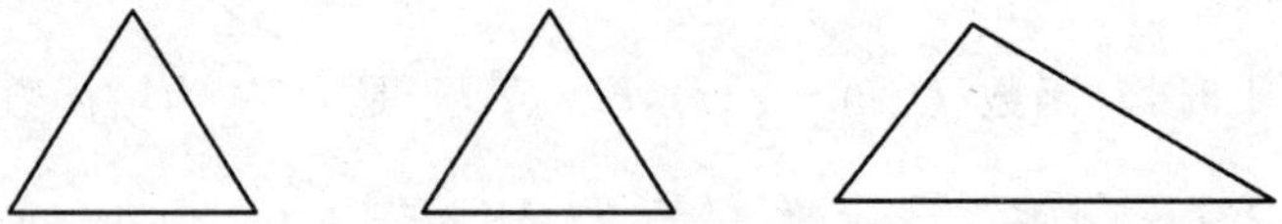

图 14.1　　图 14.2　　图 14.3

【分析及解】 本题是一道要求考生自行设计方案,自己动手剪拼成指定数学模型的试题.这道试题别开生面,远离复习资料,要求考生不仅要掌握所学过的数学知识,而且要灵活运用所学过的知识.不仅要具备空间想象能力,而且还要具备动手操作能力和探究能力.

根据本题的要求,研究性课题分三个步骤:第一个步骤是初步探究,把一个正三角形纸片剪成正三棱锥;第二个步骤是深入探究,把一个正三角形纸片剪拼成正三棱柱;第三个步骤是拓展性探究,把一个任意三角形纸片剪拼成直三棱柱.这三个步骤步步深入,其中以正三角形纸片剪拼成正三棱柱为关键,第一步骤是它的基础,第三步骤是它的推广.

(Ⅰ)首先研究把正三角形纸片剪拼成正三棱锥的问题.

如图 14.4,取正三角形 ABC 的各边中点 D,E,F,连 DE,EF,FD,则以 $\triangle DEF$ 为底边,将 $\triangle AEF,\triangle BED,\triangle CDE$ 沿 EF,FD,DE 翻折,使 A,B,C 三点重合,即构成正三棱锥.

第二研究把正三角形纸片剪拼成正三棱柱的问题.

如图 14.5,设 O 为正三角形 ABC 的中心,作 $OD\perp BC,OE\perp AC,OF\perp$

AB,垂足依次为 D,E,F.

过 OD,OE,OF 的中点分别作 BC,CA,AB 的平行线,三条平行线相交成正三角形 A',B',C',以正三角形 $A'B'C'$ 为底面.

过 A' 作 $A'M\perp AC,A'N\perp AB$,过 B' 作 $B'Q\perp BC,B'P\perp AB$,过 C' 作 $C'R\perp BC,C'S\perp AC$,垂足依次为 M,N,Q,P,R,S. 由此得到三个矩形 $MA'C'S,NA'B'P,RC'B'Q$,并以这三个矩形为棱柱侧面.

余下的三个四边形 $ANA'M,BQB'P,CSC'R$,这三个四边形恰好拼成了一个正三角形,以此正三角形作正三棱柱的另一底面.

按以上方法可剪拼成正三棱柱.

我们还可以按图 14.6 所示的方法剪拼成正三棱柱,即取 AB,AC 的中点 D,E 作 $DG\perp BC$ 于 $G,EF\perp BC$ 于 F,由 $\triangle ADE$ 作为正三棱柱的上底面,$\triangle BDG$ 和 $\triangle EFC$ 拼成的正三角形作为正三棱的下底面,而把矩形 $DEFG$ 等分成三个矩形作为正三棱柱的三个侧面,也能拼成正三棱柱.

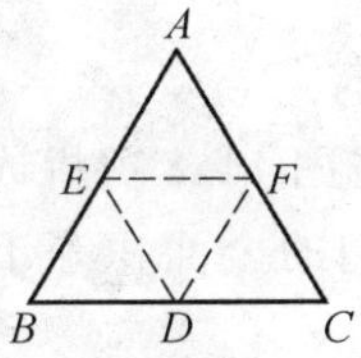

图 14.4

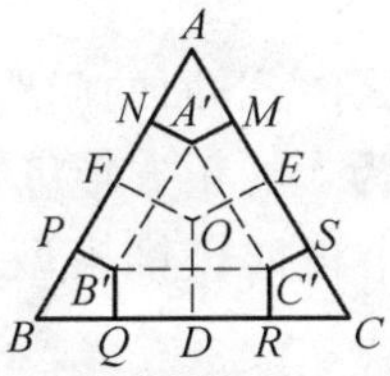

图 14.5

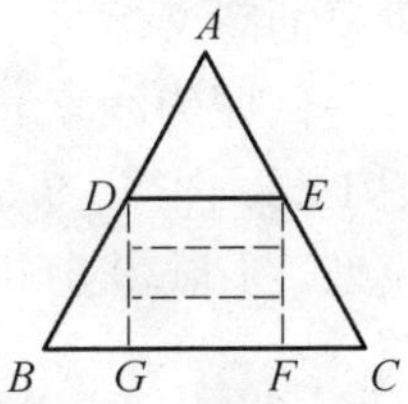

图 14.6

(Ⅱ) 按照上面的剪拼方法,有 $V_{柱}>V_{锥}$.

推理如下:

设给出的正三角形的纸片的边长为 2.

则正三棱锥与正三棱柱的底面边长都为 1,其面积为$\frac{\sqrt{3}}{4}$,下面计算它们的高 $h_{锥},h_{柱}$

$$h_{锥}=\sqrt{1-\left(\frac{2}{3}\cdot\frac{\sqrt{3}}{2}\right)^2}=\frac{\sqrt{6}}{3},h_{柱}=\frac{1}{2}\tan 30^\circ=\frac{\sqrt{3}}{6}$$

$$V_{柱}-V_{锥}=h_{柱}\cdot\frac{\sqrt{3}}{4}-\frac{1}{3}h_{锥}\cdot\frac{\sqrt{3}}{4}=\frac{\sqrt{3}}{4}\left(\frac{\sqrt{3}}{6}-\frac{\sqrt{6}}{9}\right)$$

$$=\frac{\sqrt{3}}{4}\cdot\frac{3\sqrt{3}-2\sqrt{6}}{18}>0$$

所以 $V_{柱}>V_{锥}$.

(Ⅲ) 现在研究把任意三角形的纸片剪拼成直三棱柱.

如图 14.7,分别联结三角形的内心与各顶点的线段,再以这三条线段的中点为顶点，作一个三角形，以这个三角形为直棱柱的底面.

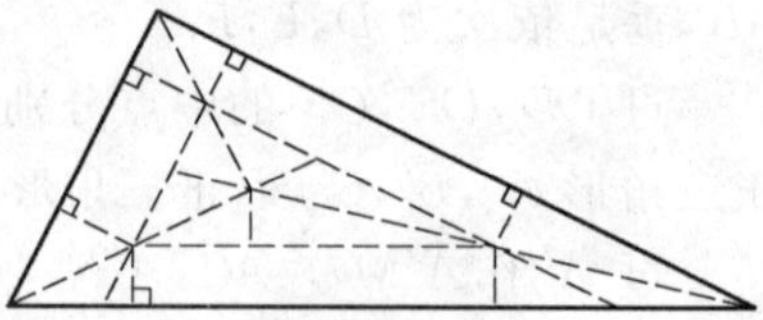
图 14.7

过新三角形的三个顶点向各边作垂线，得到三个高相同的矩形，沿六条垂线剪下三个四边形，这三个四边形可以拼接成一个与新三角形全等的三角形作为直三棱柱的另一底面，而以三个矩形为侧面，可以拼成一个直三棱柱.

本题是以正三棱锥，正三棱柱和直三棱柱的基本概念，基本性质为基础，进行剪拼活动. 在剪拼之前，并没有现在的模式可以借鉴，也没有现在的题型可以套用，需要解题者对空间图形的深入理解，对平面几何基础知识(例如，三角形的内心的性质，中位线的性质，全等图形等)的灵活运用，在自主设计中还要有一定的创造能力，这个题目有较大的自由度和思维空间，体现自主学习和主动探究精神，显现出研究性学习的特点，对于培养考生的实践能力和创新意识有重要的意义.

以这一试题为线索，还可以研究下面的问题.

如图 14.8，图 14.9 是边长为 4 的正方形纸片，现将图 14.8 剪拼或一个正四棱柱模型，图 14.9 剪拼成一个正四棱锥模型，使它们的全面积等于原正方形的面积.

(Ⅰ) 请设计一种剪拼方案，并用虚线标示在图中，作一些简要的说明；

(Ⅱ) 试计算你所制作的两个模型的体积.

这是模仿 2002 年全国试题的一道研究性试题.

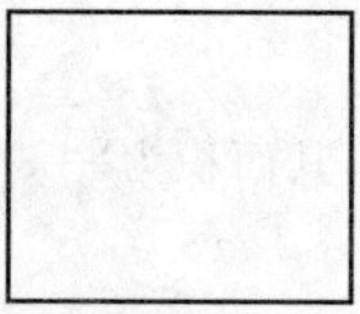
图 14.8

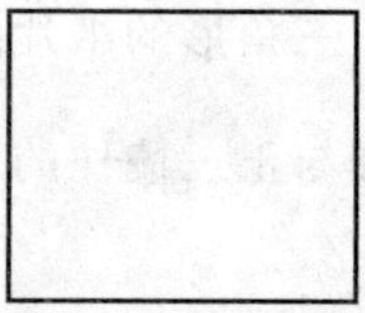
图 14.9

首先考虑制作正四棱柱模型.

方案 1：如图 14.10，在边长为 4 的正方形的 4 个角各剪下一个边长为 1 的正方形，并将这 4 个小正方形拼成一个边长为 2 的正方形为正四棱柱的上底，而剩下的十字图可拼成一个无盖的底面的边长等于 2，高为 1 的正四棱柱，再添上已拼成的上底，就构成了正四棱柱.

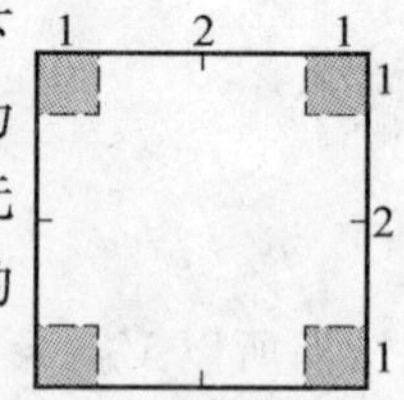

图 14.10

此时，体积 $V_1=2\cdot 2\cdot 1=4$(体积单位).

方案 2：如图 14.11，在边长为 4 的正方形中，截出边长为 $\frac{7}{2}$ 和 1 的四个矩形为侧面，4 个边长为 $\frac{1}{2}$ 和 1 的小矩形拼成两个边长为 1 的正方形. 可得到以边长 1 的正方形为上、下底面，以 $1\times\frac{7}{2}$ 的矩形为侧面的正四棱柱.

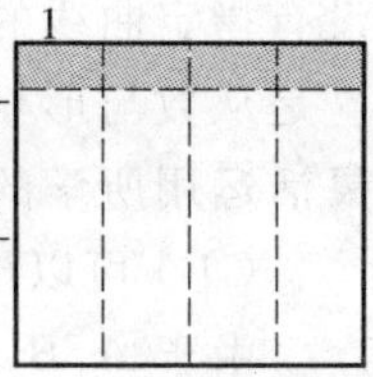

图 14.11

此时，体积 $V_2=1\cdot\frac{7}{2}\cdot1=\frac{7}{2}$(体积单位).

下面研究如何剪拼成正四棱锥.

方案 1：如图 14.12，在边长为 4 的正方形中，截出两个 1×2 的矩形拼成 1 个 2×2 的正方形作为正四棱锥的底面，再把 3×4 的矩形分割成三个底边长为 2，高为 3 的等腰三角形和两个直角边长为 1 和 3 的直角三角形，这两个直角三角形可拼成一个底边长为 2，高为 3 的等腰三角形，以这样的四个等腰三角形为侧面(侧棱长为 $\sqrt{10}$)，以 2×2 的正方形的底面可剪拼成一个正四棱锥.

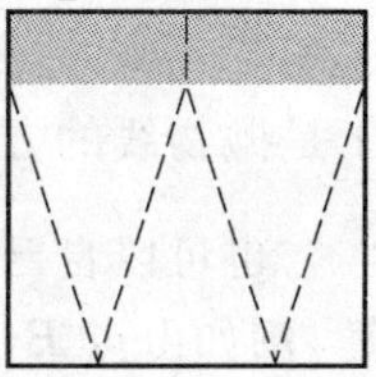

图 14.12

这个正四棱锥的高 $h=\sqrt{3^2-1}=2\sqrt{2}$.

体积 $V_3=\frac{1}{3}\cdot4\cdot2\sqrt{2}=\frac{8}{3}\sqrt{2}$(体积单位).

方案 2：如图 14.13，把正方形分割成 8 个直角边长为 3，1 的直角三角形和一个边长为 2 的正方形，把 8 个直角三角形拼成腰长为 $\sqrt{10}$，底边长为 2 的 4 个等腰三角形为侧面，以正方形为底面可构成正四棱锥，其体积仍为 $\frac{8}{3}\sqrt{2}$.

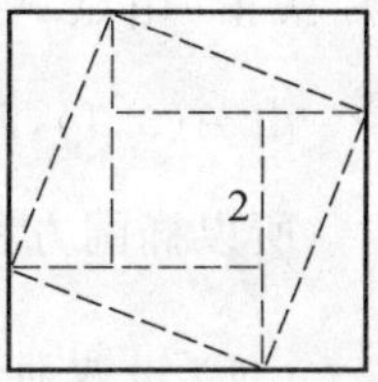

图 14.13

【例 2】 给定平面上的三点 $A(0,1)$，$B(-2,0)$，$C(2,0)$.

(Ⅰ) 试写出一个抛物线方程，使 A,B,C 三点在该抛物线上.

(Ⅱ) 试写出一个椭圆方程，使 A,B,C 三点在该椭圆上.

(Ⅲ) 试写出一个双曲线方程，使 A,B,C 三点在该双曲线上.

(Ⅳ) 研究在(Ⅰ)、(Ⅱ)、(Ⅲ) 的条件下，方程是否是唯一确定的，如不能唯一确定，请你用参数形式把曲线的方程表示出来？

(Ⅴ) 能否写出一个非圆锥曲线的方程，使 A,B,C 三点在该曲线上？

【分析及解】 这是一个结论开放，解题策略也开放的问题，题目给出了不共线的三个点的坐标，要求解题者自行设计解题方案，求出过这三点的曲线方程，并研究方程的唯一性，题目的前三问指定了曲线的形状，而第(Ⅴ)问则没有指定曲线的形状，要求解题者自己去选择曲线的形状，确定曲线的方程．这是从数与形相结合的角度，用解析几何基本思想设计的命题，主要考查学生灵活运用所学的知识自主探究问题的能力，通过数学试题进行决策的能力．

（Ⅰ）可以设抛物线方程 $y=ax^2+bx+c$．

由于 A,B,C 三点在抛物线上，则有

$$a\cdot 0^2+b\cdot 0+c=1$$
$$4a-2b=c=0$$

解得

$$a=-\frac{1}{4},b=0,c=1$$

于是抛物线的方程为 $y=-\frac{1}{4}x^2+1$．

也可以自己先设计出抛物线的基本形状，再进行计算，例如由点 $B(-2,0)$，$C(2,0)$ 关于 y 轴对称，可以设抛物线方程为 $y=-a(x-0)^2+1$（图 14.14），再把点 B 或 C 的坐标代入方程，求出 $a=-\frac{1}{4}$，从而得出 $y=-\frac{1}{4}x^2+1$．

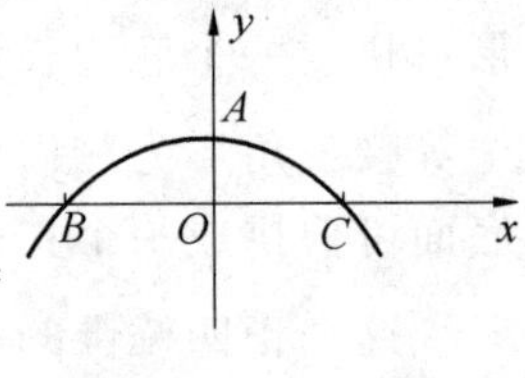

图 14.14

（Ⅱ）由点 A,B,C 坐标的特点，可设椭圆方程为 $\frac{x^2}{a^2}+\frac{y^2}{b^2}=1$．

由 $A(0,1)$，$B(-2,0)$ 在椭圆上，有 $a=2,b=1$．

所以椭圆方程为 $\frac{x^2}{4}+y^2=1$．

（Ⅲ）设双曲线方程为 $(y-2)^2-\frac{x^2}{a^2}=1$．

显然 $A(0,1)$ 在双曲线上，由 $B(-2,0)$ 在曲线上有

$$(0-2)^2-\frac{(-2)^2}{a^2}=1,a^2=\frac{4}{3}$$

则双曲线方程为 $(y-2)^2-\frac{x^2}{\frac{4}{3}}=1$．

（Ⅳ）过 A,B,C 三点的椭圆与双曲线方程都不是唯一的．

我们用统一的方法研究过 A,B,C 三点的含参数的椭圆和双曲线方程．

设方程

$$\frac{x^2}{p}+\frac{(y-m)^2}{q}=1$$

其中，m 为参数，p，q 为待定的系数，且 p，q 均不为 0.

由曲线过 $A(0,1)$，$B(-2,0)$ 得 $\begin{cases}\dfrac{(1-m)^2}{q}=1\\ \dfrac{4}{p}+\dfrac{(0-m^2)}{q}=1\end{cases}$.

所以 $q=(1-m)^2$，$p=\dfrac{4(1-m)^2}{1-2m}$.

又 $p=q$ 时，可解得 $m=-\dfrac{3}{2}$.

于是所求的过 A，B，C 三点的方程为

$$\frac{x^2}{\frac{4(1-m)^2}{1-2m}}+\frac{y^2}{(1-m)^2}=1\quad(m\text{ 为参数})\qquad(*)$$

当 $m<\dfrac{1}{2}$ 且 $m\neq-\dfrac{3}{2}$ 时，$\dfrac{4(1-m)^2}{1-2m}>0$，$(1-m)^2>0$，方程（$*$）表示过 A，B，C 的椭圆；

当 $m=-\dfrac{3}{2}$ 时，方程（$*$）表示过 A，B，C 三点的圆，其方程为

$$x^2+\left(y+\frac{3}{2}\right)^2=\frac{25}{4}$$

当 $m>\dfrac{1}{2}$ 且 $m\neq 1$ 时，方程（$*$）表示过 A，B，C 的双曲线.

（Ⅴ）如果给抛物线方程加上绝对值符号，抛物线方程也不是唯一的，例如，$y=ax^2-\dfrac{4a+1}{2}|x|+1(x\in\mathbf{R})$.

（Ⅵ）对于过 A，B，C 三点的曲线方程还可以用对数函数，三角函数，直线等表示，例如：

相交直线型：$(y-1)^2-\dfrac{x^2}{4}=0$.

对数函数型：$y=\log_3(3-|x|)$.

三角函数型：$y=\cos\dfrac{\pi}{4}x$.

其他函数型：如 $y=-\dfrac{1}{2^a}|x|^a+1$ 等等.

本题是一道结论开放型的题目，除了给出三点之外，对于过三点的曲线的形状没有任何限制，因此可以是直线型，抛物线型，圆型，椭圆型，双曲线型，也可以是对数函数型，三角函数型或含绝对值符号的函数等等. 因此，要求解题

者具有发散型思维和灵活地运用所学知识解决问题的能力.

本题的研究价值在于函数的拟合,如给出四个已知点 $A(0,1)$,$B(-2,0)$,$C(2,0)$,$D(4,2+\sqrt{13})$,如何得到通过这四个点的曲线方程,我们就可以先得出一个通过 A,B,C 三点的含参数的曲线方程,再把第四点的坐标代入,求出参数的值,进而得到通过四个点的曲线方程.

【例 3】 现有 A,B,C,D 四个长方体容器,A,B 的底面积为 a^2,高分别为 a 和 b,C,D 的底面积为 b^2,高分别为 a 和 b(其中 $a\neq b$).甲乙二人做下面的比赛,每人从四个容器中取两个盛水,盛水总和多者为胜.

问:先取容器者是否有必胜策略?如果有,有几种?

【分析及解】 这是一个策略开放的问题,先取者的必胜策略,取决于对 A,B,C,D 四个长方体体积的研究,以及对分组情况的研究.

设 A,B,C,D 容器的体积依次为 V_A,V_B,V_C,V_D.

可以求出 $V_A=a^3$,$V_B=a^2b$,$V_C=ab^2$,$V_D=b^3$.

这里并没有规定,a 与 b 的大小关系,因此先取必胜的策略是否与 a,b 的大小有关,也是需要研究的问题.

本题实质上是比较容器 A,B,C,D 的体积的两两之和的大小.

对先取者有 $C_4^2C_2^2=6$(种) 不同的方案(表 14.1).

表 14.1

	①	②	③	④	⑤	⑥
先取	A,B	A,C	A,D	C,D	B,D	B,C
后取	C,D	B,D	B,C	A,B	A,C	A,D

从比较大小的角度,对 ① 和 ④,② 和 ⑤,③ 和 ⑥,它们的差的绝对值相等,只要计算其中的一组就可以了.

①$(V_A+V_B)-(V_C+V_D)=(a^3+a^2b)-(ab^2+b^3)=(a+b)^2(a-b)$.

由于 a 与 b 的大小关系不能确定,所以先取 A,B 不是必胜策略,同样,先取 C,D 也不是必胜策略.

②$(V_A+V_C)-(V_B+V_D)=(a^3+ab^2)-(a^2b+b^3)=(a^2+b^2)(a-b)$.

同 ① 一样,先取 A,C 或者先取 B,D 都不是必胜的策略.

③$(V_A+V_D)-(V_B+V_C)=(a^3+b^3)-(a^2b+ab^2)=(a+b)(a^2-ab+b^2)-ab(a+b)=(a+b)(a-b)^2$.

由于 $a\neq b$,则 $(a-b)^2>0$,$a+b>0$,于是必有

$$V_A+V_D>V_B+V_C$$

因此,先取 A,D 者胜,并且这是唯一的一个方案.

这是一个以不等式为载体的策略研究性问题，解题的关键在于要枚举出先取的各种情形，再逐一用比较法进行分析.

【例 4】 某地区某种病的发病人数呈上升趋势，统计近四年这种病的新发病人数如表 14.2 所示.

表 14.2

年份	2001	2002	2003	2004
该年新发病人数	2 400	2 491	2 586	2 684

如果不加控制，仍按这个趋势发展下去，请预测从 2005 年初到 2008 年底的四年里，该地区的新发病人数总共有______人.

【分析及解】 这是一个给出一些统计数据进行预测的试题，这个题目并没有给出预测的方法，即没有给出如何研究的方法，而只是给出原始数据，要求解题者自己寻找研究途径.

【解法 1】 从新发病的增长率 x 入手.

2001 ~ 2002 年，$x_1=\dfrac{2\ 491-2\ 400}{2\ 400}\approx 3.792\%$.

2002 ~ 2003 年，$x_2=\dfrac{2\ 586-2\ 491}{2\ 491}\approx 3.813\%$.

2003 ~ 2004 年，$x_3=\dfrac{2\ 684-2\ 586}{2\ 586}\approx 3.790\%$.

发现这四年中，每年相对于前一年的新发病增长率大致都在 3.8% 左右，所以可以求增长率 x 的平均值

$$x=\frac{x_1+x_2+x_3}{3}\approx 3.799\%=q$$

预计 2005 ~ 2008 年，这四年里新发病人数为

$$2\ 684[(1+q)+(1+q)^2+(1+q)^3+(1+q)^4]\approx 11\ 195(\text{人})$$

【解法 2】 从数据处理入手

$$2\ 491\div 2\ 400\approx 1.038$$
$$2\ 586\div 2\ 491\approx 1.038$$
$$2\ 684\div 2\ 586\approx 1.038$$

再用等比数列求和公式，$q=1.038$，可得 2005 年新发病人数为 $2\ 684\times 1.038$ 人，于是 2005 ~ 2008 年新发病人数总和为

$$\frac{2\ 684\times 1.038(1.038^4-1)}{1.038-1}\approx 11\ 795(\text{人})$$

【解法 3】 用回归直线求解.

设 x 轴表示年份，y 轴表示新发病人数.

将四组数据描点(2 001,2 400)，(2 002,2 491)，(2 003,2 586)和(2 004,2 684)，可以发现，这四点大致分布在同一条直线上.

设拟合直线为

$$y=a+bx$$

$$\bar{x}=\frac{2\ 001+2\ 002+2\ 003+2\ 004}{4}=2\ 002.5$$

$$\bar{y}=\frac{2\ 400+2\ 491+2\ 586+2\ 684}{4}=2\ 540.25$$

$$b=\frac{\sum x_iy_i-\frac{1}{4}(\sum x_i\cdot\sum y_i)}{\sum x_i^2-\frac{1}{4}(\sum x_i)^2}=94.7$$

$$a=\bar{y}-b\bar{x}=2\ 540.25-94.7\cdot 2\ 002.5=-187\ 096.5$$

回归直线方程为 $y=-187\ 096.5+94.7x$.

4 年发病人数总和为

$$y=-187\ 096.5\cdot 4+94.7(2\ 005+2\ 006+2\ 007+2\ 008)$$
$$=11\ 676.2\approx 11\ 676(\text{人})$$

这三种解法，由于研究的方法不同，计算的结果也有出入，但从估算的角度，结果是接近的.

三、对问题的拓展性进行研究

对已经掌握的数学知识、数学方法有没有意识进行引申，推广或拓展，能不能进行引申，推广和拓展，是否具备在旧的结果的基础上，探索新的结果的能力，是对考生数学探究能力和创新能力以及后继学习能力的考查，以旧题为背景，使之特殊化或一般化，编拟出适合高考的研究性试题，已经在高考试卷和各地的模拟试题中多次出现.

【例 1】 (2002 年，上海卷)

规定 $C_x^m=\frac{x(x-1)\cdots(x-m+1)}{m!}$，其中 $x\in\mathbf{R}$，m 是正整数，且 $C_x^0=1$，这是组合数 C_n^m(n，m 是正整数，且 $m\leqslant n$)的是一种推广.

(Ⅰ)求 C_{-15}^5 的值.

(Ⅱ)组合数的两个性质：

①$C_n^m=C_n^{n-m}$；

②$C_n^m + C_n^{m-1} = C_{n+1}^m$.

是否都能推广到C_x^m($x \in \mathbf{R}$,m是正整数)的情形?若能推广,请写出推广的形式并给出证明;若不能,请说明理由.

(Ⅲ)已知组合数C_n^m是正整数,证明:当$x \in \mathbf{Z}$,m是正整数时,$C_x^m \in \mathbf{Z}$.

【分析及解】 关于组合数的概念、定义、计算方法及性质,是高中学生比较熟悉的内容,以组合数C_n^m的定义和性质为背景,要求考生通过类比或推广等手段,将熟悉的性质和规律等拓展到新的领域,在新的情境下,进行演算、论证、研究,这恰是研究性学习常常使用的思维方法和研究方法.

(Ⅰ)实际上是根据题设的定义进行演算

$$C_{-15}^5 = \frac{(-15)\cdot(-16)\cdot(-17)\cdot(-18)\cdot(-19)}{5!}$$
$$= -C_{19}^5 = -11\ 628$$

(Ⅱ)主要是研究当n,m为正整数时,组合数C_n^m的两个重要性质能否推广.

组合数的第一个性质是$C_n^m = C_n^{n-m}$,注意到当n为实数,m为正整数时根据题设的定义能够计算C_n^m,但若n不是正整数,则$n-m$不是正整数,根据题设的定义就不能计算C_n^{n-m}了.

例如,取$x=\sqrt{2}$,$m=2$,则

$$C_x^m = C_{\sqrt{2}}^2 = \frac{\sqrt{2}(\sqrt{2}-1)}{2!} = \frac{2-\sqrt{2}}{2}$$

$C_x^{x-m} = C_{\sqrt{2}}^{\sqrt{2}-2}$ 无定义.因此,第一个性质不能推广.

下面研究第二个性质:$C_n^m + C_n^{m-1} = C_{n+1}^m$,能否推广.

当$m=1$时,有$C_x^1 + C_x^0 = x+1 = C_{x+1}^1$.

当$m \geqslant 2$时,有

$$C_x^m + C_x^{m-1} = \frac{x(x-1)\cdots(x-m+1)}{m!} + \frac{x(x-1)\cdots(x-m+2)}{(m-1)!}$$
$$= \frac{x(x-1)\cdots(x-m+1) + mx(x-1)\cdots(x-m+2)}{m!}$$
$$= \frac{x(x-1)\cdots(x-m+2)(x-m+1+m)}{m!}$$
$$= \frac{(x+1)x(x-1)\cdots(x+1-m+1)}{m!}$$
$$= C_{x+1}^m$$

因此对所有正整数m都有

$$C_x^m + C_x^{m-1} = C_{x+1}^m$$

这表明,第二个性质能够推广到 x 为实数,m 为正整数的情形.

(Ⅲ) 这是研究当 x 为整数时,C_x^m 是否为整数的问题,题目是以证明题的形式给出来的,即证明 C_x^m 是整数,下面我们就分别对 x 为正整数,$x=0$ 及 x 为负整数的情形进行探究.

(1) 当 x 是正整数时.

若 $x \geqslant m$,由我们已学过的组合数的定义可知 $C_x^m \in \mathbf{Z}$.

若 $0 < x < m$,由题目的定义必有

$$C_x^m = \frac{x(x-1)\cdots(x-m+1)}{m!} = 0 \in \mathbf{Z}$$

(2) 当 $x=0$ 时,有 $C_x^m = C_0^m = 0 \in \mathbf{Z}$,

(3) 当 x 为负整数时.

由于 m 是正整数,则

$$-x+m-1>0$$

$$\begin{aligned} C_x^m &= \frac{x(x-1)\cdots(x-m+1)}{m!} \\ &= (-1)^m \frac{(-x+m-1)\cdots(-x+1)(-x)}{m!} \\ &= (-1)^m C_{-x+m-1}^m \in \mathbf{Z} \end{aligned}$$

由以上可得,当 $x \in \mathbf{Z}, m \in \mathbf{N}^*$ 时,$C_x^m \in \mathbf{Z}$.

本题所定义的 $C_x^m (x \in \mathbf{R}, m \in \mathbf{N}^*)$ 是组合数 $C_n^m (n, m \in \mathbf{N}^*, m \leqslant n)$ 的一种推广,当一个概念推广以后,一个自然的问题就是组合数原有的性质是否依旧成立,本题恰恰是引导考生对推广了的组合数进行研究.第(Ⅰ)问是帮助考生熟悉和适应新的规定,即计算了一个新数 C_{-15}^5 的值.第(Ⅱ)问则是研究当组合数推广之后,两个最主要的性质是否成立.解决问题的办法是,如果成立,就要严格地给予证明;如果不成立,则只要举出一个反例就够了.第(Ⅲ)问则需要对 x 分类进行严格证明.这是一指导学生如何对已学过的数学概念进行推广、拓展以及如何对推广、拓展的问题进行研究性学习的试题,通过对本题的解决可以学会推广,学会证明,学会举反例,学会进一步学习.

【例 2】 (2003 年,北京卷)

椭圆的长轴 A_1A_2 与 x 轴平行,短轴 B_1B_2 在 y 轴上,中心为 $M(0,r)(b>r>0)$,如图 14.15.

(Ⅰ) 写出椭圆的方程,求椭圆的焦点坐标及离心率;

(Ⅱ) 直线 $y=k_1x$ 交椭圆于两点 $C(x_1,y_1)$,$D(x_2,y_2)(y_2>0)$,直线 $y=k_2x$ 交椭圆于两点 $G(x_3,y_3)$,$H(x_4,y_4)(y_4>0)$.

求证：$\frac{k_1x_1x_2}{x_1+x_2}=\frac{k_2x_3x_4}{x_3+x_4}$.

（Ⅲ）对于（Ⅱ）中的 C,D,G,H，设 CH 交 x 轴于点 P，GD 交 x 轴于点 Q.

求证：$|OP|=|OQ|$（证明过程不考虑 CH 与 GD 垂直于 x 轴的情形）.

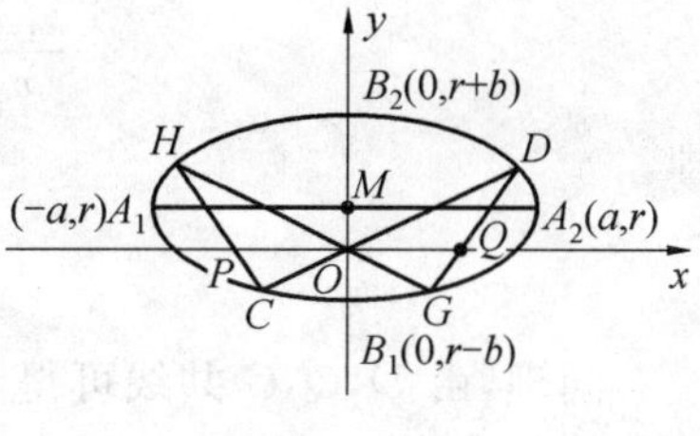

图 14.15

【分析及解】 这个试题的第（Ⅰ）问，第（Ⅱ）问是常规问题，比较容易解决.

（Ⅰ）由题设条件可得椭圆方程为

$$\frac{x^2}{a^2}+\frac{(y-r)^2}{b^2}=1$$

焦点坐标为

$$F_1(-\sqrt{a^2-b^2},r),F_2(\sqrt{a^2-b^2},r)$$

离心率为

$$e=\frac{\sqrt{a^2-b^2}}{a}$$

（Ⅱ）将直线 CD 的方程 $y=k_1x$ 代入椭圆方程，得

$$b^2x^2+a^2(k_1x-r)^2=a^2b^2$$

整理得

$$(b^2+a^2k_1^2)x^2-2k_1a^2rx+(a^2r^2-a^2b^2)=0$$

根据韦达定理，得

$$x_1+x_2=\frac{2k_1a^2r}{b^2+a^2k_1^2},x_1x_2=\frac{a^2r^2-a^2b^2}{b^2+a^2k_1^2}$$

所以

$$\frac{k_1x_1x_2}{x_1+x_2}=\frac{r^2-b^2}{2r} \qquad ①$$

将直线 GH 的方程 $y=k_2x$ 代入椭圆方程，同理可得

$$\frac{k_2x_3x_4}{x_3+x_4}=\frac{r^2-b^2}{2r} \qquad ②$$

由①，②得证.

（Ⅲ）可以借助于（Ⅱ）的结果.

设点 $P(p,0)$，点 $Q(q,0)$，我们的目标是证明 $|p|=|q|$.

由 C,P,H 共线可得，$k_{PC}=k_{PH}$.

由 $C(x_1,k_1x_1)$，$H(x_4,k_2x_4)$，$P(p,0)$ 得

$$\frac{k_1x_1-0}{x_1-p}=\frac{k_2x_4-0}{x_4-p}$$

即

$$p=\frac{(k_1-k_2)x_1x_4}{k_1x_1-k_2x_4} \qquad ③$$

同理,由 D,Q,G 共线可得

$$q=\frac{(k_1-k_2)x_2x_3}{k_1x_2-k_2x_3}$$

由(Ⅱ)

$$\frac{k_1x_1x_2}{x_1+x_2}=\frac{k_2x_3x_4}{x_3+x_4} \qquad ④$$

可变形为

$$k_1x_1x_2x_3+k_1x_1x_2x_4=k_2x_1x_3x_4+k_2x_2x_3x_4$$

$$-\frac{x_2x_3}{k_1x_2-k_2x_3}=\frac{x_1x_4}{k_1x_1-k_2x_4} \qquad ⑤$$

由 ③,④,⑤ 得

$$-\frac{(k_1-k_2)x_2x_3}{k_1x_2-k_2x_3}=\frac{(k_1-k_2)x_1x_4}{k_1x_1-k_2x_4}$$

即

$$|p|=|q|,\ |OP|=|OQ|$$

第(Ⅲ)问就是由一个历史名题“蝴蝶定理”拓展延伸而来的.

蝴蝶定理是一个平面几何的命题,是因为图形像一只翩翩起舞的蝴蝶而命名的,定理的内容是这样的:

在圆 M 中,弦 AB 的中点为 O,过 O 任意作圆 M 的两条弦 CD,GH,CH 交 AB 于 P,DG 交 AB 于 Q,则 $OP=OQ$(图 14.16).

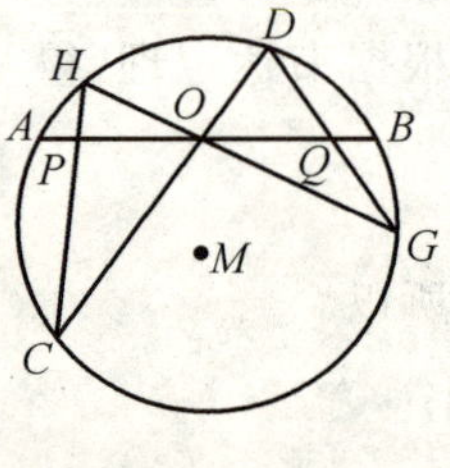

图 14.16

这个定理证法较多,可以用传统的平面几何方法或三角法证明,也可以用解析方法证明,下面仅以解析法进行证明,我们的目的是通过解析法的证明研究对蝴蝶定理推广的可能性.

以 O 为坐标原点,直线 AB 为 x 轴,OM 所在直线为 y 轴建立直角坐标系(图 14.17).

设圆 M 的方程为

$$x^2+y^2-2by+f=0 \qquad ⑥$$

直线 CD,GH 的方程为

$$y=k_1x \qquad ⑦$$

$$y=k_2x \quad ⑧$$

方程 ⑦,⑧ 可统一为

$$(y-k_1x)(y-k_2x)=0 \quad ⑨$$

于是过 ⑥ 和 ⑨ 的四个交点 C,D,G,H 的曲线束方程为

$$(x^2+y^2-2by+f)+\lambda(y-k_1x)(y-k_2x)=0 \quad ⑩$$

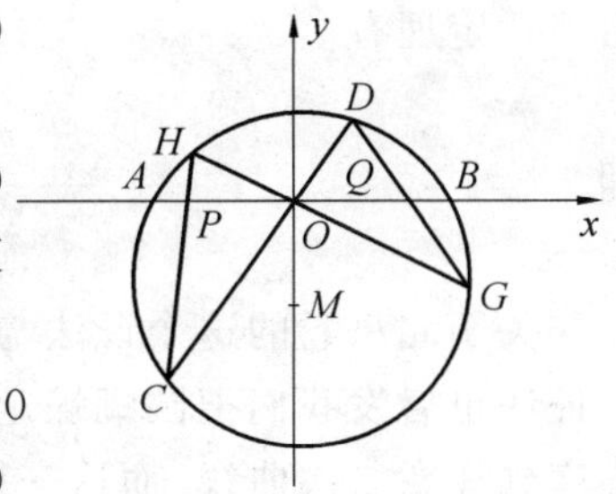

图 14.17

曲线 ⑩ 与 AB 的交点,也就是与 x 轴的交点 P,Q 的横坐标,只要令 ⑩ 中的 $y=0$ 即可得到,即

$$x^2+f+\lambda k_1k_2x^2=0,(1+\lambda k_1k_2)x^2+f=0$$

由韦达定理有

$$x_P+x_Q=0$$

即

$$|x_P|=|x_Q|$$

于是

$$|OP|=|OQ|$$

在这个命题的证明过程中,把方程 ⑦,⑧ 乘起来,并写成 ⑨,从而可以看成二次曲线的问题来处理.

北京卷的试题的第(Ⅲ)问,实际上就是把圆上的蝴蝶定理推广到椭圆上,利用上面的证明可以得到第一个证法,事实上,只要把上面证法中圆的方程 ⑥ 改为椭圆方程就可以了.

椭圆方程为

$$\frac{x^2}{a^2}+\frac{(y-r)^2}{b^2}=1$$

即

$$b^2x^2+a^2(y-r)^2-a^2b^2=0$$

$$b^2x^2+a^2y^2-2a^2ry+a^2r^2-a^2b^2=0 \quad ⑪$$

由方程 ⑨ 和 ⑪ 可得出过 ⑨,⑪ 的四个交点 C,D,G,H 的曲线束方程

$$(b^2x^2+a^2y^2-2a^2ry+a^2r^2-a^2b^2)+\lambda(y-k_1x)(y-k_2x)=0 \quad ⑫$$

曲线系 ⑫ 与 AB 的交点,也就是与 x 轴的交点 P,Q 的横坐标,只要令 ⑫ 中的 $y=0$ 即可得到,即

$$b^2x^2+\lambda k_1k_2x^2+a^2r^2-a^2b^2=0$$

$$(b^2+\lambda k_1k_2)x^2+a^2r^2-a^2b^2=0$$

由韦达定理有

$$x_P + x_Q = 0$$

即

$$|OP| = |OQ|$$

关于北京卷的这个证法与圆的蝴蝶定理的解析法证明是完全一致的,这一证法也启发我们把圆蝴蝶定理不仅可以推广为椭圆中的蝴蝶定理,还可以推广到任意二次曲线,而这一推广本身正是研究性试题的一个重大特征.

【推广1】 设二次曲线 E 的弦 AB 的中点为 O,过 O 作直线 CD,GH 分别交 E 于 C,D,G,H,连 CH,GD 分别交 AB 于 P,Q,则 $|OP|=|OQ|$.

【推广2】 设二次曲线 E_1,E_2 交于 C,D,G,H 且弦 CD,GH 相交于点 O,AB 为 E_1 上过点 O 的弦,且 O 为 AB 的中点,而过 AOB 的直线交 E_2 于 P,Q,则 $|OP|=|OQ|$.(图 14.18)

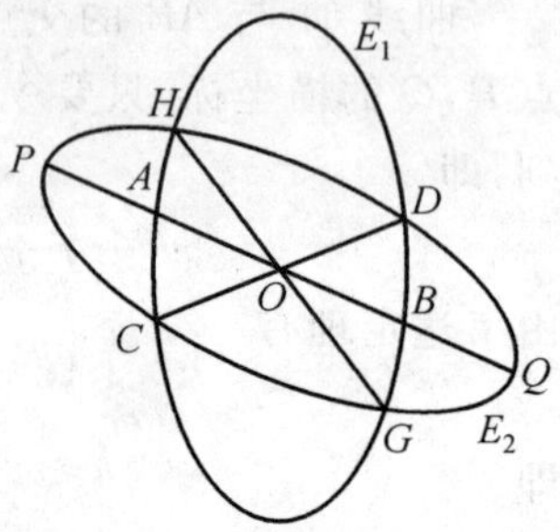

图 14.18

利用上面证明圆和椭圆蝴蝶定理的曲线束方程,这两个推广都可以得到证明.

顺便指出,如果把二次曲线换成直线形,可以得到一个"筝形蝴蝶定理",这一定理被选为1990年全国高中数学冬令营选拔考试试题,题和解是这样的.

在"筝形"$ABCD$ 中,$AB=AD$,$BC=CD$.过 AC,BD 的交点 O 任作两条直线,分别交 AD 于 E,交 BC 于 F,交 AB 于 G,交 CD 于 H.GF,EH 分别交 BD 于 I,J,求证:$OI=OJ$(图 14.19).

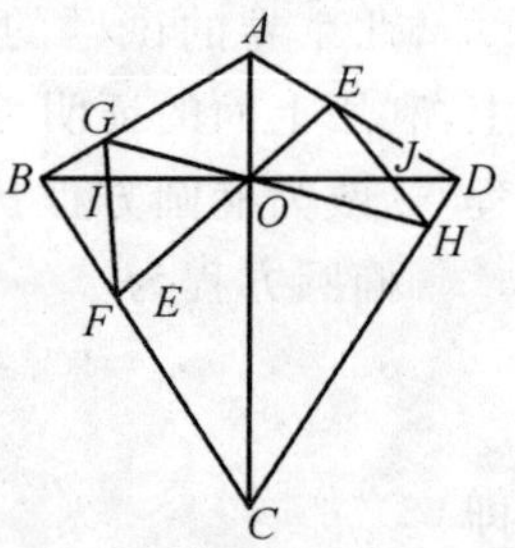

图 14.19

可以证明 $AC\perp BD$,且 $OB=OD$,于是以直线 BD 为 x 轴,直线 AC 为 y 轴,并设 $A(0,a)$,$C(0,-b)$,$B(-1,0)$,$D(1,0)$(图 14.20).又设直线 EF

$$y=k_1x \quad ①$$

直线 GH

$$y=k_2x \quad ②$$

则有直线 AD

$$y=-ax+a \quad ③$$

直线 AB

$$y=ax+a \quad ④$$

直线 CD

$$y=bx-b \quad ⑤$$

直线 CB

$$y=-bx-b \quad ⑥$$

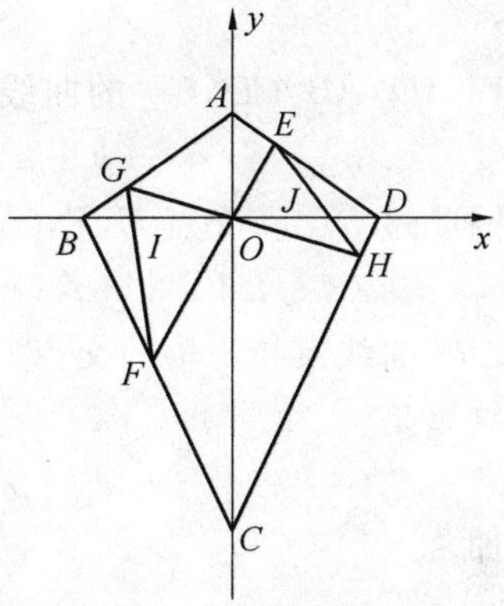

图 14.20

由 ①,③ 得

$$\begin{cases} x_E=\dfrac{a}{k_1+a} \\ y_E=\dfrac{k_1 a}{k_1+a} \end{cases}$$

由 ①,⑥ 得

$$\begin{cases} x_F=\dfrac{-b}{k_1+b} \\ y_F=\dfrac{-k_1 b}{k_1+b} \end{cases}$$

由 ②,④ 得

$$\begin{cases} x_G=\dfrac{a}{k_2+a} \\ y_G=\dfrac{k_2 a}{k_2+a} \end{cases}$$

由 ②,⑤ 得

$$\begin{cases} x_H=\dfrac{-b}{k_2-b} \\ y_H=\dfrac{-k_2 b}{k_2-b} \end{cases}$$

由 E,F 坐标得 EF 方程,再令 $y=0$,得

$$x_J=\frac{(k_2-k_1)ab}{k_1k_2(a+b)+ab(k_2-k_1)}$$

由 G,H 坐标得 GH 的方程,再令 $y=0$,得

$$x_I=\frac{(k_1-k_2)ab}{k_1k_2(a+b)+ab(k_2-k_1)}$$

于是 $x_I=-x_J$,即 $|OI|=|OJ|$.

关于筝形蝴蝶定理也可以用上面证明圆和椭圆的曲线束方程的方法.

由 ①,② 得到直线 EF,GH 统一的曲线方程

$$(y-k_1x)(y-k_2x)=0 \quad ⑦$$

由 ③,④ 得到直线 AD,AB 统一的曲线方程

$$y=-a|x|+a$$

由 ⑤,⑥ 得到直线 CD,CB 统一的曲线方程

$$y=b|x|-b$$

而 AD,AB,CD,CB 的曲线方程又可统一为

$$(y+a|x|-a)(y-b|x|+b)=0 \quad ⑧$$

因此过⑦,⑧交点 E,F,G,H 的曲线方程为

$$(y+a|x|-a)(y-b|x|+b)+\lambda(y-k_1x)(y-k_2x)=0 \quad ⑨$$

曲线束与 x 轴的交点 I,J 的横坐标 x_I,x_J 满足曲线束方程⑨,令 $y=0$ 的结果是

$$-ab(|x|-1)(|x|-1)+\lambda k_1k_2x^2=0$$

即

$$(\lambda k_1k_2-ab)|x|^2-2ab|x|-a=0 \quad ⑩$$

显然若 x_1,x_2 是方程⑩的根,必有

$$x_1+x_2=0$$

即

$$x_I+x_J=0,\ |OP|=|OQ|$$

关于椭圆蝴蝶定理的这个试题是从圆的蝴蝶定理推广、拓展而来的,它又可以推广为任意二次曲线,并且它的证明过程也可以由曲线束方程统一起来,高考试题从名题中吸取营养,把原题特殊化或一般化,编拟出一道有考查思维价值的好题,这是一个典范.

【例3】 (2002年,天津市高三质量检测)

如图14.21,一艘太空飞船飞往地球,第一次观测时发现一个正三角形的岛屿(边长为1);第二次观测时,发现它并非正三角形,而是每边中央 $\frac{1}{3}$ 处有一正三角形的海岬,形成了六个顶点;第三次观测时,发现原先每一小边的中央 $\frac{1}{3}$ 处都有一面外突出的海岬,把这个过程无限地继续下去,就得到著名的数学模型——柯克岛.

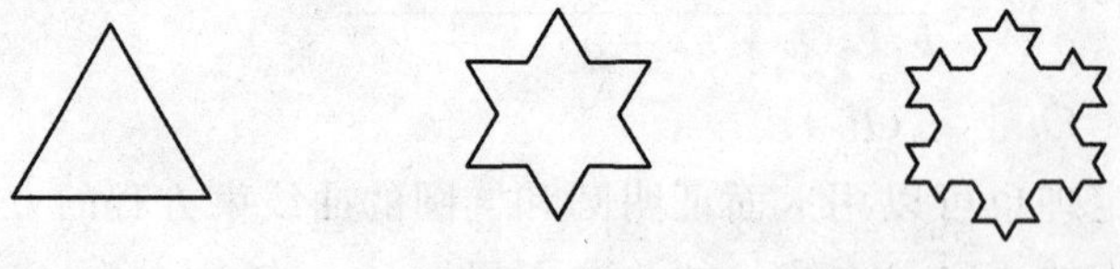

图14.21

(Ⅰ)把第 $1,2,3,\cdots,k$ 次观测到的岛的海岸线长记为 $a_1,a_2,a_3,\cdots,a_k$,求 a_1,a_2,a_3 的值及 a_k 的表达式.

(Ⅱ)把第 k 次观测到的岛的面积记为 b_k,数列 $\{b_n\}$ 有无极限?如果把这

个极限叫做岛的面积，那么面积是多少？

【分析及解】 这个试题来源于分形几何学中著名的柯克雪花问题，是瑞典数学家柯克(H. Von. Koch) 在 1904 年首次提出的一个经典的分形几何的例子，由于分形过程中的图形酷似雪花，因此叫做柯克雪花问题，也叫柯克岛问题.

我们首先研究柯克岛的周长问题.

首先研究在这个由柯克雪花组成的多边形序列中，相邻两个曲线图形边界的边长之间有什么关系.

注意到，在操作过程中，总是由正三角形的一边分成三等份，以中间一等份为边向外作正三角形，即相邻图形的变化可参考图 14.22.

从图中可以看出，后一曲线的长是它相邻的前一个长的$\frac{4}{3}$，即

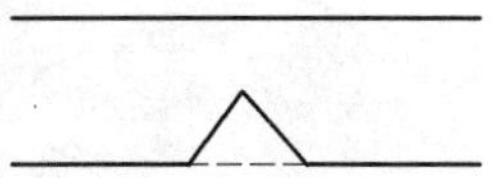

图 14.22

$$a_k=\frac{4}{3}a_{k-1}$$

由于 $a_1=3$，则$\{a_n\}$是一个以 $a_1=3$ 为首项，$q=\frac{4}{3}$ 为公比的等比数列，于是有

$$a_k=3\cdot\left(\frac{4}{3}\right)^{k-1}\quad k\in\mathbf{N}^*$$

对于所求图形的面积，关键在于寻找变化过程中的规律，需要计算每次增加了多少个小正三角形，以及每个小正三角形的面积是多少？

首先注意到每一次操作都是把前一个图形的各边分成三等份，在中间一份中向外作正三角形，因此后一图形与前一图形相比，增加的三角形的个数恰为前一图形的边数，且增加的小正三角形与相邻的前一正三角形的相似比为$\frac{1}{3}$，因而面积比为$\frac{1}{9}$.

由已知的第一个正三角形的边长为 1，则 $b_1=\frac{\sqrt{3}}{4}$.

第二个图形与第一个图形相比，增加了三个正三角形，因此有

$$b_2=b_1+3\cdot\frac{b_1}{9}=(1+\frac{1}{3})b_1$$

以下我们研究三角形增加的状况：

由于前一个图形的每条边变成了下一个图形的 4 条边，则图形的边数数列为

$$3,3\cdot 4,3\cdot 4^2,\cdots,3\cdot 4^{n-1},\cdots$$

又由于每一个图形变成了下一个图形增加的正三角形的面积比为$\frac{1}{9}$

$$b_3=b_2+3\cdot 4\cdot \frac{1}{9^2}b_1$$

$$b_4=b_3+3\cdot 4^2\cdot \frac{1}{9^3}b_1$$

$$\vdots$$

$$b_n=b_{n-1}+3\cdot 4^{n-2}\cdot \frac{1}{9^{n-1}}b_1$$

于是

$$b_n=(1+3\cdot \frac{1}{9}+3\cdot 4\cdot \frac{1}{9^2}+3\cdot 4^2\cdot \frac{1}{9^3}+\cdots+3\cdot 4^{n-2}\cdot \frac{1}{9^{n-1}})b_1$$

$$=\left(1+\frac{\frac{3}{9}\left[1-\left(\frac{4}{9}\right)^{n-1}\right]}{1-\frac{4}{9}}\right)b_1=\left[\frac{8}{5}-\frac{3}{5}\cdot\left(\frac{4}{9}\right)^{n-1}\right]\cdot\frac{\sqrt{3}}{4}$$

$$\lim_{n\to\infty}b_n=\lim_{n\to\infty}\left[\frac{8}{5}\cdot\frac{\sqrt{3}}{4}-\frac{3\sqrt{3}}{20}\cdot\left(\frac{4}{9}\right)^{n-1}\right]=\frac{2\sqrt{3}}{5}$$

这个试题是通过分形几何的一个经典问题——柯克雪花或柯克岛图形的周长与面积的变化规律进行研究，考查考生对等比数列，递推思想等的理解和掌握的程度，考查归纳能力和探究能力.

哈尔滨工业大学出版社刘培杰数学工作室已出版(即将出版)图书目录

书　名	出版时间	定　价	编号
新编中学数学解题方法全书(高中版)上卷	2007－09	38.00	7
新编中学数学解题方法全书(高中版)中卷	2007－09	48.00	8
新编中学数学解题方法全书(高中版)下卷(一)	2007－09	42.00	17
新编中学数学解题方法全书(高中版)下卷(二)	2007－09	38.00	18
新编中学数学解题方法全书(高中版)下卷(三)	2010－06	58.00	73
新编中学数学解题方法全书(初中版)上卷	2008－01	28.00	29
新编中学数学解题方法全书(初中版)中卷	2010－07	38.00	75
新编中学数学解题方法全书(高考复习卷)	2010－01	48.00	67
新编中学数学解题方法全书(高考真题卷)	2010－01	38.00	62
新编中学数学解题方法全书(高考精华卷)	2011－03	68.00	118
新编平面解析几何解题方法全书(专题讲座卷)	2010－01	18.00	61
新编中学数学解题方法全书(自主招生卷)	2013－08	88.00	261
数学眼光透视	2008－01	38.00	24
数学思想领悟	2008－01	38.00	25
数学应用展观	2008－01	38.00	26
数学建模导引	2008－01	28.00	23
数学方法溯源	2008－01	38.00	27
数学史话览胜	2008－01	28.00	28
数学思维技术	2013－09	38.00	260
从毕达哥拉斯到怀尔斯	2007－10	48.00	9
从迪利克雷到维斯卡尔迪	2008－01	48.00	21
从哥德巴赫到陈景润	2008－05	98.00	35
从庞加莱到佩雷尔曼	2011－08	138.00	136
数学解题中的物理方法	2011－06	28.00	114
数学解题的特殊方法	2011－06	48.00	115
中学数学计算技巧	2012－01	48.00	116
中学数学证明方法	2012－01	58.00	117
数学趣题巧解	2012－03	28.00	128
三角形中的角格点问题	2013－01	88.00	207
含参数的方程和不等式	2012－09	28.00	213

哈尔滨工业大学出版社刘培杰数学工作室
已出版(即将出版)图书目录

书名	出版时间	定价	编号
数学奥林匹克与数学文化(第一辑)	2006—05	48.00	4
数学奥林匹克与数学文化(第二辑)(竞赛卷)	2008—01	48.00	19
数学奥林匹克与数学文化(第二辑)(文化卷)	2008—07	58.00	36′
数学奥林匹克与数学文化(第三辑)(竞赛卷)	2010—01	48.00	59
数学奥林匹克与数学文化(第四辑)(竞赛卷)	2011—08	58.00	87
数学奥林匹克与数学文化(第五辑)	2014—09		370

书名	出版时间	定价	编号
发展空间想象力	2010—01	38.00	57
走向国际数学奥林匹克的平面几何试题诠释(上、下)(第1版)	2007—01	68.00	11,12
走向国际数学奥林匹克的平面几何试题诠释(上、下)(第2版)	2010—02	98.00	63,64
平面几何证明方法全书	2007—08	35.00	1
平面几何证明方法全书习题解答(第1版)	2005—10	18.00	2
平面几何证明方法全书习题解答(第2版)	2006—12	18.00	10
平面几何天天练上卷·基础篇(直线型)	2013—01	58.00	208
平面几何天天练中卷·基础篇(涉及圆)	2013—01	28.00	234
平面几何天天练下卷·提高篇	2013—01	58.00	237
平面几何专题研究	2013—07	98.00	258
最新世界各国数学奥林匹克中的平面几何试题	2007—09	38.00	14
数学竞赛平面几何典型题及新颖解	2010—07	48.00	74
初等数学复习及研究(平面几何)	2008—09	58.00	38
初等数学复习及研究(立体几何)	2010—06	38.00	71
初等数学复习及研究(平面几何)习题解答	2009—01	48.00	42
世界著名平面几何经典著作钩沉——几何作图专题卷(上)	2009—06	48.00	49
世界著名平面几何经典著作钩沉——几何作图专题卷(下)	2011—01	88.00	80
世界著名平面几何经典著作钩沉(民国平面几何老课本)	2011—03	38.00	113
世界著名解析几何经典著作钩沉——平面解析几何卷	2014—01	38.00	273
世界著名数论经典著作钩沉(算术卷)	2012—01	28.00	125
世界著名数学经典著作钩沉——立体几何卷	2011—02	28.00	88
世界著名三角学经典著作钩沉(平面三角卷Ⅰ)	2010—06	28.00	69
世界著名三角学经典著作钩沉(平面三角卷Ⅱ)	2011—01	38.00	78
世界著名初等数论经典著作钩沉(理论和实用算术卷)	2011—07	38.00	126
几何学教程(平面几何卷)	2011—03	68.00	90
几何学教程(立体几何卷)	2011—07	68.00	130
几何变换与几何证题	2010—06	88.00	70
计算方法与几何证题	2011—06	28.00	129
立体几何技巧与方法	2014—04	88.00	293
几何瑰宝——平面几何500名题暨1000条定理(上、下)	2010—07	138.00	76,77
三角形的解法与应用	2012—07	18.00	183
近代的三角形几何学	2012—07	48.00	184
一般折线几何学	即将出版	58.00	203
三角形的五心	2009—06	28.00	51
三角形趣谈	2012—08	28.00	212
解三角形	2014—01	28.00	265
三角学专门教程	2014—09	28.00	387
圆锥曲线习题集(上册)	2013—06	68.00	255

哈尔滨工业大学出版社刘培杰数学工作室已出版(即将出版)图书目录

书　　名	出版时间	定　价	编号
圆锥曲线习题集(中册)	2015－01	78.00	434
圆锥曲线习题集(下册)	即将出版		
俄罗斯平面几何问题集	2009－08	88.00	55
俄罗斯立体几何问题集	2014－03	58.00	283
俄罗斯几何大师——沙雷金论数学及其他	2014－01	48.00	271
来自俄罗斯的5000道几何习题及解答	2011－03	58.00	89
俄罗斯初等数学问题集	2012－05	38.00	177
俄罗斯函数问题集	2011－03	38.00	103
俄罗斯组合分析问题集	2011－01	48.00	79
俄罗斯初等数学万题选——三角卷	2012－11	38.00	222
俄罗斯初等数学万题选——代数卷	2013－08	68.00	225
俄罗斯初等数学万题选——几何卷	2014－01	68.00	226
463个俄罗斯几何老问题	2012－01	28.00	152
近代欧氏几何学	2012－03	48.00	162
罗巴切夫斯基几何学及几何基础概要	2012－07	28.00	188
超越吉米多维奇——数列的极限	2009－11	48.00	58
Barban Davenport Halberstam 均值和	2009－01	40.00	33
初等数论难题集(第一卷)	2009－05	68.00	44
初等数论难题集(第二卷)(上、下)	2011－02	128.00	82,83
谈谈素数	2011－03	18.00	91
平方和	2011－03	18.00	92
数论概貌	2011－03	18.00	93
代数数论(第二版)	2013－08	58.00	94
代数多项式	2014－06	38.00	289
初等数论的知识与问题	2011－02	28.00	95
超越数论基础	2011－03	28.00	96
数论初等教程	2011－03	28.00	97
数论基础	2011－03	18.00	98
数论基础与维诺格拉多夫	2014－03	18.00	292
解析数论基础	2012－08	28.00	216
解析数论基础(第二版)	2014－01	48.00	287
解析数论问题集(第二版)	2014－05	88.00	343
解析几何研究	2015－01	38.00	425
数论入门	2011－03	38.00	99
数论开篇	2012－07	28.00	194
解析数论引论	2011－03	48.00	100
复变函数引论	2013－10	68.00	269
无穷分析引论(上)	2013－04	88.00	247
无穷分析引论(下)	2013－04	98.00	245

哈尔滨工业大学出版社刘培杰数学工作室
已出版(即将出版)图书目录

书 名	出版时间	定 价	编号
数学分析	2014-04	28.00	338
数学分析中的一个新方法及其应用	2013-01	38.00	231
数学分析例选:通过范例学技巧	2013-01	88.00	243
三角级数论(上册)(陈建功)	2013-01	38.00	232
三角级数论(下册)(陈建功)	2013-01	48.00	233
三角级数论(哈代)	2013-06	48.00	254
基础数论	2011-03	28.00	101
超越数	2011-03	18.00	109
三角和方法	2011-03	18.00	112
谈谈不定方程	2011-05	28.00	119
整数论	2011-05	38.00	120
随机过程(Ⅰ)	2014-01	78.00	224
随机过程(Ⅱ)	2014-01	68.00	235
整数的性质	2012-11	38.00	192
初等数论 100 例	2011-05	18.00	122
初等数论经典例题	2012-07	18.00	204
最新世界各国数学奥林匹克中的初等数论试题(上、下)	2012-01	138.00	144,145
算术探索	2011-12	158.00	148
初等数论(Ⅰ)	2012-01	18.00	156
初等数论(Ⅱ)	2012-01	18.00	157
初等数论(Ⅲ)	2012-01	28.00	158
组合数学	2012-04	28.00	178
组合数学浅谈	2012-03	28.00	159
同余理论	2012-05	38.00	163
丢番图方程引论	2012-03	48.00	172
平面几何与数论中未解决的新老问题	2013-01	68.00	229
法雷级数	2014-08	18.00	367
代数数论简史	2014-11	28.00	408

历届美国中学生数学竞赛试题及解答(第一卷)1950-1954	2014-07	18.00	277
历届美国中学生数学竞赛试题及解答(第二卷)1955-1959	2014-04	18.00	278
历届美国中学生数学竞赛试题及解答(第三卷)1960-1964	2014-06	18.00	279
历届美国中学生数学竞赛试题及解答(第四卷)1965-1969	2014-04	28.00	280
历届美国中学生数学竞赛试题及解答(第五卷)1970-1972	2014-06	18.00	281
历届美国中学生数学竞赛试题及解答(第七卷)1981-1986	2015-01	18.00	424

哈尔滨工业大学出版社刘培杰数学工作室已出版(即将出版)图书目录

书　名	出版时间	定　价	编号
历届 IMO 试题集(1959—2005)	2006—05	58.00	5
历届 CMO 试题集	2008—09	28.00	40
历届中国数学奥林匹克试题集	2014—10	38.00	394
历届加拿大数学奥林匹克试题集	2012—08	38.00	215
历届美国数学奥林匹克试题集:多解推广加强	2012—08	38.00	209
保加利亚数学奥林匹克	2014—10	38.00	393
圣彼得堡数学竞赛试题集	2015—01	48.00	429
历届国际大学生数学竞赛试题集(1994—2010)	2012—01	28.00	143
全国大学生数学夏令营数学竞赛试题及解答	2007—03	28.00	15
全国大学生数学竞赛辅导教程	2012—07	28.00	189
全国大学生数学竞赛复习全书	2014—04	48.00	340
历届美国大学生数学竞赛试题集	2009—03	88.00	43
前苏联大学生数学奥林匹克竞赛题解(上编)	2012—04	28.00	169
前苏联大学生数学奥林匹克竞赛题解(下编)	2012—04	38.00	170
历届美国数学邀请赛试题集	2014—01	48.00	270
全国高中数学竞赛试题及解答. 第 1 卷	2014—07	38.00	331
大学生数学竞赛讲义	2014—09	28.00	371
高考数学临门一脚(含密押三套卷)(理科版)	2015—01	24.80	421
高考数学临门一脚(含密押三套卷)(文科版)	2015—01	24.80	422

整函数	2012—08	18.00	161
多项式和无理数	2008—01	68.00	22
模糊数据统计学	2008—03	48.00	31
模糊分析学与特殊泛函空间	2013—01	68.00	241
受控理论与解析不等式	2012—05	78.00	165
解析不等式新论	2009—06	68.00	48
反问题的计算方法及应用	2011—11	28.00	147
建立不等式的方法	2011—03	98.00	104
数学奥林匹克不等式研究	2009—08	68.00	56
不等式研究(第二辑)	2012—02	68.00	153
初等数学研究(Ⅰ)	2008—09	68.00	37
初等数学研究(Ⅱ)(上、下)	2009—05	118.00	46,47
中国初等数学研究　2009 卷(第 1 辑)	2009—05	20.00	45
中国初等数学研究　2010 卷(第 2 辑)	2010—05	30.00	68
中国初等数学研究　2011 卷(第 3 辑)	2011—07	60.00	127
中国初等数学研究　2012 卷(第 4 辑)	2012—07	48.00	190
中国初等数学研究　2014 卷(第 5 辑)	2014—02	48.00	288
数阵及其应用	2012—02	28.00	164
绝对值方程—折边与组合图形的解析研究	2012—07	48.00	186
不等式的秘密(第一卷)	2012—02	28.00	154
不等式的秘密(第一卷)(第 2 版)	2014—02	38.00	286
不等式的秘密(第二卷)	2014—01	38.00	268

哈尔滨工业大学出版社刘培杰数学工作室已出版（即将出版）图书目录

书　名	出版时间	定　价	编号
初等不等式的证明方法	2010－06	38.00	123
初等不等式的证明方法(第二版)	2014－11	38.00	407
数学奥林匹克在中国	2014－06	98.00	344
数学奥林匹克问题集	2014－01	38.00	267
数学奥林匹克不等式散论	2010－06	38.00	124
数学奥林匹克不等式欣赏	2011－09	38.00	138
数学奥林匹克超级题库(初中卷上)	2010－01	58.00	66
数学奥林匹克不等式证明方法和技巧(上、下)	2011－08	158.00	134,135
近代拓扑学研究	2013－04	38.00	239
新编 640 个世界著名数学智力趣题	2014－01	88.00	242
500 个最新世界著名数学智力趣题	2008－06	48.00	3
400 个最新世界著名数学最值问题	2008－09	48.00	36
500 个世界著名数学征解问题	2009－06	48.00	52
400 个中国最佳初等数学征解老问题	2010－01	48.00	60
500 个俄罗斯数学经典老题	2011－01	28.00	81
1000 个国外中学物理好题	2012－04	48.00	174
300 个日本高考数学题	2012－05	38.00	142
500 个前苏联早期高考数学试题及解答	2012－05	28.00	185
546 个早期俄罗斯大学生数学竞赛题	2014－03	38.00	285
548 个来自美苏的数学好问题	2014－11	28.00	396
博弈论精粹	2008－03	58.00	30
数学 我爱你	2008－01	28.00	20
精神的圣徒　别样的人生——60 位中国数学家成长的历程	2008－09	48.00	39
数学史概论	2009－06	78.00	50
数学史概论(精装)	2013－03	158.00	272
斐波那契数列	2010－02	28.00	65
数学拼盘和斐波那契魔方	2010－07	38.00	72
斐波那契数列欣赏	2011－01	28.00	160
数学的创造	2011－02	48.00	85
数学中的美	2011－02	38.00	84
数论中的美学	2014－12	38.00	351
王连笑教你怎样学数学:高考选择题解题策略与客观题实用训练	2014－01	48.00	262
王连笑教你怎样学数学:高考数学高层次讲座	2015－02	48.00	432
最新全国及各省市高考数学试卷解法研究及点拨评析	2009－02	38.00	41
高考数学的理论与实践	2009－08	38.00	53
中考数学专题总复习	2007－04	28.00	6
向量法巧解数学高考题	2009－08	28.00	54
高考数学核心题型解题方法与技巧	2010－01	28.00	86
高考思维新平台	2014－03	38.00	259
数学解题——靠数学思想给力(上)	2011－07	38.00	131
数学解题——靠数学思想给力(中)	2011－07	48.00	132
数学解题——靠数学思想给力(下)	2011－07	38.00	133
我怎样解题	2013－01	48.00	227

哈尔滨工业大学出版社刘培杰数学工作室已出版（即将出版）图书目录

书　名	出版时间	定　价	编号
和高中生漫谈：数学与哲学的故事	2014－08	28.00	369
2011 年全国及各省市高考数学试题审题要津与解法研究	2011－10	48.00	139
2013 年全国及各省市高考数学试题解析与点评	2014－01	48.00	282
新课标高考数学——五年试题分章详解(2007～2011)(上、下)	2011－10	78.00	140,141
30 分钟拿下高考数学选择题、填空题	2012－01	48.00	146
全国中考数学压轴题审题要津与解法研究	2013－04	78.00	248
新编全国及各省市中考数学压轴题审题要津与解法研究	2014－05	58.00	342
高考数学压轴题解题诀窍(上)	2012－02	78.00	166
高考数学压轴题解题诀窍(下)	2012－03	28.00	167
格点和面积	2012－07	18.00	191
射影几何趣谈	2012－04	28.00	175
斯潘纳尔引理——从一道加拿大数学奥林匹克试题谈起	2014－01	18.00	228
李普希兹条件——从几道近年高考数学试题谈起	2012－10	18.00	221
拉格朗日中值定理——从一道北京高考试题的解法谈起	2012－10	18.00	197
闵科夫斯基定理——从一道清华大学自主招生试题谈起	2014－01	28.00	198
哈尔测度——从一道冬令营试题的背景谈起	2012－08	28.00	202
切比雪夫逼近问题——从一道中国台北数学奥林匹克试题谈起	2013－04	38.00	238
伯恩斯坦多项式与贝齐尔曲面——从一道全国高中数学联赛试题谈起	2013－03	38.00	236
卡塔兰猜想——从一道普特南竞赛试题谈起	2013－06	18.00	256
麦卡锡函数和阿克曼函数——从一道前南斯拉夫数学奥林匹克试题谈起	2012－08	18.00	201
贝蒂定理与拉姆贝克莫斯尔定理——从一个拣石子游戏谈起	2012－08	18.00	217
皮亚诺曲线和豪斯道夫分球定理——从无限集谈起	2012－08	18.00	211
平面凸图形与凸多面体	2012－10	28.00	218
斯坦因豪斯问题——从一道二十五省市自治区中学数学竞赛试题谈起	2012－07	18.00	196
纽结理论中的亚历山大多项式与琼斯多项式——从一道北京市高一数学竞赛试题谈起	2012－07	28.00	195
原则与策略——从波利亚“解题表”谈起	2013－04	38.00	244
转化与化归——从三大尺规作图不能问题谈起	2012－08	28.00	214
代数几何中的贝祖定理(第一版)——从一道 IMO 试题的解法谈起	2013－08	38.00	193
成功连贯理论与约当块理论——从一道比利时数学竞赛试题谈起	2012－04	18.00	180
磨光变换与范·德·瓦尔登猜想——从一道环球城市竞赛试题谈起	即将出版		
素数判定与大数分解	2014－08	18.00	199
置换多项式及其应用	2012－10	18.00	220
椭圆函数与模函数——从一道美国加州大学洛杉矶分校(UCLA)博士资格考题谈起	2012－10	38.00	219
差分方程的拉格朗日方法——从一道 2011 年全国高考理科试题的解法谈起	2012－08	28.00	200

哈尔滨工业大学出版社刘培杰数学工作室
已出版(即将出版)图书目录

书 名	出版时间	定 价	编号
力学在几何中的一些应用	2013-01	38.00	240
高斯散度定理、斯托克斯定理和平面格林定理——从一道国际大学生数学竞赛试题谈起	即将出版		
康托洛维奇不等式——从一道全国高中联赛试题谈起	2013-03	28.00	337
西格尔引理——从一道第18届IMO试题的解法谈起	即将出版		
罗斯定理——从一道前苏联数学竞赛试题谈起	即将出版		
拉克斯定理和阿廷定理——从一道IMO试题的解法谈起	2014-01	58.00	246
毕卡大定理——从一道美国大学数学竞赛试题谈起	2014-07	18.00	350
贝齐尔曲线——从一道全国高中联赛试题谈起	即将出版		
拉格朗日乘子定理——从一道2005年全国高中联赛试题谈起	即将出版		
雅可比定理——从一道日本数学奥林匹克试题谈起	2013-04	48.00	249
李天岩一约克定理——从一道波兰数学竞赛试题谈起	2014-06	28.00	349
整系数多项式因式分解的一般方法——从克朗耐克算法谈起	即将出版		
布劳维不动点定理——从一道前苏联数学奥林匹克试题谈起	2014-01	38.00	273
压缩不动点定理——从一道高考数学试题的解法谈起	即将出版		
伯恩赛德定理——从一道英国数学奥林匹克试题谈起	即将出版		
布查特一莫斯特定理——从一道上海市初中竞赛试题谈起	即将出版		
数论中的同余数问题——从一道普特南竞赛试题谈起	即将出版		
范·德蒙行列式——从一道美国数学奥林匹克试题谈起	即将出版		
中国剩余定理:总数法构建中国历史年表	2015-01	28.00	430
牛顿程序与方程求根——从一道全国高考试题解法谈起	即将出版		
库默尔定理——从一道IMO预选试题谈起	即将出版		
卢丁定理——从一道冬令营试题的解法谈起	即将出版		
沃斯滕霍姆定理——从一道IMO预选试题谈起	即将出版		
卡尔松不等式——从一道莫斯科数学奥林匹克试题谈起	即将出版		
信息论中的香农熵——从一道近年高考压轴题谈起	即将出版		
约当不等式——从一道希望杯竞赛试题谈起	即将出版		
拉比诺维奇定理	即将出版		
刘维尔定理——从一道《美国数学月刊》征解问题的解法谈起	即将出版		
卡塔兰恒等式与级数求和——从一道IMO试题的解法谈起	即将出版		
勒让德猜想与素数分布——从一道爱尔兰竞赛试题谈起	即将出版		
天平称重与信息论——从一道基辅市数学奥林匹克试题谈起	即将出版		
哈密尔顿一凯莱定理:从一道高中数学联赛试题的解法谈起	2014-09	18.00	376
艾思特曼定理——从一道CMO试题的解法谈起	即将出版		

哈尔滨工业大学出版社刘培杰数学工作室已出版(即将出版)图书目录

书 名	出版时间	定 价	编号
一个爱尔特希问题——从一道西德数学奥林匹克试题谈起	即将出版		
有限群中的爱丁格尔问题——从一道北京市初中二年级数学竞赛试题谈起	即将出版		
贝克码与编码理论——从一道全国高中联赛试题谈起	即将出版		
帕斯卡三角形	2014—03	18.00	294
蒲丰投针问题——从2009年清华大学的一道自主招生试题谈起	2014—01	38.00	295
斯图姆定理——从一道"华约"自主招生试题的解法谈起	2014—01	18.00	296
许瓦兹引理——从一道加利福尼亚大学伯克利分校数学系博士生试题谈起	2014—08	18.00	297
拉格朗日中值定理——从一道北京高考试题的解法谈起	2014—01		298
拉姆塞定理——从王诗宬院士的一个问题谈起	2014—01		299
坐标法	2013—12	28.00	332
数论三角形	2014—04	38.00	341
毕克定理	2014—07	18.00	352
数林掠影	2014—09	48.00	389
我们周围的概率	2014—10	38.00	390
凸函数最值定理:从一道华约自主招生题的解法谈起	2014—10	28.00	391
易学与数学奥林匹克	2014—10	38.00	392
生物数学趣谈	2015—01	18.00	409
反演	2015—01		420
因式分解与圆锥曲线	2015—01	18.00	426
轨迹	2015—01	28.00	427
面积原理:从常庚哲命的一道CMO试题的积分解法谈起	2015—01	48.00	431

中等数学英语阅读文选	2006—12	38.00	13
统计学专业英语	2007—03	28.00	16
统计学专业英语(第二版)	2012—07	48.00	176
幻方和魔方(第一卷)	2012—05	68.00	173
尘封的经典——初等数学经典文献选读(第一卷)	2012—07	48.00	205
尘封的经典——初等数学经典文献选读(第二卷)	2012—07	38.00	206

实变函数论	2012—06	78.00	181
非光滑优化及其变分分析	2014—01	48.00	230
疏散的马尔科夫链	2014—01	58.00	266
马尔科夫过程论基础	2015—01	28.00	433
初等微分拓扑学	2012—07	18.00	182
方程式论	2011—03	38.00	105
初级方程式论	2011—03	28.00	106
Galois 理论	2011—03	18.00	107
古典数学难题与伽罗瓦理论	2012—11	58.00	223
伽罗华与群论	2014—01	28.00	290
代数方程的根式解及伽罗瓦理论	2011—03	28.00	108
代数方程的根式解及伽罗瓦理论(第二版)	2015—01	28.00	423
线性偏微分方程讲义	2011—03	18.00	110
N 体问题的周期解	2011—03	28.00	111
代数方程式论	2011—05	18.00	121
动力系统的不变量与函数方程	2011—07	48.00	137

哈尔滨工业大学出版社刘培杰数学工作室已出版(即将出版)图书目录

书 名	出版时间	定 价	编号
基于短语评价的翻译知识获取	2012—02	48.00	168
应用随机过程	2012—04	48.00	187
概率论导引	2012—04	18.00	179
矩阵论(上)	2013—06	58.00	250
矩阵论(下)	2013—06	48.00	251
趣味初等方程妙题集锦	2014—09	48.00	388
对称锥互补问题的内点法:理论分析与算法实现	2014—08	68.00	368
抽象代数:方法导引	2013—06	38.00	257
闵嗣鹤文集	2011—03	98.00	102
吴从炘数学活动三十年(1951～1980)	2010—07	99.00	32
函数论	2014—11	78.00	395
吴振奎高等数学解题真经(概率统计卷)	2012—01	38.00	149
吴振奎高等数学解题真经(微积分卷)	2012—01	68.00	150
吴振奎高等数学解题真经(线性代数卷)	2012—01	58.00	151
高等数学解题全攻略(上卷)	2013—06	58.00	252
高等数学解题全攻略(下卷)	2013—06	58.00	253
高等数学复习纲要	2014—01	18.00	384
钱昌本教你快乐学数学(上)	2011—12	48.00	155
钱昌本教你快乐学数学(下)	2012—03	58.00	171
数贝偶拾——高考数学题研究	2014—04	28.00	274
数贝偶拾——初等数学研究	2014—04	38.00	275
数贝偶拾——奥数题研究	2014—04	48.00	276
集合、函数与方程	2014—01	28.00	300
数列与不等式	2014—01	38.00	301
三角与平面向量	2014—01	28.00	302
平面解析几何	2014—01	38.00	303
立体几何与组合	2014—01	28.00	304
极限与导数、数学归纳法	2014—01	38.00	305
趣味数学	2014—03	28.00	306
教材教法	2014—04	68.00	307
自主招生	2014—05	58.00	308
高考压轴题(上)	2014—11	48.00	309
高考压轴题(下)	2014—10	68.00	310
从费马到怀尔斯——费马大定理的历史	2013—10	198.00	Ⅰ
从庞加莱到佩雷尔曼——庞加莱猜想的历史	2013—10	298.00	Ⅱ
从切比雪夫到爱尔特希(上)——素数定理的初等证明	2013—07	48.00	Ⅲ
从切比雪夫到爱尔特希(下)——素数定理100年	2012—12	98.00	Ⅲ
从高斯到盖尔方特——二次域的高斯猜想	2013—10	198.00	Ⅳ
从库默尔到朗兰兹——朗兰兹猜想的历史	2014—01	98.00	Ⅴ
从比勃巴赫到德布朗斯——比勃巴赫猜想的历史	2014—02	298.00	Ⅵ
从麦比乌斯到陈省身——麦比乌斯变换与麦比乌斯带	2014—02	298.00	Ⅶ
从布尔到豪斯道夫——布尔方程与格论漫谈	2013—10	198.00	Ⅷ
从开普勒到阿诺德——三体问题的历史	2014—05	298.00	Ⅸ
从华林到华罗庚——华林问题的历史	2013—10	298.00	Ⅹ

哈尔滨工业大学出版社刘培杰数学工作室
已出版(即将出版)图书目录

书　　名	出版时间	定　价	编号
三角函数	2014－01	38.00	311
不等式	2014－01	28.00	312
方程	2014－01	28.00	314
数列	2014－01	38.00	313
排列和组合	2014－01	28.00	315
极限与导数	2014－01	28.00	316
向量	2014－09	38.00	317
复数及其应用	2014－08	28.00	318
函数	2014－01	38.00	319
集合	即将出版		320
直线与平面	2014－01	28.00	321
立体几何	2014－04	28.00	322
解三角形	即将出版		323
直线与圆	2014－01	28.00	324
圆锥曲线	2014－01	38.00	325
解题通法(一)	2014－07	38.00	326
解题通法(二)	2014－07	38.00	327
解题通法(三)	2014－05	38.00	328
概率与统计	2014－01	28.00	329
信息迁移与算法	即将出版		330
第19～23届"希望杯"全国数学邀请赛试题审题要津详细评注(初一版)	2014－03	28.00	333
第19～23届"希望杯"全国数学邀请赛试题审题要津详细评注(初二、初三版)	2014－03	38.00	334
第19～23届"希望杯"全国数学邀请赛试题审题要津详细评注(高一版)	2014－03	28.00	335
第19～23届"希望杯"全国数学邀请赛试题审题要津详细评注(高二版)	2014－03	38.00	336
第19～25届"希望杯"全国数学邀请赛试题审题要津详细评注(初一版)	2015－01	38.00	416
第19～25届"希望杯"全国数学邀请赛试题审题要津详细评注(初二、初三版)	2015－01	58.00	417
第19～25届"希望杯"全国数学邀请赛试题审题要津详细评注(高一版)	2015－01	48.00	418
第19～25届"希望杯"全国数学邀请赛试题审题要津详细评注(高二版)	2015－01	48.00	419
物理奥林匹克竞赛大题典——力学卷	2014－11	48.00	405
物理奥林匹克竞赛大题典——热学卷	2014－04	28.00	339
物理奥林匹克竞赛大题典——电磁学卷	即将出版		406
物理奥林匹克竞赛大题典——光学与近代物理卷	2014－06	28.00	345
历届中国东南地区数学奥林匹克试题集(2004～2012)	2014－06	18.00	346
历届中国西部地区数学奥林匹克试题集(2001～2012)	2014－07	18.00	347
历届中国女子数学奥林匹克试题集(2002～2012)	2014－08	18.00	348

哈尔滨工业大学出版社刘培杰数学工作室已出版(即将出版)图书目录

书　名	出版时间	定　价	编号
几何变换(Ⅰ)	2014－07	28.00	353
几何变换(Ⅱ)	即将出版		354
几何变换(Ⅲ)	2015－01	38.00	355
几何变换(Ⅳ)	即将出版		356
美国高中数学竞赛五十讲.第1卷(英文)	2014－08	28.00	357
美国高中数学竞赛五十讲.第2卷(英文)	2014－08	28.00	358
美国高中数学竞赛五十讲.第3卷(英文)	2014－09	28.00	359
美国高中数学竞赛五十讲.第4卷(英文)	2014－09	28.00	360
美国高中数学竞赛五十讲.第5卷(英文)	2014－10	28.00	361
美国高中数学竞赛五十讲.第6卷(英文)	2014－11	28.00	362
美国高中数学竞赛五十讲.第7卷(英文)	2014－12	28.00	363
美国高中数学竞赛五十讲.第8卷(英文)	即将出版		364
美国高中数学竞赛五十讲.第9卷(英文)	即将出版		365
美国高中数学竞赛五十讲.第10卷(英文)	即将出版		366
IMO 50年.第1卷(1959－1963)	2014－11	28.00	377
IMO 50年.第2卷(1964－1968)	2014－11	28.00	378
IMO 50年.第3卷(1969－1973)	2014－09	28.00	379
IMO 50年.第4卷(1974－1978)	即将出版		380
IMO 50年.第5卷(1979－1983)	即将出版		381
IMO 50年.第6卷(1984－1988)	即将出版		382
IMO 50年.第7卷(1989－1993)	即将出版		383
IMO 50年.第8卷(1994－1998)	即将出版		384
IMO 50年.第9卷(1999－2003)	即将出版		385
IMO 50年.第10卷(2004－2008)	即将出版		386
历届美国大学生数学竞赛试题集.第一卷(1938—1949)	2015－01	28.00	397
历届美国大学生数学竞赛试题集.第二卷(1950—1959)	2015－01	28.00	398
历届美国大学生数学竞赛试题集.第三卷(1960—1969)	2015－01	28.00	399
历届美国大学生数学竞赛试题集.第四卷(1970—1979)	2015－01	18.00	400
历届美国大学生数学竞赛试题集.第五卷(1980—1989)	2015－01	28.00	401
历届美国大学生数学竞赛试题集.第六卷(1990—1999)	2015－01	28.00	402
历届美国大学生数学竞赛试题集.第七卷(2000—2009)	即将出版		403
历届美国大学生数学竞赛试题集.第八卷(2010—2012)	2015－01	18.00	404

哈尔滨工业大学出版社刘培杰数学工作室
已出版(即将出版)图书目录

书　名	出版时间	定　价	编号
新课标高考数学创新题解题诀窍:总论	2014－09	28.00	372
新课标高考数学创新题解题诀窍:必修1～5分册	2014－08	38.00	373
新课标高考数学创新题解题诀窍:选修2－1,2－2,1－1,1－2分册	2014－09	38.00	374
新课标高考数学创新题解题诀窍:选修2－3,4－4,4－5分册	2014－09	18.00	375
全国重点大学自主招生英文数学试题全攻略:词汇卷	即将出版		410
全国重点大学自主招生英文数学试题全攻略:概念卷	2015－01	28.00	411
全国重点大学自主招生英文数学试题全攻略:文章选读卷(上)	即将出版		412
全国重点大学自主招生英文数学试题全攻略:文章选读卷(下)	即将出版		413
全国重点大学自主招生英文数学试题全攻略:试题卷	即将出版		414
全国重点大学自主招生英文数学试题全攻略:名著欣赏卷	即将出版		415
数学王者　科学巨人——高斯	2015－01	28.00	428
数学公主——科瓦列夫斯卡娅	即将出版		
数学怪侠——爱尔特希	即将出版		
电脑先驱——图灵	即将出版		
闪烁奇星——伽罗瓦	即将出版		

联系地址:哈尔滨市南岗区复华四道街10号　哈尔滨工业大学出版社刘培杰数学工作室
网　　址:http://lpj.hit.edu.cn/
邮　　编:150006
联系电话:0451－86281378　　13904613167
E-mail:lpj1378@163.com